Handbuch Zukunftsmanagement

Dr. *Alexander Fink* und Dr. *Andreas Siebe* sind Vorstandsmitglieder der strategischen Beratungsfirma *ScMI Scenario Management International AG*. Sie sind ausgewiesene Experten zum Thema und haben gemeinsam bereits mehrere Bücher publiziert, darunter *Erfolg durch Szenario-Management. Prinzip und Werkzeuge der strategischen Vorausschau* (Campus 2001). Weitere Informationen unter: www.scmi.de

Alexander Fink, Andreas Siebe

Handbuch Zukunftsmanagement

Werkzeuge der strategischen Planung
und Früherkennung

Campus Verlag
Frankfurt/New York

ISBN 978-3-593-39550-0

2., aktualisierte und erweiterte Auflage 2011

Das Werk einschließlich aller seiner Teile ist urheberrechtlich geschützt. Jede Verwertung ist ohne Zustimmung des Verlags unzulässig. Das gilt insbesondere für Vervielfältigungen, Übersetzungen, Mikroverfilmungen und die Einspeicherung und Verarbeitung in elektronischen Systemen.
Copyright © 2011 Campus Verlag GmbH, Frankfurt am Main.
Umschlaggestaltung: Init GmbH, Bielefeld
Satz: Publikations Atelier, Dreieich
Gesetzt aus der Sabon und der Neuen Helvetica
Druck und Bindung: Beltz Bad Langensalza
Gedruckt auf Papier aus zertifizierten Rohstoffen (FSC/PEFC).
Printed in Germany

Dieses Buch ist auch als E-Book erschienen.
www.campus.de

Inhalt

Vorwort 7

Einführung 10

1. Szenarien 16

    Das Dilemma der Zukunftsszenarien 22
    Wie Szenarien entwickelt werden 24
    Szenario-Management 28
    Scenario Planning 31
    Szenariotechnik 48
    Wechselwirkungsszenarien (Cross-Impact-Analyse) 71
    Narrative Szenarien/Sciencefiction 79
    Partizipative Szenarioprozesse 90

2. Visionen 100

    Strategieoptionen/Strategieszenarien 101
    Leitbilder 115
    Produktvisionen/New Business Development 131
    Partizipative Visionsfindung 141

3. Trends 155

    Trendforschung/Trend-Management 159
    Szenario-Controlling 173
    Wildcards 184
    Issue-Management 194
    System Dynamics/Simulationen und Mikrowelten 204
    Vernetzungsanalyse/Einflussanalyse 215

4. Roadmaps........ 226

    Balanced Scorecard/Strategy Maps........ 228
    Produkt- und Technologie-Roadmapping........ 236
    Strategie-Roadmapping........ 245
    Wargaming/Spieltheorie........ 253

5. Prognosen........ 265

    Zeitreihenprognose/Trendextrapolation........ 268
    Ökonometrische Modelle........ 280
    Kurven, Zyklen und historische Analogien........ 288
    Expertenbefragung........ 296
    Delphi-Technik........ 304

6. Planungen........ 314

    Geschäftsplan/Business Case........ 315
    Produktplanung/Ideenfindung........ 327
    Entscheidungen unter Sicherheit........ 339
    Unsicherheitsanalyse........ 347
    Risiko-Management........ 356
    Krisen-Management/Kontinuitätsmanagement........ 364

Literatur........ 373

Register........ 382

Vorwort

Als das *Handbuch Zukunftsmanagement* im Frühsommer 2006 erstmals erschien, bereitete sich Deutschland auf die Fußball-Weltmeisterschaft im eigenen Land vor. Wir haben dieses Sommermärchen genossen – erstens, weil die Abende und Wochenenden wieder der Familie gehörten, zweitens, weil sich unsere Elf den dritten Platz erspielte, und drittens, weil wir viel Zuspruch für unser neues Buch erhielten. Dies ist in den vergangenen Jahren auch so geblieben – dennoch ist auch das Zukunftsmanagement von Veränderungen geprägt, und so ist es nunmehr Zeit für eine neue »Aufstellung«.

Im *Handbuch Zukunftsmanagement* geht es natürlich nach wie vor um die »Zukunft«. Eigentlich sollte man meinen, dass es fast immer darum geht, denn schließlich verbringen wir den Rest unseres Lebens in eben dieser Zukunft. Und das gilt nicht nur für Autoren und Leser, sondern auch für Unternehmen, Geschäftsbereiche, Organisationen, Verwaltungen oder Länder und Regionen. Im täglichen Leben gibt es viele Gründe, nicht in die Zukunft zu schauen. Wir setzen lieber auf Erfahrung, wir schwelgen in Erinnerungen oder wir analysieren die Gegenwart und lösen die heutigen Probleme. Das alles ist verständlich, vieles ist auch notwendig – aber es ist nur noch selten ausreichend.

Daher erleben – gerade in der Zeit nach der globalen Finanz- und Wirtschaftskrise – Zukunftsthemen heute eine Renaissance. Welche Produkte garantieren zukünftigen Erfolg? Welche Strategie können wir verfolgen? Wie werden unsere Kunden entscheiden? Wer werden überhaupt unsere Kunden sein? Wie werden wir uns organisieren? Wie werden wir wirtschaften? Wie werden wir zusammenleben? Die Bandbreite relevanter Zukunftsfragen ist groß – ebenso wie die Menge der vorgeschlagenen Antworten und Lösungen. Wir alle betreiben »Zukunftsmanagement« – meistens ohne es so richtig zu merken. Gleichzeitig ist allerdings das Begriffsgebäude und der methodische Instrumentenkasten eher unübersichtlich. Diesem Thema – oder vielleicht nennen wir es »Fachgebiet« – widmet sich dieses Buch. Es soll Ihnen einen Überblick geben sowie die wichtigsten Begriffe definieren und voneinander abgrenzen. Es soll Nachschlagecharakter haben, ohne dabei einen Anspruch auf Vollständigkeit zu erheben.

Dabei wendet sich dieses Buch an alle Führungskräfte, die sich mit der Zukunft ihres Unternehmens sowie ihres Geschäfts- oder Funktionsbereichs beziehungsweise ihrer Organisation beschäftigen. Ihnen wollen wir die einzelnen Instrumente sowohl methodisch als auch von ihrem Anwendungsspektrum her näher bringen. Hier freuen wir uns, neben den theoretischen Hintergründen auch unsere Erfahrungen aus den verschiedenen Projekten der *ScMI Scenario Management International AG* einzubringen. Um den Dialog mit unseren Lesern – mit Ihnen – zu intensivieren sowie bestimmte Informationen zu vertiefen und zu aktualisieren, haben wir mit unserer Website *www.handbuch-zukunftsmanagement.de* eine Plattform geschaffen, auf der diese Diskussion stattfinden kann. Wir würden uns freuen, wenn Sie von dieser Möglichkeit regen Gebrauch machen und stehen dort für Kritik und Anregungen gerne zur Verfügung.

Das *Handbuch Zukunftsmanagement* wäre nicht in dieser Form entstanden ohne die Unterstützung vieler engagierter »Zukunftsmanager«. Daher galt bereits für die Erstauflage unser Dank an dieser Stelle Catherine Burger und Esther Baur (*Swiss Re*), Dr. Andreas Dammertz (*Bosch*), Carl-Ernst Forchert (*INPRO*), Michael Gerling und Marlene Lohmann (*Euro-Handelsinstitut*), Jan Hofmann und Stefan Bergheim (*Deutsche Bank Research*), Kester Kleinert (*Sparkasse Bremen*), Gerd Peter und Gabi Fuchs (*Münchenstift*), Karl Rose (*Shell*), Daniel Schoer (*CSS-Versicherung*) und Dr. Michael Sohl (*Naspa*). Dieser Kreis wird mit der zweiten Auflage ergänzt um Markus Hölzlein und Markus Fels (*KNV*), Dr. Alexander Nürnberg (*HATLAPA*), Arnd Sliwa (*Lufthansa Technik*), Dr. Heinrich Stuckenschneider (*Siemens*) und Alexander Waldeyer (*BHTC*).

Hinzu kamen und kommen unsere Mitarbeiter und Partner – Moritz Avenarius, Rebekka Behrning, Dr. Klaus Biederbick, Daniel de Gooijer, Verena Helmer (†), Benjamin Hollmann, Benedikt Kahmen, Johanna Kaufung, Sandra Leßmann, Ralf Niemeier, Reza Poorvash und Constanze Schulte – sowie allen voran Jens-Peter Kuhle und Hanna Rammig. Bei allen wollen wir uns für die Unterstützung herzlich bedanken.

Einen besonderen Dank richten wir an Dr. Rainer Linnemann vom Campus Verlag, der uns schon bei der Erstausgabe mit vielerlei Ratschlägen zur Seite stand – und dem es nicht schwerfiel, uns für eine zweite Ausgabe dieses Handbuchs zu begeistern. Außerdem danken wir Frau Selina Hartmann, die uns nicht nur manche terminliche Eskapade durchgehen ließ, sondern gleichzeitig ermunterte, die vielen Innovationen im Zukunftsmanagement nicht unerwähnt zu lassen.

Für die 2. Auflage haben wir vor allem die Kapitel zu Szenarien (die zuvor noch Szenarios hießen) und Trends inhaltlich überarbeitet und die darin enthaltenen Beispiele aktualisiert. Zudem haben wir die Gestaltung der Produkte von morgen ins Visier genommen, indem wir mit den Produktvisionen und Produktstrategien, den Produkt- und Technologie-Roadmaps sowie der Produktplanung drei neue Kapitel aufgenommen haben.

Ihnen als Lesern wünschen wir, dass Ihnen dieses Buch bei der Ausrichtung für Ihre Zukunft einen möglichst großen Mehrwert liefert.

Paderborn, im Juli 2011   *Alexander Fink*
                                                     Andreas Siebe

Einführung

Was ist eigentlich Zukunftsmanagement? Wir antworten mit zwei Gegenfragen: Was ist ein Management, das nicht in die Zukunft schaut? Zum Scheitern verurteilt. Und was ist eine Zukunft, die nicht gemanagt wird? Brotlose Kunst. Damit ist Zukunftsmanagement mehr als Zukunftsforschung – und es ist mehr als Planung, sogar mehr als strategische Planung. Auf sich gestellte Zukunftsforschung ist für Unternehmen und Organisationen ebenso wenig nutzbringend wie kurzlebige Pläne oder »Strategien«, die sich nur an der gegenwärtigen Realität orientieren.

Beim Zukunftsmanagement geht es folglich um die enge Verzahnung von »strategisch relevanten Zukünften« und »zukunftsfähigen Strategien« – oder einfacher: um die Verzahnung von Zukunft und Strategie. Diese erfolgt auf drei Ebenen:

- Auf der *strategischen Ebene* entscheidet das Unternehmen über seine *Vision*. Darunter verstehen wir die grundsätzlichen und häufig normativen Ziele, wie sie beispielsweise in Leitbildern formuliert werden, sowie die wesentlichen strategischen Zielpositionen wie die strategische Positionierung und die Kernkompetenzen.
- Auf der *taktischen Ebene* erfolgt die Umsetzung der Vision in ein Geschäftsmodell und konkrete *Roadmaps*. Dabei werden Ziele konkretisiert, Strategie-, Produkt- oder Technologie-Roadmaps entworfen sowie das Verhalten im Wettbewerb simuliert.
- Auf der *operativen Ebene* wird diese Leitlinie in Form von konkreten *Planungen* umgesetzt. Hier werden Geschäftspläne erstellt, Investitionsentscheidungen getroffen, Risiken identifiziert und bewertet sowie Krisen verhindert oder bewältigt.

Der in der Praxis unterschiedlich verwendete *Strategiebegriff* lässt sich jetzt auf mehrere Arten interpretieren: Zum einen kann die Vision auch als »Strategie« verstanden werden. Dann sind Roadmaps und Planungen als

Elemente der Strategieumsetzung anzusehen. Zum Zweiten kann eine Strategie auch als Verknüpfung von Vision und Roadmap interpretiert werden, die in konkreten Planungen umgesetzt wird. In der am weitesten gehenden Interpretation – wenn eine Strategie als »der Weg zu einem Ziel« verstanden wird – lassen sich auch alle drei Elemente als Bestandteile einer Strategie begreifen. Auf allen drei Ebenen müssen zukünftige Entwicklungen berücksichtigt werden. Allerdings unterscheiden sich die dazu notwendigen Instrumente:

- Auf der operativen Ebene ist es notwendig, kurzfristig ein möglichst klares Bild von der Zukunft zu erhalten. Daher kommen hier schwerpunktmäßig quantitative und auf Extrapolationen beruhende *Prognosen* zum Einsatz.
- Auf der taktischen Ebene reicht diese Beschreibung der Zukunft nicht mehr aus oder sie ist schlichtweg nicht mehr leistbar. Hier müssen mittelfristig anstehende oder bereits erkennbare Veränderungen in Form von *Trends* identifiziert und bei der Entscheidung berücksichtigt werden.
- Auf der strategischen Ebene – das heißt bei der langfristigen Vorausschau und der strategischen Ausrichtung des Unternehmens – reicht auch eine einfache Trendbetrachtung nicht mehr aus. Hier müssen zum einen mehrere, alternative Zukunftsbilder betrachtet werden (zukunftsoffenes Denken). Zum anderen müssen die Zusammenhänge zwischen verschiedenen Faktoren und Trends berücksichtigt werden (vernetztes Denken). Dies macht *Szenarien* zum zentralen Vorausschau-Instrument auf dieser Ebene.

Für das Zukunftsmanagement ergeben sich somit sechs wesentliche Gruppen von Instrumenten. Liegt der Fokus entsprechend der *externen Perspektive* auf der Beschreibung der Zukunft des Unternehmensumfelds, so kommen Szenarien, Trends und Prognosen zum Einsatz. Geht es in den Instrumenten primär darum, entsprechend der internen Perspektive die eigenen Handlungen vorzubereiten, so lassen sich Visionen, Roadmaps und Pläne beziehungsweise Planungen unterscheiden. Abbildung 1 verdeutlicht diese sechs Gruppen von Instrumenten des Zukunftsmanagements.

Die Abgrenzung der Kategorien ist nicht immer trennscharf und erfolgt vor allem in der unternehmerischen Praxis alles andere als einheitlich. So ist bei der Unterscheidung der externen und internen Perspektive zu beachten, dass unternehmensbezogene Instrumente umgangssprachlich häufig mit den externen Instrumenten gleichgesetzt werden: Eine Strategie gilt dann als »Szenario« oder eine Planung wird als »Prognose« bezeichnet. Dies ist in dem Sinne korrekt, wie man sie als »interne Szenarien« oder »interne Prognosen« versteht. Wir halten an dieser Stelle aber eine Unterscheidung für hilfreich und empfehlen daher die Mühe einer begrifflichen Trennung.

Abbildung 1: Modell des Zukunftsmanagements

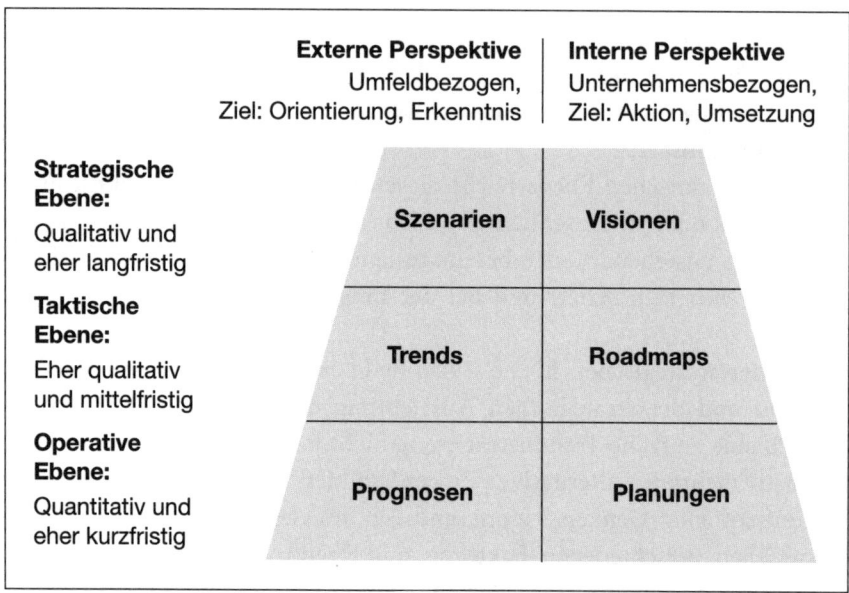

Alle sechs Grundinstrumente werden in der Praxis nicht nur in einzelnen Projekten eingesetzt, sondern dienen auch als Bausteine für unternehmerische Prozesse. Diese Prozesse lassen sich entsprechend Abbildung 2 auf eine ähnliche Art systematisieren:

- Auf der Umfeld- und Erkenntnisseite kommt es darauf an, im Rahmen der *Markt- und Umfeldbeobachtung* den Prozess der Erstellung und Nutzung von Prognosen zu optimieren. Dazu bedarf es einer kontinuierlichen Beobachtung und Interpretation von Trends im Rahmen eines *Trend-Managements*. Diese Trends lassen sich aber nur dann zielgerichtet interpretieren und priorisieren, wenn sie im Rahmen eines *Szenario-Monitorings* in den größeren Zusammenhang eingeordnet, sozusagen »auf der Landkarte der Zukunft verortet« werden.

- Auf der Unternehmens- und Handlungsseite gilt es im Sinne eines Top-Down-Ansatzes zunächst, die bestehende Vision und Strategie daraufhin zu überprüfen, ob sie noch immer den Umfeldbedingungen und den Anspruchsgruppen entspricht. Dies geschieht im Rahmen des *Strategie-Controllings*. Der Erfolg einer bestehenden Strategie wird dann durch *Performance Measurement*-Systeme gemessen. Die konkreten Planungen werden schließlich im Sinne eines *Prozess-Managements* kontinuierlich optimiert.

Abbildung 2: Prozesse im Rahmen des Zukunftsmanagements

	Externe Perspektive Umfeldbezogen, Ziel: Orientierung, Erkenntnis	**Interne Perspektive** Unternehmensbezogen, Ziel: Aktion, Umsetzung
Strategische Ebene: Qualitativ und eher langfristig	*Szenarien* **Szenario-Monitoring**	*Visionen* **Strategie-Controlling**
Taktische Ebene: Eher qualitativ und mittelfristig	*Trends* **Trendmanagement**	*Roadmaps* **Performance Measurement**
Operative Ebene: Quantitativ und eher kurzfristig	*Prognosen* **Markt- und Umfeldforschung**	*Planungen* **Prozessmanagement**

(STRATEGISCHE FRÜHERKENNUNG / STRATEGISCHE PLANUNG)

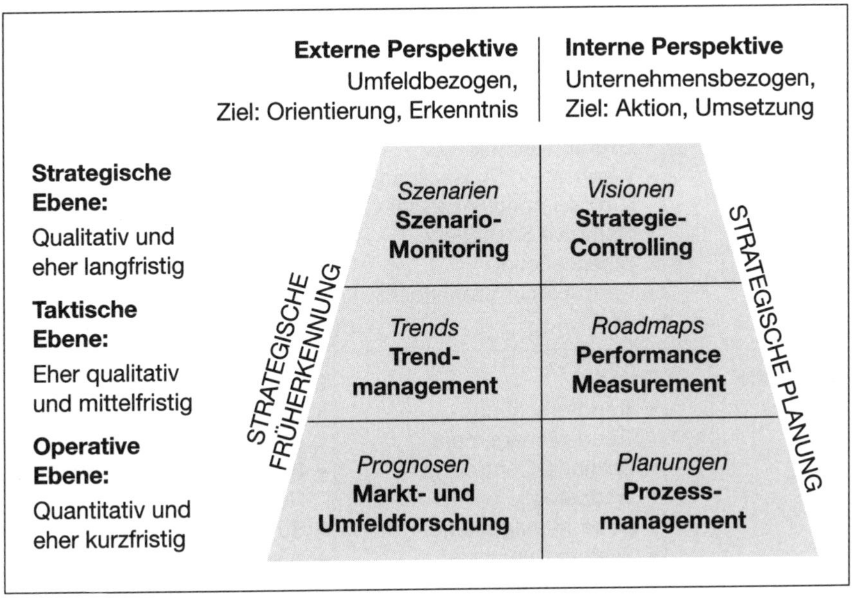

Somit können auf allen drei Ebenen und bei beiden Perspektiven sowohl projektorientierte als auch prozessorientierte Instrumente beschrieben werden. Damit ergibt sich die in Abbildung 3 dargestellte Übersicht der von uns im Rahmen dieses Buchs vorgestellten Instrumente des Zukunftsmanagements.

Bei der Zuordnung der Instrumente zu den sechs Gruppen kommt es zwangsläufig zu Überschneidungen. Dies verdeutlicht das Beispiel des Wargamings. Dieses Instrument enthält – wie die meisten anderen Instrumente der internen Perspektive – auch vielfältige Informationen über das Unternehmensumfeld. Da hier aber das Unternehmen und seine eigenen

Handlungen zentraler Bestandteil der Betrachtung sind, haben wir es unter »Roadmaps« eingeordnet. Ebenso verhält es sich mit den drei Ebenen. Natürlich stellen Delphi-Techniken auch lang- und mittelfristige beziehungsweise qualitative Veränderungen mit strategischer Relevanz dar. Sie sind aber hier wegen ihrer Fokussierung auf Prognosen auf der operativen Ebene angeordnet. Insofern sollten die sechs Gruppen als grobe Systematisierung verstanden werden.

Abbildung 3: Überblick über die Instrumente des Zukunftsmanagements

	Externe Umfeldperspektive	Interne Unternehmensperspektive
Strategische Ebene	**Szenarien** • Scenario Planning • Szenariotechnik • Wechselwirkungsszenarien (Cross-Impact-Analyse) • Narrative Szenarien/Sciencefiction • Partizipative Szenarioentwicklung	**Visionen** • Strategieoptionen und Strategieszenarien • Leitbilder • Produktvisionen/New Business Development • Partizipative Visionsfindung
Taktische Ebene	**Trends** • Trendforschung/Trend-Management • Szenario-Controlling • Wildcards • Issue-Management • System Dynamics/Mikrowelten • Vernetzungsanalyse/Einflussanalyse	**Roadmaps** • Balanced Scorecard/Strategy Maps • Produkt- und Technologie-Roadmaps • Strategie-Roadmaps • Wargaming • Ideenfindung
Operative Ebene	**Prognosen** • Zeitreihenprognosen • Ökonometrische Modelle • Kurven, Zyklen und historische Analogien • Expertenbefragungen • Delphi-Technik	**Planungen** • Geschäftspläne/Business Cases • Entscheidungen unter Sicherheit • Unsicherheitsanalyse • Risiko-Management/Frühwarnung • Krisen-Management/Kontinuitätsmanagement

Am Anfang jedes der sechs Hauptkapitel beschreiben wir dessen Funktion im Rahmen des Zukunftsmanagements und systematisieren die dazu notwendigen Instrumente. Die einzelnen Kapitel weisen einen ähnlichen Aufbau auf. Nach einer kurzen Zusammenfassung und einem einführenden Beispiel wird im ersten Abschnitt »*Inhalt*« das Instrument inhaltlich beschrieben. Dabei gehen wir auch darauf ein, wie es sich von anderen Instrumenten unterscheidet oder wie es mit anderen Instrumenten zusammenwirkt. Dabei helfen die Querverweise zu anderen Kapiteln. Im zweiten Abschnitt »*Vorgehen*« verdeutlichen wir, wie das Instrument in der Praxis eingesetzt wird. Dabei greifen wir auf bestehende Ablaufmodelle zurück oder fassen verschiedene Ansätze zu einem gesamthaften Vorgehensmodell zusammen. In einem dritten Abschnitt »*Anwendungen*« gehen wir dort, wo es uns möglich ist beziehungsweise wo es uns sinnvoll erscheint, darauf ein, wofür das Instrument eingesetzt wird. Hier werden gegebenenfalls auch weitere Beispiele dargestellt.

Kapitel 1

Szenarien

Der Begriff »Szenario« wird auf das griechische Wort »skene« zurückgeführt, mit dem der Schauplatz einer Handlung, eine Szenenfolge in einem Bühnenstück oder der Rohentwurf eines Dramas beschrieben wird. Beim Film beschreibt ein »Szenarium« eine Entwicklungsstufe zwischen Exposé und Drehbuch.

Die Nutzung von Szenarien als wirtschafts- und sozialwissenschaftliches Instrument hat mehrere Väter. Sie geht einerseits auf das von Herman Kahn und Anthony J. Wiener bei der *RAND Corporation* entwickelte *Scenario Writing* zurück. Ihre Szenarien waren primär militärische, hypothetische Folgen von Ereignissen, durch die zukünftige Entwicklungsmöglichkeiten sichtbar wurden. Die 1967 veröffentlichte Studie *The Year 2000. A Framework for Speculation on the next Thirty-Three Years* gilt als Geburtsstunde der Szenarienplanung. Parallel dazu entstand in Frankreich die »Prospective Analysis«. Sie wurde vor allem in der französischen Regionalplanung angewandt und erklärt den hohen Stellenwert, den Szenarien in Frankreich noch heute haben.

In den späten sechziger und frühen siebziger Jahren begannen einzelne Unternehmen, sich für Szenarien zu interessieren. Als erster industrieller Anwender kann *General Electric* angesehen werden. Hinzu kamen neben *Royal Dutch/Shell* im deutschsprachigen Raum vor allem *BASF*, *Daimler-Benz* und *Volkswagen*. Insgesamt setzten sich Szenarien vor allem bei Unternehmen durch, die in einem instabilen politischen und sozialen Umfeld operierten und insofern über eine langfristige Planung verfügten. Es ist festzustellen, dass die Nutzung von Szenarien in der strategischen Planung seit Mitte der achtziger Jahre kontinuierlich zunimmt. Szenarien unterscheiden sich von Trends anhand von zwei unterschiedlichen Denkweisen:

- *Zukunftsoffenes Denken:* Aufgrund der Ungewissheit in Märkten und Branchen sowie den technologischen und allgemeinen Umfeldern

wird nicht mehr versucht, die Zukunft exakt vorherzusagen. Stattdessen werden mehrere, vorstellbare Zukunftsbilder entwickelt und beschrieben.
- *Vernetztes Denken:* Die Vielfalt der unternehmerischen Tätigkeit hat sich durch neue Technologien, die Dekonstruktion von Branchen und Wertketten, die zunehmende Globalisierung sowie die gestiegenen Ansprüche von Gesellschaft, Kunden und Mitarbeitern stetig erhöht. Hinzu kommt, dass die Dynamik der Änderungsprozesse im Unternehmensumfeld ständig zunimmt.

Die Kombination von zukunftsoffenem und vernetztem Denken führt zur Definition eines Szenarios. Darunter wird eines von mehreren Zukunftsbildern verstanden, das auf einer schlüssigen Kombination denkbarer Entwicklungsannahmen beruht.

Bob Johansen vom Institute for the Future bezieht Unbeständigkeit (Volatility) und Mehrdeutigkeit (Ambiguity) in den Katalog der grundlegenden Umfeldveränderungen ein und spricht daher von der Entstehung von VUCA-Welten (= Volatility, Uncertainty, Complexity und Ambiguity).

In den vergangenen Jahren hat sich der Kreis von Unternehmen, die Szenarien einsetzen, deutlich erweitert. Inzwischen nutzen auch viele mittelständische Unternehmen, Geschäfts- und Funktionsbereiche großer Konzerne sowie der öffentliche Sektor alternative Zukunftsbilder, um sich auf die Zukunft vorzubereiten. Wann aber kommen Szenarien zum Einsatz?

»Die Märkte sind nicht unser Problem. Wir werden in den kommenden Jahren alles verkaufen, was wir produzieren können.« Der Vertriebsverantwortliche blickte zufrieden in die Runde. Seine Kollegen nickten. Man war nicht umsonst Weltmarktführer in einer aufstrebenden Branche geworden. Da war es nicht opportun, dass die Unternehmensentwicklung mit ihnen einen zweitägigen Workshop durchführen wollte, in dem die Zukunft der Märkte und ihre eigenen Handlungsoptionen durchdacht werden sollten. »Einen solchen Workshop brauchen wir nicht«, befand die Runde nach einem knappen halben Tag und freute sich über anderthalb »gewonnene« Tage, die man gut zur Optimierung der Vertriebsstrategie nutzen konnte.

Einige Jahre ist es her, dass dieser Workshop (nicht) stattfand. Seither hat nicht nur eine globale Finanz- und Wirtschaftskrise zu erheblichen Veränderungen geführt – auch andere Eckpfeiler der Boombranche sind ins Wanken geraten: Neue Wettbewerber aus Fernost erobern aufgrund günstiger Produktionsmöglichkeiten Marktanteile, das regulative Umfeld befindet sich im Umbruch, das unübersichtliche Technologiefeld hat sich verändert. Der Weltmarktführer von damals steht mit dem Rücken zur Wand. Die in den anderthalb Tagen verfeinerten Vertriebsstrategien sind längst überholt.

Was bleibt, ist die Frage, warum Unternehmen – und genauso Organisationen, Verwaltungen oder Politiker – strukturelle Veränderungen in ihren Marktumfeldern so häufig nicht erkennen – und das, obwohl die Menge der Trend- und Branchenreports deutlich zugenommen hat.

Eine alte Weisheit besagt, dass wir Veränderungen kurzfristig eher überschätzen, langfristig dagegen tendenziell unterschätzen. Dies bedeutet einerseits, dass sich Unternehmen verstärkt mit längerfristigen Zukunftsentwicklungen auseinandersetzen – also vor allem Szenarien entwickeln sollten. Andererseits heißt es aber auch, dass sie sich bei der Auseinandersetzung mit Zukunft häufig an ihrer aktuellen Ausgangssituation orientieren. Es ist also notwendig zu fragen, wie ein Boom, eine Krise oder entsprechende Wendepunkte die Bereitschaft zur Nutzung von Szenarien – aber auch deren Einsatzmöglichkeiten – beeinflussen.

Die Blindheit im Boom

»Die makroökonomische Politik hat die Konjunktur inzwischen so weit im Griff, dass sie keine schweren Krisen mehr verursachen kann.« Dieses Zitat aus dem Jahr 2004 stammt von Ben Bernanke, der später Chef der US-Notenbank wurde. Es zeigt – ebenso wie die anderen Beispiele in Abbildung 4 –, wie schwer sich selbst Experten und renommierte Persönlichkeiten mit der Vorausschau tun.

Warum nehmen wir schmerzhafte Veränderungen so spät wahr, obwohl wir doch wissen, dass der Weg in die Zukunft nicht auf Schienen verläuft und konjunkturelle Zyklen eine ebenso natürliche Entwicklung darstellen wie strukturelle Veränderungen und Substitutionseffekte? Ein wesentlicher Grund dafür ist, dass wir nur zu gerne an die positiven Annahmen glauben, auf denen unsere Strategien und Planungen aufsetzen. Daher empfangen wir die entsprechenden Signale besser als solche, die vom möglichen Scheitern unserer Strategien oder Planungen künden. Insofern ist es eine wichtige Funktion von Szenarien, Unternehmen aus der »gedanklichen

Komfortzone« herauszuholen und sie zur Auseinandersetzung mit weniger attraktiven Alternativentwicklungen zu zwingen.

Abbildung 4: Unterschätzte Krisen

1929	*Schwarzer Freitag (25.10.1929)*	»Es sieht danach aus, dass die Aktienmärkte ein dauerhaft hohes Niveau erreicht haben.« *Irving Fisher, Wirtschaftsprofessor an der Yale University, 17.10.1929* »Eine Wirtschaftskrise wie die von 1920/21 liegt außerhalb jeder Möglichkeit.« *Harvard Economic Society, eine Woche vor dem schwarzen Freitag*
1935	*Ende des Stummfilms*	»Wer, zum Teufel, möchte Schauspieler sprechen hören?« *Warner Brothers, 1927*
1973	*Ölkrisen*	»Wenn jeder seine gewöhnliche Fahrgeschwindigkeit nur um zehn Prozent vermindert, wird genug Benzin gespart, um die Verknappung zu überwinden.« *Blaine J. Yarrington, Präsident von Standard Oil of Indiana, 1973*
1970er	*Umbrüche durch Digitalisierung/ Rationalisierung*	»Ich bin kreuz und quer durch das Land gereist und habe mit den besten Leuten gesprochen. Daher kann ich Ihnen versichern: Datenverarbeitung ist ein modischer Schnickschnack, der sich nicht einmal ein Jahr lang halten wird.« *Wirtschaftsbuch-Lektor von Prentice Hall, 1957*
1997	*Asienkrise*	»Die verfügbaren Projektionen zeigen ein gesundes Wachstum in den Ländern Südostasiens bis ins 21. Jahrhundert hinein.« *Vereinte Nationen, Economic and Social Survey of Asia and the Pacific*
2000	*New-Economy-Krise*	»Wir sind Zeugen eines historischen Booms von nie gekannter Dimension.« Die Weltökonomie werde sich alle zwölf Jahre verdoppeln. »Vor uns liegen 25 Jahre Reichtum und Freiheit – haben Sie etwa ein Problem damit?« *WIRED, Amerikanisches Zeitgeistblatt, Juli 1997*
2003	*UMTS-Krise*	»Wer eine UMTS-Lizenz hat, gehört zu den Gewinnern.« *Gerhard Schmid, mobilcom-Chef, direkt nach der Ersteigerung einer UMTS-Lizenz für 16,49 Mrd. DM im August 2000; Ende 2003 gab mobilcom als erstes Unternehmen seine dann nahezu wertlose Lizenz wieder zurück.*
2000er	*Klimawandel/ Erderwärmung*	»Die [...] Luftverschmutzung könnte die globale Temperatur um mehr als drei Grad sinken lassen [...] ausreichend, um eine Eiszeit auszulösen.« *Stephen Schneider, 1971, Science*
2008	*Finanz- und Wirtschaftskrise*	»Die makroökonomische Politik hat die Konjunktur inzwischen so im Griff, dass sie keine schweren Krisen mehr verursachen kann.« *Ben Bernanke, 2004, heute US-Notenbankchef*

Auch wenn es in der Praxis schwer ist – wie das Beispiel des Marktführers am Anfang zeigt –, so lehrt uns die Erfahrung, dass in Boomzeiten gestartete Szenarioprojekte eine besonders gute Startposition aufweisen. Dies hängt zum einen damit zusammen, dass Führungskräfte und Mitarbeiter aus einer gesicherten Position heraus offener über Veränderungen sowie unangenehme Markt- und Branchenentwicklungen nachdenken. Zum anderen verfügen Unternehmen in dieser Zeit über eine relativ große Anzahl von Handlungsoptionen, was den Umgang mit der aufgezeigten Ungewissheit deutlich erleichtert. Ein dritter Vorteil resultiert daraus, dass die Dynamik selbst erwarteter Veränderungen häufig unterschätzt wird. Dies bedeutet, dass Unternehmen, die sich in einer Boomphase wähnen, bereits dichter vor einem Abschwung stehen, als sie meinen. Wir haben daher beim Rückblick auf Szenarioprojekte schon mehrfach gehört: »Unsere Einschätzung der Szenarien war korrekt – aber die Veränderung kam wesentlich schneller als erwartet.«

Im Wald der Wendepunkte

Ein Boom endet nur selten abrupt – in der Regel folgt ihm eine Phase äußerst indifferenter Signale: Wird der Markt noch weiter wachsen? Ist dies eine »Delle« oder der Beginn eines strukturellen Abschwungs? Sind die Alternativen wirklich so attraktiv, wie sie von Medien oder Wettbewerbern dargestellt werden? ... Der Raum möglicher Entwicklungen ist in dieser Zeit besonders groß.

Sehr viele Szenarioprozesse starten in einer solchen Situation, in der bestehende Strategien oder Geschäftsmodelle zunehmenden Bedrohungen ausgesetzt sind. Wichtig ist es hier, den Betrachtungsgegenstand des Szenarioprozesses nicht zu eng zu wählen. In einer Marktforschungsstudie von Daimler aus dem Jahr 1901 hieß es: »Die weltweite Nachfrage nach Kraftfahrzeugen wird eine Million nicht überschreiten – allein schon aus Mangel an verfügbaren Chauffeuren.« – Was hätte es in einer solchen Situation geholfen, wenn Daimler mehrere Szenarien zur Zukunft des Chauffeur-Markts entwickelt hätte?

Die Krux mit dem Krisen-Management

Wie steht es aber um den Szenarioeinsatz, wenn sich Unternehmen inmitten einer Krise befinden? Hier liegen Unsicherheiten auf der Hand, außerdem stehen Strategien und Geschäftsmodelle häufig durch äußeren Druck direkt auf dem Prüfstand. Gleichzeitig wird das Geschäft kurzatmiger und die mit strategischen Entscheidungen verbundene Risikobereitschaft geht zurück. Sicherheit verspricht vor allem operatives Krisen-Management. Hier stellt sich für Unternehmen vor allem eine Frage: Ist der Spielraum für strategische Entscheidungen tatsächlich geringer als vor oder nach der Krise?

Krisen sind nicht nur Zeiten einbrechenden Wachstums oder rückläufiger Erträge, sondern vielfach sind sie auch eine Zeit starker Strukturbrüche und Wendepunkte. Gleichzeitig werden traditionelle Wettbewerbskonstellationen aufgebrochen. Die Rückschau zeigt, dass Unternehmen dann gestärkt aus einer solchen Situation hervorgehen, wenn sie nicht nur operativ klug agieren, sondern diese Strukturbrüche und Wendepunkte annehmen und bei ihren Entscheidungen berücksichtigen. Nicht selten ist es gerade eine Krise, die den Blick auf neue Optionen freigibt, weil bisherige Gewissheiten infrage gestellt werden oder schlichtweg nicht mehr gelten.

Innovation ist mehr als Imitation

Nachdem eine Krise überstanden ist, öffnen sich für die verbliebenen Marktteilnehmer neue Chancen. Dabei entsteht häufig eine Dynamik, die die gesamte Wirtschaft oder zumindest einzelne Branchen mitreißt. Insbesondere in Folge konjunktureller oder gesamtwirtschaftlicher Krisen besteht dabei die Gefahr, dass lediglich das bestehende Geschäftsmodell neu aufgelegt wird. Häufig lohnt es aber, sich gerade jetzt von den bestehenden Sichtweisen zu lösen. Auf diese Weise ist im Nachkriegsdeutschland der Versandhandel gewachsen. So erschien 1950 der erste 14-seitige OTTO-Katalog in einer Auflage von 300 Exemplaren und der Präsentation von 28 Paar Schuhen. Revolutionär und für die damalige Versorgungswirtschaft ungewöhnlich war, dass OTTO unter dem Motto »Vertrauen gegen Vertrauen« als erster Versender den Kauf auf Rechnung einführte. Das Wirtschaftswunder beflügelte den Kataloghandel und führte dazu, dass sein Anteil am gesamten Einzelhandelsumsatz in den sechziger Jahren bis auf 5 Prozent anstieg. 1963 führte OTTO als eines der ersten Handelsunternehmen die telefonische Bestellung ein, 1994 erschien der Katalog auf CD-ROM und ein Jahr später im Internet. Heute ist die OTTO-Group in den drei großen Wirtschaftsräumen Europa, Asien und Nordamerika vertreten – mit vielfältigem stationären Einzelhandel sowie als in Deutschland zweitgrößter Onlinehändler –, direkt hinter dem Marktführer Amazon.

In einer Nach-Krisen-Phase besteht die Tendenz, zunächst das operative Geschäft in geordnete Bahnen zu bringen, und sich anschließend strategischen Themen zuzuwenden. So verständlich dies ist – es ist auch so, als würden wir erst Gas geben und dann lenken.

Das Dilemma der Zukunftsszenarien

Der Einsatz von Szenarien mündet nicht automatisch in einen etablierten und im Unternehmen fest verankerten Prozess. Erst wenige Unternehmen bemühen sich darum, neben Strategie-, Controlling-, Produktions- oder Personalentwicklungsprozessen auch einen kontinuierlichen Zukunftsprozess zu etablieren. In den meisten Fällen führen spezifische, aus der Strategiearbeit oder dem Tagesgeschäft kommende Fragestellungen dazu, dass Unternehmen eine Szenarioentwicklung anstoßen. Solche Anstoßpunkte gibt es in jeder konjunkturellen Lage, lediglich die Inhalte der Fragestellung unterscheiden sich deutlich. Abbildung 5 zeigt, dass es in jeder Situation neben guten Gründen für die Entwicklung und Nutzung von Szenarien auch spezifische Einwände gibt. Gegenläufig sind dabei vor allem zwei Effekte, die zu einem Dilemma der Zukunftsszenarien führen:

In Boomzeiten lassen sich Szenarien besonders gut nutzen, da es offensichtlich einen hohen Spielraum für strategische Entscheidungen gibt. Gleichzeitig werden Unternehmen aber durch ihre Erfolge dazu verleitet, Risiken auszublenden – die empfundene Unsicherheit ist gering, und damit auch der Druck, alternative Zukunftsbilder zu entwerfen. Dieses Verhältnis kehrt sich in Krisenzeiten um. Nun wird die Zukunft zwar als unsicher wahrgenommen – und der Wunsch, Szenarien zu entwickeln ist sehr ausgeprägt –, aber der Spielraum für strategische Entscheidungen ist aufgrund des operativen Krisen-Managements eher gering.

Gleichzeitig mangelt es in Boomzeiten an personellen und in Krisenzeiten an finanziellen Ressourcen, sodass Szenarien verstärkt in Auf- und Abschwungphasen genutzt werden, wenn kein Ressourcenengpass vorliegt und die beiden oben beschriebenen Effekte einander ausgleichen.

Abbildung 5: Dilemma der Szenarionutzung

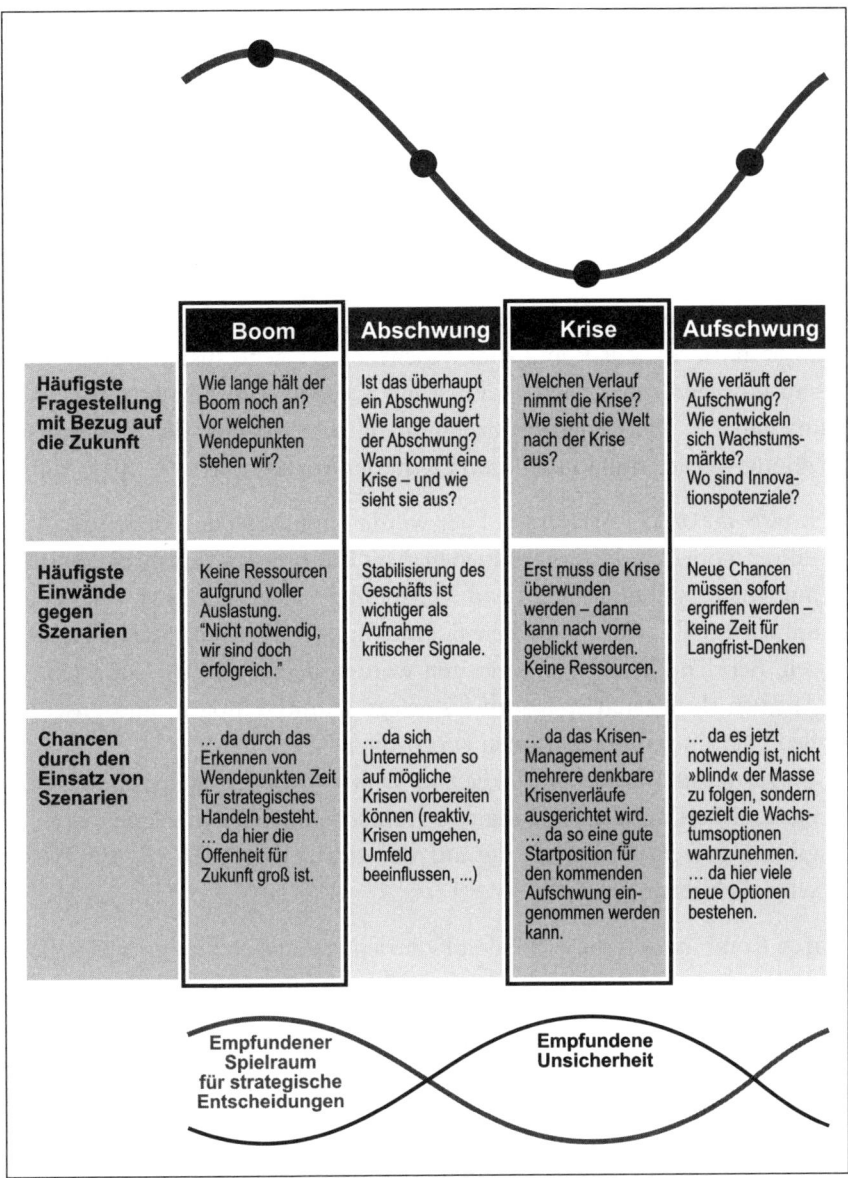

So nachvollziehbar die beschriebenen Einwände im Einzelnen sind – sie werden der hohen Ungewissheit in unseren Markt- und Branchenumfeldern nicht mehr gerecht. Die Entwicklung erfolgt nicht mehr »auf Schienen« oder entsprechend einer eindeutigen Route. Wer Szenarien entwickelt, hält anstelle einer eindimensionalen Routenbeschreibung eine komplette Landkarte in der Hand, auf der er unterschiedliche Wege und Rahmenbedingungen erkennen kann.

Wie Szenarien entwickelt werden

Das Wort »Szenario« ist heute in aller Munde – leider auch, wenn es um »das Szenario für das kommende Wochenende« geht. Insofern sollte man genau hinsehen, ob es sich wirklich um Szenarien im hier beschriebenen Sinne handelt. Die in der Praxis gebräuchlichen Formen der Szenarioentwicklung werden anhand von zwei Kriterien strukturiert:

- *Konstruktion der Szenarien:* Hier werden induktive und deduktive Verfahren voneinander unterschieden. Die Bottom-Up-Verfahren basieren auf einer systematischen und vollständigen Verknüpfung (modellgestützte Logik) von möglichen Entwicklungen einzelner Schlüsselfaktoren. Bei den Top-Down-Verfahren werden demgegenüber zunächst die Themen der Szenarien vorab festgelegt (intuitive Logik) und anschließend die Einzelinformationen zugeordnet.
- *Umgang mit Wahrscheinlichkeiten:* Während in der Mehrzahl der Szenarioansätze auf die Nutzung von Wahrscheinlichkeiten verzichtet wird, gibt es einzelne Ansätze, die auf der strategischen Ebene mit Wahrscheinlichkeiten arbeiten.

Durch Kombination dieser beiden Kriterien lassen sich vier grundsätzliche Formen der Szenarioentwicklung voneinander unterscheiden:

- In der vor allem in Kontinentaleuropa gebräuchlichen *Szenariotechnik* (→) erfolgt eine Bottom-Up-Szenarioentwicklung mit dem Ziel, die grundsätzlichen Entwicklungsalternativen in einem Zukunftsraum abzubilden.
- In dem im anglo-amerikanischen Raum dominanten *Scenario Planning* (→) wird ebenfalls auf den Einsatz von Wahrscheinlichkeiten verzichtet. Die Abbildung des Zukunftsraums erfolgt allerdings auf Basis weniger Strukturmerkmale, sodass das Kriterium der Vollständigkeit in der Regel schlechter erfüllt ist als in der Szenariotechnik.

- In den *Wechselwirkungsszenarien* (→) erfolgt neben der Bottom-Up-Szenariokonstruktion auch eine Abschätzung der Wahrscheinlichkeiten der Einzelparameter und darauf aufbauend eine Berechnung der Wahrscheinlichkeiten der einzelnen Szenarien.
- *Narrative Szenarien* und *Sciencefiction* (→) entstehen vornehmlich auf Basis von Experteneinschätzungen – also im Sinne eines *Genius Foresight*. Dabei bilden sie die Schnittstelle zu den prognostischen, trendbasierten Instrumenten. Da wir sie hier als Darstellung einer widerspruchsfreien und komplexen Zukunft verstehen, können sie in der Gruppe der Szenarioinstrumente verortet werden, auch wenn sie dem Kriterium der Vollständigkeit des Zukunftsraums am wenigsten genügen.

Abbildung 6: Vier Formen der Szenarioentwicklung

		Berücksichtigung von Wahrscheinlichkeiten	
		Ja	Nein
Konstruktion der Szenarien	Bottom-Up-Verfahren	**Wechselwirkungsszenarien** Szenarioentwicklung durch Verknüpfung von möglichen und nach Wahrscheinlichkeit bewerteten Entwicklungsalternativen einzelner Schlüsselfaktoren.	**Szenariotechnik** Szenarioentwicklung auf Basis der systematischen und vollständigen Verknüpfung von möglichen, tendenziell extremen Entwicklungsalternativen einzelner Schlüsselfaktoren.
	Top-Down-Verfahren	**Genius Foresight (Narrative Szenarien/Sciencefiction)** Entwicklung einzelner oder mehrerer komplexer Zukunftsbilder durch Experten oder Expertengruppen auf Basis vorhandener Informationen.	**Scenario Planning** Szenarioentwicklung auf Basis eines vorab festgelegten Rasters (»framework«), wobei die so entstandenen Szenarien als gleichwertige, denkbare Alternativen angesehen werden.

Diese verschiedenen Ansätze der Szenarioentwicklung lassen sich auch nach dem Grad der Ungewissheit und Komplexität im Umfeld charakterisieren:

- *Vier Stufen der Ungewissheit:* Der Umgang mit Ungewissheit erzeugt bei den meisten Menschen Unbehagen – so auch bei Entscheidern und Planern. Zunächst wird versucht, die Zukunft durch eindeutige Prognosen vorherzusagen – entweder auf Basis rückwärtsgewandter Extrapolation oder durch lineare Trendfortschreibung. Diese angenommene *Plan-*

barkeit kann als erste Stufe der Ungewissheit verstanden werden. Wird allerdings deutlich, dass Marktumfelder mit solchen Instrumenten nicht mehr planbar sind, so verzichten viele weitgehend auf eine systematische Auseinandersetzung mit der Zukunft. In einem Umfeld *völliger Unschärfe* (Stufe 4) versuchen sie dann, gestützt auf eine hohe Flexibilität möglichst schnell auf jede erkennbare Veränderung zu reagieren. Später stellen sie allerdings fest, dass sie von »plötzlichen« Ereignissen getroffen werden und sich ihr Spielraum zu diesem Zeitpunkt erheblich verengt hat. Viele strategische Entscheidungssituationen sind allerdings dadurch gekennzeichnet, dass sich die Zukunft weder exakt vorhersagen lässt, noch vollständig ignoriert werden darf. Solche Situationen können durch eindeutige *Alternativen* (Stufe 2) oder durch einen weitgespannten *Zukunftsraum* (Stufe 3) vorab durchdacht werden.

- *Vier Stufen der Komplexität:* Neben der Ungewissheit spielt beim Zukunftsmanagement die Vernetzung eine große Rolle: Traditionell agieren wir in relativ *einfachen Umfeldsystemen* (Stufe 1), welche sich durch wenige, in der Regel sogar quantifizierbare Faktoren beschreiben lassen. Die meisten Management-Instrumente basieren auf dieser Sichtweise. Auf einer zweiten Stufe der Komplexität müssen wir unseren Fokus in zwei Richtungen erweitern – hin zu mehr und zunehmend qualitativen Einflussfaktoren. Solche *vernetzten Systeme* können im Dialog gehandhabt werden. In der dritten Stufe bedarf es spezifischer Instrumente, um mit der Vernetzung vieler Faktoren und ihren qualitativen Entwicklungsmöglichkeiten umzugehen. Wir sprechen daher auch von *qualitativer Vielfalt*. Auf der vierten Stufe finden wir schließlich Systeme, deren vielfältige Interaktion sich quantifizieren und in Modellen ausdrücken lässt – beispielsweise in Klimamodellen oder bei einer Wettervorhersage. Daher kann hier von *quantitativer Vielfalt* gesprochen werden. In strategischen Entscheidungssituationen liegt vornehmlich ein Vernetzungsgrad der Stufen 2 und 3 vor: Es sind viele Faktoren zu berücksichtigen, ohne dass sich deren Entwicklungsmöglichkeiten exakt quantifizieren lassen.

Aus der Zusammenführung der vier Stufen von Ungewissheit und Komplexität entsteht die in Abbildung 7 dargestellte Übersicht. Darin wird deutlich, dass Szenarien aufgrund ihrer Abbildung der Ungewissheitsstufen 2 und 3 in strategischen Entscheidungssituationen eine hohe Bedeutung zukommt. Bezieht man die Stufen der Komplexität in die Betrachtung ein, so lassen sich die vier Formen der Szenarioentwicklung – ergänzt um einfache Szenarien in Best-Case-/Worst-Case-Betrachtungen – einordnen.

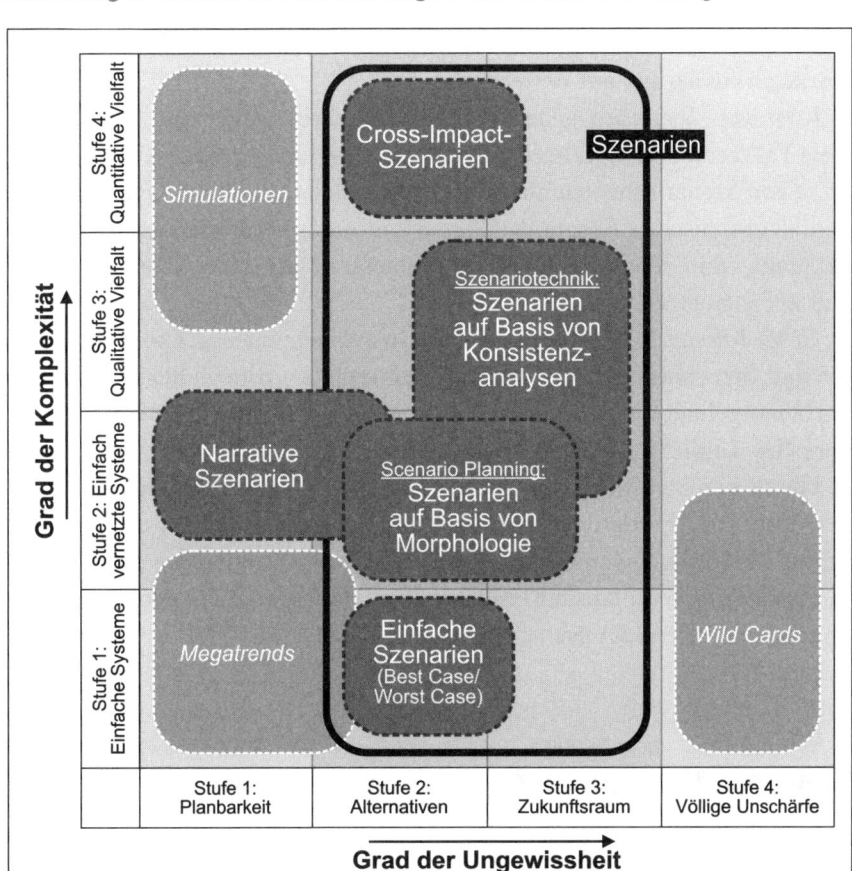

Abbildung 7: Ansätze im Feld von Ungewissheit und Vernetzung

[Diagramm: Matrix mit Achsen "Grad der Komplexität" (vertikal, Stufen 1–4: Einfache Systeme, Einfach vernetzte Systeme, Qualitative Vielfalt, Quantitative Vielfalt) und "Grad der Ungewissheit" (horizontal, Stufen 1–4: Planbarkeit, Alternativen, Zukunftsraum, Völlige Unschärfe). Eingeordnete Ansätze: Simulationen, Cross-Impact-Szenarien, Szenariotechnik: Szenarien auf Basis von Konsistenzanalysen, Narrative Szenarien, Scenario Planning: Szenarien auf Basis von Morphologie, Megatrends, Einfache Szenarien (Best Case/Worst Case), Wild Cards.]

Einfache Szenarien liegen dort vor, wo nur wenige Faktoren zur Konstruktion oder Beschreibung der Zukunftsbilder verwendet werden. Dies ist bei klassischen Best-Case/Worst-Case-Betrachtungen ebenso der Fall wie dort, wo Szenarien nach einem festen Schema (»Das Positive«, »Das Negative«, »Das Wahrscheinliche«, et cetera) entwickelt werden. Solche Szenarien weisen häufig enge Beziehungen zu Megatrends *(Trendforschung/Trend-Management* →*)* auf.

Morphologische Szenarien beziehen mehr Faktoren und qualitative Entwicklungsalternativen ein, wobei ihre Konstruktion in der Regel auf einem im Dialog entwickelten Szenariorahmen beruht. Diese Ansätze finden sich vor allem in dem im anglo-amerikanischen Sprachraum geläufigen *Scenario Planning (→)*. Ihre Stärke liegt in der intuitiven Szenariobildung – ihre Schwäche ist vielfach die Ausblendung von Vernetzung und damit die zu starke Fokussierung auf Bestehendes.

Komplexe Szenarien gehen noch einen Schritt weiter und beziehen so viele Faktoren und Wirkbeziehungen ein, dass eine einfache Vorab-Festlegung von Szenariothemen nicht mehr möglich ist. Daher werden im kontinentaleuropäischen Ansatz der *Szenariotechnik (→)* Instrumente wie Vernetzungs- und Konsistenzanalysen eingesetzt, um eine »Landkarte der Zukunft« zu erzeugen.

Cross-Impact-Szenarien gehen beim Instrumenteneinsatz nochmals weiter und berechnen für die Szenarien konkrete Eintrittswahrscheinlichkeiten. Dies gelingt allerdings nur bei einem enger definierten Betrachtungsbereich – ähnlich wie bei *Simulationen (→)*.

Hinzu kommen noch *narrative Szenarien (→)*, die allerdings nicht immer mehrere Alternativen darstellen und insofern auch als »unechte Szenarien« bezeichnet werden. Ihre Stärke liegt vor allem darin, vernetzte Zukunftssituationen plausibel darzustellen, sodass daraus Konsequenzen abgeleitet werden können.

Szenario-Management

Szenario-Management ist ein übergreifendes Rahmenkonzept, bei dem Szenarioentwicklung und strategische Nutzung der Szenarien unmittelbar miteinander verknüpft sind. Insofern kombiniert es das zukunftsoffene und vernetzte Denken mit dem strategischen Denken und Handeln (siehe Abbildung 8). Darunter wird hier die Identifikation und Nutzung von Erfolgspotenzialen verstanden.

Abbildung 8: Grundprinzip des Szenario-Managements

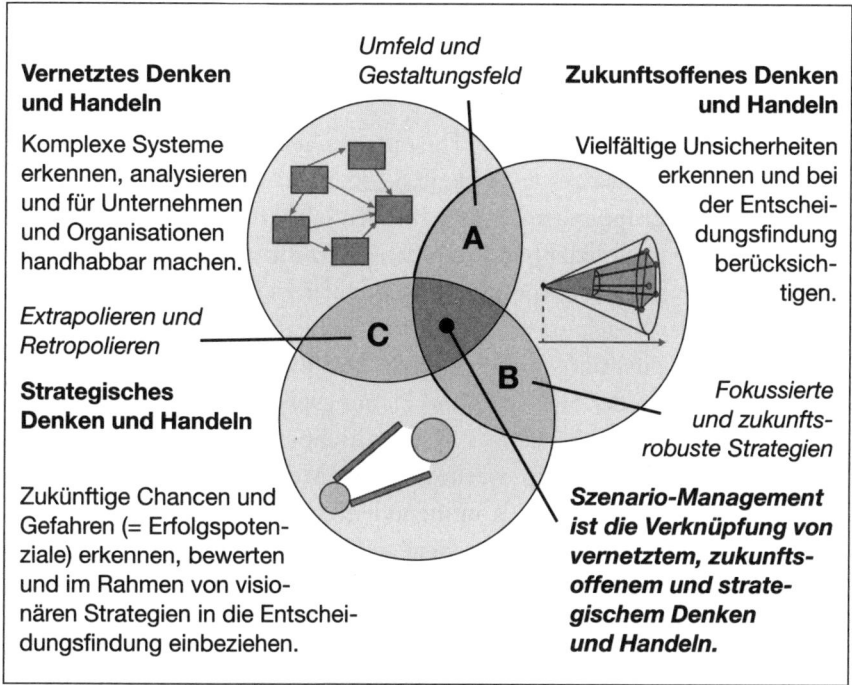

Die Schnittstellen der drei Denkansätze werden von drei relevanten Fragestellungen geprägt:

- *Umfeld und Gestaltungsfeld* (A): Entsprechend des Systemansatzes ist es sinnvoll, zwischen Umfeld- und Lenkungsszenarien zu unterscheiden (→ *Szenariotechnik, Strategieoptionen/Strategieszenarien*).
- *Fokussierte und zukunftsrobuste Strategien* (B): Im Umgang mit der Ungewissheit müssen Unternehmen und Organisationen darüber befinden, auf wie viele und welche Szenarien sie sich stützen wollen (→ *Szenariotechnik*).
- *Extrapolieren und Retropolieren* (C): Am Schnittpunkt zwischen vernetztem und strategischem Denken sind die visionären Elemente des Retropolierens (→ *Szenarien, Leitbilder*) mit den extrapolativen Werkzeugen (→ *System Dynamics, Strategie-Roadmapping*) zu verknüpfen.

In der Praxis versteht man unter Szenario-Management auch eine spezifische Form der Szenarioentwicklung. Dies wird deutlich, wenn man die Methode der Vorausschau und Projektionsentwicklung im Rahmen der

Szenariobildung als drittes Kriterium einführt, um die nicht-wahrscheinlichkeitsfixierten Szenarioansätze zu strukturieren. Nun lassen sich die Ansätze der *Szenariotechnik (→)* sowie des *Scenario Plannings (→)* auf die folgende Art spezifizieren (siehe Abbildung 9):

- *Traditional Scenario Planning:* Die entsprechend des traditionellen Szenarienplanungsansatzes entwickelten Szenarien sind in der Regel prägnant und zielgruppengerecht beschrieben – aber ihre Konstruktion ist nur partiell nachvollziehbar. Außerdem führt die starke Ausrichtung der Szenarien an ihrer Kommunikationsfähigkeit zu einer Begrenzung ihrer Anzahl; in der Regel auf vier Szenarien. So bleiben signifikante Bereiche des Möglichkeitsraums unbeschrieben und die Nutzbarkeit der Szenarien im Rahmen der Strategie- und Planungsprozesse ist eingeschränkt.
- *Traditionelle Szenariotechnik:* Systematische Ansätze auf Basis eindimensionaler Projektionen werden in der Mehrzahl der traditionellen Szenariotechnikansätze in Kontinentaleuropa genutzt. Diese Szenarien sind nachvollziehbar, weisen aber aufgrund ihrer eindimensionalen »Bausteine« eine Tendenz zu »Schwarz-Weiß-Szenarien« auf, was wiederum die Akzeptanz der Ergebnisse negativ beeinflusst.

Abbildung 9: Szenario-Management im Kontext traditioneller Szenarioansätze

			Methode der Projektionentwicklung	
			Eindimensional	Mehrdimensional
Konstruktion der Szenarien	Bottom-Up-Verfahren	Szenariotechnik	**Traditionelle Szenariotechnik** Systematische Szenarioentwicklung auf Basis eindimensionaler Zukunftsprojektionen	**Szenario-Management** (Konsistenzanalyse) Systematische Szenarioentwicklung auf Basis eindimensionaler Zukunftsprojektionen
	Top-Down-Verfahren	Scenario Planning	**Traditional Scenario Planning** (US-Ansatz) Intuitiver Entwurf von Szenariothemen in einem »Framework« auf Basis eindimensionaler Zukunfts- oder Trendprojektionen	**Szenario-Management** (Morphologie) Intuitiver Entwurf von Szenariothemen in einem »Framework« oder Konstruktion in einem Zukunftsraum und Bilder der Szenarien auf Basis mehrdimensionaler Zukunftsprojektionen

Eine im Rahmen des Szenario-Managements erfolgende Szenarioentwicklung ist vor allem durch eine Kombination der Vorteile systematischer Ansätze (Nachvollziehbarkeit, geringere Beeinflussbarkeit der Szenariothemen) mit der Entwicklung mehrdimensionaler Zukunftsprojektionen gekennzeichnet. Dabei erfolgt die kreative Betrachtung der einzelnen Schlüsselfaktoren anhand mehrerer Zukunftsperspektiven und führt jeweils zu vier oder fünf denkbaren Entwicklungsalternativen.

- *Szenario-Management mit Konsistenzanalyse:* Hier führt die Kombination der mehrdimensionalen Zukunftsprojektionen entsprechend der *Szenariotechnik (→)* tendenziell zu einer höheren Anzahl von Szenarien, die allerdings den Möglichkeitsraum weitergehender beschreiben und insofern die Nutzbarkeit der Szenarien für Strategie- und Planungsprozesse deutlich erhöhen.
- *Szenario-Management mit Morphologie:* Zudem ist es möglich, mehrdimensionale Projektionen als Basis für eine deduktive Szenariobildung zu verwenden. Dabei werden die Vorteile eines intuitiven Vorgehens (beispielsweise die direkte Einbindung des Szenarioteams oder der Verzicht auf den Einsatz einer Szenario-Software) genutzt, ohne dabei den Anspruch einer möglichst weitgehenden Beschreibung des Möglichkeitsraums aufzugeben. Ein häufiges Anwendungsfeld dieses Ansatzes ist die Entwicklung von *Strategieoptionen und Strategieszenarien (→)*.

Im Folgenden werden wir die vier unterschiedlichen Ansätze der Szenarioentwicklung jeweils in einzelnen Kapiteln darstellen. Dabei werden die verschiedenen Kommunikationsformate von Szenarien im Kapitel *Szenariotechnik (→)* und die Einsatzmöglichkeiten von Szenarien in strategischen Entscheidungsprozessen im Kapitel *Szenariotechnik (→)* näher betrachtet. Abgeschlossen wird diese Gruppe der Zukunftsinstrumente durch die Darstellung partizipativer Szenarioprozesse.

Scenario Planning

Scenario Planning ist der traditionelle und im anglo-amerikanischen Raum noch immer gebräuchlichste, deduktive Ansatz zur Entwicklung von Umfeldszenarien. Während die Umfeldanalyse und die Darstellung der Szenarien sehr ähnlich zur *Szenariotechnik* (→) sind, weist die Konstruktion der Szenarien markante Unterschiede auf.

Wer die Entwicklung des Scenario Plannings seit den sechziger Jahren betrachtet, der stößt unweigerlich auf die *Royal Dutch/Shell*-Gruppe. Im Jahre 1965 führte der britisch-niederländische Konzern ein neues Planungssystem mit dem Titel »Unified Planning Machinery« ein. Darin wurde sechs Jahre in die Zukunft geblickt – ein Jahr konkret und fünf Jahre mit einem breiteren Fokus. Dennoch wurde schnell deutlich, dass ein Sechs-Jahres-Planungshorizont in der Ölindustrie zu kurz griff. Daher begann man versuchsweise mit der Erstellung von Studien über das Jahr 2000. Dabei wurde deutlich, dass die Industrie sich nicht in bekanntem Maße weiterentwickeln wird und dass mit einer Reihe von Strukturbrüchen gerechnet werden musste. *Shell* stand also vor der Herausforderung, ein deutlich erweitertes Planungssystem zu entwickeln.

Dabei entstanden zunächst die »Szenarien der 1. Generation«, die vor allem der Orientierung der Entscheidungsträger im unsicheren Umfeld dienten. Sie beinhalteten als »vorherbestimmte Elemente« die Entwicklung vom Anbieter- zum Nachfragermarkt sowie die wachsende Bedeutung des Mittleren Ostens – vor allem der Golfregion. So entstanden neben dem überraschungsfreien Szenario drei alternative Zukunftsbilder – eines mit einer Verdreifachung der Ausfuhrsteuern der Ölförderländer und einem niedrigeren Wachstum, ein zweites mit einer Rezession und zunehmendem Protektionismus und ein drittes Szenario mit einer Zunahme von Kohle und Kernkraft auf Kosten des Öls. Diese Szenarien wurden anschließend analysiert und quantifiziert. Dabei entstanden Aussagen über die Ölnachfrage nach Marktsegmenten und Regionen, die Auswirkungen hoher Ölpreise für einzelne Regionen sowie mögliche Reaktionen von Konsumenten und Regierungen auf hohe Ölpreise.

Verdichtet wurden diese Informationen dann zu »Szenarien der 2. Generation«, die im September 1972 dem Top-Management von *Shell* vorgelegt wurden. Darin gab es eine als wahrscheinlich eingeschätzte Gruppe von A-Szenarien, die eine Einschränkung der Ölversorgung enthielt. Dies führte letztlich entsprechend des Umgangs mit dieser Entwicklung zu drei Subszenarien: der privatwirtschaftlichen Lösung über Marktkräfte (A1), der staatlichen Intervention (A2) sowie einer massiven Energiekrise (A3). Diese Szenarien standen in starkem Kontrast zum Wachstumsdenken in der Führungsetage von *Shell*. Daher wurde in den B-Szenarien alternativ davon ausgegangen, dass eine ausreichende Ölversorgung sichergestellt werden kann. Allerdings wurden darin auch die Rahmenbedingungen beschrieben, die dazu notwendig waren – eine zehnjährige Wachstumsschwäche der westlichen Staaten (B1), ein »Durchwursteln« auf Basis sozialer Kontinuität (B2) oder ein »Weiter so« (B3). Insbesondere die Unmöglichkeit des B3-Szenarios verdeutlichte der Führungsspitze die Stärke der bevorstehenden Veränderungen und die Notwendigkeit zum Handeln.

Zunächst wurden die Szenarien in der Konzernspitze und den großen Betriebsgesellschaften eingesetzt, und die Regierungen der großen Ölverbraucherländer wurden informell informiert. Später wurde auch die zweite Führungsebene von *Shell* einbezogen, von denen viele sich aufgrund der offenen Diskussionen auf die bevorstehenden A-Szenarien bereits vorbereiteten.

Abbildung 10: Shell-Szenarien der dritten Generation (1973) nach Wack

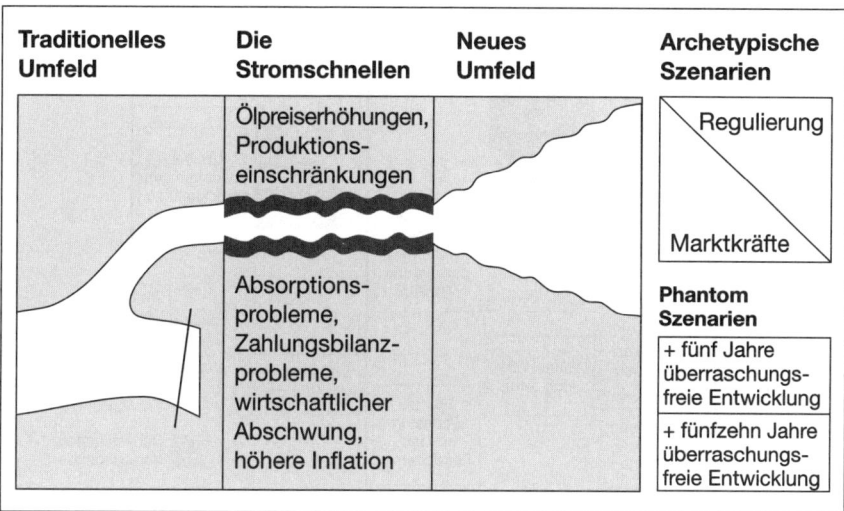

Bei der Entwicklung der »Szenarien der 3. Generation« im Jahr 1973 wurden die Annahmen zur Gewissheit – eine Ölkrise war vorherbestimmt. *Shell* war – wie Pierre Wack es formulierte – »*in der Situation eines Kanufahrers, der hört, dass hinter der nächsten Biegung Wildwasser rauscht und der sich auf Stromschnellen einstellen muss.*« Abbildung 10 zeigt, dass *Shell* von einem ruhigen Oberlauf (»das traditionelle Umfeld«) durch Stromschnellen in ein neues Umfeld steuerte. In diesem neuen Umfeld öffnete sich der Möglichkeitsraum wieder. Beschrieben wurde er zunächst durch zwei archetypische Szenarien – eine marktorientierte und eine regulative Zukunft. Ergänzt wurde dieser Zukunftsraum durch zwei sogenannte »Phantomszenarien«, in denen die Versorgungskrise sich um fünf oder fünfzehn Jahre verzögerte, die von den Planern aber selbst als »illusorisch« eingeschätzt wurden.

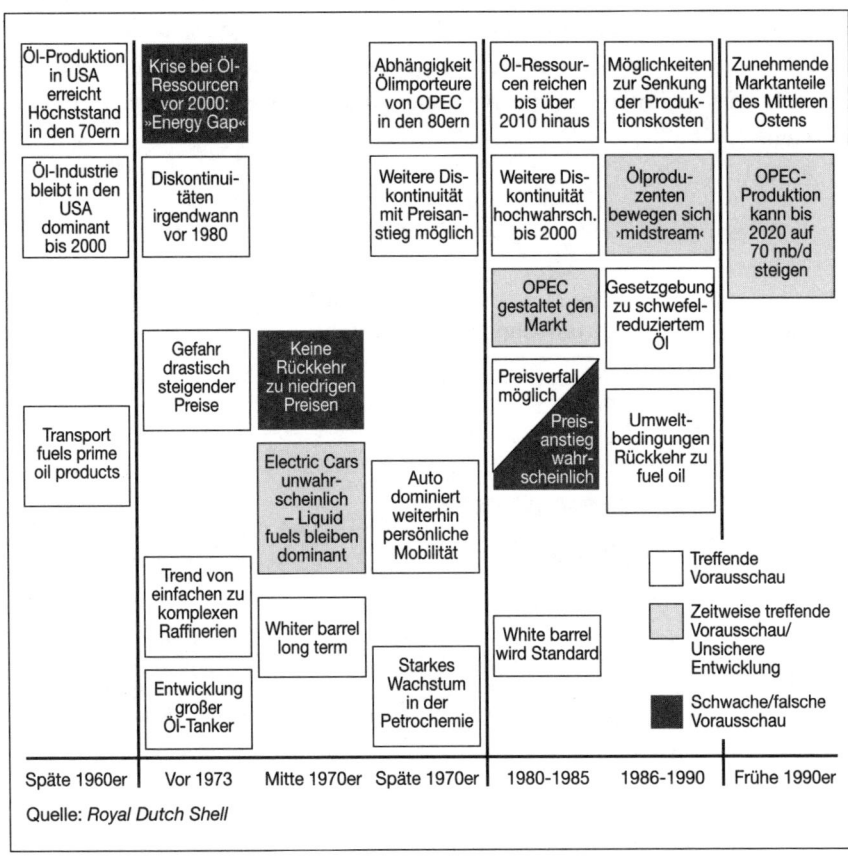

Abbildung 11: Hohe »Trefferquoten« der Shell-Szenarien

Es ist anzunehmen, dass Szenarien in dieser Zeit für *Shell* einen wichtigen Beitrag geleistet haben, um sich in der Spitze der globalen Mineralölkonzerne festzusetzen. Seit dieser Zeit nutzt *Shell* das Instrumentarium des Scenario Plannings intensiv. Es unterhält in Den Haag eine eigenständige Scenario Group, in der viele der bekannten Szenarienplaner wie Peter

Schwartz, Kees van der Heijden, Napier Collyns, Paul Shoemaker oder Ged Davis tätig waren. Abbildung 11 zeigt eine sehr hohe »Trefferquote« der Interpretation der *Shell*-Szenarien von den sechziger bis hin zu den neunziger Jahren.

Im Sommer 2005 wurden neue Szenarien von *Shell* für das globale, ökonomische Umfeld der Öffentlichkeit vorgestellt. Auf den Nutzen von Szenarien angesprochen, verweist *Shell* gerne auf den internen Lernprozess während der Szenarioentwicklung und auf die Zeit der exklusiven Nutzung der Erkenntnisse, vor der Veröffentlichung neuer Szenarien. Anschließend findet sowohl der breite Transfer innerhalb der Organisation als auch die Kommunikation der Szenarien in der Öffentlichkeit statt. Abbildung 12 zeigt das Modell der drei neuen *Shell*-Szenarien, das auf den Kernfaktoren Sicherheit, Effizienz sowie gesellschaftlicher Zusammenhalt und Gerechtigkeit aufbaut und in dem Buch »Shell Global Scenarios 2025« detailliert beschrieben wird:

- *Misstrauens-Globalisierung* (»Low Trust Globalisation«): Das Fehlen von Marktlösungen für die Sicherheits- und Vertrauenskrise, schneller Wandel bei staatlichen Regulierungen sowie überlappende und konkurrierende Gesetzgebung führt zu aufdringlichen Kontrollen, kurzfristiger Portfolio-Optimierung und vertikaler Integration. Politische Diskontinuitäten begrenzen die internationale, ökonomische Integration. Schlüsselfähigkeiten sind das Schritthalten mit den schnellen Regeländerungen sowie das Management der komplexen Risiken.
- *Offene Grenzen – offene Türen* (»Open Doors«): Integrierte Sicherheit und Kontrolle, harmonisierte Regulierung, gegenseitige Anerkennung, unabhängige Medien, freiwillige Best-Practice-Codes sowie eine enge Verbindung zwischen Investoren und der Zivilgesellschaft fördern die internationale Integration und virtuellen Wertketten. Networking und ein exzellenter Ruf werden zu zentralen Schlüsselgrößen.
- *Flaggen* (»Flags«): Nullsummenspiele, dogmatische Ansätze, fragmentierte Gesetzgebung, nationale Präferenzen sowie Konflikte über Werte und Religion verschaffen »Insidern« Vorteile und verlangsamen den Globalisierungsprozess. Abgeschlossene Gemeinschaften, Patronage und nationale Standards verschärfen diese Fragmentierung. National orientiertes Risiko-Management wird zu einer Notwendigkeit.

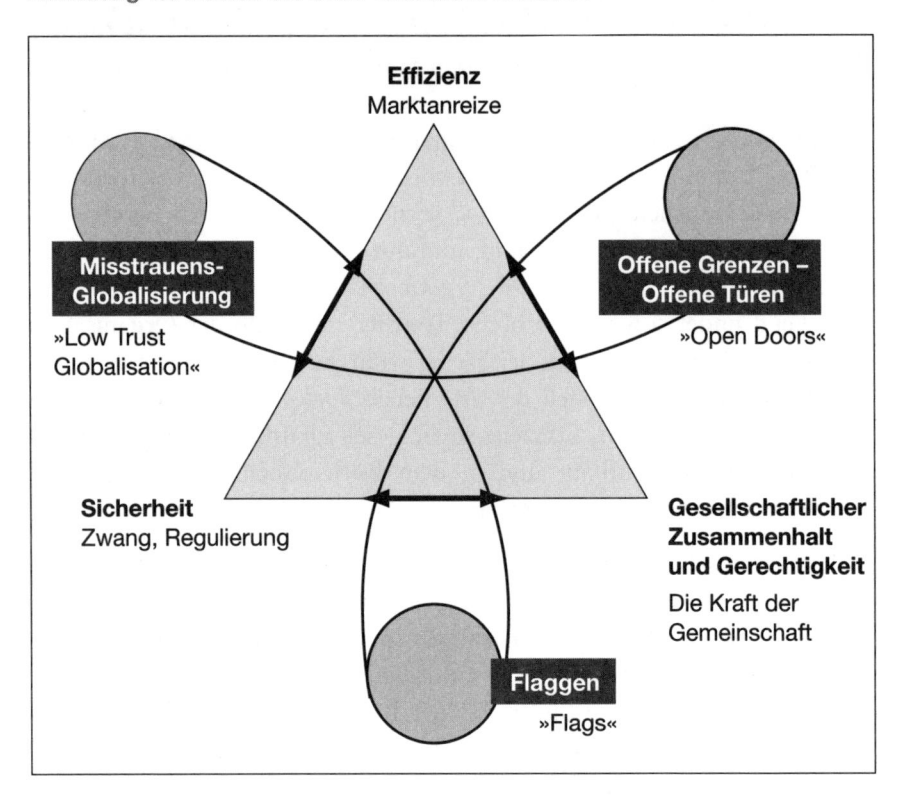

Abbildung 12: Modell der Shell-Szenarien von 2005

- **Effizienz** — Marktanreize
- **Misstrauens-Globalisierung** »Low Trust Globalisation«
- **Offene Grenzen – Offene Türen** »Open Doors«
- **Sicherheit** — Zwang, Regulierung
- **Gesellschaftlicher Zusammenhalt und Gerechtigkeit** — Die Kraft der Gemeinschaft
- **Flaggen** »Flags«

Inhalt

Es gibt eine Vielzahl methodischer Ansätze für Scenario Planning. Die aus unserer Sicht in der Praxis bedeutsamsten liefern *Peter Schwartz* und das *Global Business Network (GBN)*, *Paul Shoemaker* von der *Wharton Business School* sowie *Gill Ringland* und *SAMI Consulting*. Letzterer ist sehr stark interviewerorientiert und daher eher komplementär zu den ersten Ansätzen. Hinzu kommen die Methoden von *SRI International* und *Kairos Future*, wobei sich diese Liste um eine Vielzahl weiterer Modifikationen ergänzen ließe. Nicht zu vernachlässigen ist natürlich auch der Weg, mit dem *Shell* seine Globalszenarien entwickelt und der gleichermaßen als Keimzelle für die oben genannten sowie weiterer Scenario-Planning-Ansätze angesehen werden kann.

Vorgehen

Im Folgenden haben wir die Charakteristika der wesentlichen Ansätze verglichen und in einem gemeinsamen Ablaufmodell zusammengefasst (siehe Abbildung 13). Für detailliertere Betrachtungen der einzelnen Ansätze empfehlen wir die am Ende des Kapitels verzeichnete, ergänzende Literatur.

Abbildung 13: Scenario-Planning-Ansätze im Vergleich

Allgemeine Vorgehensschritte	Global Business Network (Schwartz, …)	Wharton Business School (Shoemaker, …)	SAMI Consulting (Ringland, …)	SRI Consulting/ Wolf Enterpr. (Ralston, Wilson, …)	Kairos Future (Lindgren/ Bandholt, …)
Szenariovorbereitung	Schritt 1: Identifikation/ Zielsetzung/ Entscheidung	Schritt 1: Definition/Zielsetzung	Schritt 1: Zieldefinition Schritt 2: Festlegung der Datenbasis und Interviewpartner	Schritt 1-5: Festlegung des inhaltlichen Fokus und der Prozessorganisation	Schritt 1: Vorbereitung des Szenarioprozesses
Identifikation/ Umfeldkräfte	Schritt 2: Schlüsselfaktoren Schritt 3: Treibende Kräfte	Schritt 2: Identifikation/ Stakeholder Schritt 3: Schlüsseltrends	Schritt 3: Durchführung der Interviews Schritt 4: Issue-Workshops	Schritt 7-10: Umfangreiche Umfeldanalyse inklusive Identifikation der Treiber und kritischen Kräfte	Schritt 2: Identifikation/ Bewertung von Umfeldtrends (»tracking«)
Bewertung Trends/Unsicherheiten	Schritt 4: Auswahl nach Bedeutung und Ungewissheit	Schritt 4: Identifikation Schlüssel-Unsicherheiten		Schritt 11: Bewertung der Umfeldfaktoren	Schritt 3: Analyse der Umfeldkräfte/ Bildung und Beschreibung der Szenarien (»analysis«)
Konstruktion Szenariothemen	Schritt 5: Auswahl der Szenariostruktur	Schritt 5: Konstruktion der Szenariothemen	Schritt 5: Konstruktion der Szenariothemen in Workshops	Schritt 12-13: Festlegung der Achsen und Entwicklung der Szenarien	
Ausformung/ Formulierung der Szenarien	Schritt 6: Ausformung der Szenarien	Schritt 6: Konsistenz-/ Plausibilitätsüberprüfung Schritt 7: Testszenarien Schritt 8: Identifikation/ Informationsbedarf	Schritt 6: Beschreibung der Szenarien für weitere Kommunikation	Schritt 14: Verfassen von Storylines für die Szenarien	
Ableitung Konsequenzen	Schritt 7: Auswirkung der Szenarien auf Entscheidung	Schritt 10: Weiterentwicklung zu Entscheidungsszenarien	Schritt 7: Auswirkung der Szenarien auf Entscheidung	Schritt 15-16: Analyse der Auswirkungen/ Entscheidungsempfehlungen	Schritt 4: Visionsfindung Schritt 5: Entscheidung
Identifikation/ Indikatoren	Schritt 8: Festlegung von Frühindikatoren	Schritt 9: Quantifizierung		Schritt 17: Identifikation von Indikatoren	Schritt 6: Früherkennung

Szenariovorbereitung (Schritt 1)

Ähnlich wie in der *Szenariotechnik* (→) wird auch ein Scenario-Planning-Prozess projektorganisatorisch und inhaltlich vorbereitet. Dazu zählt zunächst die Festlegung der Projektorganisation, das heißt die Zusammenstellung des Szenarioteams und die Identifikation von Interviewpartnern. Außerdem werden am Beginn eines Szenarioprozesses die folgenden inhaltlichen Fragen gestellt:

- *Motivation des Szenarioprozesses:* Am Beginn eines Scenario-Planning-Prozesses steht die Frage, wozu die Szenarien überhaupt eingesetzt werden sollen. Dabei kommen eine konkrete Entscheidungsunterstützung, die Orientierung in unsicheren Umfeldern oder didaktische Gründe in Frage.
- *Definition des Betrachtungsbereichs:* Anschließend erfolgt die Definition des von den Szenarien zu beschreibenden Betrachtungsbereichs. Dies kann von globalen Szenarien bis zu konkreten Fragestellungen in einzelnen Unternehmensbereichen gehen.
- *Definition des Zukunftshorizonts:* Außerdem wird der Zeitpunkt in der Zukunft definiert, von dem die Szenarien handeln oder bis zu dem die Szenarien reichen.

In einzelnen Ansätzen erfolgt hier außerdem eine Analyse der Gegenwart und der bisherigen Entwicklung des Betrachtungsbereichs. Gill Ringland empfiehlt für diese Phase eine offene Diskussion über »das, was für die Zukunft des Unternehmens wichtig ist«. Diese Diskussion kann über sieben Fragen angestoßen werden:

1. *Der Hellseher:* Wenn Sie einige Zeit mit jemandem verbringen könnten, der die Zukunft bereits kennt – ein Hellseher oder ein Orakel, wenn es dieses gäbe – was würden Sie gerne von ihm wissen? (Was sind also die kritischen Zukunftsthemen?)
2. *Die optimistische Entwicklung:* Wenn die Zukunft positiv (aber realistisch) verläuft, wie würde sich das Unternehmen entwickeln und was wären die Signale, die darauf hinweisen würden?
3. *Die pessimistische Entwicklung:* Wie könnte sich das Umfeld entwickeln, damit die Zukunft schwieriger wird? Welche falschen Wege könnte das Unternehmen selbst einschlagen?
4. *Die interne Situation:* Ausgehend von Ihrem Wissen über Kultur, Organisation, Systeme und Ressourcen (inklusive Mitarbeiter), wie müssten

sich diese verändern, damit die optimistische Entwicklung überhaupt eintreten kann?
5. *Der Blick zurück:* Wie ist das Unternehmen auf die Position gelangt, die es derzeit erreicht hat?
6. *Der Blick nach vorn:* Welche Entscheidungen müssen heute getroffen werden, um das angestrebte Langfristziel zu erreichen?
7. *Die Grabinschrift:* Wenn Sie ein Mandat ohne jede Einschränkung hätten – was würden Sie darüber hinaus noch unternehmen?

Auch wenn diese Fragen aus methodischer Sicht bereits verschiedene Folgeschritte vorausnehmen, so können sie doch am Beginn eines Szenarioprozesses erste Orientierung geben und für notwendige Diskussionen sensibilisieren.

Identifikation von Umfeldkräften (Schritt 2)

Hier werden zunächst die wesentlichen Umfeldentwicklungen identifiziert. Dies erfolgt je nach gewähltem Ansatz in einem oder zwei Schritten. In letzterem Fall wird zunächst nach den Schlüsselfaktoren (»key factors«) in den Geschäftsumfeldern wie Kunden, Lieferanten und Wettbewerbern gesucht. Dabei steht die Frage im Mittelpunkt, welche Faktoren einen direkten Einfluss auf den Betrachtungsbereich oder das Entscheidungsfeld haben.

Anschließend geht es um die Treiberfaktoren (»driving forces«) in den allgemeinen Marktumfeldern. Hier werden beispielsweise Checklisten für das gesellschaftliche, ökonomische, politische, ökologische oder technologische Umfeld eingesetzt.

Mehrere Autoren sehen hier den forschungsintensivsten Schritt im Scenario-Planning-Prozess. Denkbar sind hier auch *Vernetzungsanalysen* (→). Gleichzeitig erfolgt hier allerdings häufig keine klare Trennung zwischen (richtungslosen) Faktoren und Trends, die bereits eine klare Entwicklungsrichtung beinhalten.

Bewertung von Trends und Unsicherheiten (Schritt 3)

Als Nächstes werden die identifizierten Schlüsselfaktoren und Treiberkräfte anhand von zwei Kriterien bewertet: Zunächst ist zu ermitteln, welche Bedeutung sie für das in Schritt 1 festgelegte Thema der Szenarioentwicklung haben. Anschließend wird bewertet, wie groß die Ungewissheit hinsichtlich dieser Faktoren oder Trends ist. Die Faktoren und Trends, die sowohl eine hohe Bedeutung als auch eine hohe Ungewissheit aufweisen, werden als Schlüssel-Unsicherheiten definiert. Sie werden einen zentralen Einfluss auf die Konstruktion der Szenarien haben. Die als »stabil« eingestuften Trends werden anschließend zur Grundlage für jedes zu entwickelnde Szenario. Gleichzeitig werden sie für die anschließende Konstruktion der Szenariothemen irrelevant.

Konstruktion der Szenariothemen (Schritt 4)

Dieser Schritt ist »das Herz des Scenario Plannings«. Hier wird darüber entschieden, wie viele Szenarien es gibt und welches die Themen der einzelnen Szenarien sind. Gleichzeitig zeigt sich hier der zentrale Unterschied zur *Szenariotechnik* (→), denn diese Themen werden hier vom Szenarioteam vorab festgelegt. Peter Schwartz und James A. Ogilvy beschreiben zwei grundsätzlich unterschiedliche Ansätze, um zu den Szenariothemen zu kommen:

Zunächst können im Rahmen eines *induktiven Ansatzes* konkrete Zukunftsideen aufgegriffen und im Rahmen eines weniger strukturierten Konsensfindungsprozesses verallgemeinert werden. Auch hierzu gibt es wiederum zwei Möglichkeiten:

- *Markante Ereignisse:* Hier werden bedeutsame Ereignisse in der Zukunft zusammengetragen und in einen logischen Zusammenhang gestellt. Ein Beispiel hierfür sind die Mont-Fleur-Szenarien zur Zukunft Südafrikas, die wir später als Beispiel vorstellen werden.
- *Die offizielle Zukunft:* Hier wird zunächst eine offizielle und überraschungsfreie, das heißt erwartete Zukunft entworfen. Anschließend werden gezielt Szenarien aufgezeigt, die sich stark von dieser Zukunft unterscheiden. So werden, um notwendige Veränderungen aufzuzeigen, häufig ein »Weiter so«-Szenario und entsprechende Alternativen mit den notwendigen Änderungen aufgebaut. Ein Beispiel sind die ebenfalls später vorgestellten »Great Transition«-Szenarien der Global Scenario Group um Paul Raskin.

Der zweite und bekannteste Weg zu den Szenariothemen führt im Sinne eines *deduktiven Ansatzes* über zwei als Schlüssel-Unsicherheiten bezeichnete dominante Schlüsselfaktoren oder Treiberkräfte, die als Achsen miteinander gekreuzt werden. Innerhalb dieses Achsenkreuzes, das auch als *Szenariologik* bezeichnet wird, entstehen vier Szenariothemen. Es kann auch als Grund dafür angesehen werden, dass im anglo-amerikanischen Raum sehr häufig genau vier Szenarien entwickelt werden.

Die Definition der Schlüssel-Unsicherheiten ist kein mechanistischer Prozess, sondern er erfordert eine intensive Diskussion innerhalb des Szenarioteams. Daher werden in vielen Fällen auch nicht einfach zwei vorher identifizierte Unsicherheiten miteinander kombiniert, sondern es entstehen neue Achsen, die einen möglichst großen Teil der Diskussionen im Szenarioteam abbilden können. Abbildung 14 zeigt dies am Beispiel »Die Zukunft der Kriminalität« nach Mats Lindgren und Hans Bandhold.

Abbildung 14: Szenariologik für die Zukunft der Kriminalität

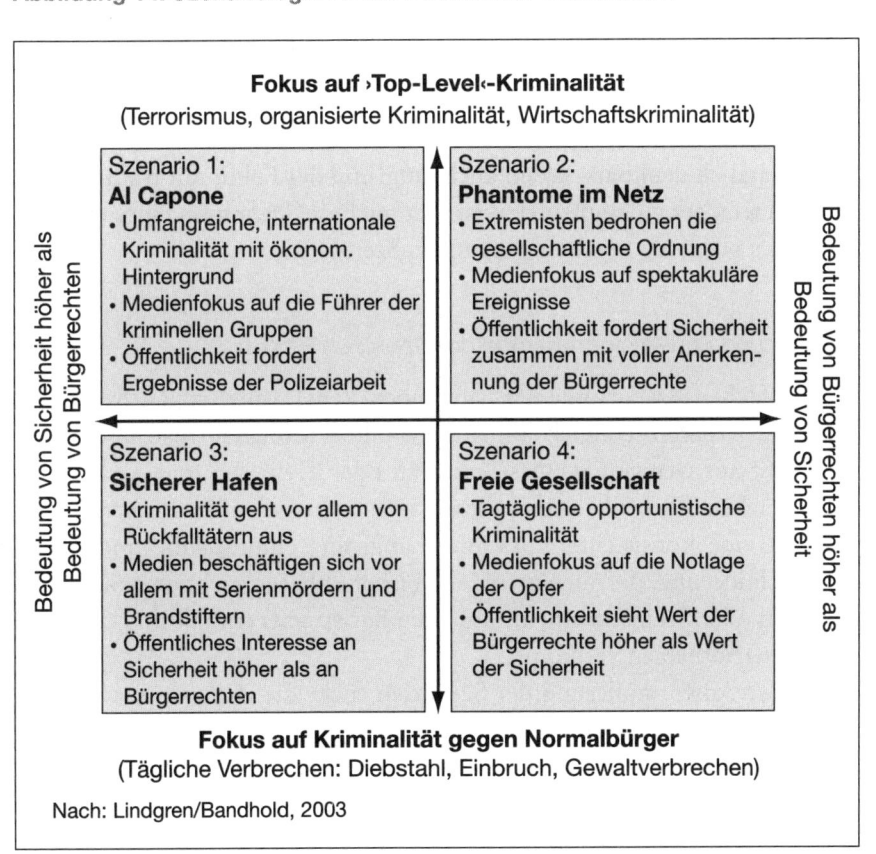

Fokus auf ›Top-Level‹-Kriminalität
(Terrorismus, organisierte Kriminalität, Wirtschaftskriminalität)

Szenario 1: **Al Capone** • Umfangreiche, internationale Kriminalität mit ökonom. Hintergrund • Medienfokus auf die Führer der kriminellen Gruppen • Öffentlichkeit fordert Ergebnisse der Polizeiarbeit	**Szenario 2:** **Phantome im Netz** • Extremisten bedrohen die gesellschaftliche Ordnung • Medienfokus auf spektakuläre Ereignisse • Öffentlichkeit fordert Sicherheit zusammen mit voller Anerkennung der Bürgerrechte
Szenario 3: **Sicherer Hafen** • Kriminalität geht vor allem von Rückfalltätern aus • Medien beschäftigen sich vor allem mit Serienmördern und Brandstiftern • Öffentliches Interesse an Sicherheit höher als an Bürgerrechten	**Szenario 4:** **Freie Gesellschaft** • Tagtägliche opportunistische Kriminalität • Medienfokus auf die Notlage der Opfer • Öffentlichkeit sieht Wert der Bürgerrechte höher als Wert der Sicherheit

Bedeutung von Sicherheit höher als Bedeutung von Bürgerrechten ← → Bedeutung von Bürgerrechten höher als Bedeutung von Sicherheit

Fokus auf Kriminalität gegen Normalbürger
(Tägliche Verbrechen: Diebstahl, Einbruch, Gewaltverbrechen)

Nach: Lindgren/Bandhold, 2003

Neben diesem »Standardweg« zur Konstruktion von Szenariothemen gibt es eine Reihe weiterer Möglichkeiten, auf die je nach Situation und Diskussionsstand im Szenarioteam zurückgegriffen werden kann:

- *Dreidimensionale Szenariomatrix:* Hier werden drei Schlüssel-Unsicherheiten miteinander kombiniert. Dabei entstehen acht mögliche Szenarien, wobei diese Zahl durch eine Auswahl des Szenarioteams begrenzt werden kann.
- *Nichtduale Achsenbeschriftung:* Dabei werden für eine Schlüssel-Unsicherheit mehr als zwei Ausprägungen beschrieben, sodass sich insgesamt mehr als vier Szenariothemen ergeben.
- *Trendbezogene Kombination:* Dabei werden lediglich eintretende Trends (also positive Ausprägungen von Schlüssel-Unsicherheiten) miteinander kombiniert. Ein Beispiel hierfür sind die in Abbildung 12 dargestellten Globalszenarien von *Shell*.
- *Entscheidungs-/Ereignisbäume:* Hier stehen die Schlüssel-Unsicherheiten in einer logischen (häufig auch zeitlichen) Beziehung zueinander, sodass sich die verschiedenen Möglichkeiten in einer Baumstruktur beschreiben lassen (siehe Abbildung 17 im Anwendungsbeispiel).

Grundsätzlich denkbar – wenn auch aufgrund des Fokus auf traditionelles Denken weniger zu empfehlen – ist hier auch die Definition eines erwarteten, eines positiven und eines negativen Szenarios.

Ausformung und Ausformulierung der Szenarien (Schritt 5)

Die einfachen Szenariothemen sind noch keine vollwertigen Szenarien, denn sie basieren lediglich auf ausgewählten Schlüssel-Unsicherheiten – das heißt auf wenigen Schlüsselfaktoren oder Treiberkräften. Daher geht es im nächsten Schritt darum, diese Szenariothemen auszuformen. Dabei entsteht eine konsistente, zusammenhängende, einprägsame und detaillierte Schilderung, die nun sowohl die bisher unberücksichtigten Schlüsselfaktoren oder Treiberkräfte als auch die Basistrends enthält und diese mit den Szenariothemen verknüpft.

Bei der Ausformulierung der Szenarien rückt die Zielgruppe wieder in den Fokus – schließlich soll sie mit Hilfe der Szenarien bessere Entscheidungen treffen. Die Formulierung und Präsentation der Szenarien soll es der Zielgruppe leicht machen, sich in diese zukünftige Welt hineinzuversetzen. Da die Szenarien in der Regel komplexe Inhalte beschreiben, stellt sich darüber hinaus die Frage nach dem darstellenden Medium. Die wichtigste Regel lautet: Sie sollten in einer Form präsentiert werden, die der anvisierten Zielgruppe leicht zugänglich ist. Dabei werden in der Praxis verschiedene Formate eingesetzt:

- *Formelle Beschreibung:* Dies ist die häufigste Form der Szenariopräsentation. Für die meisten Beteiligten bietet diese Form der Kommunikation wenig Schwierigkeiten. Ein solches Szenario enthält eine treffende Überschrift, einen Kurzüberblick und einen Hauptteil. Häufig gibt es darüber hinaus einen Anhang, der auch quantitative Elemente enthalten kann.
- *Geschichten aus der Zukunft:* Insbesondere bei Marktszenarien lassen sich aus den fachlichen Inhalten der entwickelten Zukunftsbilder auch »Geschichten aus der Zukunft« verfassen. Diese stellen beispielsweise dar, was einem Kunden im Jahre 20xx passiert, wenn er die auf dem entsprechenden Markt angebotene Leistung abfragt.
- *Karikaturen:* Sehr plastisch ist die Darstellung von Szenarien als Karikaturen. Abbildung 15 zeigt exemplarisch die Darstellung eines Szenarios der *CSS-Versicherung* zur Zukunft des Gesundheitsmarkts.
- *Zeitung aus der Zukunft:* Dieses »quasi-faktische« Medium kann ebenfalls als »Hülle« für die Präsentation von Szenarien genutzt werden. Dabei sollte die Aufmachung – also Titeldesign, Layout und Typografie – einer konkreten Zeitung oder Zeitschrift entsprechen und wenn möglich deren Sprachstil und Format übernehmen. Der gleiche Effekt wird durch ein fiktives Interview erreicht.
- *Video-/Multimedia-Präsentation:* Hier wird durch die Ansprache der akustischen und optischen Sinne ebenfalls eine nachhaltige Wirkung beim Betrachter erreicht.
- *Szenische Darstellungen:* Kleinere Inszenierungen von Szenarioinhalten haben den Vorteil einer größeren Informationsdichte bei gleichzeitig erleichterter Informationsaufnahme. Die Zuschauer werden angeregt und nehmen die Information sehr bereitwillig auf.
- *Persönliche Vorträge:* Hier präsentiert ein Vortragender ein zuvor erarbeitetes Zukunftsbild. Für den Zuhörer bietet sich die Gelegenheit, eine unmittelbare Verknüpfung des Gesagten mit dem Vortragenden aufzubauen. Durch diesen emotionalen Mehrwert wird die Wirkung der Vortragsinhalte verstärkt. Für den Vortragenden besteht zudem die Möglichkeit, zum Gesagten Stellung zu beziehen und gegebenenfalls auch eine persönliche Wertung einfließen zu lassen.

Abbildung 15: Visualisierung eines Szenarios als Karikatur

Anwendungen

Grundsätzlich lassen sich viele verschiedene Beispiele für die Anwendung des Scenario Plannings beschreiben. Wir greifen nachfolgend als unternehmerisches Beispiel ein Projekt zur Zukunft der Credit Unions in den USA heraus, welches den dekuktiven Ansatz der Szenariobildung darstellt. Als politische Beispiele haben wir die Mont-Fleur-Szenarien zur Zukunft Südafrikas sowie die Great-Transition-Szenarien herausgegriffen, da sie zwei unterschiedliche Wege der induktiven Szenariobildung beschreiben.

Szenarien zur Zukunft der amerikanischen Sparkassen

Mit mehr als 75 Millionen Kunden/Mitgliedern verfügen die 11 100 amerikanischen Sparkassen (*Credit Unions*) über rund acht Prozent der Spareinlagen in den USA. 1998 standen die *Credit Unions* vor großen Herausforderungen: Globalisierung der Finanzmärkte, striktere Standards für Pensionskassen, breite Produktpaletten und höhere Volatilität der Preise für Finanzdienstleistungen und eine Zunahme der Konsolidierung – auch im Bereich der *Credit Unions*. Getragen von der *Credit Unions Executives Society* (CUES) wurde ein Projekt aufgesetzt, das von *Paul Shoemaker* und *Doug Randall* von *Decision Strategies International (DSI)* begleitet wurde. Für diesen Prozess wurden drei Grundsätze vereinbart:

- *Disziplinierte Fantasie:* Die Teilnehmer sollen einerseits kreativ und innovativ sein – aber auch einem definierten Prozess folgen müssen, um zu Ergebnissen zu kommen.
- *Blick auf das Umfeld:* Jede Organisation ist nicht beeinflussbaren Umfeldkräften ausgesetzt. Bei der Szenarioentwicklung geht es darum, diese Umfeldkräfte, ihre Vernetzung und ihre Folgen zu verstehen – und nicht darum, bereits Strategien zu diskutieren, die (angeblich) zur Bewältigung einzelner Umfeldkräfte beitragen.
- *Strategien werden am Besten durch diejenigen entwickelt, die sie später auch beschließen* – also weder durch externe Experten alleine, noch durch die Führungskräfte ohne externen Input.

Im Mittelpunkt der ersten Phase standen Interviews mit 30 Führungskräften von verschiedenen Kreditinstituten. Im zweiten Schritt wurden daraus von den externen Moderatoren 53 treibende Umfeldkräfte identifiziert. Diese Umfeldkräfte wurden in einer Online-Befragung von 150 Führungskräften bewertet, sodass schließlich acht Basistrends und sieben Unsicherheiten identifiziert wurden (siehe Abbildung 16, links).

Aus der Diskussion der Unsicherheiten ergaben sich zwei Kern-Unsicherheiten: Dies waren einerseits der technologische Wandel im Umfeld der Sparkassen, dessen Geschwindigkeit von den meisten Analysten seinerzeit als eher gering eingeschätzt worden war. Die zweite Kern-Unsicherheit war der Wandel im Wettbewerbsumfeld. Dabei beschrieb ein radikaler Wandel eine massive Veränderung der Geschäftsmodelle der *Credit Unions*. Für jede Kern-Unsicherheit wurden Teilaspekte identifiziert (siehe Abbildung 16, oben rechts). Schließlich wurden die Kern-Unsicherheiten in einer Szenariomatrix zusammengeführt. Dabei ergaben sich die vier im unteren rechten Teil von Abbildung 16 dargestellten Szenarien.

Anschließend wurde für jedes Szenario eine Ausprägungsliste (»blueprint«) erstellt. Darin wird beschrieben, wie jede der sieben Unsicherheiten in jedem der vier Szenarien ausgeprägt ist. Schließlich wurden die Basistrends ergänzt, sodass die einzelnen Szenarien beschrieben werden konnten. Vorgestellt wurden die Szenarien im Frühling 1999 auf einem Treffen des CEO-Instituts der Sparkassen im kalifornischen Berkeley.

Abbildung 16: Basistrends, Unsicherheiten und Szenarien

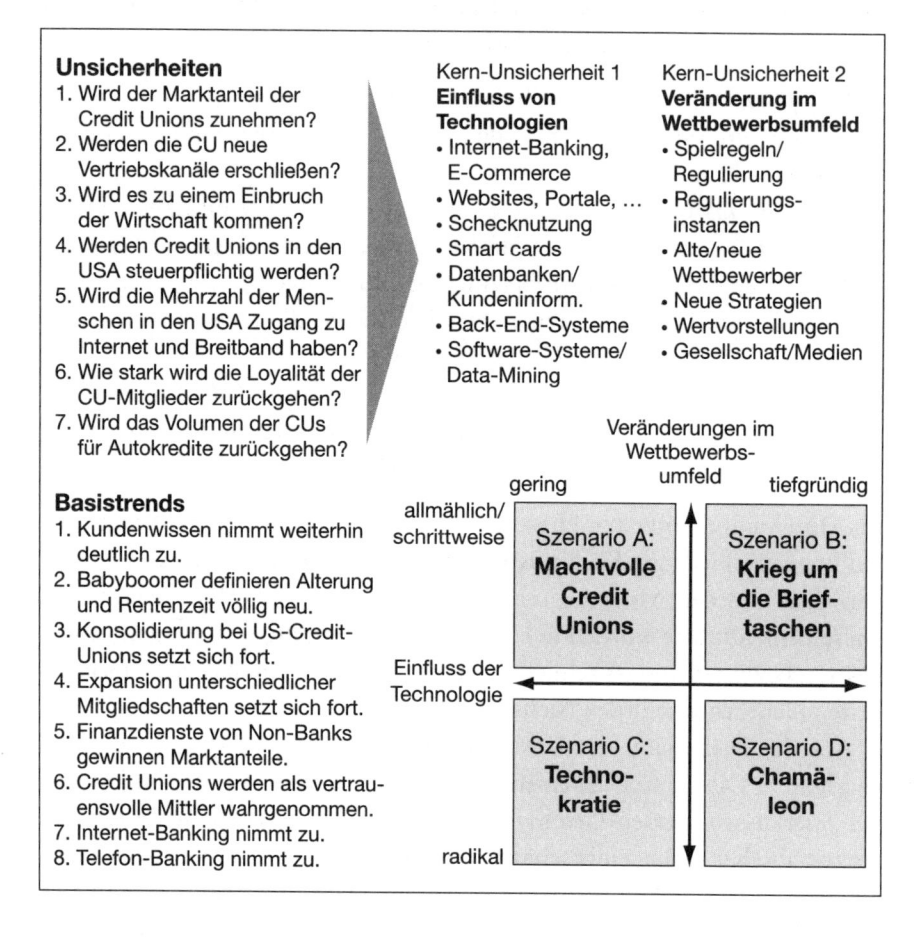

Unsicherheiten
1. Wird der Marktanteil der Credit Unions zunehmen?
2. Werden die CU neue Vertriebskanäle erschließen?
3. Wird es zu einem Einbruch der Wirtschaft kommen?
4. Werden Credit Unions in den USA steuerpflichtig werden?
5. Wird die Mehrzahl der Menschen in den USA Zugang zu Internet und Breitband haben?
6. Wie stark wird die Loyalität der CU-Mitglieder zurückgehen?
7. Wird das Volumen der CUs für Autokredite zurückgehen?

Basistrends
1. Kundenwissen nimmt weiterhin deutlich zu.
2. Babyboomer definieren Alterung und Rentenzeit völlig neu.
3. Konsolidierung bei US-Credit-Unions setzt sich fort.
4. Expansion unterschiedlicher Mitgliedschaften setzt sich fort.
5. Finanzdienste von Non-Banks gewinnen Marktanteile.
6. Credit Unions werden als vertrauensvolle Mittler wahrgenommen.
7. Internet-Banking nimmt zu.
8. Telefon-Banking nimmt zu.

Kern-Unsicherheit 1
Einfluss von Technologien
- Internet-Banking, E-Commerce
- Websites, Portale, ...
- Schecknutzung
- Smart cards
- Datenbanken/ Kundeninform.
- Back-End-Systeme
- Software-Systeme/ Data-Mining

Kern-Unsicherheit 2
Veränderung im Wettbewerbsumfeld
- Spielregeln/ Regulierung
- Regulierungsinstanzen
- Alte/neue Wettbewerber
- Neue Strategien
- Wertvorstellungen
- Gesellschaft/Medien

Veränderungen im Wettbewerbsumfeld

Einfluss der Technologie

allmählich/schrittweise — gering — tiefgründig — radikal

Szenario A: Machtvolle Credit Unions

Szenario B: Krieg um die Brieftaschen

Szenario C: Technokratie

Szenario D: Chamäleon

Mont-Fleur-Szenarien zur Zukunft Südafrikas

Anfang der neunziger Jahre traf sich eine Gruppe von Politikern, Spitzenbeamten und Wissenschaftlern sowie Unternehmern und Gewerkschaftern im südafrikanischen Mont Fleur, um die Zukunft des Landes in den kommenden zehn Jahren vorauszudenken. Moderiert wurde der Prozess – zwei Treffen 1991 und 1992 sowie intensive Arbeiten zwischendurch – von *Adam Kahane* von *Shell International*. Das Szenarioteam analysierte die gesellschaftliche, politische und ökonomische Krise und entwickelte zunächst 30 denkbare Entwicklungen – von einer Revolution, über Unterdrückung und rechtsgerichtete Aufstände bis zu freier Marktwirtschaft. Diese Optionen wurden sorgfältig geprüft, zu neun »Geschichten« verdichtet und schließlich, am Ende des zweiten Treffens, nochmals reduziert, sodass die vier in Abbildung 17 gezeigten Szenarien übrig blieben.

Visualisiert wurde der Zusammenhang der Szenarien in dem in Abbildung 17 dargestellten Ereignisbaum. Zentrale Erkenntnis der Mont-Fleur-Szenarien war die Bedeutung wirklicher und gemeinsam gelebter Demokratie für die Entwicklung Südafrikas.

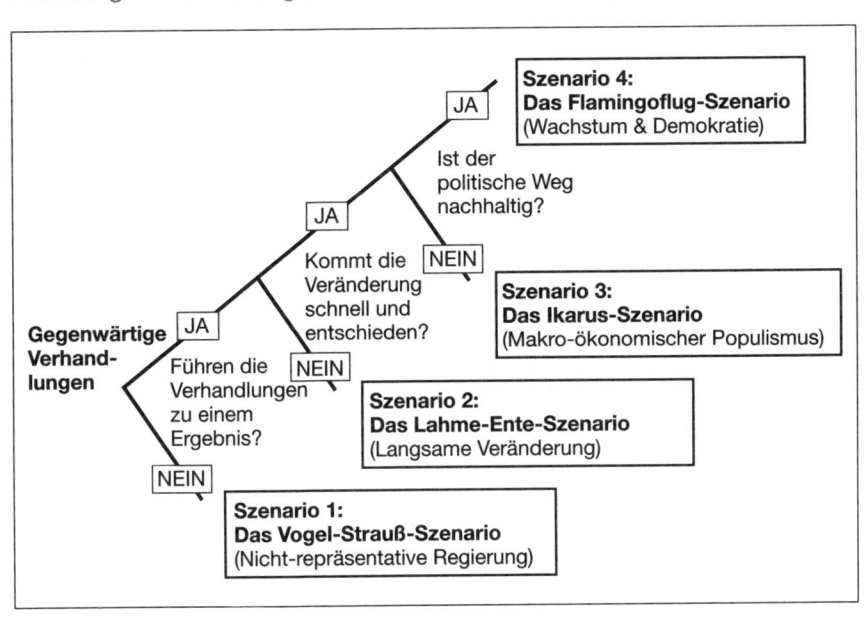

Abbildung 17: Darstellung der Szenarien in einem Ereignisbaum

Szenario 4: Das Flamingoflug-Szenario (Wachstum & Demokratie)
Ist der politische Weg nachhaltig?
Kommt die Veränderung schnell und entschieden?
Szenario 3: Das Ikarus-Szenario (Makro-ökonomischer Populismus)
Gegenwärtige Verhandlungen
Führen die Verhandlungen zu einem Ergebnis?
Szenario 2: Das Lahme-Ente-Szenario (Langsame Veränderung)
Szenario 1: Das Vogel-Strauß-Szenario (Nicht-repräsentative Regierung)

Great-Transition-Szenarien zur globalen Nachhaltigkeit

1995 gründete das Stockholm Environment Institute mit der Global Scenario Group (GSG) eine unabhängige, internationale und interdisziplinäre

Arbeitsgruppe, deren Auftrag die Ausarbeitung von Szenarien im Bereich der Nachhaltigkeit war. Nach zwei ersten Studien erschien 2002 das von Paul Raskin und anderen verfasste Essay *Great Transition. The Promise and the Lure of the Times Ahead*. Darin werden insgesamt sechs Szenarien vorgestellt – unterteilt in drei Gruppen mit jeweils zwei Varianten:

- *Konventionelle Welten* sind Szenarien, in denen sich das globale System ohne scharfe Diskontinuitäten oder extreme Transformationen der Grundlage menschlicher Zivilisationen entwickeln wird. Unterschieden werden dabei die Variante A (»Marktkräfte«), in der wettbewerbliche und integrierte globale Märkte dominieren, und die Variante B (»Politikreform«), in der es zu übergreifendem und koordiniertem Regierungshandeln kommt.
- *Barbarisierung* kennzeichnet Zukunftsbilder, in denen es immer wieder zu neuen Krisen kommt und in denen sich die globalen Probleme nicht lösen lassen. Hier führt die Variante A (»Zusammenbruch«) zu einer Spirale von Konflikten und Krisen, die schließlich unkontrollierbar in einem Zusammenbruch der Institutionen mündet. In der Variante B (»Festungswelt«) kommt es zu einer »globalen Apartheid« mit einer Elite in geschützten Enklaven und einer verarmten Mehrheit außerhalb dieser Wohlstandsburgen.
- *Große Transformationen* beschreiben schließlich einen tiefgreifenden historischen Transformationsprozess der Gesellschaft, in dessen Verlauf neue Werte und Entwicklungsparadigmen entstehen. Hier beschreibt die Variante A (»Öko-Kommunalismus«) eine von Ökologisierung, Basisdemokratie sowie Regionalisierung und ökonomischer Autarkie geprägte Welt. Die Variante B (»Neues Nachhaltigkeitsparadigma«) wird demgegenüber von globaler Solidarität, wechselseitiger kultureller Bereicherung und ökonomischer Verbundenheit gekennzeichnet.

Szenariotechnik

Unter Szenariotechnik wird hier der induktive Weg der Szenarioentwicklung verstanden, bei dem die einzelnen Szenarien als Kombination der Entwicklungsalternativen von Schlüsselfaktoren systematisch erstellt werden. Neben den Phasen der Szenarioentwicklung wird in diesem Kapitel auch auf die zentralen Folgeschritte – die Bewertung der Szenarien, die Interpretation des von ihnen aufgespannten Zukunftsraums sowie die Optionen der szenariogestützten Entscheidungsfindung – eingegangen.

Die Sparkassen-Finanzgruppe ist die größte Finanzgruppe der Welt. Sie hat 50 Millionen Privatkunden und drei Viertel aller deutschen Unternehmen sind ihre Kunden. Im Sommer 2005 haben sich zwei der größten Sparkassen in Deutschland zusammengetan, um gemeinsam über die Zukunft des Marktumfelds der Sparkassen nachzudenken:

Die *Sparkasse Bremen* wurde 1825 von namhaften Bremer Bürgern als gemeinnütziger Verein gegründet und als Freie Sparkasse unabhängig von kommunaler Einflussnahme betrieben. Seit 2004 ist das operative Bankgeschäft auf die »Die Sparkasse Bremen AG« übertragen. Mit einer Bilanzsumme von rund 11 Milliarden Euro und etwa 1 500 Mitarbeitern rangiert sie an elfter Stelle der deutschen Sparkassen. Die *Nassauische Sparkasse (Naspa)* ist die einzige Sparkasse, die über zwei Bundesländer agiert. Sie ist mit einer Bilanzsumme von gut 12 Milliarden Euro und ca. 2 100 Mitarbeitern die siebtgrößte Sparkasse in Deutschland.

Im Rahmen einer Szenario-Konferenz™ trafen sich jeweils fünf Vertreter der Planungs- und Entwicklungsabteilungen der beiden Sparkassen mit Vertretern des *Hessisch-Thüringischen Sparkassen- und Giroverbandes* sowie des *S-Broker*, um gemeinsam Szenarien zur Zukunft des Sparkassenwesens in Deutschland zu entwickeln. Gestützt auf 72 Einflussfaktoren, 5 112 Vernetzungsbewertungen, 16 Schlüsselfaktoren, 66 Zukunftsprojektionen und 6 710 886 400 denkbare Zukünfte entstanden sieben Szenarien, die von den Teilnehmern analysiert und ausformuliert wurden.

Vier dieser Szenarien kennzeichnete eine starke Preisorientierung im Markt, die mit einem hohen Konzentrationsgrad in der Branche und einer verstärkten Nutzung des Internets als Vertriebsmedium verbunden waren. Die drei weiteren Szenarien beinhalteten demgegenüber eine hohe Service- und Beratungsorientierung und eine eher fragmentierte Bankenlandschaft in Deutschland.

Nachdem der Möglichkeitsraum beschrieben war, wurden die einzelnen Projektionen bewertet: Wie viel Veränderung zur Gegenwart stellen sie dar? Welche Projektionen werden erwartet? Welche Umfeldentwicklungen sind für die Sparkassen wünschenswert? Übertragen auf die Szenarioebene zeigte sich ein zunächst überraschendes Bild: Außer einem Szenario, das eine Renaissance der Sparkassen auf einer »Insel der Glückseligkeit« beschrieb, zeigten alle anderen sechs Szenarien einen ähnlichen Erwartungswert. Die Zukunft war also offenbar noch ungewisser, als man es im Vorfeld bereits gedacht hatte – die Festlegung auf eine erwartete Zukunft war so gut wie unmöglich.

Daher wurde der Szenariotransfer noch einmal intensiviert: Wie hängen die einzelnen Szenarien zusammen? Was unterscheidet sie? Auf welche Szenarien würde man mit den gleichen oder ähnlichen Maßnahmen reagieren? So entstanden drei Strategievarianten: (A) eine Fokussierung auf die Szenarien 2 und 6, (B) eine robuste Strategie für alle vier preissensitiven Zukünfte und (C) eine spezifische Strategie für die Szenarien 2, 4, 6 und 7.

Dabei bildeten die Szenarien 2 und 6 so etwas wie den Strategiekern. Sie waren Bestandteil aller drei Varianten. Daher mussten sie immer Berücksichtigung finden – egal welche Strategievariante verfolgt würde. Für diesen Strategiekern wurden konkrete Maßnahmen identifiziert. Da dies allein aber nicht ausreichte, wurden für die Strategievarianten B und C jeweils zusätzliche Informationen erarbeitet:

- *Indikatoren:* Durch welche Kennwerte lässt sich frühzeitig erkennen, dass sich das Sparkassenumfeld so entwickelt, dass diese Strategievariante präferiert werden sollte?
- *Maßnahmen zur Absicherung:* Welche zusätzlichen Maßnahmen könnten schon heute ergriffen werden, um auf eine entsprechende Umfeldentwicklung vorbereitet zu sein?
- *Maßnahmen zur Verhinderung oder Förderung:* Gibt es Maßnahmen, die von uns ergriffen werden könnten, um das Eintreten dieser Umfeldentwicklung in unserem Sinne zu beeinflussen?

Neben den Szenarien lag nun eine gemeinsame Interpretation vor, die von den Planungsverantwortlichen für ihr spezifisches Unternehmen konkretisiert werden konnte. So bildeten die Szenarien ein wichtiges Element bei der Anpassung der Unternehmensstrategien und -planungen. Außerdem bildeten sie die Basis für einen Früherkennungsprozess, der – teilweise im weiteren partnerschaftlichen Kontakt der beiden Häuser – jährlich fortgeschrieben wurde.

Im Rahmen dieses Früherkennungsprozesses wurde auch das Szenario 3 systematisch beobachtet, da sein Eintreten nicht im primären strategischen Fokus stand. Diese Beobachtung des eher als unrealistisch eingeschätzten Szenarios erwies sich in der globalen Finanzkrise 2008/2009 als besonders vorausschauend: Viele in diesem Zeitraum eingetretene Effekte im Marktumfeld der Sparkassen waren in diesem Zukunftsbild bereits enthalten.

Abbildung 18: Strategievarianten im Zukunftsraum-Mapping

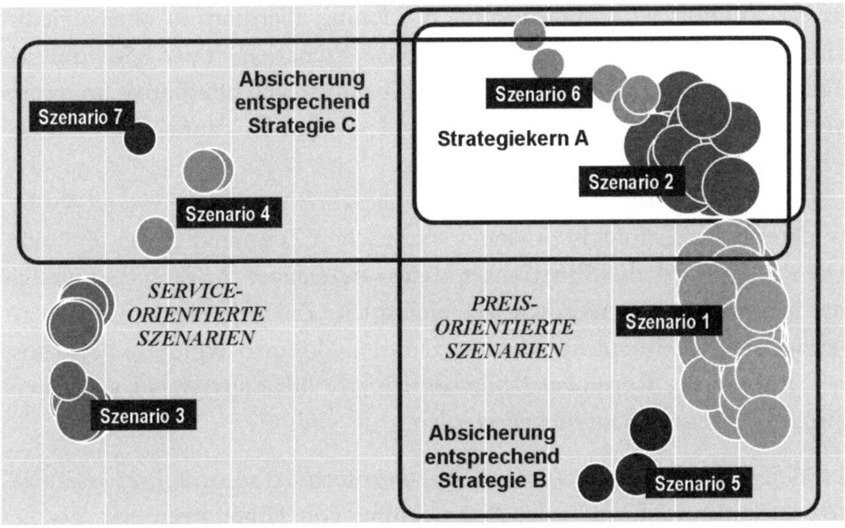

Inhalt

Die Szenariotechnik als induktiver Weg der Szenarioentwicklung hat sich vor allem in Kontinentaleuropa – Deutschland und Frankreich – durchgesetzt. Ihr Kennzeichen ist vor allem ein systematischer Prozess, aus dem heraus sich eine im Vorfeld nicht determinierte Anzahl von Szenarien ergibt. Durch Nutzung der Szenariotechnik können verschiedene Arten von Szenarien entwickelt werden:

(1) *Lenkbarkeit:* Klassischerweise werden »Umfeldszenarien« entwickelt. Sie basieren ausschließlich auf externen, nicht lenkbaren Umfeldgrößen und stellen mögliche Umweltzustände dar, aus denen Chancen, Gefahren und Handlungsoptionen abgeleitet werden. Werden neben den Umfeld- auch lenkbare Steuerungsgrößen einbezogen, so wird von »Systemszenarien« gesprochen. Deren Interpretation ist in der Regel schwieriger, da sie bereits Chancen, Gefahren und Handlungsoptionen enthalten. Die aus-

schließliche Betrachtung von lenkbaren Steuerungsgrößen führt zu *Strategieoptionen* oder *Strategieszenarien* (→).

(2) *Parallelität:* Szenarien können einerseits so entwickelt werden, dass sie einander ausschließende Alternativen darstellen. Hier wird von »alternativen Szenarien« oder »Entweder-Oder-Szenarien« gesprochen. Andererseits können Zukunftsbilder erarbeitet werden, die auch nebeneinander in der Zukunft vorkommen können – häufig allerdings in unterschiedlicher Stärke. Diese werden als »parallele Szenarien« oder »Sowohl-als-auch-Szenarien« bezeichnet. Tendenziell eignen sich alternative Szenarien vor allem für Strategieprozesse, während parallele Zukunftsbilder in Innovationsprozessen zum Einsatz kommen.

(3) *Prozesshaftigkeit:* Viele Szenarien beschreiben einen Zustand des betrachteten Szenariofelds zu einem spezifischen Zeitpunkt in der Zukunft. Diese Form wird als »Situationsszenario« bezeichnet. Andere Zukunftsbilder beschreiben den Weg, wie sich eine solche Zukunft aus der Gegenwart heraus entwickelt. Solche »Prozessszenarien« können explorativ (also ausgehend von der Gegenwart) oder antizipativ (also ausgehend von einem Situationsszenario) entwickelt werden.

Im Folgenden beschreiben wir die Szenariotechnik anhand ihrer geläufigsten Anwendungsform – der Entwicklung von Umfeldszenarien als Beschreibungen alternativer Situationen in der Zukunft.

Vorgehen

Vor Beginn des eigentlichen Szenarioentwicklungsprozesses sind mehrere Punkte zu klären:

(1) *Gestaltungsfeld:* Dabei geht es im Kern um die Frage, was wir mit dem Szenarioprozess erreichen wollen. Um an dieser grundlegenden Stelle Einvernehmen zu erzielen, sollten mehrere Fragen beantwortet werden:

- Wer (Konzern, Geschäfts- oder Produktbereich, Organisation, Verband) wird die Szenarien nutzen? Für wen müssen die Szenarien eine Bedeutung haben? Wer ist das »Gestaltungsfeld«?
- Wofür werden die Szenarien eingesetzt? Dienen sie der grundsätzlichen Orientierung in einem komplexen Umfeld oder unterstützen sie eine konkrete Strategie- oder Entscheidungsfindung für dieses Gestaltungsfeld – und wenn ja, welche?

- Welcher Personenkreis ist die Zielgruppe der Szenarien? Wer soll sie später verstehen und gegebenenfalls aus den Szenarien Konsequenzen ableiten?

Abbildung 19: Vier Phasen der Szenarioentwicklung

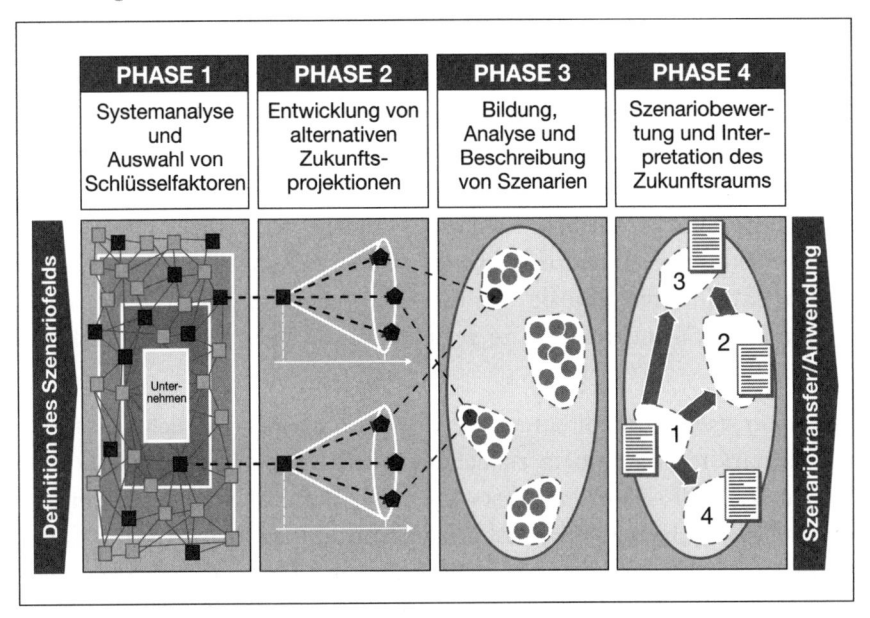

PHASE 1	PHASE 2	PHASE 3	PHASE 4
Systemanalyse und Auswahl von Schlüsselfaktoren	Entwicklung von alternativen Zukunftsprojektionen	Bildung, Analyse und Beschreibung von Szenarien	Szenariobewertung und Interpretation des Zukunftsraums

Definition des Szenariofelds … *Szenariotransfer/Anwendung*

(2) *Szenariofeld:* Szenarien beschreiben in der Regel nicht die möglichen Zukünfte des Gestaltungsfelds, sondern die eines speziellen Betrachtungsbereichs, dessen Entwicklung ungewiss ist und der für das Gestaltungsfeld von großer Bedeutung ist. Dieser Betrachtungsbereich wird als »Szenariofeld« bezeichnet. Das Spektrum möglicher Szenariofelder reicht von allgemeinen Szenarien – beispielsweise zur Zukunft unseres Wirtschaftssystems – bis zu konkreten Produktszenarien für ein einzelnes Geschäftsfeld. Insofern ist es an dieser Stelle notwendig, die »Flughöhe« des Szenarioprozesses festzulegen.

(3) *Räumlicher Fokus:* Eng verbunden mit der Flughöhe ist die Frage, für welches Gebiet die Szenarien gelten sollten. Dabei können sich die Planer zwischen drei Varianten entscheiden.

- *Allgemeingültige Szenarien* beinhalten keine räumlich spezifischen Aspekte (Beispiel: »Die Zukunft von Low Price Vehicles«). Solche Szena-

rien lassen sich später regionenspezifisch bewerten und gegebenenfalls einzelnen Regionen zuordnen.
- *Globale Szenarien* enthalten demgegenüber räumliche Spezifika – allerdings aus einer globalen Perspektive. So könnte in einem solchen Szenario zur Zukunft der globalen Weltwirtschaft ausgedrückt werden, wie sich die Wirtschaft in Europa, Amerika und Fernost entwickelt. Dadurch werden globale Entwicklungen deutlich – und auch die Bewertung erfolgt global.
- *Regional spezifische Szenarien* beziehen sich demgegenüber auf eine bestimmte geografische Einheit (Beispiel: »Die Zukunft des Lebensmitteleinzelhandels in Deutschland«). Auch die Bewertung erfolgt hier regionenbezogen. In solchen Szenarien können wesentlich spezifischere Entwicklungen ausgedrückt werden. Beeinflussungen von außen werden dabei durch globale Schlüsselfaktoren ausgedrückt oder durch Kombination mehrerer Sätze regional spezifischer Szenarien einbezogen.

(4) *Zukunftshorizont:* Situationsszenarien beschreiben mögliche Zustände des Szenariofelds zu einem zu definierenden Zeitpunkt in der Zukunft. Dieser »Zukunftshorizont« ist stark von der Branche abhängig. Während in der IT-Branche ein Zukunftshorizont von fünf Jahren bereits als langfristig angesehen wird, kann er in der Luft- und Raumfahrt zwanzig oder mehr Jahre betragen. In der Praxis kann es helfen, den Zukunftshorizont bewusst einige Jahre weiter in die Zukunft zu schieben, um so die Loslösung der beteiligten Personen von der Gegenwart zu erleichtern.

Für die Szenarioentwicklung liegen in der Praxis verschiedene Phasenmodelle vor, die im wesentlichen die in Abbildung 19 beschriebenen vier Phasen umfassen.

Auswahl von Schlüsselfaktoren (Phase 1)

Mit der Definition des Szenariofelds wurde festgelegt, wessen Zukunft in Form von Szenarien beschrieben werden soll. Diese Definition ist wichtig, damit alle Beteiligten den gleichen Bereich – eine Branche, einen Markt oder ein Umfeld – betrachten. In der ersten Phase werden Schlüsselfaktoren ausgewählt, mit denen sich die Zukunft des Szenariofelds hinreichend beschreiben lässt. Diese Auswahl erfolgt in vier Schritten, wobei die *Vernetzungsanalyse* (→) eine eigenständige Methode darstellt, die in einem gesonderten Kapitel beschrieben wird.

Abbildung 20: Vier Schritte der Auswahl von Schlüsselfaktoren

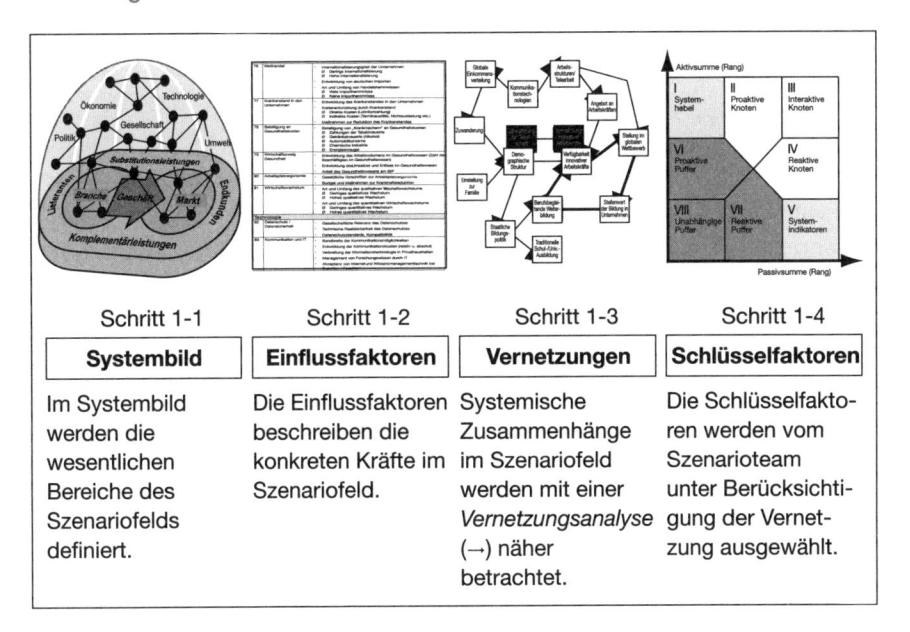

Schritt 1-1	Schritt 1-2	Schritt 1-3	Schritt 1-4
Systembild	**Einflussfaktoren**	**Vernetzungen**	**Schlüsselfaktoren**
Im Systembild werden die wesentlichen Bereiche des Szenariofelds definiert.	Die Einflussfaktoren beschreiben die konkreten Kräfte im Szenariofeld.	Systemische Zusammenhänge im Szenariofeld werden mit einer *Vernetzungsanalyse* (→) näher betrachtet.	Die Schlüsselfaktoren werden vom Szenarioteam unter Berücksichtigung der Vernetzung ausgewählt.

Systemische Gliederung des Szenariofelds (Schritt 1–1)

Zur systematischen Identifikation von Schlüsselfaktoren ist es notwendig, das Szenariofeld zunächst zu strukturieren. Dazu werden Systemebenen und Einflussbereiche beschrieben. *Systemebenen* sind grundsätzliche Einflusssphären wie die Branche, die Wertkette sowie das allgemeine und das spezifische Umfeld (→ *Vernetzungsanalyse*). Anschließend werden die einzelnen Systemebenen in *Einflussbereiche* zerlegt. Darunter verstehen wir Teilsysteme innerhalb einer Systemebene, die für das Szenariofeld von großer Bedeutung sind. So wird beispielsweise das spezifische Umfeld – je nach Gewichtung des Geschäftsumfelds – durch die Einflussbereiche *Lieferanten, Endkunden, potenzielle Konkurrenten und Substitutionsprodukte, potenzielle Partner und Ergänzungsprodukte* sowie *spezifische Rahmenbedingungen* beschrieben.

Die Entwicklung sowie die visuelle Darstellung von Systemebenen und Einflussbereichen ist ein kreativer Prozess, der sich kaum standardisieren lässt. Nicht zuletzt deshalb wird er gerne übersprungen – was nach unserer Erfahrung ein großer Fehler ist. Gerade die visuelle Darstellung des Szenariofelds in Form eines *Systembilds* präzisiert bei allen Beteiligten die Vorstellung vom Szenariofeld und ermöglicht die Diskussion unterschiedlicher Schwerpunkte.

Ermittlung von Einflussfaktoren (Schritt 1–2)

Um die Entwicklungsmöglichkeiten des Szenariofelds darzustellen, werden die einzelnen Einflussbereiche durch mehrere geeignete Einflussfaktoren beschrieben. Ein *Faktor* ist dabei eine messbare oder beschreibbare Variable, deren Ausprägung sich verändern kann. Er wird von einem Trend abgegrenzt, bei dem es sich um eine richtungsanzeigende Entwicklung eines oder mehrerer Faktoren handelt. So ist »Einstellung zur Technik« ein Faktor, während es sich bei der »Bildung von Wissenseliten« oder der »Zunahme von Technik-Skepsis« um Trends handelt. Mit der Nutzung von Faktoren sind – neben dem Nachteil des höheren Abstraktionsniveaus – eine Reihe von Vorteilen verbunden:

- Faktoren lassen sich leichter als Trends in eine systemische Ordnung aus Ebenen und Bereichen einordnen.
- Die häufig in Trends denkenden Zukunftsplaner müssen sich überlegen, die Entwicklung welchen allgemeinen Faktors ein Trend beschreibt. Damit wird letztlich das Denken in Alternativen unterstützt, weil sich alternative Entwicklungen eines Faktors leichter finden und besser strukturieren lassen als reine »Gegentrends«.
- Die Fokussierung auf tagesaktuelle Trends wird abgebaut.

Einflussfaktoren können durch logisch nachvollziehbare Prozesse oder durch kreative Verfahren wie beispielsweise Brainstorming oder Mind-Mapping ermittelt werden. Hinzu kommen externe Quellen wie Datenbanken oder Checklisten, die eine Faktorenermittlung unterstützen, aber sie nicht im Sinne eines »Einheits-Faktorenkatalogs« ersetzen können.

Die identifizierten Einflussfaktoren erhalten anschließend eine prägnante und leicht verständliche Kurzbezeichnung. Außerdem wird eine ausführlichere Beschreibung verfasst, die den Einflussfaktor definiert und einzelne Aspekte – gegebenenfalls sogar zugehörige Trends – darstellt. Diese Definition ist wichtig, weil sie eine gemeinsame Grundlage für weitere Diskussionen sowie spätere Bewertungen und Zukunftsüberlegungen schafft.

Vernetzung von Einflussfaktoren (Schritt 1–3)

Der Einflussfaktorenkatalog enthält in der Regel eine große und in der Folge nicht zu handhabende Anzahl von bis zu 100 Faktoren. Da nicht alle Faktoren gleichermaßen relevant sind und Szenarien ein Instrument der Komplexitätsreduktion darstellen, müssen jetzt die wesentlichen Einflussfaktoren identifiziert werden. Dabei hat sich ein Richtwert von 16 bis 20 *Schlüsselfaktoren* als sinnvoll erwiesen. Die Auswahl der Schlüsselfaktoren kann durch eine *Vernetzungsanalyse* (→) unterstützt werden. Sie sorgt dafür, dass wir uns nicht ausschließlich auf die Faktoren konzentrieren, die zwar unser tägliches Handeln beeinflussen, nicht aber die langfristige Entwicklung des Szenariofelds.

Festlegung von Schlüsselfaktoren (Schritt 1–4)

Bei der Schlüsselfaktoren-Auswahl sollten zwei Kriterien besonders beachtet werden. Erstens sollten Schlüsselfaktoren eng miteinander vernetzt sein, um so wesentliche Zusammenhänge zu repräsentieren, zukünftige Entwicklungsoptionen auszudrücken und prägnante Szenarien zu ermöglichen. Dazu wird der *Vernetzungsgrad* der einzelnen Faktoren betrachtet. Zweitens sollten Schlüsselfaktoren einen großen Einfluss auf den relevanten Kern des Szenariofelds haben. Dazu kann als Teil der Vernetzungsanalyse für jeden Faktor eine *Relevanz* ermittelt werden. Einflussfaktoren, die sowohl einen hohen Vernetzungsgrad als auch eine hohe Relevanz aufweisen, werden als »sichere Schlüsselfaktoren« bezeichnet.

Anschließend erfolgt eine Bewertung der übrigen Einflussfaktoren durch das Szenarioteam. Im Rahmen einer intensiven Gruppendiskussion werden dann die noch offenen Schlüsselfaktoren festgelegt. Spätestens hier wird deutlich, dass es sich bei der Auswahl der Schlüsselfaktoren immer um einen gruppendynamischen – ja sozusagen um einen gruppensubjektiven – Prozess handelt, der durch die Vernetzungsanalyse unterstützt wird.

Entwicklung von Zukunftsprojektionen (Phase 2)

Nach der Einigung auf die Schlüsselfaktoren beginnt der »Blick in die Zukunft«. Für jeden Schlüsselfaktor werden jetzt systematisch mögliche, zukünftige Zustände ermittelt und beschrieben. Diese Phase ist besonders wichtig, weil davon der Inhalt der Szenarien – und damit letztlich auch die

Qualität der Entscheidungsunterstützung – abhängt. Insofern verlangt die Entwicklung von Zukunftsprojektionen mehr, als das Zusammentragen einiger Trends. Dennoch steht am Anfang dieses Schritts häufig die Suche nach allem, was mit der Zukunft der Schlüsselfaktoren zusammenhängt: Trends, Prognosen, Nachrichten …

Um von der ungeordneten Informationssammlung zu einer handhabbaren Anzahl strukturell gleichwertiger Projektionen zu gelangen, muss von außen auf die einzelnen Schlüsselfaktoren gesehen werden. Dabei wird festgelegt, wie sich die Entwicklung des Schlüsselfaktors am besten beschreiben lässt. In den meisten Fällen ist eine quantitative Beschreibung nicht sinnvoll, da mit den Projektionen keine Scheingenauigkeit suggeriert werden sollte. Daher werden häufig skalierte Projektionen (»Der Benzinpreis wird signifikant steigen«) verwendet. Was allerdings für Benzinpreise noch relativ einfach ist, kann bei Faktoren wie »Datenschutz« oder »Rechtsempfinden« schnell zu einem kaum lösbaren Problem werden. Daher werden häufig auch deskriptive Zukunftsbilder als Projektionen verwendet.

Zudem wird hinterfragt, ob der Schlüsselfaktor durch eine oder mehrere Dimensionen ausgedrückt werden sollte. In der Praxis hat es sich bewährt, Schlüsselfaktoren anhand von zwei *Dimensionen* zu beschreiben. In diesem Fall erfolgt die Visualisierung der Zukunftsprojektionen in einem Portfolio. Anschließend werden die Projektionen ausformuliert und begründet, so dass sie auch von Unbeteiligten leicht und schnell verstanden werden.

Bildung, Analyse und Beschreibung der Szenarien (Phase 3)

Nachdem für die ausgewählten Schlüsselfaktoren mehrere alternative Zukunftsprojektionen vorliegen, werden daraus Szenarien gebildet. Dies erfolgt in den nachfolgend dargestellten sechs Schritten:

Projektionen auf ihre Konsistenz überprüfen (Schritt 3-1)

Szenarien sind Geschichten aus der Zukunft. Ihre Glaubwürdigkeit beruht darauf, dass die einzelnen Elemente – hier sind es die zuvor entwickelten Zukunftsprojektionen – zueinander passen. Diese Widerspruchsfreiheit wird als *Konsistenz* bezeichnet. Die besondere Schwierigkeit liegt darin, dass für die Konsistenz mehrerer Projektionen keine objektiven Maßstäbe vorliegen – schließlich liegen alle Projektionen in der Zukunft. Daher werden im Rahmen einer Konsistenzanalyse die einzelnen Projektionen paarweise miteinander verknüpft.

Die Zusammenführung der einzelnen, paarweisen Konsistenzbewertungen ergibt eine *Konsistenzmatrix*. Deren Entwicklung kann die Subjektivität des Verfahrens relativieren. So erlaubt der Vergleich mehrerer Konsistenzbewertungen Rückschlüsse auf Verständnisprobleme oder unterschiedliche Einschätzungen zukünftiger Entwicklungen.

Abbildung 21: Sechs Schritte der Szenariobildung

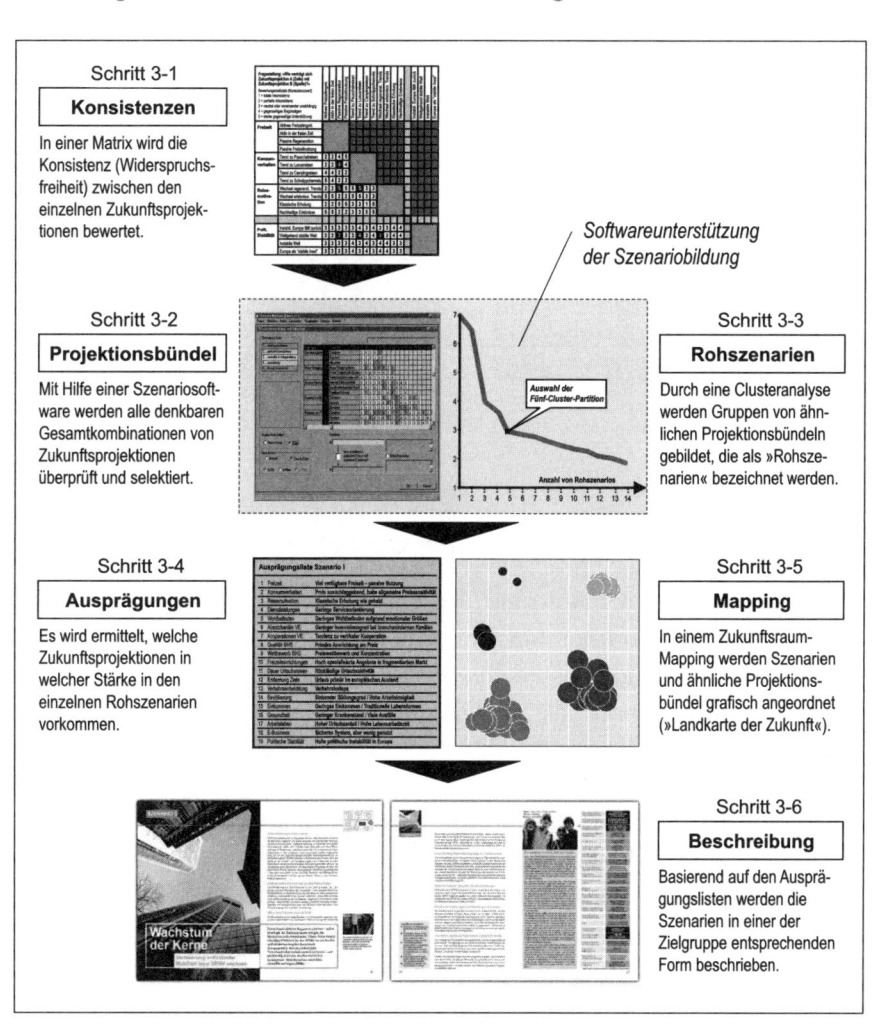

Schritt 3-1 Konsistenzen
In einer Matrix wird die Konsistenz (Widerspruchsfreiheit) zwischen den einzelnen Zukunftsprojektionen bewertet.

Softwareunterstützung der Szenariobildung

Schritt 3-2 Projektionsbündel
Mit Hilfe einer Szenariosoftware werden alle denkbaren Gesamtkombinationen von Zukunftsprojektionen überprüft und selektiert.

Schritt 3-3 Rohszenarien
Durch eine Clusteranalyse werden Gruppen von ähnlichen Projektionsbündeln gebildet, die als »Rohszenarien« bezeichnet werden.

Schritt 3-4 Ausprägungen
Es wird ermittelt, welche Zukunftsprojektionen in welcher Stärke in den einzelnen Rohszenarien vorkommen.

Schritt 3-5 Mapping
In einem Zukunftsraum-Mapping werden Szenarien und ähnliche Projektionsbündel grafisch angeordnet (»Landkarte der Zukunft«).

Schritt 3-6 Beschreibung
Basierend auf den Ausprägungslisten werden die Szenarien in einer der Zielgruppe entsprechenden Form beschrieben.

Abbildung 22: Konsistenzmatrix

Fragestellung: »Wie verträgt sich Zukunftsprojektion A (Zeile) mit Zukunftsprojektion B (Spalte)?« Bewertungsmaßstab (Konsistenzwert) 1 = totale Inkonsistenz 2 = partielle Inkonsistenz 3 = neutral o. voneinander unabhängig 4 = gegenseitiges Begünstigen 5 = starke gegenseitige Unterstützung		Aktives Freizeitmgmt.	Aktiv in der freien Zeit	Passive Regeneration	Passive Freizeitnutzung	Trend zu Pauschalreisen	Trend zu Luxusreisen	Trend zu Camping-Reisen	Trend zu Schnäppchenreis.	Wechsel regenerat. Trends	Wechsel erlebnisor. Trends	Klassische Erholung	Nachhaltige Erlebnisse	Instabil. Europa fällt zurück	Weitgehend stabile Welt	Instabile Welt	Europa als »stabile Insel«
Freizeit	Aktives Freizeitmgmt.																
	Aktiv in der freien Zeit																
	Passive Regeneration																
	Passive Freizeitnutzung																
Konsum-verhalten	Trend zu Pauschalreisen	2	2	4	5												
	Trend zu Luxusreisen	2	2	4	4												
	Trend zu Camping-Reisen	4	4	2	2												
	Trend zu Schnäppchenreis.	5	4	2	2												
Reise-motiva-tion	Wechsel regenerat. Trends	2	2	5	5	5	5	3	3								
	Wechsel erlebnisor. Trends	5	5	2	2	5	5	3	3								
	Klassische Erholung	2	2	5	5	3	3	1	5								
	Nachhaltige Erlebnisse	5	5	2	2	3	3	5	5								
Polit. Stabilität	Instabil. Europa fällt zurück	3	3	3	3	3	4	3	4	3	3	4	3				
	Weitgehend stabile Welt	3	3	3	3	3	4	3	4	3	3	4	4				
	Instabile Welt	3	3	3	3	4	3	4	3	4	4	3	3				
	Europa als »stabile Insel«	3	3	3	3	4	3	4	3	4	4	3	3				

Alle Kombinationsmöglichkeiten durchspielen (Schritt 3–2)

Nach der Konsistenzbewertung der einzelnen Projektionspaare werden alle möglichen Gesamtkombinationen hinsichtlich ihrer Widerspruchsfreiheit überprüft: Wie gut passen die einzelnen Projektionen zusammen? Gibt es totale Inkonsistenzen, die diese Kombination ad absurdum führen? Als sinnvolle Kombination gilt dabei, wenn eine Kombination zu jedem Schlüsselfaktor genau eine Zukunftsprojektion enthält. Eine solche Kombination wird auch als *Projektionsbündel* bezeichnet.

Bei der Analyse der Projektionsbündel handelt es sich um ein kombinatorisches Problem, das für eine große Anzahl von Schlüsselfaktoren mit erheblichem Aufwand verbunden ist.

Daher ist hier der Einsatz einer Szenario-Software vorteilhaft, die zu einer Liste der widerspruchsfreien Projektionsbündel führt, mit denen sich der Zukunftsraum weitgehend beschreiben lässt. Diese Liste wird als *Projektionsbündelkatalog* bezeichnet.

Eine sinnvolle Anzahl von Rohszenarien entwerfen (Schritt 3–3)

Projektionsbündel sind noch keine Szenarien. Diese ergeben sich erst aus Gruppen von ähnlichen Projektionsbündeln, die wir als *Rohszenarien* bezeichnen. Diese Zusammenfassung der einzelnen Projektionsbündel erfolgt im Rahmen einer *Clusteranalyse*. Dabei wird angestrebt, dass die einzelnen »Bündel-Gruppen« in sich möglichst homogen und untereinander möglichst heterogen sind. Konkret bedeutet dies, dass die Projektionsbündel innerhalb eines Rohszenarios möglichst ähnlich und die Rohszenarien selbst, beziehungsweise die Projektionsbündel unterschiedlicher Rohszenarien, möglichst verschieden sein sollen.

Die Anzahl von Szenarien ist nicht von vorneherein festgelegt, sondern ergibt sich aus der Clusteranalyse. Dabei ist sie das Ergebnis des folgenden Kompromisses: Einerseits ermöglicht eine *höhere Anzahl von Szenarien* einen detaillierteren Einblick in den Zukunftsraum – andererseits sind die Planer (und vor allem die späteren Entscheider) an einer Komplexitätsreduktion und damit an einer möglichst *geringen Anzahl von Szenarien* interessiert. Dies reduziert zudem den Aufwand bei der anschließenden Anwendung der Szenarien und erleichtert deren Kommunikation.

Die Ausprägungen der einzelnen Szenarien ermitteln (Schritt 3–4)

Ein aus der Clusteranalyse gewonnenes Rohszenario trägt die wesentlichen Inhalte des späteren Szenarios bereits in sich – es ist allerdings noch nicht für die Kommunikation und Nutzung aufbereitet. Jetzt ist es notwendig, dass die Szenarioentwickler die einzelnen Elemente der einzelnen Szenarien identifizieren und eine Art »Bauplan« für jedes Szenario erstellen. Dazu identifizieren sie zunächst für jedes Szenario die darin relevanten Projektionen. Diese Projektionen werden auch als Ausprägungen des Szenarios bezeichnet.

Sind die Ausprägungen der einzelnen Szenarien identifiziert, betrachten die Szenarioentwickler noch einmal nacheinander alle Projektionen. Liegen Projektionen nur in einem einzigen Szenario vor, so werden diese als charakteristische Ausprägungen dieses Szenarios bezeichnet. Die Diskussion und Verknüpfung der zentralen Elemente eines Szenarios – also vor allem der *charakteristischen Ausprägungen* – vermittelt einen Eindruck von dessen Inhalt und seiner Abgrenzung zu anderen Zukunftsbildern.

Zukunftsraum-Mapping (Schritt 3–5)

Zusätzlich zur Betrachtung der einzelnen Szenarien ist es hilfreich, die Zusammenhänge zwischen den verschiedenen Zukunftsbildern zu visualisieren. Eine solche »Szenariolandkarte« bezeichnen wir als *Zukunftsraum-Mapping* (siehe Abbildung 23, oben). Darin können mit Hilfe einer Multidimensionalen Skalierung (MDS) die verschiedenen Projektionsbündel in einer Ebene dargestellt werden. Dabei werden sie so angeordnet, dass ähnliche Bündel möglichst dicht beieinander und unähnliche Bündel möglichst weit voneinander entfernt liegen. Innerhalb des Zukunftsraum-Mappings zeigen sich die einzelnen Rohszenarien als »Haufen«, die dann durch eine gleiche Farbe markiert werden.

Mit einem Zukunftsraum-Mapping lassen sich die zentralen Unterschiede zwischen den einzelnen Szenarien erfassen (»Was ist das Charakteristische der Szenarien auf der linken Seite?«). Mit Hilfe dieser Kerndimensionen gewinnt der Nutzer eine Übersicht über den gesamten Zukunftsraum. Gleichzeitig können so Präsentationen von mehreren Szenarien strukturiert werden.

Zudem kann die statistisch korrekte Visualisierung in einem »Zukunftsraum-Mapping« genutzt werden, um daraus eine wirkliche »Landkarte der Zukunft« zu entwerfen. Abbildung 23 verdeutlich dies am Beispiel der Zukunft des Tourismus in Europa.

Szenariobeschreibung (Schritt 3–6)

Da die Adressaten der Szenarioinhalte nicht immer Mitglieder des Szenarioteams sind, ist darauf zu achten, dass die Szenarien zielgruppengerecht aufbereitet werden. Die Formulierung und Präsentation der Szenarien muss es dem Nutzer leicht machen, sich in die jeweilige Zukunftswelt hineinzuversetzen. Da die Szenarien in der Regel komplexe Inhalte beschreiben, stellt sich darüber hinaus die Frage nach dem darstellenden Medium.

Die häufigste Form der Szenariopräsentation ist die formelle Beschreibung. Solche Szenarien haben häufig den folgenden Aufbau:

- *Treffende Überschrift*, mit der die gesamte Entwicklungsrichtung des Szenarios beschrieben wird und die Interesse für dessen Inhalt erzeugt.

Abbildung 23: Zukunftsraum-Mapping und »Landkarte« für die Zukunft des Tourismus in Europa

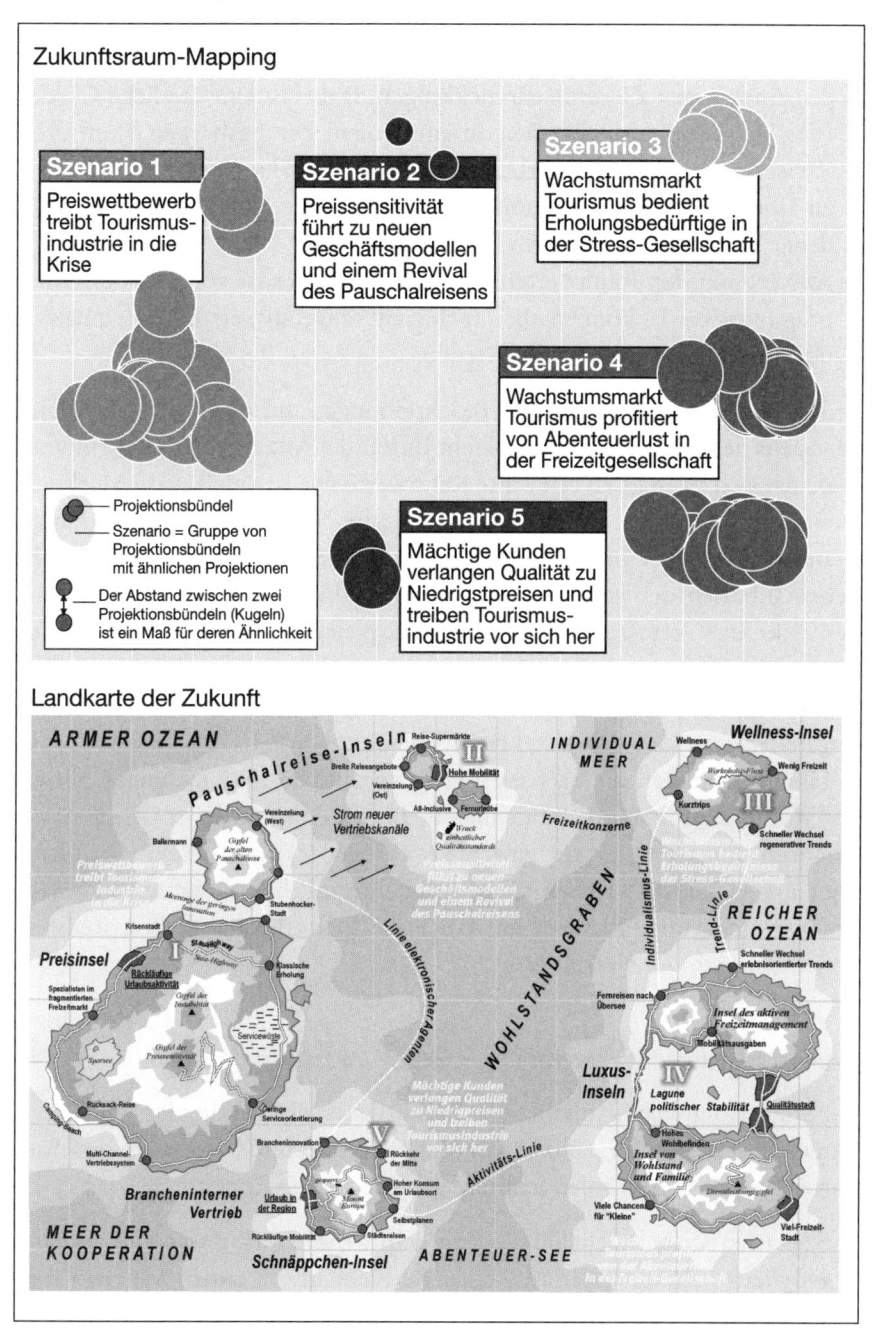

Szenarien | **63**

Kurzüberblick, der die wesentlichen Aussagen zusammenfasst und es der Zielgruppe ermöglicht, das Szenario schnell von den anderen Zukunftsbildern zu unterscheiden.
- *Hauptteil* mit wesentlichen Aussagen und der Beschreibung der jeweiligen eindeutigen Zukunftsentwicklungen. Dabei ist eine ähnliche Gliederung der einzelnen Szenarien zu empfehlen. Die Lesbarkeit kann über Zwischenüberschriften verbessert werden. Im Hauptteil kann es auch zu Überschneidungen kommen, da gleiche Teilentwicklungen verschiedener Szenarien auch gleich dargestellt werden.
- *Anhang* mit den Kennwerten des Szenarios. Dies ist vor allem die Ausprägungsliste. Es können aber auch weitere Details, erste Konsequenzen oder Indikatoren dargestellt werden.

Teilweise werden die formellen Beschreibungen um eine Quantifizierung der Szenarien ergänzt. Dies geschieht durch die Angaben von Korridoren, in denen sich strategisch relevante Kennwerte wie beispielsweise Marktanteile, Inflationsraten oder Devisenkurse in den Szenarien bewegen können.

Insbesondere bei Global- oder Marktszenarien lassen sich aus den fachlichen Inhalten der entwickelten Zukunftsbilder auch »Geschichten aus der Zukunft« verfassen. Diese stellen beispielsweise dar, was einem Kunden im Jahr 2025 passiert, wenn er die auf dem entsprechenden Markt angebotene Leistung abfragt. Weitere Darstellungsformen haben wir im Kapitel *Scenario Planning (→)* bereits beschrieben.

Häufig enthalten die Szenarien auch spezifische Entwicklungen einzelner Stakeholder (Zu- oder abnehmende Bedeutung; Machtverschiebungen; Chancen und Gefahren für einzelne Stakeholder) oder sie enthalten Entwicklungen, die zu solchen spezifischen Entwicklungen führen könnten. Ein wirkungsvolles Element ist daher die Ermittlung und Beschreibung von *Gewinnern und Verlierern*.

Szenariotransfer und Interpretation des Zukunftsraums (Phase 4)

Für eine erfolgreiche Nutzung von Szenarien ist es wichtig, dass alle Beteiligten ein gleiches Verständnis von der Funktion und Wirkweise von Szenarien haben. Dazu zählen mehrere grundsätzliche Annahmen:
- Szenarien stellen nicht die »einzig wahre« Zukunft dar, sondern *einen möglichen* Zukunftsverlauf. Einzelne Elemente in einem Szenario sind nicht »die einzige Möglichkeit«, sondern in der Regel »die mit der

höchsten Stimmigkeit zu den anderen Elementen im Szenario«.
- Szenarien sind keine Strategien, sondern (Denk-)Werkzeuge zur Entwicklung besserer Strategien.
- Szenarien sind nicht objektiv, sondern »Gruppen-subjektiv« – das heißt, sie repräsentieren die Sichtweisen des Szenarioteams.
- Szenarien beinhalten keine Entscheidungen, sondern sie stellen Umfelder dar, innerhalb derer wir Entscheidungen zu treffen haben.
- Szenarien wären nicht dann »gut entwickelt«, wenn sie exakt eintreten, sondern wenn sie Orientierungsprozesse in Unternehmen gezielt unterstützen und so zu besseren Entscheidungen beitragen.

Abbildung 24: Szenariotransfer und Interpretation des Zukunftsraums

	Alle Szenarien sind gleichwertig	Einbeziehung von Erwartungen
Fokussierung auf Szenariofeld (=Umfeld)	**Szenarioentwicklung** Entwicklung von zunächst gleichwertigen Szenarien (= möglichen Zukünften) als Denkwerkzeuge Ergebnis: Zukunftsraum mit alternativen Szenarien	**Szenariobewertung** Ermittlung gegenwartsnaher, erwarteter und gewünschter Faktoren und Zukunftsbilder und Interpretation der Bewertungen Ergebnis: Erwartete Zukunft, Veränderungsperspektiven und Entwicklungspfade
Rückbezug auf das Gestaltungsfeld	**Konsequenzanalyse** Ermittlung der Auswirkungen, die mit bestimmten Szenarien auf das Unternehmen (das Gestaltungsfeld) verbunden sind. Ergebnis: Szenariospezifische und zukunftsrobuste Chancen, Gefahren und Handlungsoptionen	**Szenariogestützte Entscheidungsfindung** Zusammenführung der Handlungsoptionen mit den Ergebnissen der Szenariobewertung. Ergebnis: Strategierelevante Szenarien (fokussiert/robust) und Früherkennungsbedarfe

Interpretation des Zukunftsraums →
Szenariotransfer ↓

Szenarien werden in Unternehmen und Organisationen auf vielfältige Weise genutzt. Dabei werden zwei für die Szenarioentwicklung wichtige Grundlagen – die Fokussierung auf das Umfeld und die Gleichwertigkeit aller Szenarien – überwunden (siehe Abbildung 24):

(1) Konsequenzanalyse: Bisher wurde das eigene Unternehmen oder die eigene Organisation explizit nicht betrachtet. Nun erfolgt der Transfer vom Szenariofeld (=Umfeld) zurück zum Gestaltungsfeld. Die Konsequenz-

analyse beinhaltet vor allem die Ableitung von Chancen, Gefahren und Handlungsoptionen.

(2) Bewertung der Szenarien und Ableitung von Entwicklungspfaden: Bis hierhin wurden alle Szenarien als gleichwertig erachtet. Nun erfolgt eine Interpretation der Szenarien hinsichtlich ihrer Nähe zur Gegenwart sowie zur erwarteten und gewünschten Zukunft. Dazu gehört auch eine Visualisierung möglicher zeitlicher Abfolgen der ermittelten Szenarien in Form von Entwicklungspfaden.

(3) Szenariogestützte Entscheidungsfindung stellt eine spezifische Form der Visions- oder Strategiefindung dar, in der aktiv auf den Umgang mit Ungewissheit eingegangen wird. Grundlage für eine solche Entscheidungsunterstützung sind sowohl die Konsequenzanalyse als auch die Szenariobewertung.

Abbildung 25: Auswirkungsmatrix

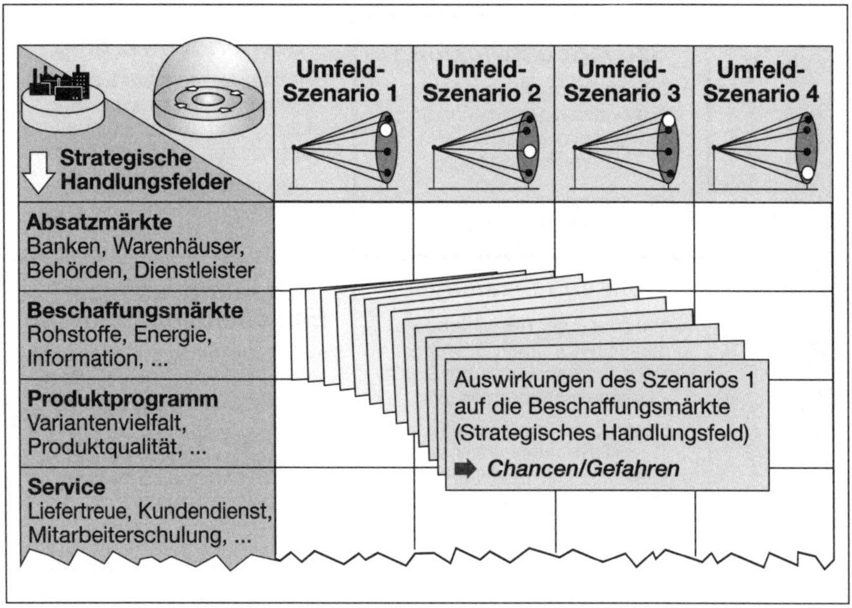

Konsequenzanalyse

Viele eigene Handlungsmöglichkeiten sind Reaktionen auf Umfeldentwicklungen. Daher geht es häufig zunächst darum, die Auswirkungen der Szenarien auf das Gestaltungsfeld zu analysieren. Bei dieser Auswirkungsanalyse sollten *alle* Szenarien so lange wie möglich »im Spiel gehalten« werden, um auf diese Weise auch die in den vermeintlich negativeren Szenarien versteckten Chancen sowie die gerne verdrängten Gefahren einer oberflächlich »guten« Entwicklung zu identifizieren. Dies ist ein wesentlicher Grund für unseren zurückhaltenden Umgang mit Wahrscheinlichkeiten.

Ein gutes Hilfsmittel zur Optionsentwicklung ist eine Auswirkungsmatrix, mit der die Folgen der erstellten Umfeldszenarien für das eigene Unternehmen systematisch aufbereitet werden. Dazu werden in einer Matrix als Spalten die Szenarien und als Zeilen einzelne strategische Handlungsfelder wie Geschäftsfelder, Funktionsbereiche oder Produktgruppen verzeichnet. In einem einzelnen Feld werden dann die Auswirkungen eines *bestimmten* Szenarios auf ein *bestimmtes* strategisches Handlungsfeld untersucht. Dabei wird jeweils die Frage gestellt: »Wie wirkt sich das Szenario auf das strategische Handlungsfeld aus?«

Bewertung der Szenarien und Ableitung von Entwicklungspfaden

Für Szenarien, die auf extremen Zukunftsprojektionen beruhen, lassen sich sinnvoll keine Wahrscheinlichkeiten bestimmen. Da aber häufig trotzdem eine Aussage zu den gegenwärtigen Entwicklungstendenzen gewünscht wird, kann im Zukunftsraum-Mapping eine einfache Szenariobewertung vorgenommen werden. Dazu wird zunächst von einzelnen Teammitgliedern die Gegenwart, die erwartete Zukunft sowie die gewünschte Zukunft im Mapping markiert. Dadurch werden gemeinsame oder divergierende Positionen deutlich. So deuten stark divergierende Aussagen bei der erwarteten Zukunft auf eine große Ungewissheit bezüglich der Zukunftsentwicklung hin. Aus der Kombination von Gegenwartsnähe sowie erwarteter und gewünschter Zukunft ergeben sich verschiedene typische Interpreationsmuster:

- *Vor uns die glorreiche Zukunft*: In vielen Szenarioprojekten liegen die erwartete und die gewünschte Zukunft eng beieinander – und beide unterscheiden sich signifikant von der Gegenwart. Dies spricht zunächst für einen gewünschten Wandel. Dieses Muster kann aber gleichzeitig als Warnsignal verstanden werden, dass unter Umständen die Erwartung zu stark von den eigenen Wünschen beeinflusst und somit der Blick auf die Realität verstellt wird.

- *Vor uns ein schmerzhafter Wandel:* Bei einem Industrieunternehmen wiesen hingegen Gegenwart und Wunschzukunft starke Übereinstimmungen auf, während die erwartete Zukunft bei anderen Szenarien lag. So wurde für jedermann deutlich, dass hier zukünftige Veränderungen auf Beharrungswiderstände stoßen werden.
- *Kein Ausweg aus dem Dunkel?* Bei einer großen Organisation lagen demgegenüber Gegenwart und erwartete Zukunft dicht beieinander, während die Wunschzukunft von anderen Szenarien abgedeckt wurde. Hier ging es im Folgenden vor allem darum, die Möglichkeit von Veränderungen aufzuzeigen und Optionen zur positiven Zukunftsgestaltung zu erarbeiten.

Bei der weitergehenden Form der Szenariobewertung werden Gegenwart, Erwartung und Wunsch für die Projektionen jedes einzelnen Schlüsselfaktors ermittelt. Aus der Zusammenführung lassen sich jetzt Gegenwarts-, Erwartungs- und Wunschpunkte im Zukunftsraum-Mapping verorten. Außerdem werden so sechs spezifische Entwicklungen identifiziert:

- *Sich fortsetzende Trends* sind Projektionen, die sowohl im Gegenwarts- als auch im Erwartungsbild auftreten;
- *Erwartete Veränderungen* sind Projektionen, die zwar im Erwartungsbild auftreten – nicht aber im Gegenwartsbild;
- *Erwartete Chancen* sind Projektionen, die sowohl im Erwartungs- als auch im Wunschbild auftreten;
- *Erwartete Gefahren* sind Projektionen, die zwar im Erwartungsbild auftreten – nicht aber im Wunschbild;
- *Gewünschte Stabilitäten* sind Projektionen, die sowohl im Gegenwarts- als auch im Wunschbild auftreten und
- *Gewünschte Veränderungen* sind Projektionen, die im Wunschbild auftreten – nicht aber im Gegenwartsbild.

Wenn der Gegenwartspunkt identifiziert ist, können Wege von heute zu den einzelnen Szenarien vorausgedacht werden. Dabei zeigen sich häufig bestimmte Pfade, über die sich Veränderungsprozesse abspielen können. Diese Entwicklungspfade können als Blaupause für Prozessszenarien ebenso wie als Grundlagen eines *Szenario-Controllings* (→) verstanden werden.

Für einzelne Entwicklungspfade lassen sich dann strategische Fragen aufwerfen, mit denen die Entscheider in der Zukunft konfrontiert werden und für die sie bereits heute spezifische Antworten vorausdenken können.

Abbildung 26: Beispiel für Ergebnisse der Szenariobewertung und Entwicklungspfade im Zukunftsraum-Mapping

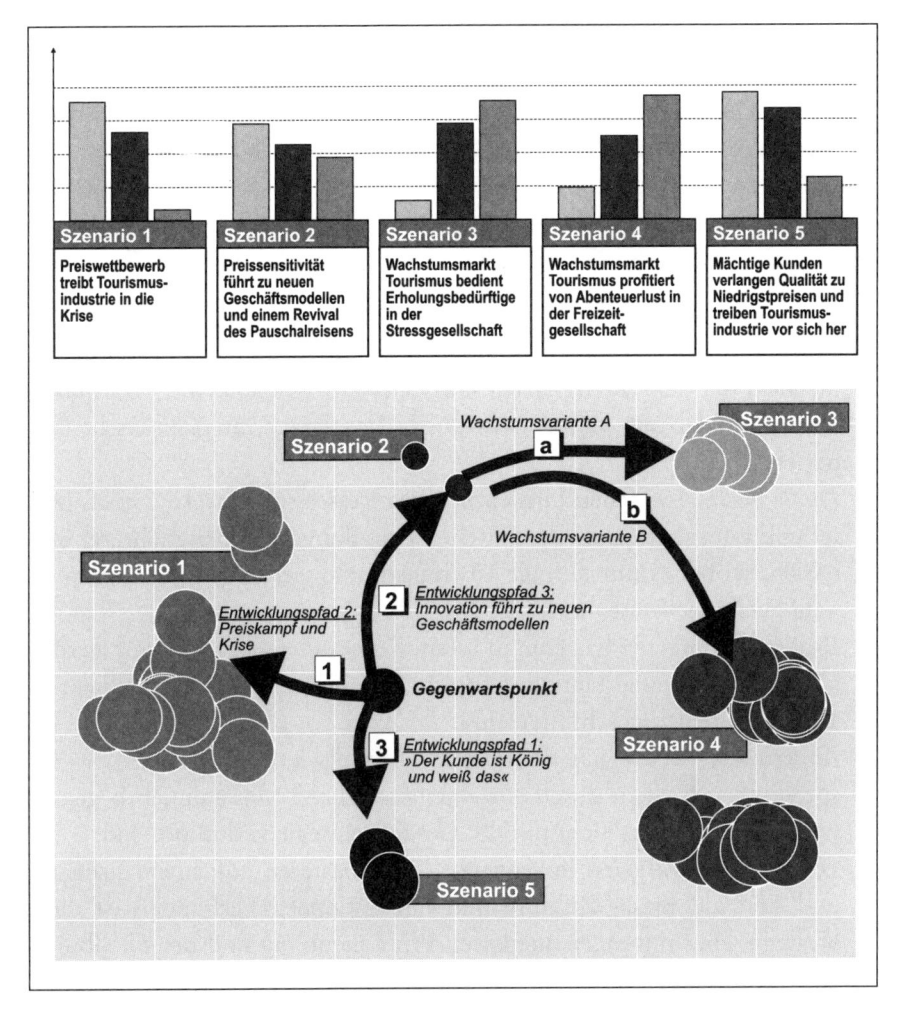

Szenario 1: Preiswettbewerb treibt Tourismusindustrie in die Krise

Szenario 2: Preissensitivität führt zu neuen Geschäftsmodellen und einem Revival des Pauschalreisens

Szenario 3: Wachstumsmarkt Tourismus bedient Erholungsbedürftige in der Stressgesellschaft

Szenario 4: Wachstumsmarkt Tourismus profitiert von Abenteuerlust in der Freizeitgesellschaft

Szenario 5: Mächtige Kunden verlangen Qualität zu Niedrigstpreisen und treiben Tourismusindustrie vor sich her

Wachstumsvariante A
Wachstumsvariante B
Entwicklungspfad 2: Preiskampf und Krise
Entwicklungspfad 3: Innovation führt zu neuen Geschäftsmodellen
Gegenwartspunkt
Entwicklungspfad 1: »Der Kunde ist König und weiß das«

Szenariogestützte Entscheidungsfindung

Wie ein Unternehmen mit Ungewissheit umgeht, hängt davon ab, wie viele und welche Szenarien es bei seiner Strategieentwicklung berücksichtigt.

Dabei werden zwei Extreme unterschieden: Im Rahmen *fokussierter Strategien* konzentriert man sich auf ein Szenario und entwickelt eine dafür passende Strategie. Im Rahmen *robuster Strategien* werden beim eigenen Handeln mehrere – unter Umständen sogar alle – Szenarien berücksichtigt.

Folglich kann aus Sicht der Strategie zwischen zwei Arten von Szenarien unterschieden werden: *Strategiebildende Szenarien* sind Grundlage des eigenen Handelns. Häufig werden sie weiter konkretisiert, um so als Basis für Roadmaps und Planungen zu dienen. *Strategiekritische Szenarien* sind demgegenüber keine Grundlage für die eigene Strategie. Sie sind aber – und das ist ein zentraler Punkt des Szenario-Managements – nicht vernachlässigbar. Sie müssen beobachtet werden und bilden somit den Fokus für eine systematische Früherkennung im Rahmen des Szenario-Monitorings.

Insofern erfolgt der Übergang von robusten zu fokussierten Strategien in fünf Stufen:

- *Robuste Strategien* bauen in ihrem Kern auf Handlungsoptionen auf, die ideal für mehrere Szenarien sind. Hier gibt es also keine *(vollrobuste Strategie)* oder nur wenige *(teilrobuste Strategie)* strategiekritische Szenarien.
- *Duale Strategien* gehen hinsichtlich des Ressourceneinsatzes noch weiter und kombinieren die spezifischen Handlungsoptionen mehrerer Szenarien, wobei es nur geringe Übereinstimmungen gibt und man quasi »auf zwei Hochzeiten tanzt«.
- *Ergänzte Strategien* basieren in ihrem Kern auf einem Szenario, werden aber durch einzelne Handlungsoptionen ergänzt, die auf strategiekritische Szenarien zugeschnitten sind.
- *Abgesicherte Strategien* fokussieren ebenfalls auf ein Szenario, wobei spezifischen Risiken durch einzelne, zusätzliche Maßnahmen begegnet wird, die allerdings nicht mit der Gesamtstrategie verknüpft sind.
- *Fokussierte Strategien* im engeren Sinne basieren auf einem Szenario und sind auf dieses Zukunftsbild hin optimiert. Verbunden ist diese Strategie aber mit einer intensiven Früherkennung und der Flexibilität zu einem Strategiewechsel, falls sich die Umweltbedingungen ändern.

Der hohe Bedarf für Früherkennung bei fokussierten Strategien basiert auf der großen Menge strategiekritischer Szenarien. Werden diese Risiken aufgrund einer traditionellen, eindimensionalen Planung gar nicht thematisiert, so werden in der Regel auch zu wenig Ressourcen für die Zukunft eingesetzt (siehe Abbildung 27, unten links). Anderseits sind bei einem vollrobusten Ansatz die Eventualitäten bereits in der Strategie berücksichtigt, so dass hier keine Notwendigkeit für eine intensive und ressourcenbindende Früherkennung mehr besteht (siehe Abbildung 27, oben rechts).

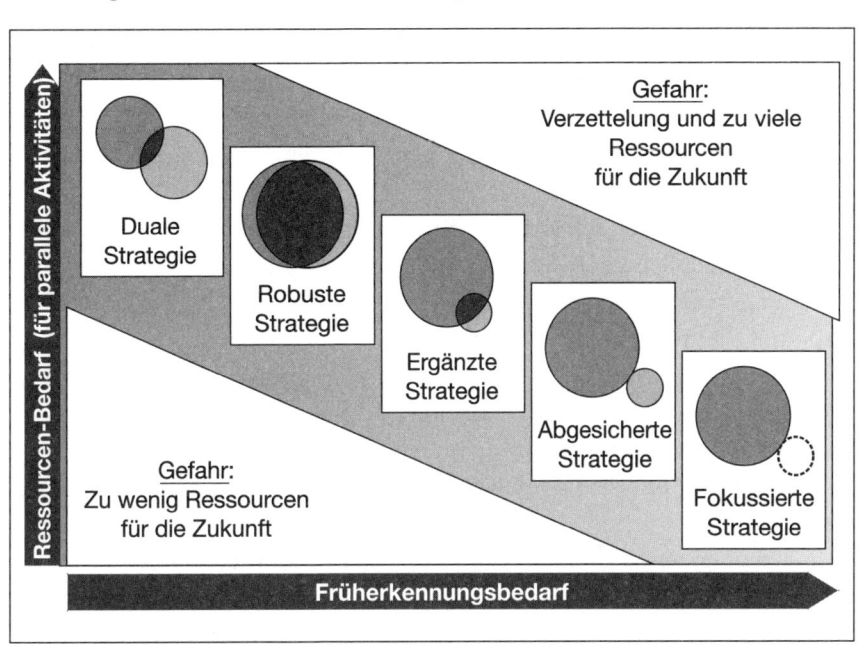

Abbildung 27: Fünf Formen der szenariogestützten Strategien

Wechselwirkungsszenarien (Cross-Impact-Analyse)

Unter Wechselwirkungsszenarien werden Zukunftsbilder verstanden, die auf der systematischen Verknüpfung von Trendprojektionen und ihren Wahrscheinlichkeiten beruhen. Zu ihrer Entwicklung werden Cross-Impact-Analysen eingesetzt. Darunter wird eine Gruppe von Verfahren verstanden, mit denen versucht wird, die Zusammenhänge zwischen den Eintrittswahrscheinlichkeiten möglicher zukünftiger Entwicklungen auszuwerten.

Seit der Liberalisierung der Elektrizitätsmärkte durch die Europäische Union in der zweiten Hälfte der neunziger Jahre befindet sich die Stromwirtschaft in einem dynamischen Umbruch, der mit erheblichen Veränderungen verbunden ist. Besonders in der ersten Umbruchphase war es für Politik, Wirtschaft und Gesellschaft wichtig, sich bereits abzeichnende Entwicklungen so früh wie möglich zu erkennen, um sich rechtzeitig auf diese einstellen zu können. Die Akademie für Technikfolgenabschätzung in Baden-Württemberg hat daher im Jahr 2001 mehrere Szenarien zur Zukunft einer liberalisierten Stromversorgung in Deutschland im Jahr 2010 entwickelt. Das Jahr 2010 wurde als Zukunftshorizont für die Szenarien gewählt, da davon ausgegangen wurde, dass sich bis dahin eine vollständige Liberalisierung mit einem gänzlich funktionierenden und diskriminierungsfreien Wettbewerb eingestellt haben würde.

Im Rahmen einer Pilotstudie wurden zunächst der Stand der politischen und fachlichen Diskussion aufgearbeitet und die wichtigsten Fragestellungen eingegrenzt. Außerdem wurden die relevanten Akteure und Experten identifiziert und im Rahmen von Vorgesprächen eingebunden. Anschließend wurden mit neun externen Wissenschaftlern in drei Workshops verschiedene qualitative Szenarien einer liberalisierten Stromversorgung für Deutschland im Jahr 2010 entwickelt. Dazu wurde eine Cross-Impact-Analyse eingesetzt, deren Anwendung in mehreren Stufen erfolgte:

In einem ersten vorbereitenden Arbeitsschritt wurden alle Experten um eine Einschätzung gebeten, welche politischen, wirtschaftlichen und energietechnischen Systemgrößen relevant für die aufgeworfene Fragestellung sind. Mit einer *Vernetzungsanalyse* (→) wurden 15 Schlüsselfaktoren identifiziert. Anschließend wurden von jedem Experten die Systemzusammenhänge in einer Cross-Impact-Matrix bewertet. Aus diesen Matrizen ergaben sich jeweils individuelle Szenarien, die zu einer meinungsheterogenen Liste von 36 Rohszenarien zusammengeführt wurden. Aus der Clusterung der Rohszenarien nach Ähnlichkeitsgesichtspunkten ergaben sich vier Szenariogruppen, aus denen je ein Repräsentant gewählt wurde. Die Gruppierungs- und Auswahlverfahren erfolgten rechnerunterstützt nach offengelegten, rein formalen Regeln und beinhalteten bis zur Szenariobildung keine subjektiven Auswahlschritte. Auf der Basis der vier, aus dem formalen Analyseverfahren als Vorschlag hervorgegangenen Szenarien wurde in einem weiteren Experten-Workshop eine fachliche Diskussion durchgeführt. Die Szenarien wurden entsprechend ihren Wesenszügen beschrieben und mit Überschriften charakterisiert:

- Szenario 1: »Europäische Harmonisierung und geringes ökologisch orientiertes Marktagieren auf der Verbraucherseite«
- Szenario 2: »Europäische Harmonisierung und ökologisch orientiertes Marktagieren durch verstärktes privates Umwelthandeln«
- Szenario 3: »Nationale Instrumente und zusätzliche staatliche Maßnahmen im Bereich der Stromeffizienz«
- Szenario 4: »Nationale Instrumente und starkes ökologisch orientiertes Marktagieren auf der Verbraucherseite«

Abschließend wurden die zuvor für Deutschland skizzenhaft entwickelten Zukunftsbilder in ihrer Entsprechung für Baden-Württemberg durch Modellrechnungen des *Instituts für Energiewirtschaft und rationelle Energieanwendung* der Universität Stuttgart regionalisiert und quantifiziert.

Eine zentrale Aussage der Szenarien war, dass sich zwar durch die Liberalisierung und die daraus folgenden Reaktionen der Marktakteure der Strommarkt grundlegend verändern würde, die entscheidenden richtungsweisenden Impulse jedoch nach wie vor von den staatlichen Eingriffen in das System ausgehen. Obwohl sich der Staat mit der Liberalisierung einerseits aus seiner Verantwortung zurückgezogen hat, sind andererseits bestimmte Maßnahmen und Eingriffe erforderlich, damit er seine energiepolitischen Ziele hinsichtlich Klimaschutz und Umweltverträglichkeit innerhalb des neu geschaffenen Wettbewerbs durchsetzen kann.

Inhalt

Szenarien, die mittels *Scenario Planning* (→) oder *Szenariotechnik* (→) entwickelt werden, sind häufig Extrembilder. Das bedeutet in der Praxis, dass sie die »Eckpunkte« des Möglichkeitsraums beschreiben. Daher können für solche Szenarien keine Eintrittswahrscheinlichkeiten berechnet werden. Gleichzeitig ist es aber in bestimmten Situationen gewünscht, das Zentrum des Möglichkeitsraums zu untersuchen und für die darin befindlichen Zukunftsbilder Wahrscheinlichkeiten anzugeben. In diesem Fall wird der Möglichkeitsraum aufgeteilt – und nicht wie bei den anderen beiden Verfahren durch Vektoren beschrieben. Die Einbeziehung von Wahrscheinlichkeiten erfolgt häufig durch eine *Cross-Impact-Analyse*. Wir sprechen daher auch von *Wechselwirkungsszenarien*.

Die Cross-Impact-Analyse geht auf *Olaf Helmer* und *Theodore J. Gordon* zurück, die sie in den sechziger Jahren für die Durchführung eines Zukunftsspiels bei *Kaiser-Aluminium* entwickelten. Sie erkannten, dass die Ergebnisse verschiedener Prognose- und Trend-Instrumente dadurch begrenzt waren, dass einzelne Ereignisse oder Trends lediglich isoliert betrachtet wurden. Mit der Cross-Impact-Analyse werden die Zusammenhänge zwischen diesen einzelnen Zukunftsmöglichkeiten einbezogen. Cross-Impact-Analysen können neben Wechselwirkungsszenarien auch noch für System-, Störereignis- oder Auswirkungsanalysen eingesetzt werden.

Die Art einer Cross-Impact-Analyse hängt davon ab, auf welche Weise die Zusammenhänge zwischen den einzelnen Faktoren oder Ereignissen beschrieben werden. Uwe Götze unterscheidet dafür drei Formen:

- *Korrelierte Cross-Impact-Analyse:* Hierbei stellen die Zusammenhänge bedingte oder gemeinsame Wahrscheinlichkeiten dar. Dabei gibt die bedingte Wahrscheinlichkeit die Wahrscheinlichkeit dafür an, dass ein Ereignis A eintritt, falls zu diesem Zeitpunkt auch das Ereignis B vorliegt. Die gemeinsame Wahrscheinlichkeit ist dementsprechend die Wahrscheinlichkeit, dass zu einem Zeitpunkt sowohl das Ereignis A als auch das Ereignis B gegeben ist.
- *Statische kausale Cross-Impact-Analyse:* In diesem Fall werden die Auswirkungen des Eintretens eines Ereignisses A auf ein Ereignis B betrachtet. Diese kausal bedingte Wahrscheinlichkeit ist die Wahrscheinlichkeit für das Eintreten des Ereignisses A, die aus dem vorherigen Eintreten des Ereignisses B resultiert.
- *Dynamische kausale Cross-Impact-Analyse:* Die dritte Form basiert ebenfalls auf kausal bedingten Wahrscheinlichkeiten. Hier werden allerdings mehrere Zeitabschnitte im Sinne einer Abfolge betrachtet.

Vorgehen

Die Entwicklung von Wechselwirkungsszenarien im Rahmen einer Cross-Impact-Analyse weist Ähnlichkeiten zur *Szenariotechnik* (→) auf – in vielen Fällen wird sie auch als eine Form der Szenariotechnik verstanden. Wir konzentrieren uns daher nachfolgend auf die Besonderheiten und stellen diese am Beispiel einer statischen kausalen Cross-Impact-Analyse dar.

Ermittlung und Bewertung der Trendprojektionen oder Trendereignisse (Phase 1)

Da es sich bei der Cross-Impact-Analyse um ein induktives Verfahren handelt, müssen zunächst die einzelnen Elemente der Szenarien ermittelt werden. Dabei werden zwei Formen unterschieden:

- *Trendprojektionen:* Hier werden zunächst Schlüsselfaktoren ermittelt. Dabei kann auf die im Kapitel *Szenariotechnik* (→) beschriebene Vorgehensweise zurückgegriffen werden. Anschließend werden denkbare Entwicklungsalternativen der einzelnen Schlüsselfaktoren in Form von Trendprojektionen beschrieben.
- *Trendereignisse:* Dabei handelt es sich um zukünftige Entwicklungen, deren Eintreten mit einem »Ja« oder »Nein« beantwortet werden kann. Beispiel: »Zwei Wettbewerber werden sich zusammenschließen«. Ihre Entwicklung kann sich an der im Kapitel *Scenario Planning* (→) beschriebenen Vorgehensweise orientieren.

Anschließend wird die Eintrittswahrscheinlichkeit für jedes Trendereignis oder jede Trendprojektion abgeschätzt. Insbesondere im zweiten Fall ist darauf zu achten, dass die Projektionen eines Faktors dessen Entwicklungsmöglichkeiten vollständig (also mit einer Gesamtwahrscheinlichkeit von »1«) abbilden müssen.

Bestimmung der bedingten Wahrscheinlichkeiten (Phase 2)

Nun werden die Beziehungen zwischen den Trendprojektionen oder Trendereignissen ermittelt. Dies erfolgt bei der statisch-kausalen Cross-Impact-Analyse mittels einer Cross-Impact-Matrix. Dabei wird eine Standardskala von +3 (= erhöht die Eintrittswahrscheinlichkeit erheblich) bis −3 (verringert die Eintrittswahrscheinlichkeit erheblich) verwendet. In Abbildung 28 ist eine solche Cross-Impact-Matrix exemplarisch für einen Ausschnitt des Umfelds öffentlicher Banken in Deutschland angegeben.

Berechnung der Projektions- oder Trendbündel (Phase 3)

Bei der Entwicklung von Wechselwirkungsszenarien wird jede Trendprojektion (beziehungsweise jedes Eintreten und jedes Nicht-Eintreten eines Trendereignisses) als Ausgangspunkt für die Berechnung eines Projektionsbündels gewählt. Ein solcher Durchlauf durch den Cross-Impact-Algorithmus bezieht sich also auf eine *gesetzte Trendprojektion* und erfolgt in mehreren Schritten:

- *Schritt 1:* Ausgangspunkt jedes Durchlaufs sind die in Phase 1 festgelegten Eintrittswahrscheinlichkeiten für die einzelnen Trendprojektionen.
- *Schritt 2:* Anschließend wird *eine* Trendprojektion als Ausgangspunkt gesetzt. Ihre Eintrittswahrscheinlichkeit wird auf »1« gesetzt, womit die Wahrscheinlichkeiten der alternativen Projektionen automatisch »0« werden.
- *Schritt 3:* Im Folgenden werden die Eintrittswahrscheinlichkeiten der einzelnen Trendprojektionen mit den bedingten Wahrscheinlichkeiten für die gesetzte Trendprojektion (siehe Cross-Impact-Matrix aus Phase 2) kombiniert. Dies erfolgt über spezifische Formeln und führt zu neuen Wahrscheinlichkeitswerten.
- *Schritt 4:* Da die neuen Wahrscheinlichkeitswerte für einen Schlüsselfaktor nicht genau »1« ergeben, erfolgt anschließend eine Normierung.
- *Schritt 5:* Nun wird aus den verbliebenen Trendprojektionen diejenige mit der höchsten Wahrscheinlichkeit ausgewählt. Für diese wird nunmehr die Wahrscheinlichkeit auf »1« gesetzt, wobei jetzt deren Alternativprojektionen auf »0« gesetzt werden. Nunmehr erfolgt wiederum eine Neuberechnung der Wahrscheinlichkeiten gemäß Schritt 3.
- *Schritt 6:* Ist für alle Schlüsselfaktoren jeweils genau eine Trendprojektion gefunden, so liegt als Ergebnis dieses Durchlaufs ein *Projektionsbündel* vor.

Da die bedingten Wahrscheinlichkeiten einmal zeilen- und einmal spaltenweise ausgelesen werden, benötigt eine Cross-Impact-Analyse genau doppelt so viele Durchläufe wie Trendprojektionen vorliegen. Im beschriebenen Beispiel wurden auf diese Weise 30 Projektionsbündel erzeugt. Dabei entstanden allerdings eine Reihe identischer Projektionsbündel, sodass insgesamt nur 18 unterschiedliche Zukunftsbilder entwickelt wurden. Aus den Ergebnissen aller Durchläufe können *relative Häufigkeiten* für das Eintreten der einzelnen Trendprojektionen abgeleitet werden. Diese beschreiben in Form sogenannter »A-Posteriori-Wahrscheinlichkeiten« die Konsequenzen der Cross-Impact-Analyse. Dabei weichen sie in der Regel von den in Phase 1 abgeschätzten sogenannten »A-Priori-Wahrscheinlichkeiten« ab.

Abbildung 28: Beispiel für eine Cross-Impact-Matrix

			1A	1B	1C	2A	2B	2C	3A	3B	3C	4A	4B	4C	5A	5B	5C
Konzentration bei öffentlichen Banken	1A	Keine				-3	-1	2	0	1	0	1	0	-1	0	0	0
	1B	Konstant				-1	1	2	0	0	0	0	0	0	0	0	0
	1C	Stark				1	2	0	0	0	1	-1	0	1	0	0	0
Positionierung der öffentlichen Banken	2A	Gestärkt	0	0	0				2	1	0	0	0	0	0	0	0
	2B	Konstant	0	0	0				-1	3	-1	0	0	0	0	0	0
	2C	Geschwächt	0	0	0				0	0	2	0	0	0	0	0	0
Produktspektren der Banken in Deutschland	3A	Spezialisierung	0	0	1	0	1	0				-1	0	2	0	0	0
	3B	Mischung	1	1	1	2	2	0				0	2	0	0	0	0
	3C	Allfinanz	-1	0	1	-2	0	2				1	0	-1	0	0	0
Kundenbindung/ Kundenloyalität	4A	Stärker	0	0	0	1	0	-1	-1	0	1				0	0	0
	4B	Konstant	0	0	0	0	1	0	0	1	0				0	0	0
	4C	Geringer	0	0	0	-1	0	1	1	0	-1				0	0	0
Wirtschaftliches Umfeld in Deutschland	5A	Wachstum	0	1	0	0	0	0	0	0	1	2	1	0			
	5B	Muddling Through	-1	0	1	0	0	0	-1	2	-1	0	2	1			
	5C	Rezession	-3	0	2	0	0	0	1	0	0	-2	0	2			

Bestimmung der Szenarien (Phase 4)

Für die Umsetzung der einzelnen Projektionsbündel in konkrete Wechselwirkungsszenarien ergeben sich mehrere Möglichkeiten:

- Die Projektionsbündel können entsprechend ihrer relativen Häufigkeiten in eine Rangreihe gebracht werden. Dadurch ergäben sich im vorliegenden Fall zwei besonders wahrscheinliche Szenarien: Das Szenario A mit einer Eintrittswahrscheinlichkeit von 20 Prozent und das Szenario B mit einer Eintrittswahrscheinlichkeit von 17 Prozent. Die reine Nutzung einer Rangreihe führt allerdings häufig dazu, dass sehr ähnliche Szenarien beschrieben werden. So weichen die Szenarien A und B lediglich bezüglich der Kundenbindung voneinander ab.
- Eine zweite Möglichkeit besteht darin, zunächst das Szenario mit der höchsten Wahrscheinlichkeit zu betrachten und dann davon besonders stark abweichende Alternativen als zusätzliche Szenarien zu definieren. Dieser Prozess kann durch ein Mapping unterstützt werden, wie es in Abbildung 29 dargestellt ist. Darin sind die einzelnen Projektionsbündel entsprechend ihrer Ähnlichkeit grafisch angeordnet. Die Größe der Bündel verdeutlich hier ihre Wahrscheinlichkeiten.
- Außerdem kann entsprechend dem Vorgehen bei der *Szenariotechnik* (→) eine Clusteranalyse eingesetzt wird. Probleme bereitet es hier aller-

dings, dass bei der Cross-Impact-Analyse keine vollständige Enumeration erfolgt.

Abbildung 29: Mapping der Projektionsbündel

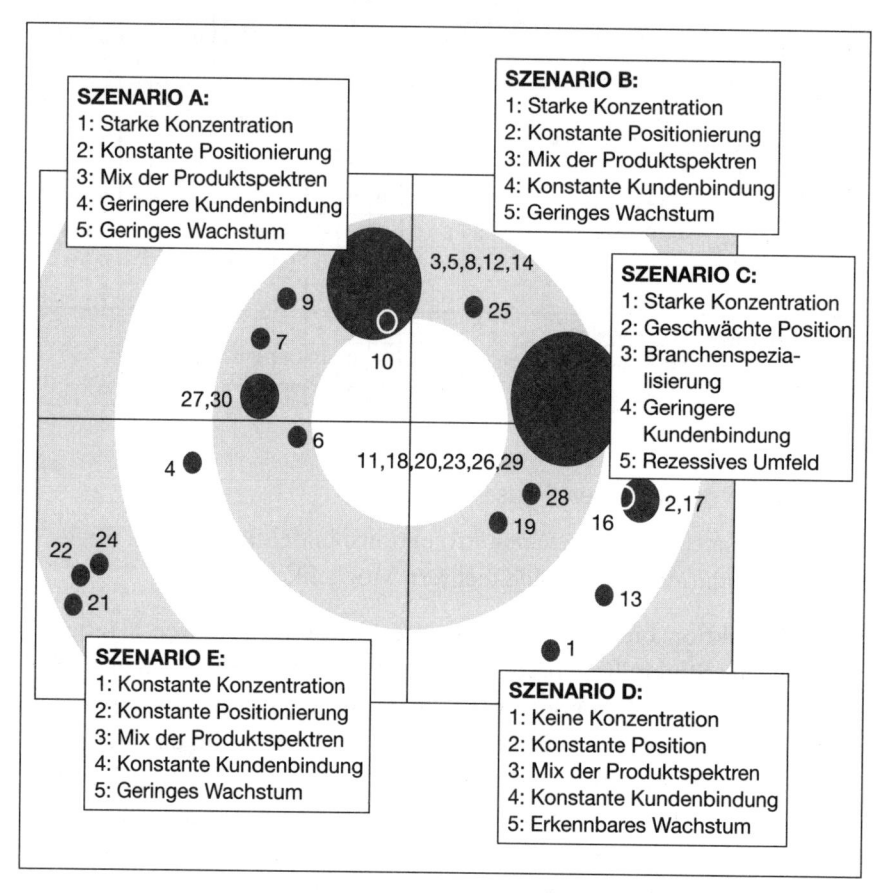

```
SZENARIO A:
1: Starke Konzentration
2: Konstante Positionierung
3: Mix der Produktspektren
4: Geringere Kundenbindung
5: Geringes Wachstum

SZENARIO B:
1: Starke Konzentration
2: Konstante Positionierung
3: Mix der Produktspektren
4: Konstante Kundenbindung
5: Geringes Wachstum

SZENARIO C:
1: Starke Konzentration
2: Geschwächte Position
3: Branchenspezialisierung
4: Geringere Kundenbindung
5: Rezessives Umfeld

SZENARIO D:
1: Keine Konzentration
2: Konstante Position
3: Mix der Produktspektren
4: Konstante Kundenbindung
5: Erkennbares Wachstum

SZENARIO E:
1: Konstante Konzentration
2: Konstante Positionierung
3: Mix der Produktspektren
4: Konstante Kundenbindung
5: Geringes Wachstum
```

In der Praxis werden mehrere Verfahren auf individuelle Weise miteinander kombiniert. So wurden im vorliegenden Beispiel die beiden Szenarien mit der höchsten Wahrscheinlichkeit als A und B definiert. Anschließend wurden drei weitere Zukunftsbilder mit großen inhaltlichen Abweichungen als Szenarien C, D und E zugeordnet.

Narrative Szenarien/Sciencefiction

Narrative Szenarien bilden den Übergang zwischen systematisch entwickelten Szenarien und Sciencefiction. Einerseits erfüllen sie mit ihrer Darstellung einer komplexen und vernetzten Zukunftswelt ein wesentliches Kriterium von Szenarien. Andererseits verzichten sie häufig auf die Darstellung von alternativen Zukunftsverläufen und sind aus diesem Blickwinkel eher als »Trendlandschaften« zu verstehen.

Juni 2020. Der Stadtteil-Manager John Gardiner erläutert der Studentin Jennifer Miles mit Begeisterung, wie er in seinem Viertel die Lebensqualität verbessert und den Energieverbrauch halbiert hat.

»Jennifer, Sie müssen unbedingt zum Essen bleiben«, sagt John Gardiner und blickt über den Rand seines Champagnerglases. »Es kommen ein paar wichtige Leute, mit denen wir das Gespräch über umweltverträgliche Stadtplanung weiter entwickeln können.« »Das ist sehr nett von Ihnen«, entgegnet Jennifer Miles. Die Studentin für angewandte Ökologie hat Gardiner nach seinem Vortrag bei dem internationalen Kongress über Energieeffizienz einige Fragen gestellt, und er hat sie kurzerhand in sein Appartement eingeladen – um den interessanten wissenschaftlichen Austausch etwas zu vertiefen, wie er erklärte. »Sie wollten mir doch erzählen, wie Sie es geschafft haben, den Energieverbrauch der gesamten Stadt mehr als zu halbieren.« »Energie sparen, meine Liebe, ist sehr wichtig, aber nicht alles. Eine Stadt darf dabei nichts von ihrem Charakter verlieren. Die Leute müssen sich wohlfühlen.«

John tritt vor das Panoramafenster. »In meinem Viertel wohnen 800 000 Menschen. Es ist seit Jahren das beliebteste unter allen 20 Stadtvierteln. Und das sieht man von hier oben, finden Sie nicht auch?« Jennifer nickt. John fährt fort: »Wissen Sie, wo noch vor zehn Jahren die meiste Energie verschwendet wurde?« »Bei den Kraftwerken? Die hatten viel geringere Wirkungsgrade als heute, viel Energie ging als Wärme verloren«, antwortet Jennifer. »Tja, da fällt fast jeder rein«, lächelt John. »Wesentlich mehr Energie wurde bei Gebäuden verschwendet, wegen der lausigen Wärmedämmung. Viele heizten buchstäblich zum Fenster raus. Wärme hatte damals einen Anteil von 80 Prozent am Energieverbrauch von Haushalten! Die Bausubstanz war alt, intelligente Gebäudetechnik fehlte fast völlig, es gab kaum Blockheizkraftwerke, und die Brennstoffzellentechnik ist erst in den letzten Jahren erschwinglich geworden.«

»Und was haben Sie unternommen?« »Finanzielle Anreize«, schmunzelt John. »Zum einen werden ja Kohlendioxidemissionen seit längerem besteuert. Das bedeutet zunächst eine Entlastung für die Haus- und Grundbesitzer, die ihre Immobilien frühzeitig saniert hatten. Und für Neubauten erließen wir strengere Vorschriften. Zum anderen habe ich als Stadtteil-Manager sehr stark auf das Performance-Contracting gesetzt.« »Was ist das?«, fragt Jennifer. »Wir haben Energiespardetektive eingesetzt. Die nehmen alle Energieverbraucher in Privathaushalten, Industrieanlagen oder auch öffentlichen Gebäuden unter die Lupe, machen dann Vorschläge für eine Modernisierung und setzen sie um. Stromfresser waren vor allem Motoren und die Lüftungs- und Klimatechnik. Heute arbeiten meist Energiesparmotoren, und Lüfter sind intelligent geregelt. Das spart mehr als die Hälfte an Energie.« »Wie haben Sie die Industrie dazu gebracht? Das kostete doch sicher viel Geld?«, fragt Jennifer. »Auch das ist so ein Trugschluss. Natürlich sind Investitionen nötig. Aber sie machen sich meist schnell durch die Einsparungen bezahlt. Das ist übrigens ideal für Kommunen, weil bei denen Geld ja meist knapp ist.«

»Ich sehe da hinten ein Kraftwerk«, sagt Jennifer. »Wie steht es damit? Im Studium habe ich gelernt, dass die in den vergangenen 30 Jahren immer besser geworden sind.« »Das stimmt«, entgegnet John. »Aber durch die Einsparungen konnten wir unsere Bedarfsplanung nach unten anpassen, und wir haben ältere Kraftwerke mit hohen CO_2-Emissionen abschalten können. Als wir doch neue Kraftwerke brauchten, haben wir auf einen Mix aus Erdwärme, Wind und konventioneller Technik geachtet, und darauf, dass hier unser Versorger die beste Technik eingebaut hat. Es ging uns hier nicht nur um Effizienz bei den Turbinen, wir haben auch strenge Vorschriften, was den Lärm angeht. Die Anwohner merken ja praktisch nichts davon, dass sie neben einer Gasturbine schlafen. Unser Ziel war es ja nicht nur, die Effizienz-Weltmeister-Stadt zu werden, wir wollten auch die höchstmögliche Lebensqualität für unsere Bürger.«

John lehnt sich lässig an den Tresen seiner Multifunktionsküche. »Darauf habe ich übrigens auch hier in der Wohnung großen Wert gelegt. Zum Beispiel beim Licht. Sie glauben ja gar nicht, wie entscheidend Beleuchtung ist, ob man sich wohlfühlt. Sehen Sie da oben, die OLED-Lichtfläche. Das ist zugleich mein Heimkino. Und das an der Decke ist ein Lichthimmel. Da zaubere ich abends einen romantischen Sonnenuntergang. Sie müssen zum Essen bleiben.«

»Äh, nein, aber weil Sie Beleuchtung erwähnen, konnten Sie da nicht auch was einsparen?«, fragt Jennifer und geht ein paar Schritte in Richtung Fenster. »Sie haben Recht«, antwortet John. »Ich sage nur: LED, Leuchtdioden. Die brauchen weniger als ein Fünftel des Stroms von Glüh- oder Halogenlampen. Diese strahlenden Winzlinge sind immer billiger geworden. Sie sind so sparsam und langlebig, die setzen wir nun sogar in Bodenplatten im Gehsteig ein. Damit markieren wir Fußgängerwege. Ich habe auch hier welche in den Säulen und den Möbeln ...«

»Schön«, lacht Jennifer verlegen. »Und wie sieht's mit dem Straßenverkehr aus? Das war doch immer der zweitgrößte Energieverbraucher?« »Da haben wir eine Doppelstrategie gefahren«, doziert John. »Zum einen haben wir über Steuern und Emissionszertifikate Hybrid- und Elektroautos gefördert und zugleich den öffentlichen Nahverkehr erheblich ausgebaut. Die gesamte Flotte der Stadtbusse haben wir auf Dieselhybrid umgestellt. Aber das war eher symbolisch. Die Busse und U-Bahnen machten sowieso nur 1 Prozent des gesamten Energieverbrauchs in der Stadt aus.«

»Und der zweite Schritt?«, will Jennifer wissen. »Effiziente Verkehrssteuerung. Zwar ist der Individualverkehr wegen unseres ausgezeichneten Metrosystems und der City-Maut sehr zurückgegangen, aber dennoch kommen viele Pendler und Lieferanten mit dem Auto. Schon an der Ringautobahn weiß jeder Autofahrer sofort, wo ein Stau droht. Automatische Routenhinweise lenken ihn dann durch die Stadt, sogar bis in die Parkhäuser.« Das Klingeln von Jennifers Handy unterbricht seinen Redefluss. »Hallo, Dominik«, begrüßt sie den Anrufer. Ihr Gesicht hellt sich auf. »OK, super, ich komm' runter«, sagt sie und klappt ihr Mobiltelefon zu. »John, es stimmt, was Sie gesagt haben. Mein Freund ist durch das Leitsystem direkt auf einen freien Parkplatz vor Ihrem Haus gelotst worden. Er holt mich ab.« Sie schüttelt ihm die Hand und stellt das halbleere Glas auf den Tresen. »Danke für den Champagner und den faszinierenden Vortrag!« (*Siemens, Pictures of the Future, Frühjahr 2007*)

Inhalt

Der Begriff »Sciencefiction« wird seit den dreißiger Jahren für Romane und später auch für Filme verwendet, in denen zukünftige Entwicklungen beschrieben werden. Hugo Gernsback hat 1926 das seinerzeit neue Genre bereits so skizziert:

»Mit ›Sciencefiction‹ meine ich Erzählungen im Stil von Jules Verne, H.G. Wells und Edgar Allan Poe – eine reizvolle Phantasieerzählung mit wissenschaftlichen Tatsachen und prophetischem Weitblick vermischt. [...] Diese erstaunlichen Geschichten lesen sich nicht nur ungeheuer interessant, sie sind auch stets aufschlussreich. Sie vermitteln Wissen [...] in einer sehr ansprechenden Form [...] Neue Abenteuer, die uns die heutige Sciencefiction schildert, werden morgen schon nicht mehr unmöglich sein. [...] Viele großartige wissenschaftliche Erklärungen, die einmal von historischem Interesse sein werden, müssen erst noch geschrieben werden. [...] Die Nachwelt wird auf sie verweisen, denn sie haben einen neuen Weg markiert, nicht nur für die Literatur, sondern auch für den Fortschritt.«

Der Unterschied von Sciencefiction und systematisch entwickelten Szenarien lässt sich an zwei Punkten verdeutlichen: Während Szenarien im Zukunftsmanagement als Instrumente bewusst entwickelt und genutzt werden, dienen szenarioähnliche Textpassagen in der Sciencefiction eher zur Entwicklung von Handlungskulissen. Außerdem wird im Zukunftsmanagement versucht, eine möglichst objektive und nachvollziehbare Sicht auf die Zukunft zu entwickeln, während die Zukunftsbilder der Sciencefiction gerade von einer subjektiven Perspektive leben.

Narrative Szenarien stellen insofern den Übergang dar, als dass sie einerseits bewusst als Instrumente für Orientierungs- und Entscheidungsprozesse entwickelt werden – andererseits aber ebenso gewollt eine subjektive Perspektive auf die Zukunft beschreiben. Damit haben narrative Szenarien häufig auch einen normativen Charakter. Werden bewusst positive Zukunftsbilder entwickelt, so besteht ein direkter Übergang vom Begriff der *Vision*. Zudem weisen sie eine Nähe zum Instrument des *Storytellings* auf – allerdings mit explizitem Zukunftsbezug.

Vorgehen

Die Entwicklung narrativer Szenarien erfolgt weniger strukturiert als die bisher beschriebenen Ansätze *Scenario Planning* (→), *Szenariotechnik* (→) oder *Wechselwirkungsszenarien* (→). Grundsätzlich kann unterschieden werden, ob eines oder mehrere narrative Szenarien entwickelt werden sollen:

Die Entwicklung *mehrerer narrativer Szenarien* lehnt sich eng an den induktiven Ansatz des *Scenario Plannings* (→) an. Häufig werden dabei einfache Grundmuster gewählt – beispielsweise die Beschreibung einer erwarteten sowie einer optimistischen und einer pessimistischen Zukunft.

Die Entwicklung einzelner narrativer Szenarien verstößt zwar gegen den Grundsatz des zukunftsoffenen Denkens – deshalb wird auch von »unechten Szenarien« gesprochen –, hat dafür aber andere Vorzüge. Grundsätzlich können zwei Formen solcher narrativer Szenarien unterschieden werden:

- *Konsensszenarien* zielen darauf ab, ein gemeinsames Bild von der Zukunft zu beschreiben, an dem sich ein Unternehmen oder eine Organisation orientieren kann. Ein Beispiel hierfür sind die von Siemens entwickelten »Pictures of the Future«.
- *Fantasieszenarien* verfolgen demgegenüber das Ziel, den Adressaten für mögliche Veränderungen in der Zukunft zu sensibilisieren. Sie verfolgen daher weniger einen Konsensgedanken, sondern wollen bewusst anecken und eine Debatte über die Zukunft anstoßen.

Da die Entwicklung mehrerer narrativer Szenarien bereits in anderen Kapiteln aufgegriffen wurde, orientieren wir uns nachfolgend an dem von Robert Gaßner und Karlheinz Steinmüller im Rahmen des deutschen Forschungsdialogs »Futur« beziehungsweise der High-Tech-Strategie der Bundesregierung angewendeten Verfahrens als Beispiel zur Entwicklung einzelner narrativer und normativer Szenarien (Gaßner/Steinmüller 2006).

Grundlage für diese Szenarien ist – ähnlich wie bei den zuvor beschriebenen Ansätzen – die Festlegung der inhaltlichen, formalen und organisatorischen Grundlagen für den Szenarioprozess. Dazu zählt auch die Definition des Zukunftshorizonts und der regionalen Gültigkeit des Szenarios oder der Szenarien.

Festlegung der Szenarioprämissen (Phase 1)

Am Beginn der Szenarioentwicklung geht es darum, die inhaltlichen Grundlagen beziehungsweise Prämissen des Szenarios festzulegen. Diese reichen von der Spezifikation des Szenariofelds über die Festlegung der Schlüsselfaktoren und ihrer Entwicklung bis zu den Kernaussagen des Szenarios, welches in normativen Prozessen parallel auch als Vision verstanden wird. Robert Gaßner und Karlheinz Steinmüller formulieren dazu einige zentrale Fragen:

- *» Wovon sollen die Szenarien handeln?*
- *Welche Themen, Situationen, lebensweltlichen Bezüge sollen innerhalb des Gesamtthemas angesprochen werden?*
- *Wie sehen die grundsätzlichen Annahmen über die Zukunft aus?*
- *Welche Schlüsselfaktoren sind wichtig für das Szenariofeld – weil sie das Feld gut beschreiben, weil sie den Szenariogegenstand beeinflussen, weil sie durch den Szenariogegenstand beeinflusst werden?*
- *Welche Visionen oder Visionskeime sollen aufgegriffen werden?« (Gaßner/Steinmüller, 2006, S. 137)*

Die Festlegung solcher Szenarioprämissen erfolgt häufig auf einem oder mehreren Szenario- oder Visionsworkshops. Diese beginnen häufig mit der Betrachtung von Trendannahmen, die entweder von externen Experten eingebracht oder von den Mitgliedern des Szenarioteams gemeinsam erarbeitet werden. Dabei können auch Werkzeuge wie *Vernetzungsanalysen* (→) oder *Stakeholder-Analysen* (→) eingesetzt werden.

Zentrales Ziel dieser Phase ist es, eine geeignete Anzahl von bedeutsamen, hinreichend konkreten und gemeinsam getragenen »Visionskeimen« zu identifizieren. Dabei wird in der Regel bereits deutlich, ob sich das Szenarioteam auf ein gemeinsames Szenario einigen kann oder ob die unterschiedlichen Sichtweisen in einem schlüssigen Nebeneinander von mehreren Szenarien ausgedrückt werden sollten.

Erarbeitung von Szenario-Exposés (Phase 2)

Anschließend wird für jedes Szenario ein Exposé erarbeitet. Dieses enthält zunächst die Prämissen – also vor allem die Ausprägungen der Schlüsselfaktoren sowie weitere normative Annahmen. Außerdem verdeutlicht das Exposé, wie die identifizierten Visionskeime miteinander vernetzt sind und in Verbindung mit den Prämissen zu einem konsistenten Zukunftsbild werden. Gegebenenfalls findet hier eine zusätzliche Selektion der Visionskeime statt.

Erstellung von Storyboards (Phase 3)

Das Storyboard schafft die Grundlage für das eigentliche Schreiben des Szenarios. Darin wird der Handlungsablauf der »Zukunftsgeschichte« inklusive der darin handelnden Personen im Detail beschrieben. Nach Peter

Schwartz bauen die Storyboards für Szenarien vor allem auf drei typischen »Plots« auf:

- *Gewinner und Verlierer*: Dabei wird verdeutlicht, wer von einer zukünftigen Entwicklung profitieren wird und wer – verglichen mit der heutigen Situation – zu den Verlierern zählt.
- *Veränderung und Reaktion*: Hier geht es darum, was sich in der Zukunft verändert und wie Menschen damit umgehen.
- *Evolution*: Als Beispiel nennt er die technologische Entwicklung, die sich in kleinen Schritten aber mit hoher Geschwindigkeit immer weiter ins tägliche Leben eingräbt.

Neben diesen drei Hauptplots beschreibt Schwartz eine Reihe weiterer Handlungsrahmen: Revolution, zyklische Entwicklungen, grenzenlose Möglichkeiten, der »einsame Reiter« (»Lone Ranger«) sowie die auf eine konkrete Generation gerichtete Perspektive (»My Generation«).

Erstellt wird ein Storyboard in der Regel von einem kleineren Kernteam, das auch eine Gewichtung der einzelnen Elemente vornimmt, damit eine schlüssige Zukunftsgeschichte und keine langweilige Aneinanderreihung von Einzelthemen entsteht. Daher ist auch eine Rückkopplung mit dem größeren Szenarioteam an dieser Stelle sehr vorsichtig vorzunehmen.

Scenario Writing (Phase 4)

Dieser Schritt kann als Kern bei der Erstellung narrativer Szenarien verstanden werden. Hier sind schriftstellerische Fähigkeiten, Phantasie und Vorstellungsvermögen gefordert. Gaßner und Steinmüller nennen als zentrale Fragestellungen beim Scenario Writing:

- Wie sehen die relevanten Aspekte des zukünftigen Umfelds aus?
- Welche Rahmenbedingungen/Voraussetzungen sind notwendig, damit die Visionen eine Realisierungschance haben?
- Wie lassen sich die Visionskeime im Detail in ein konsistentes Gesamtbild integrieren?
- Welche Motivationen (Wünsche, Ziele) treiben die handelnden Personen?
- Was muss wie ausführlich erklärt werden? Und wie sind die Erklärungen in den Text zu integrieren – ohne Störung des Leseflusses?

- Welche Ambivalenzen (unterschiedliche Einstellungen von bestimmten Personengruppen, erwartete negative Wirkungen) sind darzustellen? (Graßner/Steinmüller 2006, S. 140)

Wichtig ist in der Praxis, dass das Augenmerk nicht zu stark auf einzelne Details gelenkt wird, sondern stattdessen das zentrale Thema des Szenarios konsequent in die Geschichte hineingearbeitet wird.

Je nach organisatorischer Gestaltung des Szenarioprozesses findet auf Basis der ersten Szenariobeschreibung eine Rückkopplung mit dem Szenarioteam und/oder dem Auftraggeber statt. Dessen Anregungen können dann, ebenso wie weitere visionäre Ideen und Details, in die Szenarien integriert werden. Dabei ist allerdings darauf zu achten, dass die Szenarien nicht »zerredet« oder bis zur Unkenntlichkeit ausbalanciert werden dürfen.

Kommunikation und Auswertung der Szenarien (Phase 5)

Nach Fertigstellung der Szenarien können diese auf unterschiedliche Art genutzt werden. Dabei steht bei narrativen Szenarien die Kommunikation im Vordergrund. Mit Hilfe der Szenarien lassen sich mögliche Veränderungen prägnant kommunizieren.

Daneben können narrative Szenarien aber auch in der Unternehmensplanung eingesetzt werden. Dann wird beispielsweise gefragt, welche Konsequenzen sich für das eigene Unternehmen aus dem Szenario heraus ergeben. Narrative Szenarien sind vor allem dort von Nutzen, wo es um die Verdeutlichung einzelner, möglicher Zukunftsabläufe geht – beispielsweise bei der Darstellung der Prämissen in einem *Wargaming* (→). Für einen systematischen Umgang mit Ungewissheit lassen sich narrative Szenarien aufgrund der fehlenden Vollständigkeit bei der Betrachtung des Zukunftsraums nur schwer einsetzen.

Anwendungen

Für narrative Szenarien lassen sich eine ganze Reihe von Beispielen identifizieren. Detaillierter wollen wir nachfolgend auf den »Picture of the Future«-Prozess der Siemens AG sowie die High-Tech-Strategie der Bundesregierung eingehen. Daneben verweisen wir auf einige weitere narrative Szenarien:

- In dem Buch *Die Welt in 100 Jahren* von Arthur Brehmer aus dem Jahre 1910 (dessen Nachdruck von *Bild der Wissenschaft* als Wissenschaftsbuch des Jahres ausgezeichnet wurde) finden sich eine Reihe von Beschreibungen, die unserer heutigen Welt sehr nahe kommen. So schreibt er beispielsweise: »*Sobald die Erwartungen der Sachverständigen auf drahtlosem Gebiet erfüllt sein werden, wird jedermann sein eigenes Taschentelephon haben. [...] Überall wird er mit der übrigen Welt verbunden sein, mit ihr sprechen und sich verständigen können, und er wird sie sehen, wenn er sie sehen will. [...] Wenn aber dieser Apparat erst so vervollkommnet sein wird, dass auch der gewöhnliche Sterbliche sich seiner wird bedienen können, dann werden dessen Lebensgewohnheiten dadurch noch weit mehr beeinflusst werden, als sie dies schon jetzt durch die Einführung unseres gewöhnlichen Telephons geworden sind. Auf seinem Wege von und ins Geschäft wird er seine Augen nicht mehr durch Zeitunglesen anzustrengen brauchen, denn er wird sich in der Untergrundbahn oder auf der Stadtbahn oder im Omnibus oder wo er grad' fährt, und wenn er geht, auch auf der Straße, nur mit der ›gesprochenen Zeitung‹ in Verbindung setzen brauchen, und er wird alle Tagesneuigkeiten, alle politischen Ereignisse und alle Kurse erfahren, nach denen er verlangt.*«
- Gentry Lee, Chefingenieur beim Galileo-Projekt der Harvard University und Michael White lassen in einem *Geschichtsbuch des 21. Jahrhunderts* einen Historiker das zurückliegende Jahrhundert mit all seinen Errungenschaften und Schrecken Revue passieren.
- Bernard Lietaer beschreibt in seinem Buch *Das Geld der Zukunft* mehrere narrative Szenarien. Besonders anschaulich ist das Interview mit dem letzten britischen Premierminister, bevor dieser auch die Kontrolle der Sicherheitsorgane an ein Privatunternehmen überträgt. Verdeutlicht wird das Szenario unter anderem anhand eines Zeitstrahls, der vergangene, reale Ereignisse aufgreift und diese fiktiv in die Zukunft fortschreibt.
- In ihrem Buch *Die Erde schlägt zurück – Wie der Klimawandel unser Leben verändert* skizzieren Claus-Peter Hutter und Eva Goris ein Szenario für die Welt im Jahr 2035 und verknüpfen dabei persönliche Entwicklungsstories mit Fakten und Prognosen.
- In der Kurzgeschichte *Eine Billion Dollar* schildert Andreas Eschbach, wie Außerirdische mit der Europäischen Union über den Plan verhandeln, dass nach dem Versiegen des Golfstroms von einer Eiszeit bedrohte Europa auf dem Mond nachzubauen.

- Franz Tessun beschreibt die Rolle der Informationstechnik im Einzelhandel anhand eines Zeitungsartikels vom 17. April 2020.
- Der renommierte Geografie-Professor Laurence C. Smith beschreibt in seinem Buch *Die Welt im Jahr 2050* die Folgen der klimatischen Verschiebungen – und dabei vor allem das Erstarken der um das arktische Meer liegenden Länder (Northern Rim Countries, NORC's).

Der »Pictures of the Future«-Prozess bei Siemens

Als globaler Technologieführer ist Siemens darauf angewiesen, technologische Durchbrüche, künftige Kundenbedürfnisse und neue Geschäftsmöglichkeiten frühzeitig aufzuspüren. Die Zentralabteilung Corporate Technology hat daher zusammen mit den geschäftsführenden Bereichen ein Bündel leistungsfähiger Instrumente entwickelt, mit denen sich die F&E-Strategien systematisch und nachhaltig optimieren lassen. Ein zentraler Ankerpunkt dafür sind die *»Pictures of the Future«*. Dabei geht es um die Zusammenführung zweier gegenläufiger Sichtweisen, die einander ergänzen: zum einen die Extrapolation aus der »Welt von heute« und zum anderen die Retropolation aus der »Welt von morgen«.

Den Ausgangspunkt bildet die Entwicklung eines Szenarios, welches die wesentlichen Trends und Treiber aus dem betrachteten Umfeld zusammenführt. Dabei kann je nach Themenstellung ein kürzerer (5 Jahre) oder auch ein längerer (20 Jahre) Zeithorizont gewählt werden. Im Rahmen intensiver Diskussionen werden verschiedene Hypothesen überprüft und zu einem gemeinsamen Zukunftsbild verdichtet, welches wiederum durch »Was passiert, wenn ...«-Überlegungen auf seine Robustheit hin überprüft wird. So entsteht ein konsensfähiges Bild der Zukunft, in dem alle relevanten Einflussfaktoren wie die Entwicklung sozialer und politischer Strukturen, die Umweltbelastung und Globalisierung sowie die Techniktrends und neuen Kundenbedürfnisse berücksichtigt sind. Dieses Bild wird anschließend als narratives Szenario aufbereitet.

Anschließend beginnt die extrapolative Phase der »Pictures of the Future«. Jetzt geht es darum, Zukunftsmärkte zu quantifizieren, Diskontinuitäten aufzuspüren, Kundenanforderungen zu antizipieren sowie Technologien mit hohem Wachstumspotenzial und großer Breitenwirkung zu identifizieren. Auch »Business Opportunities« und Konsequenzen für die Gestaltung der Kernkompetenzen von Siemens werden hier aufgezeigt.

Damit mündet der Prozess in eine gemeinsame Zielvorstellung, an der sich die Strategieentwicklung der Geschäftsfelder orientieren kann.

Inzwischen hat sich das Interesse an den »Pictures of the Future« auf breiter Basis verstärkt. Die hohe Akzeptanz im Unternehmen wurde erreicht, weil es klare Zielvorgaben für die »Pictures of the Future«-Projekte gibt. So müssen die zu entwickelnden Szenarien drei Eigenschaften haben: (1) technisch realisierbar, (2) wirtschaftlich attraktiv und (3) konsensfähig im Unternehmen und bei den Partnern.

Gerade letzteres ist wichtig, weil die »Pictures of the Future« seit mehr als zehn Jahren nicht nur Siemens-intern genutzt werden, sondern gleichzeitig die Basis für einen intensiven Dialog mit geschäftlichen Partnern, politischen Interessenten und der Öffentlichkeit bilden.

High-Tech-Strategie der Bundesregierung

2006 hat die Bundesregierung alle innovations- und technologiepolitischen Maßnahmen unter dem Dach der »High-Tech-Strategie für Deutschland« zusammengefasst. So fokussiert die High-Tech-Strategie 2020 auf fünf gesellschaftlich bedeutende Bedarfsfelder: Klima/Energie, Gesundheit/Ernährung, Mobilität, Sicherheit und Kommunikation.

In diesem Prozess wurde – ebenso wie im Vorläuferprozess »Futur« – unter der Federführung des IZT eine Reihe von unterschiedlichen narrativen Szenarien entwickelt. Diese Szenarien sind in der Regel das Ergebnis intensiver kreativer Prozesse, in deren Verlauf Gruppen von rund 20 einschlägigen Experten jeweils die grundlegenden Prämissen und Inhalte »ihres« Szenarios erarbeitet und danach an der konkreten »quasi-literarischen« Ausgestaltung kommentierend mitgewirkt haben.

Robert Gaßner und Karlheinz Steinmüller stellen zudem den Vorteil normativer Wunschszenarien zur Anregung eines Zukunftsdialogs heraus:

»*Normative Szenarios haben [...] den Vorzug, dass sie Werthaltungen verdeutlichen und diskutierbar machen und insbesondere zeigen, dass auch und gerade technologische Optionen fast immer alles andere als wertneutral sind, sondern direkt und indirekt mit Werthaltungen – der Technikanbieter wie der Techniknutzer – zusammenhängen. So gesehen können normative narrative Szenarios sogar als eine Art ›Technikfolgenabschätzung in der Nussschale‹ betrachtet werden.*« (Gaßner/Steinmüller 2009, S. 11)

Partizipative Szenarioprozesse

Szenarien erfüllen zunächst die Aufgabe, die Entwicklungsmöglichkeiten komplexer und ungewisser Umfelder zu beschreiben und für weitere Entscheidungsprozesse nutzbar zu machen. Darüber hinaus werden sie aber auch eingesetzt, um das Zukunftswissen einer Organisation zu verknüpfen. Dies erfolgt im Rahmen partizipativer Szenarioprozesse, die sowohl innerhalb eines Unternehmens oder einer Organisation, als auch darüber hinausgehend gestaltet werden können.

Wer kennt ihn nicht – den »Über-Nacht-Bestellservice« der Buchhändler, denn keine Buchhandlung kann alle Bücher vorrätig haben. Hinter diesem Service steckt die logistische Dienstleistung eines Buchgroßhändlers. Marktführer in diesem Bereich ist die Koch, Neff & Volckmar GmbH (KNV), ein Familienunternehmen in der mittlerweile sechsten Generation. KNV hat seit über 180 Jahren seine Kernkompetenz in der Distribution von Büchern, Landkarten, Neuen Medien, Spielen und Geschenkartikeln – also allem, was es in einer Buchhandlung zu kaufen gibt.

In den Jahren 2008 und 2009 gewann ein Thema in der Buchbranche massiv an Bedeutung: E-Books. Darunter werden im weitesten Sinne Systeme verstanden, die das Medium Buch mit seinen medientypischen Eigenarten in digitaler Form verfügbar machen. Was aber bedeutet es für einen Logistik-Champion, wenn sein zentrales Produkt in die digitale Welt eintritt? Während der Absatz gedruckter Bücher in vielen Ländern nur noch wenig wächst, lässt sich derzeit nur schwer vorhersehen, wie lange es dauert, bis sich das E-Book einen maßgeblichen Marktanteil vom gedruckten Buch erobert hat. Für KNV steht fest, dass dies früher oder später so kommen wird. Für das Unternehmen ist es somit eine zentrale Frage, in welche Richtungen sich der E-Book-Markt in der Zukunft entwickeln könnte.

Die seinerzeit gestellten Fragen waren vielfältig: Wie entwickelt sich der E-Book-Champion Kindle auf dem amerikanischen Markt weiter (damals gab es noch kein Angebot für den deutschsprachigen Raum)? Bietet Apple bald einen E-Book-fähigen Tablet-PC? Welche Rolle spielen Smartphones? Streben technikaffine »Nicht-Buchhändler« in den Markt? Brauchen Verlage noch einen Großhandel und einen Logistiker für Downloads? Brauchen Autoren noch Verlage? Und machen Buchkäufer demnächst eigene, individuelle E-Books mit Hilfe von Self-Publish-Plattformen?

Auf viele dieser Fragen gab es bei KNV sachkundige Antworten – nicht selten sogar mehrere unterschiedliche Sichtweisen auf die Zukunft. Es wäre also durchaus möglich gewesen, das Thema mit einem KNV-internen Szenarioteam zu bearbeiten. Dennoch entschied sich die Geschäftsführung dazu, ihren Szenarioprozess zu öffnen. Für drei Tage wurden Vertreter verschiedener Verlage, stationäre Buchhändler und E-Book-Onlinehändler eingeladen. Über die Komplexität des Markts und die Vielzahl der Entwicklungsmöglichkeiten bestand am Ende der Szenario-Konferenz kaum ein Zweifel: Zehn alternative Szenarien hatte das Team erarbeitet, illustriert und in einer Zukunftslandkarte miteinander verknüpft. KNV konnte diese Ergebnisse auf vielfältige Art nutzen: Zunächst ließen sich die für das eigene Digitalgeschäft relevanten Chancen und Gefahren ableiten (was die Verlage und Buchhändler natürlich auch konnten). Außerdem konnte auf diesem Wissen aufgesetzt und in einem weiteren Teilprozess konnten *Strategieszenarien (→)* entwickelt werden. Ein weiterer Vorteil war, dass das breite Wissen auch in eine Überarbeitung der Marktumfeldszenarien im Rahmen eines *Szenario-Controllings (→)* überführt werden konnte. Nicht zuletzt war die partizipative Szenarioentwicklung aber auch ein Instrument, um die Beziehung zu Kunden und Lieferanten zu vertiefen und die Wahrnehmung von KNV als zukunftsoffenem Akteur im Digitalmarkt zu verstärken.

Inhalt

Auch wenn es immer einmal wieder Szenariostudien gibt, die nach dem Genius Foresight-Ansatz durch einzelne Experten entwickelt wurden, so ist die Szenarioentwicklung ein durch und durch partizipativer Prozess. Dies wird deutlich, wenn man sich ansieht, wie wir an Zukunft herangehen (sollten). Ein hilfreicher Denkansatz ist dabei die »Theorie U«, die C. Otto Scharmer vom Massachusetts Institute of Technology (MIT) auf Basis zahlreicher Interviews und vielfältiger Forschungs- und Beratungstätigkeit entwickelt hat. Danach lässt sich der Prozess des Umgangs mit Zukunft und des Erkennens von Zukunftschancen anhand eines »U-Prozesses« darstellen, auf dessen linker Seite man vier Erkenntnisräume zu durchqueren hat:

- *Runterladen* (Downloading): In der Gewohnheitswelt wiederholen sich Muster der Vergangenheit und die Welt wird mit den Augen des gewohnheitsmäßigen Denkens betrachtet.

Abbildung 30: Theorie U nach C. Otto Scharmer

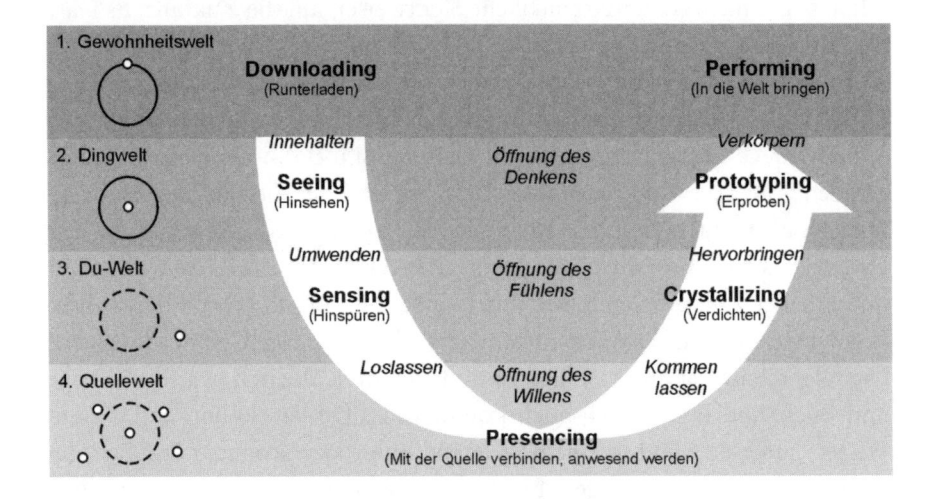

1. Gewohnheitswelt	**Downloading** (Runterladen)		**Performing** (In die Welt bringen)
2. Dingwelt	*Innehalten* **Seeing** (Hinsehen)	Öffnung des Denkens	*Verkörpern* **Prototyping** (Erproben)
3. Du-Welt	*Umwenden* **Sensing** (Hinspüren)	Öffnung des Fühlens	*Hervorbringen* **Crystallizing** (Verdichten)
4. Quellewelt	*Loslassen*	Öffnung des Willens	*Kommen lassen*
	Presencing (Mit der Quelle verbinden, anwesend werden)		

- *Hinschauen* (Seeing): Durch Innehalten erfolgt der Übergang in die Dingwelt. Dort werden mitgebrachte Urteile losgelassen und die Realität mit frischem Blick betrachtet. Somit wird das beobachtete System als vom Beobachter getrennt wahrgenommen. Entscheidend für diesen Erkenntnisraum ist eine Öffnung des Denkens, das heißt unser Vermögen, analytisch und intellektuell sauber zu arbeiten.
- *Hinspüren* (Sensing): Betritt man mit dem Umwenden die Schwelle zur Du-Welt, so taucht man ein und betrachtet die Situation aus dem Ganzen heraus. Hier verschwimmt die Grenze zwischen Beobachter und dem Beobachteten – das System nimmt sich quasi selber wahr. Dazu bedarf es einer Öffnung des Fühlens – also vor allem emotionaler Intelligenz.
- *Anwesend werden* (Presencing): Der Übergang in die Quellenwelt wird als Loslassen des alten Ichs und der alten Intentionen beschrieben. Er basiert auf den beiden englischen Wörtern sensing (spüren) und presence (Anwesenheit) und bedeutet, dass man sich mit der höchsten Zukunftsmöglichkeit verbindet und sie ins »Jetzt« bringt. Hierzu bedarf es einer Öffnung des Willens; daher wird diese Kompetenz auch als Sinn oder spirituelle Intelligenz bezeichnet.

Der Prozess des zukunftsorientierten Handelns wird auf der rechten Seite des »U-Modells« beschrieben und beinhaltet den systematischen Wiederaufstieg in die Gewohnheitswelt:

- *Verdichten* (Crystallizing): Auf Basis der gewonnenen Erkenntnisse geht es darum, die Intention und Vision herauszukristallisieren und sie sich bewusst zu machen. Scharmer beschreibt diesen Prozess als »kommen lassen«.
- *Erproben* (Protoytping): Das Hervorbringen der Zukunft erfolgt durch ein Erproben den Neuen – durch gemeinsame Erkundung und Entwicklung.
- *In die Welt bringen* (Performing): Schließlich geht es beim Verkörpern darum, Infrastrukturen und Alltagspraktiken in eine Form zu bringen.

Folglich lassen sich die Potenziale eine Szenarioprozesses umso besser erschließen, je tiefer wir in den »U-Prozess« eindringen. So wird das Innehalten durch einen systematischen Prozess mit zukunftsoffenen Inhalten unterstützt. Eine Öffnung des Fühlens wird aber erst dann erreicht, wenn sich die Beteiligten aktiv in den Prozess der Szenarioentwicklung einbringen und dabei auch die Untiefen eines Zukunftsdiskurses erfahren. Und gerade dieses Fühlen bildet schließlich die Grundlage für das Loslassen der Gegenwart und damit die Basis für substanzielle Veränderungen.

Vorgehen

Im Folgenden wollen wir darauf eingehen, wie ein unternehmens- oder organisationsinternes Szenarioteam aussehen sollte – und welcher Grad von Partizipation wann sinnvoll ist – sowie welche Formen unternehmens- oder organisationsübergreifender, also gemeinschaftlicher Szenarioprozesse es gibt – und wo Vor- und Nachteile liegen.

Zusammenstellung eines Szenarioteams

Für die Zusammensetzung eines Szenarioteams gibt es eine Vielzahl von Empfehlungen, von denen allerdings nur zwei als Muss-Kriterien formuliert werden sollten:

- *Ein Szenarioteam muss das Vertrauen der Entscheider haben*: Daraus ergibt sich, dass die Entscheiderebene nicht notwendigerweise Bestandteil des Szenarioteams ist. Andererseits ist das Team so zu gestalten, dass es ein gutes »Standing« im Entscheiderkreis hat und seine Ergeb-

nisse dort als gewichtig wahrgenommen werden. Zudem kann die Einbindung des Top-Managements auch über andere Formen wie Interviews erfolgen.
- *Ein Szenarioteam muss ergebnisoffen arbeiten können:* Die bedeutet, dass seine Mitglieder ist der Lage sein müssen, sich von der Gegenwart (und damit beispielsweise der aktuell verfolgten Strategie) zu lösen.

Daneben gibt es verschiedene Soll-Kriterien, auf die bei der Zusammenstellung eines Szenarioteams zu achten ist. Das wichtigste dieser Kriterien ist: *Ein Szenarioteam sollte möglichst heterogen sein.* Dadurch sollen möglichst verschiedene Sichtweisen auf Zukunft in den Prozess einfließen. Bei einem unternehmensinternen Team bedeutet dies zunächst, dass verschiedene Unternehmens- und Funktionsbereiche eingebunden werden. Außerdem sollten langjährige und relativ neue Mitarbeiter in das Team integriert werden. Das Kriterium der Heterogenität schließt aber auch ein, dass auf die Mischung aus Frauen und Männern sowie aus jungen und älteren Personen geachtet wird. Auch ein unterschiedlicher kultureller Hintergrund kann – insbesondere bei Szenarioprozessen mit globalen Themenstellungen – äußerst sinnvoll sein.

Eine Erfahrung lässt uns dieses als Soll- und nicht als Muss-Kriterium formulieren: Es kommt hin und wieder vor, dass Szenarien durch eine intakte Gruppe – beispielsweise einen Geschäftsführungskreis – entwickelt werden. Diese Gruppe erfüllt häufig nicht die Kriterien der Heterogenität, ist aber dennoch als Szenarioteam geeignet, da sie andere Vorteile wie Umsetzungsstärke mitbringt. Für einen externen Moderator bedeutet eine solche Situation, dass er allzu schnelle Verständigungen hinterfragen und externe Impulse in den Prozess einzubringen hat. Als weitere Soll- und Kann-Kriterien sind zu nennen:

- *Ein Szenarioteam sollte sich dazu ermutigt fühlen, traditionelle Denkgrenzen zu überwinden:* Dies kann dadurch erreicht werden, dass einzelne Entscheider im Szenarioteam in diese Richtung wirken – oder dass sie dem Szenarioteam an geeigneten Stellen des Prozesses diesen Freiheitsgrad vermitteln.
- *Ein Szenarioteam sollte aus Personen bestehen und nicht aus »Delegierten«, die die Interessen Dritter verteidigen:* Ein wichtiger Erfolgsfaktor für Szenarioprozesse ist die Personenkonstanz im Team. Nur so ist es möglich, dass neben den sachlichen Inhalten auch die emotionalen Effekte eines Szenarioprozesses erreicht werden.

- *Ein Szenarioteam kann aus unterschiedlichen Hierarchieebenen bestehen:* Dies kann zunächst entsprechend des Ziels der Heterogenität ein nachvollziehbares Kriterium sein. Es kann aber darüber hinaus auch sinnvoll sein, um die Loslösung von der Gegenwart zu erleichtern. Wichtig ist dabei, dass alle Mitglieder des Szenarioteams eine ähnliche Basis haben sollten, um sich in den Szenarioprozess einzubringen.
- *Ein Szenarioteam kann die Umsetzungsebene einbeziehen:* Dies ist vor allem dann ein relevantes Kriterium, wenn die Szenarien in einen Strategie- oder Veränderungsprozess eingebettet sind und so durch die Beteiligung von Umsetzern der Gesamtprozess aufgewertet wird.

Gemeinschaftliche Szenarioprozesse

Auch wenn Szenarien zunächst auf dem Zukunftswissen der eigenen Organisation aufsetzen, so bedeutet dies nicht, dass eine Szenarioentwicklung »Inhouse« erfolgen muss. Vielmehr sind gerade im unternehmerischen Bereich in den letzten Jahren verschiedene Formate gemeinschaftlicher Szenarioentwicklung entstanden. Dabei führen verschiedene Akteure ihr Zukunftswissen zusammen und erarbeiten gemeinsam Szenarien. Diese Ansätze können anhand von zwei Kriterien unterschieden werden (siehe Abbildung 31):

- *Initiative der Szenarioentwicklung (Kriterium 1):* Für eine gemeinschaftliche Szenarioentwicklung im engeren Sinne lassen sich zwei Varianten unterscheiden: Zum einen können mehrere Partner zusammen ein Thema definieren und Szenarien entwickeln, zum anderen können Dritte einen Szenarioprozess anstoßen, an dem sich verschiedene Unternehmen und Akteure beteiligen. Im weiteren Sinne können auch noch Szenarioentwicklungen betrachtet werden, die durch ein einzelnes Unternehmen angestoßen werden, welches weitere Akteure in »seine« Szenarioentwicklung einbindet, die Ergebnisse aber im Nachgang mit den Beteiligten teilt.
- *Einbindung von Wettbewerbern (Kriterium 2):* Ein weiterer Unterschied besteht darin, ob die beteiligten Akteure in einem Wettbewerbsverhältnis zueinander stehen.

Die Zusammenführung dieser beiden Kriterien führt zu vier Typen gemeinschaftlicher Szenarioentwicklung und dem Sonderfall der Einbindung Externer in unternehmensspezifische Projekte.

Gemeinsame Szenarioentwicklung in strategischen Partnerschaften (Typ 1): Grundlage eines solchen Ansatzes ist eine langfristig angelegte Zusammenarbeit mehrerer Unternehmen oder Organisationen, für die ein relevantes Zukunftsthema vorliegt. Eine solche Partnerschaft kann unterschiedlicher Natur sein:

- *Strategische Partnerschaft:* So haben zwei Pharmaunternehmen im Rahmen der Markteinführung eines gemeinsamen Produkts mit Hilfe von Szenarien die langfristigen Marktperspektiven abgeschätzt und daraus eine entsprechende *Produkt-Roadmap (→)* abgeleitet.
- *Strukturelle Partnerschaft:* Ein Beispiel hierfür ist die gemeinschaftliche Szenarioentwicklung der *Sparkasse Bremen* und der *Nassauischen Sparkasse (Naspa)* unter Einbeziehung des *Hessisch-Thüringischen Sparkassen- und Giroverbandes* sowie des *S-Broker* (siehe *Szenariotechnik →*).

Abbildung 31: Formen gemeinschaftlicher Szenarioprozesse

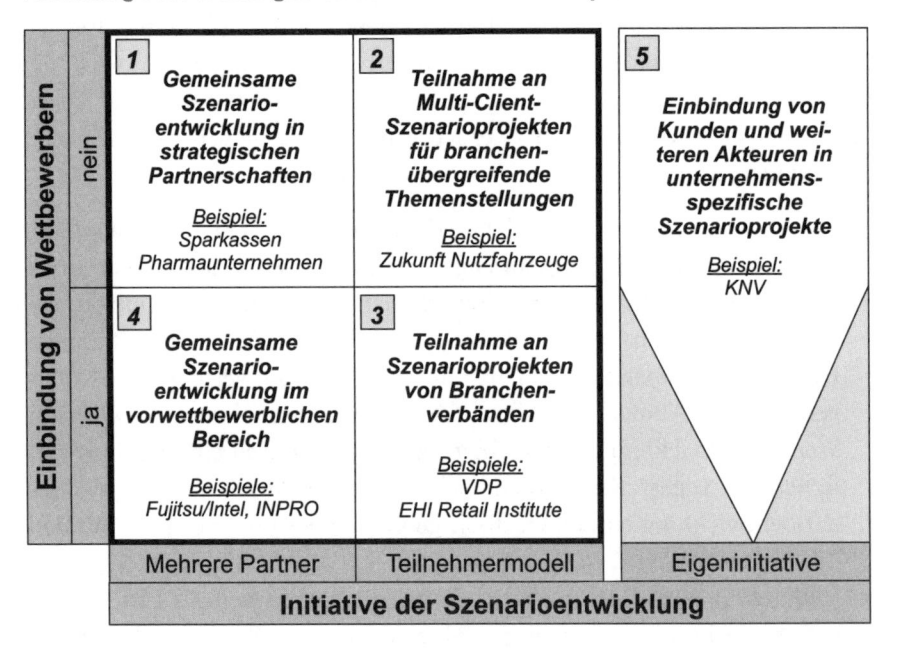

		Initiative der Szenarioentwicklung	
	Mehrere Partner	**Teilnehmermodell**	**Eigeninitiative**
Einbindung von Wettbewerbern: nein	**1** Gemeinsame Szenarioentwicklung in strategischen Partnerschaften *Beispiel:* Sparkassen Pharmaunternehmen	**2** Teilnahme an Multi-Client-Szenarioprojekten für branchenübergreifende Themenstellungen *Beispiel:* Zukunft Nutzfahrzeuge	**5** Einbindung von Kunden und weiteren Akteuren in unternehmensspezifische Szenarioprojekte *Beispiel:* KNV
Einbindung von Wettbewerbern: ja	**4** Gemeinsame Szenarioentwicklung im vorwettbewerblichen Bereich *Beispiele:* Fujitsu/Intel, INPRO	**3** Teilnahme an Szenarioprojekten von Branchenverbänden *Beispiele:* VDP EHI Retail Institute	

Eine Besonderheit dieses Ansatzes liegt darin, dass die dabei entwickelten Szenarien sehr konkret sein können und hier die beteiligten Partner gemeinsam über die Konsequenzen nachdenken, die sich aus den Szenarien ergeben.

Teilnahme an Multi-Client-Projekten für branchenübergreifende Themenstellungen (Typ 2): Über die von Unternehmen angestoßenen Aktivitäten hinaus gibt es auch branchenübergreifende Szenarioprojekte, die von Dritten initiiert werden. Eine Beispiel hierfür ist das Projekt »Zukunft Nutzfahrzeuge 2030«, das vom Initiativkreis Forschung und Innovation der *IHK Heilbronn-Franken* angeregt wurde. Daraufhin hat die IHK mit *Bosch, KnorrBremse, Kolbenschmidt, Magna Powertrain, MAN* und *ZF Friedrichshafen* sechs namhafte Unternehmen für dieses Projekt gewinnen können. Dabei wurden Gesamtszenarien für den Nutzfahrzeugmarkt sowie Teilszenarien für die Bereiche LKW und Bus erarbeitet, bewertet und miteinander verknüpft.

Teilnahme an Szenarioprozessen von Branchenverbänden (Typ 3): Die Zusammenführung von Wettbewerbern aus einer spezifischen Branche wird häufig von einem Branchenverband getragen. Der wesentliche Grund dafür ist, dass Verbände ihren Mitgliedern mit der Thematisierung mittel- und langfristiger Szenarien einen erheblichen Mehrwert liefern und gleichzeitig damit ihre eigene Positionierung stärken können. Ein Beispiel hierfür ist ein Szenarioprojekt der *Vereinigung Maschinenkarton im Verband deutscher Papierfabriken* (VDP). Da sich der Markt für Karton- und Faltschachteln durch Trends wie Gewichtsreduzierungen bei Verpackungen, Point-of-Sale-Rücknahmen oder umweltpolitische Entwicklungen deutlich verändert, wurden gemeinsam zukünftige Entwicklungsmöglichkeiten vorausgedacht.

Neben reinen Branchenvertretungen können auch integrierte Verbände – also solche mit Mitgliedern aus verschiedenen Wertschöpfungsstufen – solche Szenarioprojekte anbieten. Ein Beispiel ist ein Szenarioprojekt des *EHI Retail Institute* zur Zukunft der Handlungskommunikation. An diesem Projekt waren Vertreter des Handels, der Markenartikelindustrie, der Medien sowie der IT- und Werbebranche beteiligt. Ziel des Projekts war es, mit den alternativen Zukunftsbildern Orientierung und Transparenz im Hinblick auf den richtigen Media-Mix der Zukunft zu geben.

Gemeinsame Szenarioentwicklung im vorwettbewerblichen Bereich (Typ 4): Eine gemeinsame Szenarioentwicklung im vorwettbewerblichen Bereich kann auf verschiedene Arten erfolgen. So können sich projektbezogen mehrere Partner zusammenfinden, um ein für alle relevantes Thema zu bearbeiten. Ein Beispiel hierfür ist die Szenario-Konferenz »Die Zukunft der IT im Gesundheitswesen«, die von FUJITSU gemeinsam mit Intel initiiert wurde. An der Szenarioentwicklung nahmen IT-Verantwortliche verschiedener Krankenhäuser sowie weitere Experten aus dem Gesundheitswesen und der IT-Branche teil. Gemeinsam wurden sechs alternative Zukunftsbilder entwickelt und bewertet.

Vorwettbewerbliche Vorausschau kann auch über einzelne Projektaktivitäten hinaus verankert werden. Ein Beispiel hierfür ist der Technologievorausschauprozess der *INPRO Innovationsgesellschaft für fortgeschrittene Produktionssysteme in der Fahrzeugindustrie*. Ihre Aufgabe als Joint Venture der Firmen BASF, *Siemens, ThyssenKrupp, Daimler* und *Volkswagen* ist die Übertragung von Ergebnissen der Grundlagenforschung auf spezifische Anwendungen bei ihren Gesellschaftern. Zur zukunftsorientierten Betrachtung von Einzeltechnologien und deren Vernetzung hat INPRO vor einigen Jahren eine Technology-Watch-Gruppe eingesetzt. Sie sollte neue Technologietrends aufspüren und in die anwendungsbezogene Arbeit von INPRO integrieren. In diesem Zusammenhang wurden verschiedene Szenarioprojekte durchgeführt, so zur Mobilität der Zukunft, zur Entwicklung von Visionen für die Digitale Fabrik der Zukunft, zu zukünftigen Produktionstechnologien im Kfz-Leichtbau, zur zukünftigen flexiblen Karosserieproduktion sowie zu zukünftigen Prozessketten.

Einbindung von Kunden und weiteren Akteuren in unternehmensspezifische Szenarioprojekte (Typ 5): Der fünfte hier genannte Ansatz kann als gemeinschaftliche Szenarioentwicklung im weiteren Sinne verstanden werden. Hier versuchen Unternehmen ihr Segment- und Branchenwissen dadurch zu erweitern, dass sie Kunden – und vielfach darüber hinaus auch andere Akteure wie Partner, Lieferanten, Berater oder externe Innovatoren – in den Szenarioprozess einbinden. Dazu sei auf das am Anfang dieses Kapitels geschilderte Beispiel der KNV verwiesen.

Anwendung

Die Entwicklung und Anwendung von Szenarien im Rahmen des Szenario-Managements erfolgt vor allem in zwei Formaten:

Beim *Szenarioprojekt* – dem traditionellen Ansatz – erfolgt die Szenarioentwicklung in einer Serie von zumeist eintägigen Workshops, die von einem Szenarioteam durchgeführt werden. Diese Workshops werden von einem kleineren Kernteam vor- und nachbereitet. Der Vorteil des Workshop-Ansatzes liegt in der Möglichkeit zur intensiven Bearbeitung eines

Themas, der Möglichkeit zum Einsatz unterschiedlicher Entwicklungsformate sowie in der flexiblen Gestaltung des Projektablaufs.

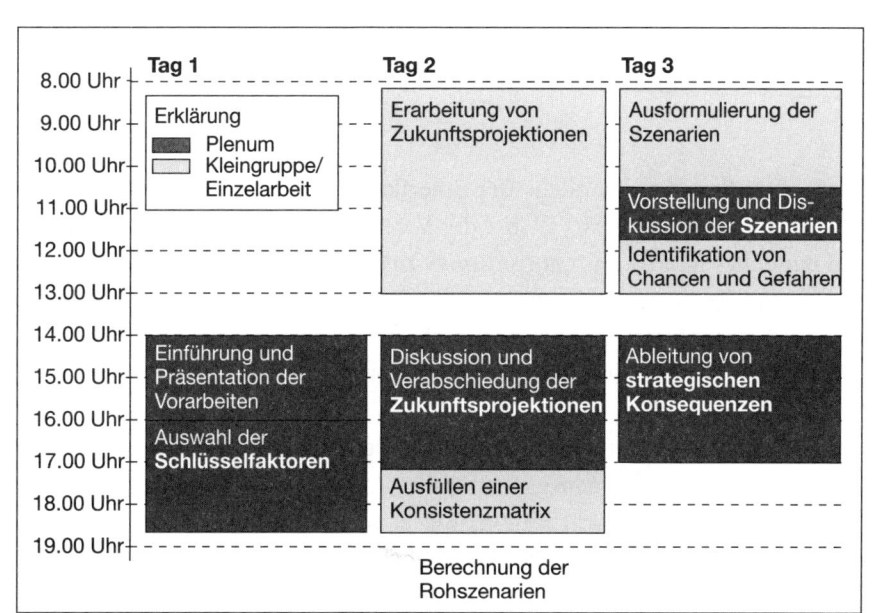

Abbildung 32: Ablaufplan einer Szenario-Konferenz

Zeit	Tag 1	Tag 2	Tag 3
8.00 Uhr			
9.00 Uhr	Erklärung Plenum / Kleingruppe / Einzelarbeit	Erarbeitung von Zukunftsprojektionen	Ausformulierung der Szenarien
10.00 Uhr			
11.00 Uhr			Vorstellung und Diskussion der **Szenarien**
12.00 Uhr			Identifikation von Chancen und Gefahren
13.00 Uhr			
14.00 Uhr			
15.00 Uhr	Einführung und Präsentation der Vorarbeiten	Diskussion und Verabschiedung der **Zukunftsprojektionen**	Ableitung von **strategischen Konsequenzen**
16.00 Uhr			
17.00 Uhr	Auswahl der **Schlüsselfaktoren**		
18.00 Uhr		Ausfüllen einer Konsistenzmatrix	
19.00 Uhr		Berechnung der Rohszenarien	

Alternativ hat sich in den vergangenen Jahren die Szenario-Konferenz als kompaktes und partizipatives Format zur Entwicklung und Anwendung von Szenarien bewährt. An einer solchen Konferenz können bis zu 25 Personen teilnehmen. Sie wird ebenfalls von einem Kernteam vorbereitet, so dass die Konferenzzeit effizient genutzt werden kann, um alle wesentlichen Meilensteine der *Szenariotechnik* (→) sowie weitere Elemente des Szenariotransfers in einem gruppendynamischen Prozess gemeinsam zu durchlaufen. Abbildung 32 zeigt exemplarisch den Ablaufplan einer solchen Szenario-Konferenz.

Kapitel 2

Visionen

Omar Bradley, Kommandeur der amerikanischen Streitkräfte in Nordafrika und von 1948 bis 1953 Chef der Vereinten US-Generalstäbe, verfolgte ein einfaches Motto: »*Organisationen müssen ihren Kurs nach dem Licht der Sterne bestimmen und nicht nach den Lichtern jedes vorbeifahrenden Schiffes.*« Für Unternehmen und Geschäftsbereiche gilt dies angesichts sich rasend schnell verändernder Umfelder umso mehr.

Dem *Großen Brockhaus* folgend ist Vision »[...] eine den religiösen Menschen unerwartet überkommende oder ihm bewusst durch die Medien des Gesangs, des Tanzes, der Askese oder auch durch Einnahme von Drogen erstrebte Wahrnehmung, die sich auf räumlich Entferntes, auf künftiges oder auf vergangenes Geschehen beziehen kann.« Das DUDEN-Fremdwörterbuch präzisiert diese Definition: »in jemandes Vorstellung besonders auf die Zukunft entworfenes Bild.«

In Deutschland ist der Begriff »Vision« teilweise negativ belegt, obwohl *James C. Collins* und *Jerry I. Porras* in einer Langzeitstudie nachgewiesen haben, dass Unternehmen mit einer langfristig angelegten Vision deutlich erfolgreicher sind. Führung heißt in diesem Sinne, Erfolgspotenziale der Zukunft frühzeitig zu erkennen und rechtzeitig zu erschließen. Eine unternehmerische Vision drückt ein grundsätzliches Ziel im Sinne des Erschließens eines erkannten Erfolgspotenzials aus. Die Strategie beschreibt den Weg zu dieser Vision.

Im Rahmen dieses Visionskapitels wollen wir zunächst die folgenden Instrumente näher beschreiben:

- *Strategieoptionen/Strategieszenarien:* Dies ist ein Instrument, das den Möglichkeitsraum für Visionen aufspannt – also quasi »interne Szenarien« darstellt und interpretiert.
- *Leitbilder* sind semantische Beschreibungen der Vision. Wir konzentrieren uns bei der Darstellung auf grundlegende Unternehmensleitbilder

sowie konkrete am Strategieprozess orientierte Geschäftsleitbilder. Dabei gehen wir auch auf den Kernkompetenz-Ansatz ein.
- *Produktvisionen* konkretisieren die Visionen im Sinne der Beschreibung des zukünftigen Leistungsspektrums und des Mehrwerts, der damit für eine zu spezifizierende Kundengruppe verbunden ist. Sie ist damit auch zentraler Baustein der Entwicklung neuer Geschäftsfelder im Rahmen eines *New Business Developments*.

In einem weiteren Kapitel wenden wir uns den partizipativen Ansätzen der Visionsfindung zu. Hier wird in Literatur und Praxis eine Vielzahl verschiedener Ansätze dargestellt. Wir konzentrieren uns hier auf die fünf Formen mit dem stärksten Bezug zur Visionsfindung:

- Bei der in den USA besonders gebräuchlichen *Zukunftskonferenz* – auch »Future Search« – werden innerhalb von drei Tagen Zukunfts- beziehungsweise Zielbilder erarbeitet.
- Das *Preferred Futuring* lehnt sich an die Zukunftskonferenz an, enthält dabei aber zusätzliche teambildende Elemente.
- Das Gegenstück aus dem deutschsprachigen Raum ist die *Zukunftswerkstatt*, die auf Robert Jungk zurückgeht und die vor allem im öffentlichen Bereich eingesetzt wird.
- Die *partizipative Strategieplanung (PSP)* ist ein Ansatz mit klarem Fokus auf die Visionsfindung und gleichzeitig einem sehr pragmatischen Vorgehensmodell.
- Ein neueres und wesentlich flexibleres Format ist der *Real Time Strategic Change (RTSC)*, der zugleich auch für große Gruppen einsetzbar ist.

Für eine detaillierte Darstellung weiterer zukunftsorientierter Großgruppenmethoden verweisen wir vor allem auf das *Change Handbook* von Peggy Holman und Tom Devane.

Strategieoptionen/Strategieszenarien

Strategieoptionen beschreiben alternativ vorstellbare, langfristige visionäre Strategien eines Unternehmens, eines Geschäftsbereichs oder einer Organisation. Sie bilden eine Verbindung zwischen den klassischen (Umfeld-)Szenarien und den handlungsauslösenden Strategien. Da es sich bei Strategieoptionen ebenfalls um alternative Zukunftsbilder handelt, wird parallel auch von »Strategieszenarien« gesprochen.

Die CSS ist mit insgesamt 1,2 Millionen Versicherten und einem Prämienvolumen von rund drei Milliarden Franken einer der führenden Krankenversicherer der Schweiz. Bei einem Marktanteil von rund 15 Prozent ist jeder siebte Einwohner der Schweiz bei der CSS versichert. Jeden Tag verarbeitet die CSS mehr als 30 000 Rechnungen von Ärzten, Spitälern, Heimen und anderen Gesundheitsanbietern und zahlt täglich mehr als zwölf Millionen Franken Versicherungsleistungen aus. Alle drei Jahre überarbeitet die CSS ihre langfristige Unternehmensstrategie.

Im Jahr 2005 stand die CSS zunächst vor einer Reihe offener Fragen zur Zukunft der Versicherungsbranche, des Gesundheitswesens und der allgemeinen Umfelder. Diese Fragen waren Gegenstand einer ersten Szenario-Konferenz, die von der Geschäftsführung und ausgewählten Experten in einem idyllischen und abgelegenen Tagungshotel durchgeführt wurde. Als Ergebnis lagen sechs Szenarien vor, die alternative Entwicklungsmöglichkeiten des Unternehmensumfelds aufzeigten.

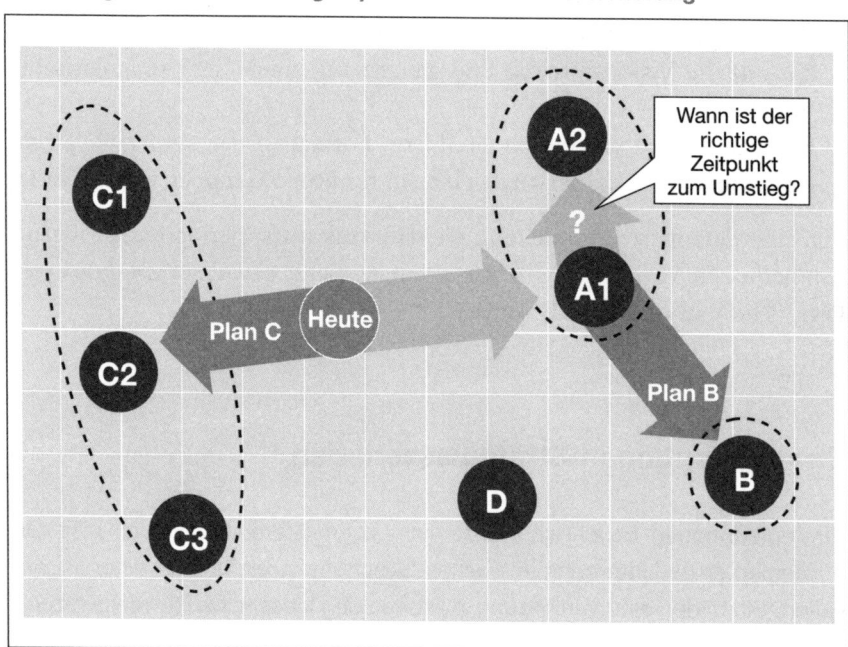

Abbildung 33: Sieben Strategieoptionen der CSS-Versicherung

Die Chancen und Gefahren, die aus den Umfeldszenarien abgeleitet wurden, führten aber nicht automatisch zu einer neuen Strategie. Zu viele Wechselwirkungen zwischen den einzelnen Optionen waren zu berücksichtigen. Daher wurden auf einer zweiten Szenario-Konferenz mögliche Strategiekonzepte der CSS erarbeitet. Auch diese sogenannten »Strategieoptionen« konnten in einer als Strategie-Mapping bezeichneten »Landkarte der Zukunft« entsprechend ihrer Ähnlichkeit in einer Fläche angeordnet werden (siehe Abbildung 33).

Diese sieben Strategiealternativen wurden dann den zuvor entwickelten und bewerteten Umfeldszenarien gegenübergestellt. Daraus ergaben sich drei Optionen, die sich die Geschäftsführung als Grundlage für ihre langfristige Strategie vorstellen konnte. Eine weitergehende Analyse verengte den Zielraum auf die Strategieoptionen A1 und A2. Systematisch wurde dann eine strategische Stoßrichtung formuliert, die sich aus vier Modulen zusammensetzte:

- *Kernstrategie (Modul 1):* Die zentrale Stoßrichtung der CSS weist in der näheren Zukunft in Richtung der Strategieoption A1. Dafür wurden Kontinuitäten und Veränderungsbedarfe aufgezeigt.
- *Langfriststrategie (Modul 2):* Langfristiges Ziel der CSS ist ein Umstieg auf die Strategieoption A2, insofern die Umfeldentwicklungen dies zulassen. Um diese Umstiegsoption auf ihre Realisierbarkeit zu überprüfen ist eine intensive Marktbeobachtung notwendig. Daher wurden notwendige Veränderungen und Erweiterungen der geplanten Langfriststrategie vorausgedacht.
- *Plan B (Modul 3):* Die Strategieoption B konnte von den Beteiligten aufgrund aktueller Entwicklungen im Umfeld nicht vollständig ausgeschlossen werden. Daher bedurfte es eines »Plan B« für diesen Fall. Ein etwaiger Umstieg auf diese Strategieoption würde im Sinne einer robusten Planung durch eine Stärkung bestimmter Geschäftsbereiche erleichtert werden.
- *Plan C (Modul 4):* Während die bisherigen drei Module durch eine erwartete Umfeldentwicklung gestützt wurden, bestand der Wunsch, auch eine vollständige Änderung der Umfeldparameter vorauszudenken. Hier – so die Annahme – könnte eine Strategieänderung in Richtung der Strategieoptionen C1 und C2 – gegebenenfalls sogar C3 – sinnvoll sein. Daher bedurfte es zusätzlich eines »Plan C« für diesen Fall.

Der Vorteil von Strategieoptionen im Vergleich zum herkömmlichen Vorgehen im Rahmen der Strategieentwicklung lag für die CSS vor allem darin, verschiedene Handlungsmöglichkeiten konsequent durchdacht zu haben. So wurde es möglich, in der eigenen Strategie bereits Übergänge zwischen den Alternativen vorzusehen und diese dadurch wesentlich robuster zu machen.

Inhalt

Häufig reicht es nicht mehr aus, zunächst das zukünftige Umfeld zu betrachten und anschließend daraus Konsequenzen abzuleiten. Es gibt einfach zu viele und zu stark voneinander abhängende Optionen. Hier wird deutlich, dass zukunftsoffenes Denken nicht auf das Umfeld begrenzt werden muss, sondern dass es auch für das eigene Handlungsfeld – das Unternehmen, den Geschäftsbereich oder die Organisation – mehrere denkbare Zukunftsbilder gibt. Im Rahmen ihres Planungsprozesses blenden Unternehmen diese »Selbstunsicherheit« häufig aus. Gefordert wird meistens die zügige Entwicklung einer eindeutigen Vision und einer klaren Strategie. Auf dem Weg zu dieser Strategie *mehrere* Umfeldszenarien zu entwickeln wird gerade noch toleriert, wenn daraus möglichst schnell *eine* Strategie entsteht.

Die Folgen dieses Verzichts auf die Betrachtung des eigenen Möglichkeitsraums können gravierend sein: Unter dem Deckmantel der beschlossenen Vision und Strategie entfalten die alternativen Zukunftsvorstellungen der beteiligten Führungskräfte ein gefährliches Eigenleben. Beispielsweise divergieren die konkreten Maßnahmen, sodass zwar alle meinen, die Strategie umzusetzen, sie in der Praxis aber in unterschiedliche Richtung agieren. Auch nicht geklärte Begriffsdefinitionen, nicht ausgetragene Konflikte, unbefriedigte Wünsche und nicht berücksichtige Ängste tragen hier oftmals zum Scheitern der Strategieumsetzung bei. Bei der Entwicklung alternativer *Strategieoptionen* werden diese Konflikte offen angesprochen und in einem systematischen Prozess ausgetragen. Hier bringen die Führungskräfte ihre persönlichen Ideen und Vorstellungen von der eigenen Zukunft ein und verknüpfen diese systematisch zu mehreren Strategiealternativen.

Außerdem lassen sich viele Strategien nicht mehr direkt aus der Analyse der gegenwärtigen Situation sowie aus den Umfeldszenarien ableiten. Die eigenen Handlungsoptionen sind zu vielfältig und zu vernetzt. Strategieoptionen führen die verschiedenen Einzeloptionen zusammen und ermöglichen den Führungskräften, anhand der aufgezeigten Alternativen eine *wirklich strategische* Diskussion über Ziele und einzuschlagende Wege in die Zukunft zu führen.

Zudem erweitern Strategieoptionen den eigenen Handlungsraum. So leitet sich aus Umfeldszenarien die Frage ab: »Was *könnte* passieren?« Ein Unternehmen, dass sich an solchen Umfeldern ausrichtet, geht aber nicht automatisch offensiv mit der Zukunft um, sondern reagiert – wenn auch erfreulich früh – auf seine Umgebung. Strategieoptionen sind hingegen »proaktive Szenarien«. Sie beschreiben, wie ein Unternehmen mit der Zukunft umgehen könnte. Hier müssen Planer und Entscheider nicht abwarten, wie sich das Umfeld entwickelt, sondern sind aufgefordert, jetzt und unmittelbar selbst aktiv zu werden.

Welche Ansätze von Strategieoptionen und Strategieszenarien werden unterschieden?

Ähnlich dem Vorgehen bei den Umfeldszenarien lassen sich zwei Wege zur Konstruktion von Strategiealternativen unterscheiden. Im Rahmen des deduktiven Verfahrens werden die Themen der Strategiealternativen im Vorfeld festgelegt und anschließend – beispielsweise mit Hilfe eines Morphologischen Kastens – um Einzelinformationen erweitert. In diesem Fall ist das Vorgehen eng an das *Scenario Planning* (→) angelehnt und wir sprechen eher von *Strategieoptionen*. Bei den induktiven Verfahren kommt es demgegenüber zu einer systematischen und vollständigen Verknüpfung der Handlungsoptionen einzelner Entscheidungsbereiche. Hier findet im Kern die Methodik der *Szenariotechnik* (→) Anwendung. Wir sprechen in diesem Fall eher von *Strategieszenarien*.

Eine weitere Unterscheidungsform existiert hinsichtlich der *Branchengültigkeit* der Strategieoptionen. Danach können die Strategiealternativen so entwickelt werden, dass sie für viele Akteure in der Branche gelten. In diesem Fall lassen sich häufig die Strategien einzelner Wettbewerber bestimmten Strategieoptionen zuordnen. Werden demgegenüber viele unternehmensspezifische Handlungsoptionen einbezogen, so ergeben sich unternehmensspezifische Strategieoptionen und die Zuordnung von Wettbewerberstrategien ist deutlich schwieriger.

Zudem kann auch bei Strategieoptionen die »Flughöhe« variiert werden. Rein methodisch könnte bei sehr allgemeinen Prozessen auch von »Visionsoptionen« oder »Visionsszenarien« gesprochen werden – worauf wir aber aus Gründen der Komplexitätsreduktion an dieser Stelle verzichten.

Abbildung 34: Fünf Schritte der Entwicklung und Interpretation von Strategieoptionen/Strategieszenarien

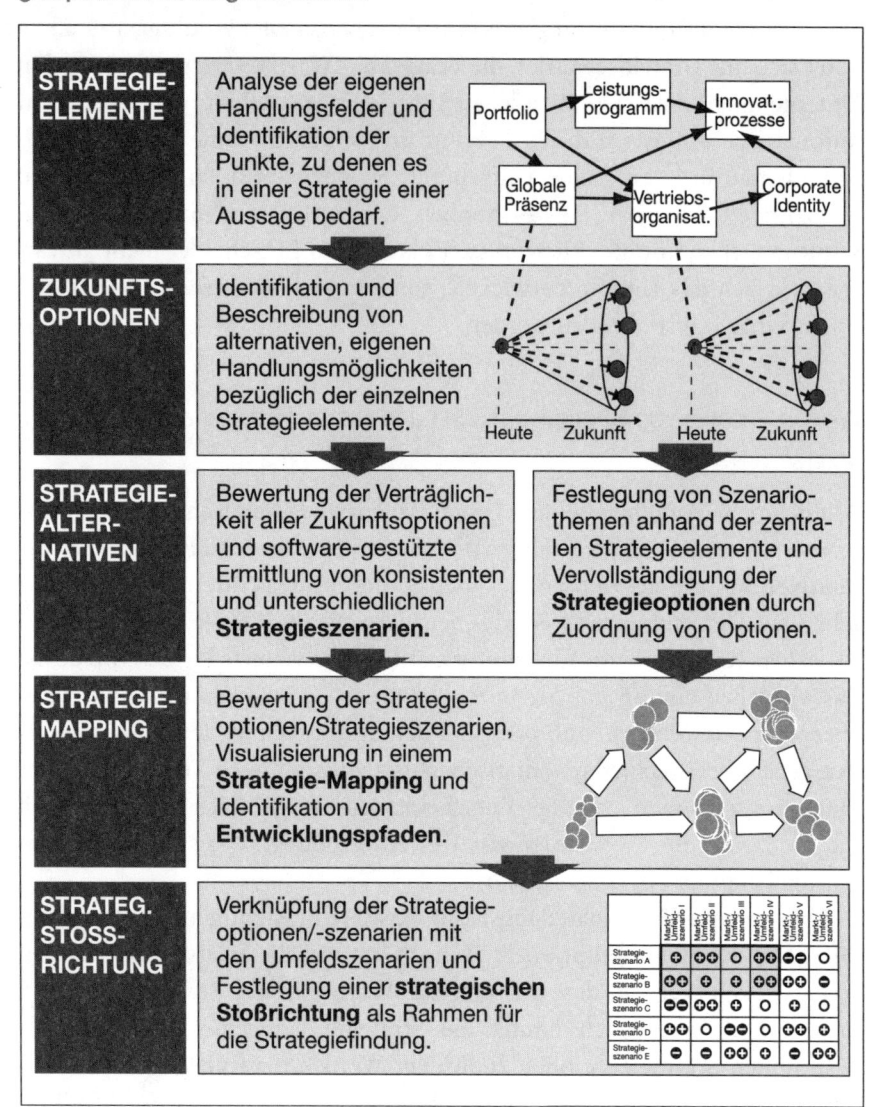

STRATEGIE-ELEMENTE	Analyse der eigenen Handlungsfelder und Identifikation der Punkte, zu denen es in einer Strategie einer Aussage bedarf.	Portfolio, Leistungsprogramm, Innovat.-prozesse, Globale Präsenz, Vertriebsorganisat., Corporate Identity
ZUKUNFTS-OPTIONEN	Identifikation und Beschreibung von alternativen, eigenen Handlungsmöglichkeiten bezüglich der einzelnen Strategieelemente.	Heute – Zukunft / Heute – Zukunft
STRATEGIE-ALTERNATIVEN	Bewertung der Verträglichkeit aller Zukunftsoptionen und software-gestützte Ermittlung von konsistenten und unterschiedlichen **Strategieszenarien.**	Festlegung von Szenariothemen anhand der zentralen Strategieelemente und Vervollständigung der **Strategieoptionen** durch Zuordnung von Optionen.
STRATEGIE-MAPPING	Bewertung der Strategieoptionen/Strategieszenarien, Visualisierung in einem **Strategie-Mapping** und Identifikation von **Entwicklungspfaden.**	
STRATEG. STOSSRICHTUNG	Verknüpfung der Strategieoptionen/-szenarien mit den Umfeldszenarien und Festlegung einer **strategischen Stoßrichtung** als Rahmen für die Strategiefindung.	

Vorgehen

Strategieoptionen sind Zwitter. Sie sind Szenarien, weil sie als alternative Zukunftsbilder einen Möglichkeitsraums abbilden. Dabei sind sie gleichzeitig Strategien, weil sie beschreiben, wie sich das Unternehmen zukünftig im Wettbewerb verhalten könnte. Ein Vorteil gegenüber herkömmlichen Ansätzen der Strategiefindung ist darin zu sehen, dass hier die Strategiealternativen systematisch entwickelt werden. Dazu werden die in Abbildung 34 dargestellten fünf Schritte durchlaufen.

Strategieelemente identifizieren (Schritt 1)

Eine Strategieoption beschreibt *eine* konsistente Strategie, die das Unternehmen, der Geschäftsbereich oder die Organisation in der Zukunft verfolgen *könnte*. Es beinhaltet daher Aussagen zu den zentralen Punkten der anschließend zu entwickelnden visionären Strategie. Typische Elemente von Strategieoptionen sind das unternehmerische Selbstverständnis, die Positionierung im Wettbewerb, das Leistungsspektrum, zukünftige Märkte und Kunden, der Marktauftritt oder Kooperationsstrategien. Diese Fragen an die eigene Strategie werden als *Strategieelemente* bezeichnet.

Bei der Identifikation von Strategieelementen kann auf eine Vielzahl vorhandener Informationsquellen wie beispielsweise die derzeit verfolgte Strategie, vorliegende Alternativkonzepte, Leistungsbeschreibungen, Marktanalysen oder Informationen aus der Wettbewerberbeobachtung zurückgegriffen werden.

Die Entscheidung über die bei der Optionsentwicklung verwendeten Strategieelemente, die sogenannten *Schlüsselelemente*, ist hier – mehr noch als bei Umfeldszenarien – eine gruppensubjektive Entscheidung des Szenarioteams. Für die Akzeptanz der Strategieoptionen ist es unabdingbar, dass sich alle Teammitglieder mit der Auswahl der Schlüsselelemente identifizieren. In der Praxis bedeutet dies häufig längere Diskussionen und gegebenenfalls sogar die Nacharbeit an der Schlüsselelemente-Auswahl in späteren Phasen.

Zukunftsoptionen beschreiben und bewerten (Schritt 2)

Im zweiten Schritt werden mögliche Verhaltensweisen bezüglich der einzelnen Schlüsselelemente in Form von alternativen *Zukunftsoptionen* beschrieben. Im Mittelpunkt stehen also Fragen wie die folgenden: Wie könnte unser Selbstverständnis aussehen? Welche Positionierung könnten wir zukünftig anstreben? Wie könnte unser Leistungsspektrum in der Zukunft strukturiert sein? Wie treten wir welchen Kundengruppen gegenüber auf? Welchen Stellenwert könnten Allianzen und Partnerschaften in der Zukunft haben?

An dieser Stelle können auch eine Vielzahl idealtypischer Handlungsmuster und Strategieansätze diskutiert und einbezogen werden (siehe Gausemeier/Fink 1999, S. 231 ff.; Scheuss 2008). In der Regel finden die Mitglieder der Szenarioteams schnell Zugang zu diesen Fragestellungen, weil sie eine große Nähe zu ihrem täglichen Geschäft aufweisen. Eine Schwierigkeit ist allerdings die Frage, *welche* Entwicklungsmöglichkeiten als Zukunftsoptionen auszuwählen sind. Gesucht werden an dieser Stelle nicht allein optimale »Wunschgrößen«. Entscheidend ist vielmehr, ob eine zukünftige Strategie denkbar ist, in der die entsprechende Zukunftsoption vorkommt. Häufig wird zusätzlich zu den verschiedenen eindeutig auf die Zukunft ausgerichteten Optionen auch der gegenwärtige Status zugelassen, um innerhalb des Szenarioraums Entwicklung von der Gegenwart in die Zukunft identifizieren zu können.

Diese Kriterien machen deutlich, wie groß die Möglichkeiten für die Beschreibung von Zukunftsoptionen sind. Entscheidend ist an dieser Stelle, dass alle beteiligten Führungskräfte ihre Vorstellungen vom eigenen Handeln einbringen können. Dabei geht es – ähnlich wie bei der Entwicklung von Umfeldszenarien – noch nicht darum, Einvernehmen über die eine, anzustrebende Zukunftsoption zu erzielen.

Strategiealternativen bilden und beschreiben (Schritt 3)

Im dritten Schritt erfolgt die Verknüpfung der vorliegenden Zukunftsoptionen zu Strategieoptionen beziehungsweise Strategieszenarien. Dazu können zwei unterschiedlichen Verfahren angewendet werden:

- *Szenariobildung mittels Rahmensetzung und morphologischem Kasten:* Hier werden zunächst in einer Teamdiskussion die Szenariothemen festgelegt. Dies kann anhand eines oder mehrerer Schlüsselelemente erfolgen. Anschließend werden diese Themen in einem morphologischen Kasten zu konsistenten »Strategieoptionen« weiterentwickelt.
- *Szenariobildung mittels Konsistenzbewertung:* Bei diesem Ansatz werden zunächst die einzelnen Optionen auf ihre Widersprüchlichkeit hin bewertet. Anschließend werden alle denkbaren Kombinationen überprüft. Dies geschieht durch eine Szenario-Software, die schließlich eine geeignete Anzahl von Rohszenarien liefert, die in sich konsistent und

gleichzeitig möglichst unterschiedlich sind. Diese Rohszenarien werden dann zu »Strategieszenarien« ausgeformt.

Abbildung 35: Zwei Verfahren der Bildung von Strategiealternativen

STRATEGIESZENARIEN	STRATEGIEOPTIONEN
Konsistenzbewertung	**Ermittlung der Driving Forces**
Bewertung der Widersprüchlichkeit einzelner Zukunftsprojektionen in einer Konsistenzmatrix.	Festlegung der Strategieelemente/Zukunftsoptionen, anhand derer sich die Optionen unterscheiden sollen.
Szenarioberechnung	**Morphologischer Kasten**
Überprüfung aller denkbaren Kombinationen von Zukunftsprojektionen und Ermittlung einer geeigneten Anzahl konsistenter und voneinander verschiedener Rohszenarien.	Zuordnung der übrigen Zukunftsoptionen zu den vorab ermittelten Themen der einzelnen Strategieoptionen in einem morphologischen Kasten.
Szenarioanalyse	**Überprüfung der Vollständigkeit**
Überprüfung und Verknüpfung der ermittelten Elemente der einzelnen Szenarien.	Überprüfung, ob alle relevanten Zukunftsoptionen in den Strategieoptionen enthalten sind.
Szenariobeschreibung	
Beschreibung der Strategieszenarien/Strategieoptionen in einer für die weitere Strategiearbeit geeigneten Form.	

Mit der Bildung von Strategiealternativen sind für Unternehmen mehrere Vorteile verbunden. Zunächst lösen Strategiealternativen die Fokussierung auf eine traditionelle oder präferierte Strategie und geben Anstöße für Veränderungen im Denken und Handeln. Zudem stellen sie die innerhalb des Unternehmens vorliegenden Vorstellungen vom eigenen Vorgehen einander gegenüber und ermöglichen insofern – besser als andere Instrumente – eine Diskussion über die eigenen Entwicklungsmöglichkeiten. In bestimmten Fällen zeigen Strategiealternativen zudem durch intelligente Kombination einzelner Optionen neue Möglichkeiten im Wettbewerb auf.

Strategiealternativen visualisieren und bewerten (Schritt 4)

Im Anschluss an die Betrachtung der einzelnen Strategiealternativen werden diese in einem *Strategie-Mapping* visualisiert. Dazu wird wie bei den Umfeldszenarien eine Multidimensionale Skalierung (MDS) vorgenommen. In dem Mapping liegen ähnliche Strategiekonzepte dicht beieinander, während stark unterschiedliche Strategiealternativen weit voneinander entfernt angeordnet sind. Aufgrund der breiteren Datenbasis werden bei Strategieszenarien die einzelnen Zukunftsoptionsbündel angeordnet und die Strategiealternativen als »Haufen« visualisiert. Bei Strategieoptionen erfolgt dagegen eine Anordnung der Strategiealternativen als »Punkte«.

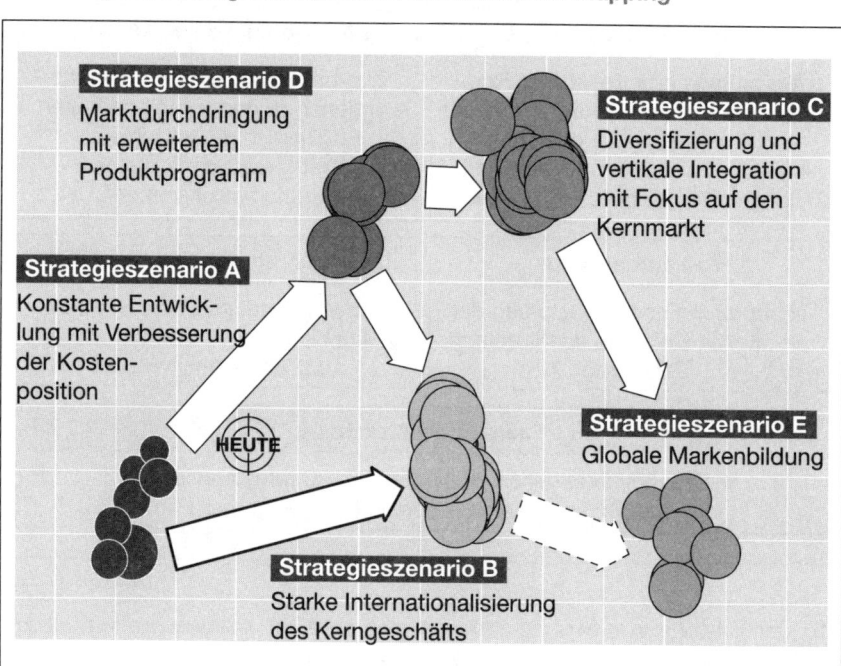

Abbildung 36: Strategieszenarien im Zukunftsraum-Mapping

Strategieszenario D
Marktdurchdringung mit erweitertem Produktprogramm

Strategieszenario C
Diversifizierung und vertikale Integration mit Fokus auf den Kernmarkt

Strategieszenario A
Konstante Entwicklung mit Verbesserung der Kostenposition

HEUTE

Strategieszenario E
Globale Markenbildung

Strategieszenario B
Starke Internationalisierung des Kerngeschäfts

Um den aufgespannten Möglichkeitsraum interpretieren zu können, werden anschließend die Zukunftsoptionen bewertet. Bei einer *einfachen Bewertung* notiert man beispielsweise für jedes Schlüsselelement die Zukunftsoption, die die gegenwärtige Situation beschreibt oder aber der Gegenwart am nächsten kommt. So lässt sich anschließend die Nähe der Strategiealternativen zur Gegenwart ausdrücken. Die *komplexere Bewer-*

tung sieht beispielsweise vor, für jede Zukunftsoption den notwendigen Realisierungsaufwand abzuschätzen. Daraus ergibt sich für jede Strategiealternative ein kumulierter Realisierungsaufwand, mit dem sich die Diskussion über eine strategische Ausrichtung sinnvoll ergänzen lässt.

Basierend auf einer solchen Bewertung lässt sich die gegenwärtige Strategie im Mapping verorten. Ausgehend von diesem Gegenwartspunkt werden dann neben den eigentlichen Strategiealternativen auch *Strategiepfade* dargestellt. Im Mapping zeigen sich Strategiepfade mit einem hohen Veränderungsgehalt als sehr lange Pfeile, während geringfügigere Veränderungen als eher kurze Pfeile dargestellt sind. Grundlage dieser Interpretationsform ist die folgende Überlegung: In der Regel sind die Strategiealternativen zwar mit einem einheitlichen Zukunftshorizont entwickelt worden, sie können aber in der Zukunft auch aufeinander aufbauen und insofern nacheinander realisiert werden. So ist es denkbar, dass ein Unternehmen zunächst eine klar konturierte Strategie anstrebt, um dann später auf eine andere, weiter entfernte Option umzuschwenken – oder aber sich zumindest diese Strategiealternative bewusst offen zu halten.

Strategiealternativen mit Umfeldszenarien verknüpfen und eine strategische Stoßrichtung ableiten (Schritt 5)

Am Ende können Unternehmen nicht mit mehreren Strategien agieren, sondern müssen sich auf eine *strategische Stoßrichtung* festlegen. Daher entspricht es dem Grundsatz der Konzentration der Kräfte, seine Strategie auf möglichst wenigen Strategiealternativen aufzubauen. Basiert eine Strategie auf einer einzelnen Strategiealternative, so wird von einer *einspurigen Strategie* gesprochen. Werden mehrere Strategieoptionen oder Strategieszenarien miteinander verknüpft, so entsteht eine *mehrspurige Strategie*. Einspurige Strategien lassen sich in der Regel leichter kommunizieren, sind aber gleichzeitig klarer konturiert und enthalten insofern weniger Spielräume für interessenbasierte Kompromisse. Mehrspurige Strategien dagegen sind robuster, bedingen aber einen höheren Ressourceneinsatz.

Nach der Entwicklung von Umfeldszenarien *und* Strategiealternativen ist die Ungewissheit in zwei Richtungen getrennt voneinander untersucht worden. Die Umfeldszenarien legen mögliche Randbedingungen wie Branchen-, Markt- oder Globalentwicklungen offen. Die Strategieoptionen oder Strategieszenarien hingegen verdeutlichen die eigenen Handlungsmöglichkeiten. Im Folgenden werden beide Sichtweisen auf die Zukunft miteinander verknüpft. Dazu wird die Eignung der Strategiealternativen innerhalb der einzelnen Umfeldszenarien bewertet und in einer Szenariomatrix verzeichnet (Abbildung 37). Mit Hilfe dieser Matrix lassen sich zwei Fragen beantworten:

Abbildung 37: Szenariomatrix

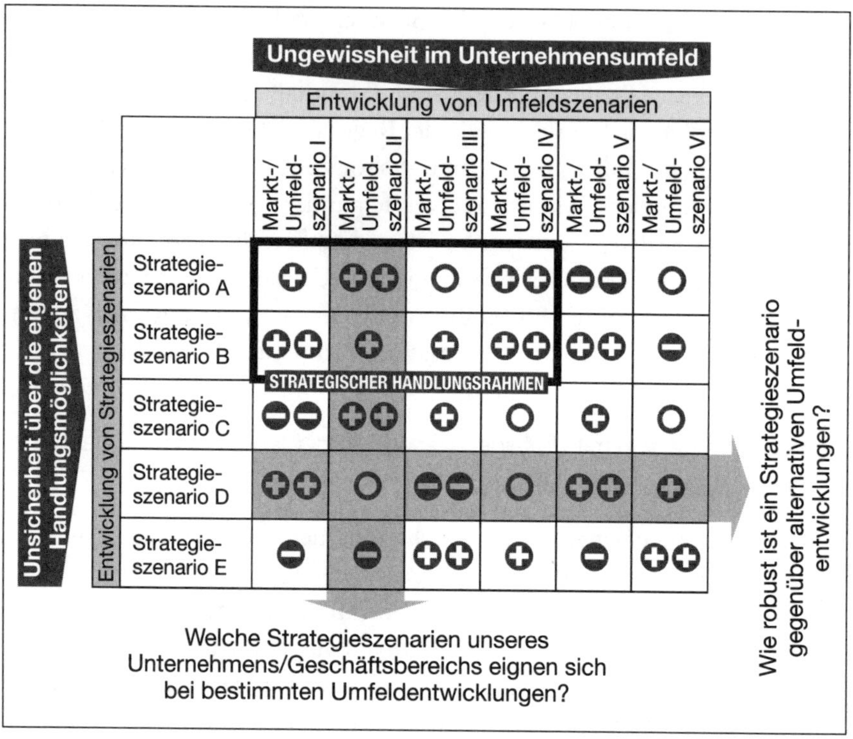

	Markt-/Umfeld-szenario I	Markt-/Umfeld-szenario II	Markt-/Umfeld-szenario III	Markt-/Umfeld-szenario IV	Markt-/Umfeld-szenario V	Markt-/Umfeld-szenario VI
Strategieszenario A	⊕	⊕⊕	○	⊕⊕	⊖⊖	○
Strategieszenario B	⊕⊕	⊕	⊕	⊕⊕	⊕⊕	⊖
Strategieszenario C	⊖⊖	⊕⊕	⊕	○	⊕	○
Strategieszenario D	⊕⊕	○	⊖⊖	○	⊕⊕	⊕
Strategieszenario E	⊖	⊖	⊕⊕	⊕	⊖	⊕⊕

Ungewissheit im Unternehmensumfeld — Entwicklung von Umfeldszenarien
Unsicherheit über die eigenen Handlungsmöglichkeiten — Entwicklung von Strategieszenarien
STRATEGISCHER HANDLUNGSRAHMEN
Welche Strategieszenarien unseres Unternehmens/Geschäftsbereichs eignen sich bei bestimmten Umfeldentwicklungen?
Wie robust ist ein Strategieszenario gegenüber alternativen Umfeldentwicklungen?

- *Wie robust ist ein Strategieszenario?* Innerhalb einer Zeile wird deutlich, wie robust eine komplexe Handlungsoption gegenüber der unsicheren Umfeldentwicklung ist. Insofern beinhaltet die Matrix auch eine Strategiebewertung. Dies ist dann der Fall, wenn ein Strategieszenario die derzeit verfolgte Strategie abbildet.
- *Welches Strategieszenario eignet sich in einem spezifischen Umfeld?* Innerhalb einer Spalte wird auf den ersten Blick deutlich, welches Strategieszenario sich in einer spezifischen Situation eignet. Dieser zweite Blickwinkel auf die Matrix dient vor allem zur Entwicklung szenariospezifischer Eventualstrategien.

Wenn die Szenariomatrix vorliegt haben Unternehmen die zentralen Erfahrungen und wahrnehmbaren Informationen über die Zukunft so weit aggregiert, dass sie grundsätzlich eine strategische Stoßrichtung festlegen können. Unterstützung erhalten sie dabei durch folgende Detaillierungen:

- Auf der *Markt- und Umfeldseite* wird vor allem die Erwartung des Unternehmens abgefragt. Besonders wahrscheinlichen Umfeldszenarien kann daher eine größere Bedeutung bei der Strategiefindung zukommen.
- Auf der *Unternehmensseite* spielen mehrere Kriterien eine Rolle. Dazu zählen der Grad der mit einem Strategieszenario verbundenen Zielerreichung sowie der für die Umsetzung des Strategieszenarios notwendige Ressourceneinsatz.

Zusätzlich lässt sich die *strategische Stoßrichtung* im Strategie-Mapping darstellen. Ausgangspunkt dafür ist der Gegenwartspunkt, der mit einem Strategieszenario identisch sein kann, wenn dieses weitgehend der gegenwärtigen Situation entspricht. In Abbildung 36 ist dargestellt, wie ein Unternehmen versucht, aus der kontinuierlichen aber lediglich operativen Verbesserung (Strategieszenario A) zu einer strategischen Veränderung zu gelangen, dabei allerdings heute zwischen einer Innovationsstrategie (Strategieszenario D) und einer Internationalisierung (Strategieszenario B) schwankt. Auf Basis einer Bewertung der Strategieszenarien wurde die Entscheidung für eine Internationalisierung des Kerngeschäfts mit der Langfrist-Ausrichtung auf eine globale Markenbildung getroffen.

Anwendungen

Die Anwendung von Strategieoptionen oder Strategieszenarien in Strategieprozessen erfolgt auf zwei Arten:

- *Kombination mit Umfeldszenarien:* Sind die Strategiealternativen Bestandteil eines Strategieentwicklungsprozesses, dann werden sie meist im Anschluss an Umfeldszenarien erstellt und schließlich mit diesen in einer Szenariomatrix verknüpft.
- *Eigenständiger Ankerpunkt:* Insbesondere in mittelständischen Unternehmen werden Strategieoptionen als Ausgangspunkte für Strategieprozesse verwendet. Durch ihre Praxisnähe ermöglichen sie den teilneh-

menden Führungskräften einen schnellen Einstieg in Zukunftsfragen und fördern die Akzeptanz des Strategieprozesses. In diesem Fall wird das Umfeld höchstens durch Umfeldtrends (siehe *Trend-Management*, →) betrachtet.

Ein weiteres Einsatzfeld von Strategiealternativen ist die Wettbewerberanalyse. Dort erfolgt die Szenarioentwicklung – im Unterschied zu Strategieprozessen – zunächst nicht unternehmensspezifisch, sondern auf der Branchenebene. Dann lässt sich nicht nur die eigene Position im Zukunftsraum verorten, sondern auch die Position der wichtigsten Wettbewerber. So wird deutlich, welchen Strategiekonzepten die einzelnen Wettbewerber gegenwärtig folgen und ob es »Zukunftslücken« im Möglichkeitsraum gibt beziehungsweise Stoßrichtungen, die von Wettbewerbern nicht oder nur sehr schlecht besetzt werden können.

In Abbildung 38 wird dies anhand eines anonymisierten Wettbewerber-Strategie-Mappings verdeutlicht. Das eigene Unternehmen steht zwischen den Strategieszenarien A und B, die den traditionellen Branchengegensatz zwischen Preisorientierung im Massenmarkt und kundenspezifischen Strategien verdeutlichen. Die meisten traditionellen sowie der japanischen und koreanischen Anbieter – mit Ausnahme des Qualitätsführers C – sind in diesem Kernfeld verortet. Der Wettbewerber G verfolgt ein eigenständiges Geschäftsmodell. Die neuen Wettbewerber steigen vornehmlich über das Strategieszenario 6 in den Branchenwettbewerb ein, wobei aktuell Strategiepfade in Richtung der Szenarien 1 und 3 erkennbar sind. Die Strategieszenarien 3 und 7 werden derzeit von keinem Wettbewerber besetzt.

In umfangreicheren Wettbewerberanalysen werden zusätzlich spezifische Strategieoptionen oder Strategieszenarien für einzelne Wettbewerber erstellt. Geschieht dies für mehrere Wettbewerber getrennt voneinander, so können die einzelnen Sätze von Wettbewerberszenarien jeweils mit allgemeinen (Branchen-)Umfeldszenarien in einer Szenariomatrix kombiniert werden, um die Entscheidungssituationen der Wettbewerber zu verstehen.

Die Organisation der Entwicklung von Strategiealternativen hängt stark vom Anwendungsfall ab. In den meisten Strategieprozessen wird die Szenario-Konferenz (→ *Szenariotechnik*) als kompakter, partizipativer Ansatz gewählt. Im Rahmen der Wettbewerberanalyse kommen demgegenüber stärker expertenorientierte Formen der Szenarioentwicklung zum Einsatz.

Abbildung 38: Wettbewerber-Strategie-Mapping

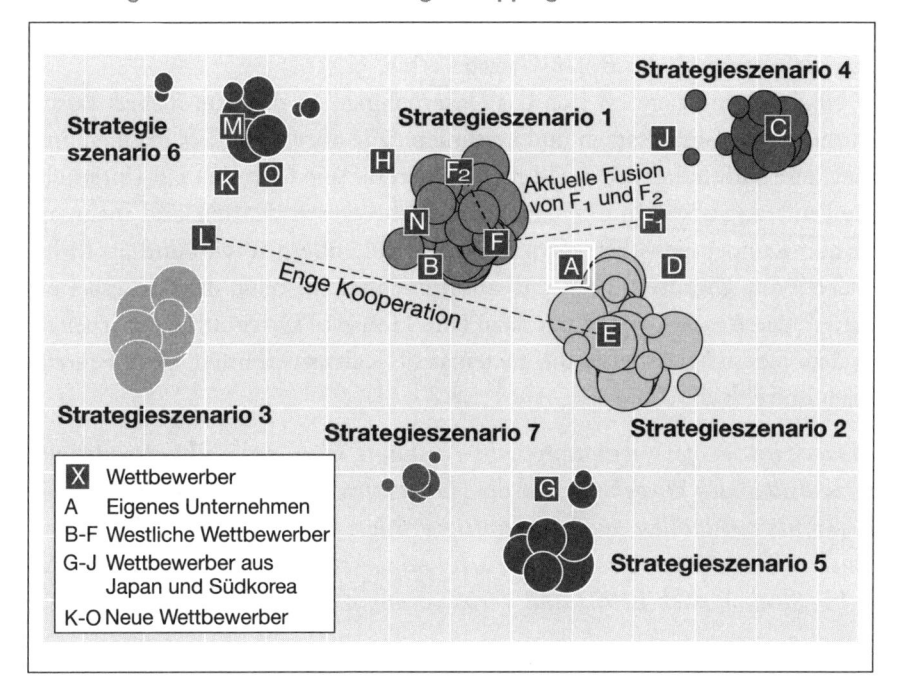

Leitbilder

Leitbilder sind semantische Beschreibungen der Vision eines Unternehmens. Unter Vision wird dabei ein Zukunftsbild verstanden, welches in der Zukunft ausgebaut oder erreicht werden soll. Die Form eines Leitbilds hängt dabei sehr stark von der Größe des Unternehmens beziehungsweise der Organisation ab. Es lassen sich zwei Arten von Leitbildern unterscheiden: Unternehmensleitbilder und Geschäftsleitbilder.

Die *Bosch*-Gruppe ist ein weltweit führender Systemanbieter für Kraftfahrzeugtechnik wie Benzin- und Dieselsysteme, Chassissysteme und Automobilelektronik sowie darüber hinaus auch für eine Vielzahl anderer Erzeugnisse und Dienstleistungen in der Industrietechnik ebenso wie für Elektrowerkzeuge, Sicherheitslösungen und Hausgeräte. Seit rund 120 Jahren steht der Name »Bosch« für wegweisende und nutzbringende Innovationen. Gleichzeitig baut das schwäbische »Familienunternehmen« auf

Kontinuität. Zwischen dem Firmengründer Robert Bosch und dem heutigen Vorstandsvorsitzenden Franz Fehrenbach lenkten lediglich vier Personen die Geschicke der *Bosch*-Gruppe.

Noch heute orientiert sich das Unternehmen an den von Robert Bosch formulierten Grundsätzen und Leitlinien. Wie aber kann dies in einem immer internationaleren Umfeld funktionieren? Wie lässt sich ein Unternehmen mit 242 000 Mitarbeitern, 260 Tochtergesellschaften und mehr als 10 000 Kundendienstbetrieben in über 130 Ländern sowie rund 40 Milliarden Euro Umsatz führen und zusammenhalten, ohne dass es dabei erstarrt? Die *Bosch*-Gruppe hat dazu ein »House of Orientation« erarbeitet, in dem jedem Mitarbeiter die gemeinsame Kultur vermittelt wird. Fehrenbach umreißt die Ziele so:

»Das ›House of Orientation‹ gibt Auskunft über das Zukunftsbild, die Grundsätze des Vorgehens und die Fähigkeiten, die wir haben und die wir dafür nutzen wollen, auch zukünftig erfolgreich zu sein. Es gibt zudem Auskunft darüber, welcher Anspruch und welche Werte uns für unser tägliches Streben nach Erfolg und Verbesserung motivieren.«

Das »House of Orientation« besteht aus fünf Bausteinen:

- Die *Vision* beschreibt das Zielbild. Sie vermittelt, wohin sich *Bosch* entwickeln möchte, und stellt dar, was das Unternehmen antreibt.
- Das *Leitbild* ist eine konkrete Richtschnur auf dem Weg zur Vision. Es gibt Aufschluss über die Schwerpunkte des täglichen Handelns. *Bosch* formuliert sein Leitbild prägnant »BeQIK, Be Better, Be Bosch«.
- Die *Werte* sind das Fundament, auf dem die Erfolge der Vergangenheit beruhen und auf das die Zukunft gebaut wird. Sie leiten das tägliche Handeln und sagen, was wichtig ist und worauf man sich verpflichtet.
- Das Bündel von übergreifenden *Kernkompetenzen* wurde langfristig aufgebaut und ist Basis für die entscheidenden Wettbewerbsvorteile – gestern, heute und morgen.
- Das *Bosch Business System* (BBS) ist eine Systematik, die konkret aufzeigt, wo man sich erneuern muss und die notwendigen Umstellungen in der Praxis gemeistert werden können. Das BBS gliedert sich in die drei direkt wertschöpfenden Prozesse vom Markt zum Kunden, die Human Ressource-Prozesse als Basis sowie einzelne Support-Prozesse.

Nachdem das »House of Orientation« im Herbst 2005 fertiggestellt worden war, wurde es durch verschiedene Medien im Unternehmen breit kommuniziert. So stellten sich Franz Fehrenbach und weitere Führungskräfte auf vielen Veranstaltungen den Fragen der Mitarbeiter. Zusätzlich wurde ein eigener Intranet-Auftritt erstellt, der die zentralen Botschaften über die Ziele und das Zukunftsbild von Bosch enthält. Außerdem wurde das »House of Orientation« in einer 24-seitigen Broschüre dargestellt, die jeder Mitarbeiter von Bosch erhalten hat.

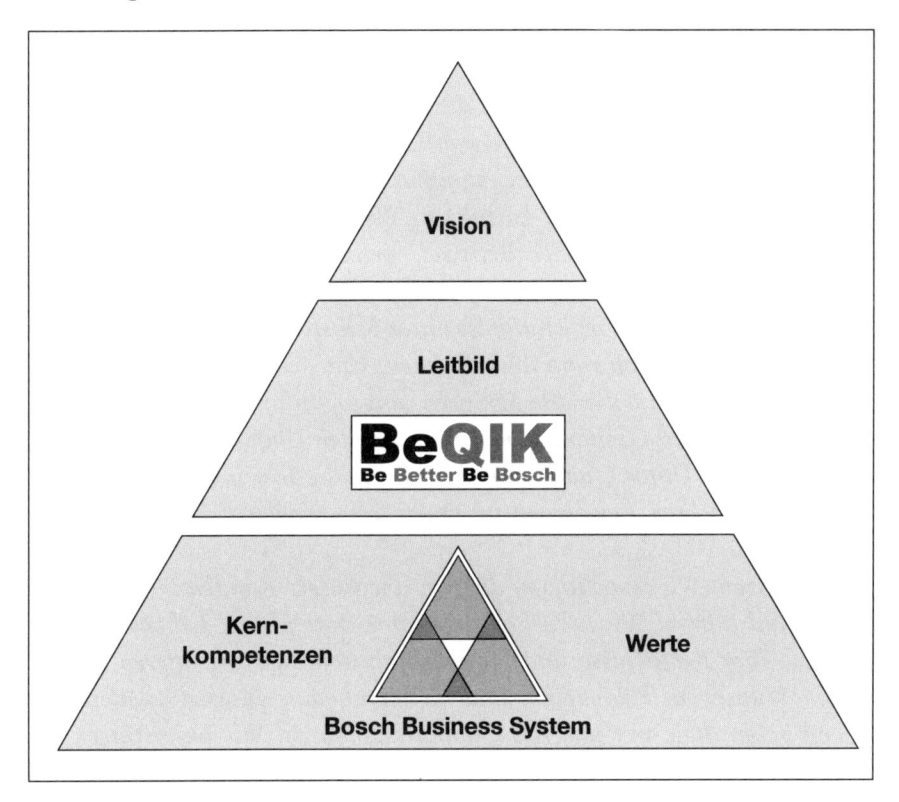

Abbildung 39: »House of Orientation« von Bosch

Ein zweites Beispiel liefert die *Münchenstift GmbH*. Sie ist eine 100-prozentige Tochter der Landeshauptstadt München und eines der größten Dienstleistungsunternehmen für Senioren in Bayern. Verteilt über die ganze Stadt München unterhält sie vierzehn Häuser und bietet darin rund 3 500 älteren Menschen Platz – vom selbstständigen Wohnen über ambulante bis zur stationären Pflege. Verschiedene Serviceleistungen runden das Portfolio ab.

Münchenstift verfügt über ein Unternehmensleitbild, welches ähnlich wie bei *Bosch* eine Vision, ein Leitmotiv und grundsätzliche Werte beschreibt. Mit den weitreichenden Veränderungen durch die Gesundheitsreform erkannte *Münchenstift* jedoch, dass die Beschreibung eines Unternehmensleitbilds allein nicht ausreicht. Um den notwendigen Veränderungsbedarf allen Mitarbeitern zu verdeutlichen, wurde ein Strategieentwicklungsprozess gestartet, der wesentlich konkreter beschreibt, welches die strategische Ausrichtung des Unternehmens für die nächsten Jahre sein soll. Dieser Prozess führte zu einem Geschäftsleitbild, das im folgenden in gekürzter Form dargestellt wird:

Vision: Wir, die Münchenstift, sind der Seniorendienstleister Nr. 1 in München. Unsere Angebote zielen darauf ab, Senioren in München darin zu begleiten, ihr Leben in Selbstbestimmung, Wohlbefinden, Würde und in bestmöglicher Gesundheit zu führen. Wir sind die erste Wahl für alle Senioren, Angehörige oder Betreuer, wenn sie fachkundige Beratung und seniorenspezifische Dienstleistungen und Wohnangebote suchen ...

Positionierung: Lebensbegleitung ist unser Selbstverständnis – Wir gestalten Dienstleistungen rund ums Wohnen, Haushalt und Pflege in hoher fachlicher Qualität für alle Senioren, ungeachtet ihrer Herkunft, Religion, politischen Gesinnung, ihrem kulturellen Umfeld oder ihrer sozialen Stellung. Unter Qualität verstehen wir, die Erbringung von jeweils kundengerechten Leistungen in einem ausgewogenen Preis-Leistungs-Verhältnis.

Kompetenzen: Wir respektieren die Art, wie unsere Kunden ihr Leben sehen und führen. Wir berücksichtigen ihre individuelle Lebenssituation sowie ihre Bedürfnisse und Notwendigkeiten. Wir orientieren uns an den Wünschen, Fähigkeiten und Gewohnheiten unserer Kunden und verbinden diese mit unseren Qualitätsstandards. Wir unterstützen ihr Streben nach Alltagsnormalität und binden Angehörige, Freunde, Betreuer und Ehrenamtliche ein. Wir verstehen das Alter als eigenen, zu gestaltenden Lebensabschnitt. Darin unterstützen wir unsere Kunden und fördern so eine »Kultur des Alters«.

Werte: Unser Handeln ist geprägt von einer starken Dienstleistungsmentalität. Nur wenn wir Qualität als einen ständigen Prozess von Verbesserungen begreifen, können wir Qualität auf Dauer sichern. Jedes Team und jeder Einzelne erfüllt seine Aufgaben verantwortungsvoll, kooperativ und trägt damit zum Gesamterfolg bei. Ein respektvoller und angemessener Umgang untereinander wirkt sich positiv auf unser Verhalten gegenüber den Kunden aus und trägt entscheidend zur Zufriedenheit unserer Kunden sowie aller Beteiligten bei. Unser Verhältnis zum Kunden ist gekennzeichnet durch: Beobachten, Zuhören und Mitdenken.

Inhalt

Ein Leitbild – so sagt es der DUDEN – ist ein »den Menschen in seinem Empfinden und Handeln bestimmendes Ideal.« In der Unternehmensführung wird das Thema »Leitbilder« von einer Vielzahl unterschiedlicher Begrifflichkeiten beeinflusst: Vision, Zwecke, Mission, Ziele, Werte, practices – um nur einige zu nennen. Allein schon diese Begriffsvielfalt macht das Themenfeld sehr unübersichtlich. John P. Kotter hat neun Kriterien für wirkungsvolle Leitbilder herausgearbeitet:

- *Ein Leitbild ist vorstellbar:* Es vermittelt ein nachvollziehbares Bild davon, wie die Zukunft aussehen sollte.
- *Ein Leitbild ist wünschenswert:* Es beschreibt eine wünschenswerte Situation in der Zukunft. Ausschlaggebend für die Beurteilung der Wünschbarkeit sind die relevanten Stakeholder des Unternehmens.
- *Ein Leitbild ist richtungweisend:* Es schafft aufgrund seiner Fristigkeit von zehn bis zwanzig Jahren ein Höchstmaß an Identifikation in der gesamten Organisation.
- *Ein Leitbild ist erreichbar:* Ein Leitbild sollte erreichbar und glaubwürdig sein. Dabei sollte das Erreichen im direkten Einfluss des Unternehmens liegen, und nicht an zentraler Stelle vom Eintreten externer Randbedingungen abhängen.
- *Ein Leitbild ist anspruchsvoll:* Ein Leitbild sollte außerhalb des Bequemen liegen. Das bedeutet in der Regel, dass es signifikante Stoßrichtungen für Veränderungen enthält.
- *Ein Leitbild ist eindeutig:* Ein Leitbild wird von den Adressaten verstanden und ist spezifisch genug, um den Prozess der Zielfindung sowie der Strategieentwicklung zu unterstützen.
- *Ein Leitbild ist flexibel:* Es ist allgemein genug gehalten, um unter sich verändernden Rahmenbedingungen individuelle strategische Initiativen und situationsgerechte Reaktionen zuzulassen.

- *Ein Leitbild ist prägnant:* Es ist verständlich formuliert und kann innerhalb von wenigen Minuten erfolgreich kommuniziert werden.
- *Ein Leitbild ist personenunabhängig:* Ein Leitbild sollte seine Schöpfer überdauern können und von selbst in der Lage sein, der Organisation eine Richtung vorzugeben.

Der Unterschied zwischen Leitbildern und Strategien besteht darin, dass Leitbilder sich ganz auf die Zukunft konzentrieren, während eine Strategie umfassender ist und auch den Weg zu dieser Zukunft einschließt. Insofern können Leitbilder auch als Bestandteil einer Strategie angesehen werden. Dabei bilden sie einerseits im Sinne eines »Leitsterns« den Ausgangspunkt für eine konkrete Strategieformulierung und andererseits stellen sie als kommunikatives und emotionales Zukunftsbild auch ein Bindeglied zwischen Strategie und Strategieumsetzung dar.

Leitbilder sollen die »ureigene Seele« des Unternehmens beschreiben und dürfen schon deshalb nicht austauschbar sein. Daher wundert es auch nicht, dass in Unternehmen viele verschiedene Formen von Leitbildern vorkommen. Dabei sind immer wieder folgende Elemente zu finden, aus denen sich – unterschiedlich kombiniert – Leitbilder zusammensetzen:

- *Mission:* In einem Leitbild wird in der Regel der konstante und zu bewahrende Zweck des Unternehmens oder Geschäfts beschrieben. Dies beinhaltet häufig auch Nutzenversprechen für die relevanten Stakeholder-Gruppen. Die Mission verdeutlicht auch, wie das Unternehmen sein formuliertes Selbstverständnis in ein konkretes Geschäft umsetzt. Häufig weist die Mission daher bereits Elemente einer strategischen Position wie Beschreibungen von Kernleistungen oder traditionellen Kernmärkten auf.
- *Wettbewerbskompetenzen:* Darunter sind die Fähigkeiten zu verstehen, die den bisherigen und heutigen Erfolg eines Unternehmens oder einer Organisation ausmachen. Bei langfristig erfolgreichen Unternehmen sind sie Baustein von *Kernkompetenzen* (→).
- *Werte:* Die in einem Leitbild zusätzlich enthaltenen Werte des Unternehmens werden auch als »policies« oder »practicies« bezeichnet. Sie charakterisieren grundsätzliche Verhaltensweisen im Alltag und sind eng mit der Unternehmenskultur verknüpft.
- *Vision:* Unter Vision wird ein Zukunftsbild verstanden, nach dessen Erreichen getrachtet wird. Sie beschreibt, wo ein Unternehmen oder eine Organisation in den nächsten fünf bis zehn Jahren stehen möchte

und bildet die Grundlage für die Strategieformulierung und Zieldefinition.
- *Strategische Positionierung:* Hier geht es darum, systematisch erfolgversprechende strategische Geschäftsfelder zu wählen und sich selbst mit seinen zukünftigen Marktleistungen innerhalb dieser Wettbewerbsarenen zu positionieren. Hier wird oftmals die Portfoliotechnik eingesetzt (zum Beispiel BCG-Portfolio).
- *Strategische Kompetenzen:* Unter strategischen Kompetenzen wird im Allgemeinen verstanden, auf welche Fähigkeiten es ankommt, um die im Leitbild beschriebene Zielsetzung zu erreichen. Es handelt sich dabei nicht um eine bestimmte Einzelfähigkeit, sondern aus einem Bündel von Fähigkeiten, Fertigkeiten, Prozessen und Technologien. Daher können strategische Kompetenzen auch als bewusst entwickelte *Kernkompetenzen* (→) verstanden werden.
- *Ziele:* Leitbilder enthalten zudem konkrete strategische Ziele. Dazu zählen externe Zielgrößen (beispielsweise Marktführerschaft) sowie interne Zielgrößen (beispielsweise Gewinn, Umsatzwachstum oder Profitabilität).

Während die ersten drei Elemente Mission, Wettbewerbskompetenzen und Werte das Unternehmen in seiner bestehenden und zu bewahrenden Form beschreiben, liefern Vision, strategische Positionierung und strategische Kompetenzen sowie Ziele die dynamische Beschreibung, wie ein Unternehmen oder eine Organisation plant, sich strategisch und langfristig weiterzuentwickeln. Dabei bedingen sich strategische Positionierung und strategische Kompetenzen unmittelbar untereinander. Es nutzt einem Unternehmen wenig, eine strategische Position einnehmen zu wollen, wenn es nicht die entsprechenden Kompetenzen hat oder aufbauen kann. Andersherum nutzen einem die besten Kompetenzen nichts, wenn der Markt diese nicht abverlangt.

Ken Blanchard und Jesse Stoner haben diese Leitbild-Elemente in ihrem Buch *Full Steam Ahead* unter den Oberbegriffen Zweck, Werte und Vision zusammengefasst und dafür die in Abbildung 40 dargestellten konkreten Checklisten vorgeschlagen.

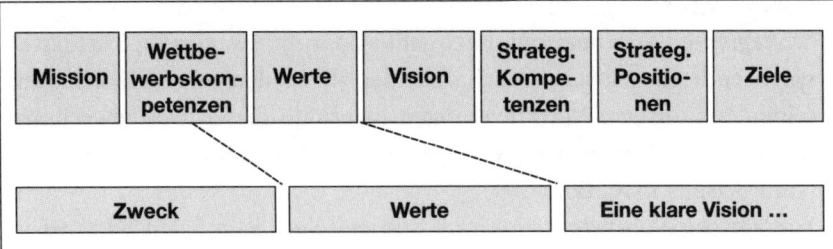

Abbildung 40: Checklisten für Zwecke, Werte und Visionen

Mission	Wettbe-werbskom-petenzen	Werte	Vision	Strateg. Kompe-tenzen	Strateg. Positio-nen	Ziele

Zweck	Werte	Eine klare Vision …
• Der Zweck ist der Grund, weshalb Ihre Organisation existiert. • Er beantwortet die Frage nach dem Weshalb, statt einfach nur zu erklären, was sie macht. • Er zeigt, in welchem Geschäft Sie – vom Standpunkt Ihrer Kunden aus gesehen – wirklich sind. • Großartige, bedeutende Organisationen haben einen tiefen, edlen – einen wichtigen – Zweck, der motiviert und zu engagiertem Verhalten führt. • Die Worte selbst sind nicht so wichtig – wichtiger ist die Bedeutung der Worte für die Menschen. Nach: Blanchard/Stoner, 2004	• Werte liefern die Richtlinien dafür, wie man bei der Verfolgung seines Zwecks vorgehen sollte. • Sie sind Antworten auf die Fragen »Wonach will ich leben?« und »Wie?« • Jeder Wert muss klar beschrieben werden, sodass man genau weiß, an welchem Verhalten sich erkennen lässt, dass man nach ihm lebt. • Die Werte müssen die ständige Grundlage für das Handeln sein, denn sonst sind sie nur bloße Absichtserklärungen. • Die persönlichen Werte der Menschen müssen mit den Werten der Organisation in Einklang stehen.	• hilft uns, zu verstehen, in welchem Geschäft wir wirklich sind. • liefert Richtlinien, die uns dabei helfen, die jeden Tag anfallenden Entscheidungen zu treffen. • bietet ein Bild von der angestrebten Zukunft, das man wirklich sehen kann. • ist dauerhaft. • hat etwas mit »Größe« zu tun – nicht nur damit, besser zu sein als die Konkurrenz. • ist inspirierend – wird nicht nur in Zahlen ausgedrückt. • berührt Herz und Geist von allen. • hilft jedem, zu erkennen, wie er selbst dazu beitragen kann, sie zu verwirklichen.

Welchen inhaltlichen Schwerpunkt Leitbilder besitzen, hängt sehr stark von den Vorstellungen eines Unternehmens oder Unternehmenslenkers ab. Adolf G. Coenenberg und Rainer Salfeld unterscheiden fünf Kategorien von Leitbildern (Visionen), von denen die ersten drei eine Außenperspektive einnehmen, während die letzten beiden eine Innenperspektive darstellen:

- *Orientierung an den Marktverhältnissen:* Hier werden die Marktziele zum zentralen Gegenstand des Leitbilds. So forderte Sam Walton im Jahr 1991 für *Wal-Mart* einen Umsatz von 125 Milliarden US-Dollar für das Jahr 2000.
- *Orientierung an anderen Unternehmen:* Diese Kategorie kommt dann zum Einsatz, wenn man sich langfristig an einem anderen Unternehmen

orientiert. Beispiele sind die »Crush Adidas«-Vision von *Nike* oder das »Become the Harvard of the West«-Leitbild der Stanford University.
- *Orientierung an Kunden:* Insbesondere Unternehmen aus der Konsumgüterindustrie oder dem Dienstleistungssektor stellen ihre Kunden von Anfang an in den Mittelpunkt des Leitbilds. Beispiele sind »Make people happy« von *Disney* oder »Democratize the automobile« von *Ford*.
- *Orientierung am bestehenden Geschäftsmodell:* Solche Leitbilder kommen dann zum Einsatz, wenn das bestehende Geschäftsmodell als langfristig stabil angesehen werden kann und es im zukünftigen Wettbewerb im Kern um operative Verbesserungen geht.
- *Orientierung am künftigen Geschäftsmodell:* Hier geht es darum, bevorstehenden, grundlegenden Wandel durch ein Leitbild in der Organisation zu verankern. Ein Beispiel ist das Leitbild von *Merck* aus den dreißiger Jahren: »Veränderung des Unternehmens von einem Chemieproduzenten zu einem der besten Pharmahersteller in der Welt mit Forschungskompetenzen, die es mit jeder großen Universität aufnehmen können.«

Der Nutzen von Leitbildern lässt sich an vier Aspekten beschreiben:
Differenzierung: Das Ziel eines Leitbilds ist, eine unverwechselbare und eindeutige Beschreibung des Unternehmens und seiner strategischen Ausrichtung zu geben. Daher sollte es so konkret und spezifisch sein, dass es Wettbewerbern nicht oder nur schwer möglich ist, es zu kopieren. Aus diesem Grund sollte ein Leitbild nicht nur auf einzelnen oder wenigen Strategieelementen (→ *Strategieoptionen*) beruhen, sondern vielmehr eine Vielzahl von Fähigkeiten und Zukunftsvorstellungen bündeln.
Orientierung: Ein Leitbild soll neben der Vermittlung des angestrebten Zukunftsbilds (Vision) beschreiben, welche Marktposition das Unternehmen in den nächsten Jahren einnehmen möchte. Es dient in diesem Zusammenhang der Orientierung eines Unternehmens, in dem es leichtverständlich den Weg in die Zukunft vorgibt und benennt, welche unternehmensinternen Kompetenzen dafür notwendig sind (»What's our business in the future?«).
Veränderung: Mit der Beschreibung der notwendigen Kompetenzen vermittelt ein Leitbild aber auch, welche Veränderungen ein Unternehmen und seine Mitarbeiter vornehmen müssen, um in der Zukunft erfolgreich zu sein. Basierend auf den zu definierenden Grundsätzen des Verhaltens und Handelns werden die einzelnen Leitbildaussagen mit konkreten Zielen und Maßnahmen beschrieben. In diesem Fall ist ein Leitbild ein Instru-

ment der Strategieumsetzung. Es dient als Anhaltspunkt für den Weg vom »Heute« in die Zukunft, welcher kontinuierlich im Sinne eines Strategie-Controllings zu überwachen ist. Nur so kann sichergestellt werden, dass eine Strategie auch umgesetzt wird (»How to run the business in the future?«).

Kommunikation: In vielen Fällen – insbesondere bei großen Konzernen – dient ein Leitbild vor allem der Kommunikation. Dem Markt und den Kunden soll vermittelt werden, wofür das Unternehmen steht. Den Mitarbeitern soll verdeutlicht werden, welche Werte sie im Unternehmen vereint und weshalb es sich lohnt, in dem Unternehmen zu arbeiten. Im Sinne der Kommunikation sind Leitbilder jedoch von »Slogans« zu unterscheiden, mit denen sich Unternehmen in der Öffentlichkeit darstellen.

Abbildung 41: Beispiele für Visionen und Slogans

Beispiele für visionäre Leitbilder	Beispiele für Slogans
»Nummer 1 oder 2 in jeder Industrie.« *General Electric*, achtziger Jahre	»We bring good things to life.« *General Electric*
»Das beste Schnellrestaurant der Welt sein.« *McDonalds*, fünfziger Jahre	»Ich liebe es.« *McDonalds*
»BeQIK – Qualität, Innovation, Kundenorientierung.« *Bosch*	»Technik fürs Leben.« *Bosch*
»Der beste Premiumanbieter für Automobile weltweit.« *BMW*	»Freude am Fahren.« *BMW*
»Die Nummer 1 der Seniorendienstleister in München.« *Münchenstift*	»Alles unter einem Dach.« *Münchenstift*

Welche Formen von Leitbildern werden unterschieden

Bei der Betrachtung von Leitbildern in der Praxis lassen sich zwei Arten von Leitbildern unterscheiden:

Ein *Unternehmensleitbild* ist häufig bei großen Konzernen zu finden, wo es darum geht, einer Vielzahl von Mitarbeitern eine grundsätzliche Orientierung zu geben. Es verfolgt primär die Ziele der Kommunikation und der Differenzierung und dient dazu, bestimmte Wertvorstellungen zu vermitteln. Es baut in erster Linie auf den »statischen« Elementen wie Mission und Werte auf und orientiert sich nach Coenenberg und Salfeld am bestehenden Geschäftsmodell, welches Unternehmenszweck und auch ökonomische Ziele beinhalten kann. Auch das Leitbild von *Bosch* kann im weiteren Sinn unter den Begriff des Unternehmensleitbilds gefasst werden. »BeQiK, Be Better, Be Bosch« zielt auf eine klare Werteorientierung im Unternehmen ab. Es wird mittlerweile durch die Marktaussage »Technik fürs Leben«, also einer Orientierung am Kunden, ergänzt.

Beim *Geschäftsleitbild* handelt es sich demgegenüber um ein dynamischeres Zukunftsbild, bei dem es vor allem um die Orientierung in einem komplexen Umfeld und damit verbundene Veränderungsbedarfe geht. Geschäftsleitbilder sind oftmals das Ergebnis eines Strategieentwicklungsprozesses, mit denen eine einmal identifizierte strategische Stoßrichtung oder eine unternehmerische Vision konkretisiert wird. Es baut in erster Linie auf den »dynamischen« Elementen wie Vision, strategische Positionierung und Kompetenzen sowie Ziele auf und orientiert sich stärker am zukünftigen Geschäftsmodell, den Marktverhältnissen und nicht zuletzt am Wettbewerb. Auch Geschäftsleitbilder stellen ein wichtiges Instrument der internen Kommunikation dar. Teilweise enthalten sie zusätzlich sogar Aussagen zu Konsequenzen und Maßnahmen, sodass es eine direkte Verbindung zur Strategieumsetzung gibt.

In der Praxis ist oft zu beobachten, dass Unternehmen und Organisationen zwar ein Unternehmensleitbild besitzen, es aber trotzdem im Sinne einer effizienten Umsetzung an konkreten, sich auf das zukünftige Geschäft beziehenden Inhalten fehlt. Hier empfiehlt sich – wie im Fall *Münchenstift* – das Unternehmensleitbild um die Inhalte eines Geschäftsleitbilds zu erweitern oder um ein eigenständiges Geschäftsleitbild zu erweitern. Nur bei einer Kombination von Unternehmens- und Geschäftsleitbild gelingt es, alle Nutzenaspekte von Leitbildern ausgewogen zu berücksichtigen. In den unterschiedlichen Phasen einer Unternehmens- beziehungsweise Organisationsentwicklung treten zwangsläufig in bestimmten Phasen die zukunftsorientierten Leitbildelemente, in Zeiten notwendiger Kontinuität die werteorientierten Leitbildelemente in den Vordergrund. Das Beherrschen dieses zyklischen Wechsels ist als wesentlicher Erfolgsfaktor von Unternehmen und Organisationen anzusehen und daher eine Kernaufgabe der Unternehmensführung.

Vorgehen

Jack Welch, der frühere CEO von *General Electric*, hat eine erfolgreiche Nutzung von Leitbildern so beschrieben: »*Good business leaders create a vision, articulate the vision [...] and relentlessly drive it to completion.*« Damit sind auch die drei wesentlichen Phasen eines Leitbild-Prozesses umrissen: (1) Formulierung des Leitbilds, (2) Verankerung des Leitbilds in der Organisation und (3) »Leben« des Leitbilds im Tagesgeschäft.

Formulierung des Leitbildes (Phase 1)

Visionäre Leitbilder können auf zwei Arten entstehen: Beim »One-man-drive«-Ansatz werden Leitbilder durch visionäre Führungspersönlichkeiten vorgegeben. Alternativ entstehen Leitbilder durch die Synthese des gemeinsamen Denkens der Führungsspitze oder eines erweiterten Kreises im Unternehmen. Allgemein lässt sich keine Präferenz für einen dieser beiden Ansätze formulieren – allerdings zeigt die Praxis eine Trendentwicklung hin zu einer gemeinschaftlichen Leitbildfindung. Günter Müller-Stewens und Christoph Lechner beschreiben den Prozess der Leitbildformulierung anhand von sieben Schritten (Müller-Stewens/Lechner, 2001, S. 181 f.):

1. Initiierung des Leitbildprozesses durch die Führungsspitze.
2. Einsetzung eines Projektteams, in dem die Fach- und Interessenvertreter der wichtigsten Themenkreise vertreten sind.
3. Jeder Themenkreis wird in einer Fachgruppe vertieft ausgearbeitet.
4. Zusammenstellung einer ersten Fassung des Leitbilds durch das Projektteam. Dabei wird sowohl über die Inhalte der einzelnen Themenkreise als auch über die Zweckmäßigkeit der Themenkreise selbst beraten.
5. Optional kann es sinnvoll sein, einzelne Teilaspekte und Fragestellungen nochmals detailliert – gegebenenfalls sogar unter Einbeziehung weiterer Teile der Mitarbeiterschaft – zu diskutieren.
6. Erstellung einer aus seiner Sicht verabschiedbaren Fassung des Leitbilds durch das Projektteam.

7. Entscheidung der Führungsspitze über die Verabschiedung, Korrektur oder nochmalige Überarbeitung des Leitbilds.

Dieses Vorgehen soll hier beispielhaft für die vielen Vorgehensweisen zur Formulierung von Leitbildern stehen. Es wird deutlich, dass der Prozess der Leitbildformulierung stark moderativ geprägt ist. Ein wesentlicher Erfolgsfaktor ist die Begleitung des Prozesses durch einen erfahrenen, (eher) externen Coach oder Moderator.

In den meisten Fällen entstehen insbesondere Unternehmensleitbilder auf diesem Weg. Basierend auf einer gemeinsamen Betrachtung oder Analyse der Ausgangssituation wird versucht, die Mission, die Kernkompetenzen sowie die Werte des Unternehmens beziehungsweise der Organisation zu beschreiben. Nur zu oft ist dabei die Frage zu hören »Was sind denn eigentlich unsere Kernkompetenzen?«. Bei der Formulierung eines detaillierteren Geschäftsleitbilds reicht ein Moderationsansatz in der Regel nicht oder nur bedingt aus. Zwar fällt es einem Team leicht, gemeinsam über die Zukunft zu diskutieren, es ist jedoch umso schwieriger, ein gemeinsames Leitbild zu finden.

Bei der inhaltlichen Ausarbeitung eines Geschäftsleitbilds hat sich im Rahmen einer teamorientierten Vorgehensweise in der Praxis folgendes Vorgehen bewährt. Ausgangspunkt einer Leitbildentwicklung ist die eine *strategische Stoßrichtung* beziehungsweise eine *unternehmerische Vision*. Zur Beschreibung des Leitbilds wird auf die wesentlichen Stellhebel (Strategieelemente) für das Geschäft zurückgegriffen, wie sie im Kapitel *Strategieoptionen/Strategieszenarien* (→) beschrieben worden sind. Dies können in Abhängigkeit des betrachteten Geschäftsumfelds bis zu zwanzig Elemente sein. Dabei ist zwingend zu prüfen, ob es sich wirklich um strategisch gestaltbare Größen handelt und nicht um (ziel-) beschreibende Elemente (wie zum Beispiel Wirtschaftlichkeit) handelt. Liegen diese Strategieelemente oder eine ausgewählte Zahl an strategischen Fragestellungen und deren Antworten vor, lässt sich ein Leitbild in fünf Phasen ausformulieren:

1. *Konkretisierung der Handlungsoptionen:* Die Handlungsoptionen zu den wesentlichen Strategieelementen werden bezüglich ihrer Unterstützung einer Visionsumsetzung überprüft und mit ein bis zwei Sätzen beschrieben. Diese Sätze lassen sich als Leitsätze bezeichnen.
2. *Zusammenfassung der Leitsätze zu einem Leitbild:* Alle Leitsätze werden ihrer inhaltlichen Aussagen nach sortiert, in einen Gesamttext überführt und redaktionell überarbeitet.

3. *Erarbeitung strategischer Kompetenzen:* Auf Basis der im Leitbild formulierten Aussagen wird gemeinsam diskutiert, welche der heutigen Kompetenzen ausgebaut beziehungsweise welche neuen, strategischen Kompetenzen aufgebaut werden müssen, um die Vision zu erreichen.
4. *Ableiten der zukünftigen strategischen Position:* Die Betrachtung der Ausgangssituation ist zur Ableitung einer strategischen Positionierung noch wichtiger als bei der Erarbeitung der strategischen Kompetenzen. Unter Berücksichtigung wirtschaftlicher Größen und Analysen werden hier – oftmals mit Hilfe der Portfolioanalyse – aus den heutigen Geschäftsfeldern die zukünftigen, strategischen Geschäftsfelder abgeleitet.
5. *Zieldefinition:* Sind Positionierung und Kompetenzen festgelegt, gilt es im letzten Schritt, diese mit messbaren Zielen zu operationalisieren. Diese Ziele können wiederum Ausgangspunkt für weitergehende Prozesse der Strategieumsetzung wie beispielsweise den Aufbau einer *Balanced Scorecard* (→) sein.

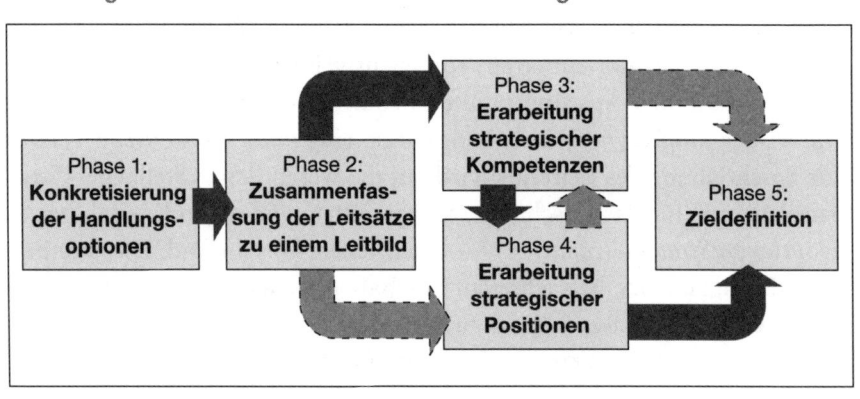

Abbildung 42: Fünf Phasen der Leitbildentwicklung

Verankerung des Leitbilds in der Organisation (Phase 2)

Die Verankerung eines Leitbilds in einem Unternehmen oder einer Organisation bedarf vor allem zweier Erfolgsfaktoren: Zeit und Geduld. Dabei gilt, je früher und umfassender ein Leitbild in einer Organisation verankert wird, desto entscheidender ist dies für dessen langfristige Umsetzung. Aus diesem Grund heraus ist die Verankerung eines Leitbilds ein wesentlicher Aspekt bei der Strategieumsetzung und dem Roadmapping, auf die in den nachfolgenden Kapiteln noch eingegangen wird.

»Leben« des Leitbilds im Tagesgeschäft (Phase 3)

Nachdem das Leitbild im Unternehmen verankert wurde, muss es auch langfristig »mit Leben gefüllt« werden. Dies bedeutet, dass es sich in allen geschäftlichen Aktivitäten – insbesondere auch im Verhalten der einzelnen Führungskräfte – wiederspiegelt. Coenenberg und Salfeld schlagen fünf Kriterien vor, anhand derer die Umsetzung eines Leitbilds im unternehmerischen Alltag überprüft werden kann:

- Ist das Leitbild in der Geschäftsplanung berücksichtigt?
- Sind die Entlohnungs- und Beförderungssysteme auf die im Leitbild beschriebenen Ziele abgestimmt?
- Ist das Leitbild sowohl in der Innen- als auch in der Außenkommunikation verankert?
- Hat jeder Mitarbeiter die Anspruchshaltung immer präsent im Kopf?
- Wird das Leitbild für externe Partner und Kunden erkennbar gelebt?

Der beste Nachweis für ein erfolgreiches Leitbild ist dessen Langlebigkeit. Dennoch kann es im Umfeld zu Veränderungen kommen, die eine Anpassung der Vision oder eine Erneuerung notwendig machen.

Anwendung: Ansatz der Kernkompetenzen

In der Aufschwungphase der strategischen Planung in den sechziger und siebziger Jahren dominierte der *marktorientierte Ansatz*, nach dem sich Unternehmen an Märkten und Umfeldern ausrichten. Hier basierte die Strategieentwicklung vor allem auf einem geschickten Positionieren und Manövrieren in Produkt-Markt-Feldern. Unabhängige Geschäftsbereiche sollten die direkten Kundenbedürfnisse auf abgegrenzten strategischen Geschäftsfeldern optimal erfüllen. Seit den achtziger Jahren wird verstärkt darauf hingewiesen, dass nachhaltige Wettbewerbsvorteile nicht nur auf umweltbedingten Gelegenheiten oder Produkt-Markt-Kombinationen basieren, sondern auch und sogar vor allem auf internen Unternehmensfähigkeiten. Im Mittelpunkt dieses *ressourcenorientierten Ansatzes* stehen die »Kernkompetenzen« eines Unternehmens.

Ein wichtiger Anstoßgeber des Kernkompetenz-Konzepts sind die von Cuno Pümpin Anfang der achtziger Jahre beschriebenen *Strategischen Erfolgspositionen (SEP)*. Dabei handelt es sich »*um eine in einer Unterneh-*

mung durch den Aufbau von wichtigen und dominierenden Fähigkeiten bewusst geschaffene Voraussetzung, die es dieser Unternehmung erlaubt, im Vergleich zur Konkurrenz langfristig überdurchschnittliche Ergebnisse zu erzielen.« Bei der Umsetzung dieses Konzepts kommt es darauf an, dass alle Führungssysteme und Führungshandlungen im Sinne einer Fokussierung auf die SEP ausgerichtet werden.

Einen Meilenstein in der Behandlung strategischer Kompetenzen stellt das von Gary Hamel und C. K. Prahalad entwickelte Konzept der *Kernkompetenzen* dar. Eine Kompetenz ist keine Einzelfähigkeit oder Einzeltechnologie, sondern ein Bündel von Fähigkeiten und Technologien. Kompetenzen enthalten immer eine Zukunftsperspektive. So unterscheiden Hamel und Prahalad *»zwischen dem Vermächtnis der Vergangenheit (Marken, Wirtschaftsgüter, Patente, eine stabile Ausgangsbasis, Vertriebsinfrastruktur und ähnliches) und den Kompetenzen, die notwendig sind, um von der Zukunft zu profitieren.«* Eine Kompetenz muss drei Voraussetzungen erfüllen, um als Kernkompetenz gelten zu können:

- *Kundennutzen:* Eine Kernkompetenz muss einen überdurchschnittlichen Beitrag zu dem vom Kunden wahrgenommenen Wert leisten – das heißt sie muss das Unternehmen in die Lage versetzen, ihren Kunden wesentlichen Nutzen anzubieten.
- *Abhebung von der Konkurrenz:* Um als Kernkompetenz gelten zu können, muss eine Fähigkeit im Wettbewerb einzigartig sein.
- *Ausbaufähigkeit:* Eine Kernkompetenz muss »die Türen zu den Märkten von morgen öffnen«. Folglich ist sie nicht lediglich eine bedeutsame Stärke in der Gegenwart, sondern auch in der Zukunft für den Erfolg des Unternehmens relevant.

Beim Umgang mit Kernkompetenzen lassen sich drei Phasen voneinander abgrenzen. Zunächst ist es notwendig, die eigenen Kompetenzen zu analysieren. Anschließend müssen eingebettet in einen Strategieprozess die in der Zukunft gewünschten Kernkompetenzen festgelegt werden. In einer dritten Phase geht es um die Kompetenzpflege. Bei der Festlegung von Kernkompetenzen kann auf die *Kernkompetenz-Markt-Agenda* zurückgegriffen werden. Darin werden mögliche strategische Grundausrichtungen anhand der Neuartigkeit von Marktpositionen oder Kernkompetenzen unterschieden. Daraus ergeben sich vier spezifische Grundausrichtungen:

- *Lücken füllen* (Bestehender Markt, bestehende Kompetenzen): Ein Unternehmen sollte sich zunächst überlegen, welche Möglichkeiten es gibt, den Anwendungsbereich bestehender Kernkompetenzen so zu erweitern, dass seine Position auf den bestehenden Märkten gestärkt wird.
- *Weiße Flecken* (Neuer Markt, bestehende Kompetenzen): Darüber hinaus müssen die Unternehmen Chancen ermitteln, bei denen mit den bestehenden Kernkompetenzen neue Märkte erschlossen oder neue Marktleistungen geschaffen werden. So entstand der Walkman als Kombination von *Sonys* Kernkompetenzen in den Bereichen Kassettenrekorder und Kopfhörer.
- *Herausragende Position* (Bestehender Markt, neue Kompetenzen): Andererseits ist es aus einer Marktperspektive heraus auch möglich zu fragen, mit welchen zukünftigen Kernkompetenzen eine erfolgreiche Position in den heutigen Märkten gefestigt werden kann.
- *Mega-Chancen* (Neuer Markt, neue Kompetenzen): Besonders anspruchsvoll ist ein Vorhaben, wenn mit zukünftigen Kernkompetenzen neue Märkte erobert werden sollen. Beispiele hierfür sind die japanische Luftfahrt-Industrie.

Produktvisionen/New Business Development

Eine Produktvision beschreibt, wie das Leistungsspektrum eines Unternehmens oder Geschäftsbereichs in der Zukunft grundsätzlich aussehen soll – also welchen Mehrwert es für welche Kunden mit welchen Leistungen erbringen möchte. Eine solche Produktvision kann aus der Unternehmens- oder Geschäftsstrategie heraus angestoßen werden – oder durch Ausformung von Produktinnovationen entstehen, die sich aus neuen Bedürfnissen und/oder neuen Technologien speisen. Letztlich ist eine Produktvision zentraler Gegenstand der Entwicklung neuer Geschäftsfelder im Rahmen des New Business Developments.

Die HATLAPA Uetersener Maschinenfabrik GmbH & Co. ist ein traditionsreicher, mittelständischer Hersteller von Schiffsausrüstungen mit Sitz in Uetersen. Der wesentliche Absatzmarkt von HATLAPA ist die Schiffbauindustrie. Vor fünf Jahren initiierte das Unternehmen einen Strategie- und Leitbildprozess entsprechend des im Kapitel »Leitbilder« beschriebenen Vorgehens. Der Fokus der Betrachtung lag dabei auf dem größten Geschäftsbereich des Unternehmens. Das Geschäft mit Ankerwinden stand dabei zunehmend unter dem Druck durch den asiatischen Wettbewerb. Während bei der Initialisierung der strategischen Ausrichtung des Windenbereichs zunächst noch an den vorhandenen Produkten festgehalten wurde, setzte sich im Rahmen eines Strategie-Reviews zwei Jahre später die Erkenntnis durch, dass der Geschäftsbereich eine neue Produktstrategie benötigt. Diese basiert im Wesentlichen auf zwei Kernaussagen:

- Die Modularität der Produkte ist deutlich zu erhöhen, um auch insbesondere bei den größeren Windentypen kosteneffizientere Strukturen abbilden zu können.
- Ein übergeordnetes Anforderungsprofil für Ankerwinden ist zu definieren – und dabei ist insbesondere der Wachstumsmarkt Offshore zu berücksichtigen.

Als Ergebnis dieser Arbeit wurden neue Geschäftsfelder definiert, die im Rahmen einer neuen Produktstrategie operationalisiert wurden. Die wesentlichen Elemente dieser Produktstrategie waren

- die *Produktvision* als Kernaussage über die zukünftige, zukunftsrobuste Marktleistung und die zukünftigen Kundengruppen;
- die *Produktplattform* als Festlegung der Basiskomponenten für die zukünftigen Produkte, der eingesetzten Kerntechnologien sowie der damit verbundenen Kompetenzen sowie
- die *Produktfamilie* als Beschreibung der notwendigen Produktvarianten bis zur Entwicklung einer Produkt-Roadmap.

Zur Umsetzung der Produktstrategie initiierte HATLAPA das Projekt »Windenbaukasten (WBK)«, in dem, gestützt auf eine erweiterte Marktanalyse, das Ziel verfolgt wurde, den Baukastenstandard zu definieren sowie die Entwicklungs- und Produktionsprozesse zu standardisieren. Um den Umsetzungserfolg sicherzustellen, wurden die dafür notwendigen organisatorischen Strukturen geschaffen, die Kernziele des Projekts festgeschrieben und konkrete Aufgaben beschrieben. Inzwischen sind erste Erfolge der neuen Produktstrategie festzustellen: Der Windenbereich ist durch ein kontinuierliches Wachstum geprägt und hat signifikant zur Differenzierung von HATLAPA im Wettbewerb beigetragen.

Inhalt

Während »Business Development« in aller Munde ist, konnte sich ein deutscher Begriff kaum etablieren. Um die Abgrenzung zur operativen Geschäftsplanung zu verdeutlichen, wird heute eher von »New Business Development« gesprochen. Darunter werden alle Aktivitäten zusammengefasst, die in die Realisierung neuer Geschäftsmöglichkeiten eingebunden sind. Dies schließt die Produktentwicklung, die Entwicklung neuer Geschäftsmodelle und teilweise sogar entsprechende Marketingaktivitäten ein.

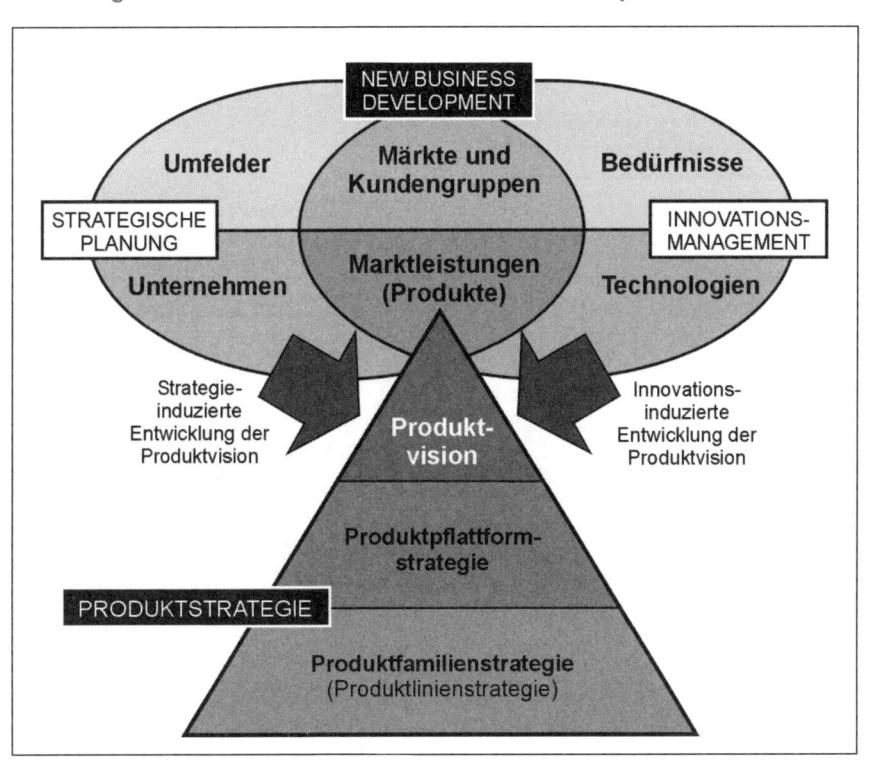

Abbildung 43: Produktvision und New Business Development

Viele Unternehmen betreiben inzwischen gezielt ein *Business Development*. Dies ist entweder Bestandteil übergeordneter Funktionen wie der Unternehmensentwicklung oder des strategischen Marketings – oder es ist auch organisatorisch eigenständig. Ein Pionier ist hier die *BASF Future Business GmbH*, die auf der Grundlage von Schlüsselinnovationen und

-technologien neue Geschäftsfelder mit Bezug zur Chemie erschließt. Hier folgt man dem unter anderem von Fredmund Malik vertretenen Grundsatz, dass die Entwicklung wirklich neuer Produkte und Geschäftsfelder vom operativen Tagesgeschäft losgelöst und von der Unternehmensführung nachdrücklich unterstützt werden muss.

Abbildung 44: Produktstrategien als Konkretisierung von Unternehmens- und Geschäftsstrategien

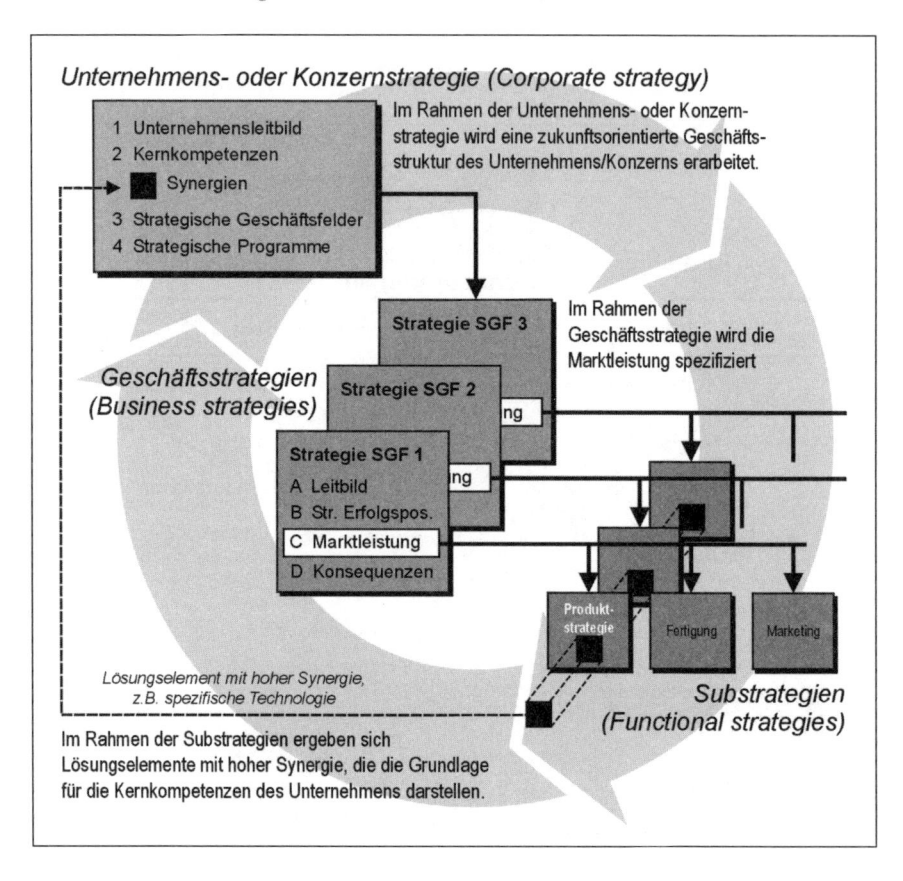

Unternehmens- oder Konzernstrategie (Corporate strategy)

1 Unternehmensleitbild
2 Kernkompetenzen
Synergien
3 Strategische Geschäftsfelder
4 Strategische Programme

Im Rahmen der Unternehmens- oder Konzernstrategie wird eine zukunftsorientierte Geschäftsstruktur des Unternehmens/Konzerns erarbeitet.

Geschäftsstrategien (Business strategies)

Strategie SGF 3
Strategie SGF 2
Strategie SGF 1
A Leitbild
B Str. Erfolgspos.
C Marktleistung
D Konsequenzen

Im Rahmen der Geschäftsstrategie wird die Marktleistung spezifiziert

Produktstrategie | Fertigung | Marketing

Lösungselement mit hoher Synergie, z.B. spezifische Technologie

Substrategien (Functional strategies)

Im Rahmen der Substrategien ergeben sich Lösungselemente mit hoher Synergie, die die Grundlage für die Kernkompetenzen des Unternehmens darstellen.

Eine *Produktvision* ist integraler Bestandteil des New Business Developments. Sie beschreibt, wie das Leistungsspektrum eines Unternehmens oder Geschäftsbereichs in der Zukunft aussehen soll. Dazu drückt sie aus, welcher Mehrwert für welche Kunden mit welchen Leistungen erbracht werden soll. Insofern umfasst eine Produktvision nicht bloß die Leistungs-

oder Angebotsseite, sondern beinhaltet stets auch eine Markt- oder nachfrageseitige Festlegung. Eine solche Produktvision kann auf zwei Arten entstehen:

- Im Rahmen der *strategischen Planung* stellt eine Produktvision die Konkretisierung der Unternehmens- und Geschäftsstrategien auf der Produktebene dar. Hier bildet die Unternehmens- oder Geschäftsstrategie den Ankerpunkt und strebt innerhalb des von ihr gesetzten Markt- und Leistungsrahmens nach neuen Produkten und Märkten. Hier kann die Priorisierung von Produkt-Markt-Kombinationen als *strategieinduzierte Entwicklung einer Produktvision* verstanden werden. Dies schließt häufig ein aktives Portfolio-Management ein.
- Im Rahmen des *Innovationsmanagements* erfolgt die Suche nach neuen Produkten und Märkten weitgehend losgelöst von der gegenwärtigen Unternehmens- oder Geschäftsstrategie. Daher wird auch von einer *potenzial- oder innovationsinduzierten Entwicklung der Produktvision* als Konkretisierung einer Produkt- oder Geschäftsidee gesprochen. Dies mündet in der Regel in einen Geschäftsplan, der den Nachweis der grundsätzlichen Umsetzbarkeit erbringt.

Eine Produktvision bildet den Ausgangspunkt für die Produktstrategie. Deren wesentliche weitere Elemente sind die Beschreibung der Produktplattform (→ *Produkt- und Technologie-Roadmapping*) sowie der Produktvarianten im Rahmen einer Produktfamilien- oder Produktlinienstrategie (→ *Geschäfts- und Produktplanung*).

Vorgehen

Das Vorgehen zur Entwicklung einer Produktvision orientiert sich im Schwerpunkt daran, welche einzelnen Bausteine vorliegen sollten, um den Auftrag an die Produktentwicklung zu beschreiben und den Produktentwicklungsprozess zukünftig zu managen. Dabei werden die zwei nachfolgend beschriebenen Möglichkeiten unterschieden.

Strategieinduzierte Entwicklung einer Produktvision

Im Rahmen der strategischen Planung werden zunächst Fragestellungen auf Unternehmens- oder Geschäftsbereichsebene geklärt, bevor die Konkretisierung und damit auch die Umsetzung dieser Überlegungen auf der Produktebene erfolgen kann. Das grundsätzliche Vorgehen orientiert sich daran, dass zunächst die Unternehmens- oder Konzernebene entwickelt und auf der Ebene von Geschäftsbereichen und Geschäftsfeldern entsprechende Geschäftsstrategien abgeleitet werden. Letztlich erfolgt die Konkretisierung der übergeordneten Strategien durch die Ableitung von funktionalen Substrategien, zu denen in diesem Fall auch die Produktstrategie gezählt werden kann.

Das New Business Development setzt in diesem Fall auf der strategischen Planung auf und umfasst die Untersuchung neuer Märkte und Marktleistungen sowie deren Kombination zur Ableitung neuer Geschäftsaktivitäten. Eine geeignete Grundlage für die Entwicklung der Produktvision ist dabei das »Vier-Quadranten-Modell«, wie es in Abbildung 45 dargestellt ist.

- *Strategiefindung* (Quadrant 1, oben links): Ausgangspunkt ist hier die in seiner Strategie festgelegte Stoßrichtung des Unternehmens oder Geschäftsbereichs. Ihre Herleitung kann durch die Entwicklung und Kombination von Umfeld- und Strategieszenarien unterstützt werden.
- *Marktpotenziale* (Quadrant 2, unten links): Dieser Quadrant konzentriert sich auf die Nachfrageseite. Hier können zunächst Umfeldszenarien zur Identifikation neuer Geschäftsmöglichkeiten genutzt werden. Darüber hinaus können parallele Szenarien entwickelt werden, in denen zukünftige Bedürfnisse oder Marktsegmente abgebildet werden. Zukünftige Marktpotenziale ergeben sich dann aus dem Abgleich dieser Marktsegmente mit den Umfeldszenarien.
- *Marktleistungspotenziale* (Quadrant 3, oben rechts): Dieser Quadrant beschreibt die Angebotsseite. Auch hier können aus den übergreifenden Strategieszenarien direkt Konsequenzen für die Produkt- oder Technologieplanung abgeleitet werden. Ein weiteres Einsatzfeld für Szenarien sind nunmehr parallel vorstellbare Produkt- oder Angebotsszenarien, mit denen denkbare, zukünftige Marktleistungen beschrieben werden. Aus deren Abgleich mit den Strategieszenarien ergeben sich die zukünftigen Marktleistungspotenziale des Unternehmens.
- *Zukünftige Geschäftsstruktur* (Quadrant 4, unten rechts): Hier erfolgt – ähnlich wie in Quadrant 1 – ein Abgleich von Umfeld- und Unternehmenssicht, allerdings auf einer wesentlich konkreteren Ebene. Dazu wird die Eignung zukünftiger Marktleistungen für zukünftige Markt-

segmente (Produkt-Markt-Kombinationen) ermittelt. Unternehmerisch attraktive Geschäftsmöglichkeiten ergeben sich dann, wenn diese allgemeinen Produkt-Markt-Kombinationen gleichzeitig aus Sicht des konkreten Unternehmens über hohe Markt- sowie Marktleistungspotenziale verfügen.

Abbildung 45: Vier-Quadranten-Modell

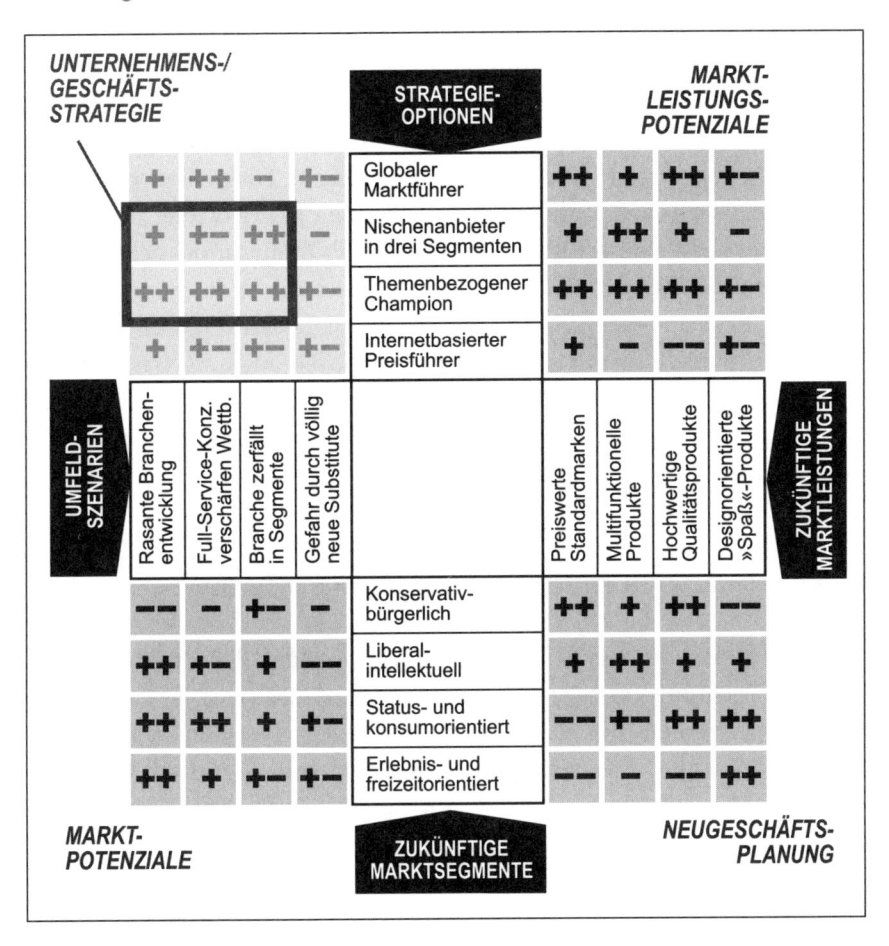

UNTERNEHMENS-/ GESCHÄFTS-STRATEGIE				STRATEGIE-OPTIONEN	MARKT-LEISTUNGS-POTENZIALE			
+	++	–	+–	Globaler Marktführer	++	+	++	+–
+	+–	++	–	Nischenanbieter in drei Segmenten	+	++	+	–
++	++	++	+–	Themenbezogener Champion	++	++	++	+–
+	+–	+–	+–	Internetbasierter Preisführer	+	–	––	+–

| UMFELD-SZENARIEN | Rasante Branchenentwicklung | Full-Service-Konz. verschärfen Wettb. | Branche zerfällt in Segmente | Gefahr durch völlig neue Substitute | | Preiswerte Standardmarken | Multifunktionelle Produkte | Hochwertige Qualitätsprodukte | Designorientierte »Spaß«-Produkte | ZUKÜNFTIGE MARKTLEISTUNGEN |

				Konservativ-bürgerlich	––	–	+–	–
++	+–	+	––	Liberal-intellektuell	+	++	+	+
++	++	+	+–	Status- und konsumorientiert	––	+–	++	++
++	+	+–	+–	Erlebnis- und freizeitorientiert	––	–	––	++

MARKT-POTENZIALE   ZUKÜNFTIGE MARKTSEGMENTE   NEUGESCHÄFTS-PLANUNG

Die Produktvision lässt sich aus den Produkt-Markt-Kombinationen im unteren rechten Quadranten ableiten, der auch als zukünftige Geschäftsstrukturmatrix verstanden werden kann (→ *Geschäfts- und Produktplanung*). Darin entstehen *strategische Geschäftsfelder* – also miteinander eng verbundene Produkt-Markt-Kombinationen, die in der Zukunft einen relevanten Beitrag zum Unternehmenserfolg liefern sollen. Eine Erweiterung erfährt dieser Ansatz durch Michael Porter, der von drei getrennten Quellen strategischer Positionierung spricht. Danach ist neben der *bedarfsbezogenen Positionierung* (Marktsicht) und der *variantenbezogenen Positionierung* (Produktsicht) auch die *zugangsbezogene Positionierung* wichtig. Dabei lautet die Frage: »Wie kommt die Leistung zum Abnehmer?« Bereits dieser Aspekt kommt in der traditionellen Produkt-Markt-Sicht vieler Strategieverantwortlicher zu kurz. Zwar finden sich einzelne Aspekte sowohl unter Marktleistungen (Produkte, die sich nur über einen bestimmten Vertriebskanal absetzen lassen), als auch in Marktsegmenten (Kundengruppen, die nur über einen bestimmten Vertriebskanal versorgt werden können) – aber für eine tiefgreifende strategische Diskussion reicht dies häufig nicht mehr aus. Daher sprechen wir auch in Ergänzung zur Markt- und Produktsicht von der Unternehmens- oder Organisationssicht, die den Raum für neue *Geschäftsmodelle* freigibt. Durch die Verknüpfung der Geschäftsmodelle mit den strategischen Geschäftsfeldern ergeben sich Produkt-Markt-Geschäftsmodell-Kombinationen, die auch als *Geschäftssysteme* (»Eco-Systeme«) bezeichnet werden. Dadurch wird deutlich, dass der Übergang von Produktvisionen zu Geschäftsvisionen inzwischen als fließend angesehen werden kann.

Potenzialinduzierte Entwicklung von Produktvisionen

Produktvisionen können auch unabhängig von der derzeitigen strategischen Ausrichtung entstehen. In diesem Fall müssen neue Geschäftsideen identifiziert werden. Diese speisen sich in der Regel aus neuen oder geänderten Kundenbedürfnissen beziehungsweise neuen Technologien und Komponenten. Daher wird auch von potenzialinduzierter Entwicklung von Produktvisionen gesprochen.

Mit der Konkretisierung der Geschäftsideen in Richtung der Zielmärkte werden zukünftige Marktsegmente festgelegt; mit der Konkretisierung der Produktfunktionen werden Produktkonzepte und Leistungsmerkmale festgelegt, aus denen sich ein zukünftiges Produktportfolio ergibt. Beides mündet schließlich in eine Produktvision als Basis einer Produktstrategie. Auch im Innovationsmanagement lassen sich vier grundsätzliche Felder identifizieren (siehe Abbildung 47):

Abbildung 46: Potenzialinduzierte Entwicklung von Produktvisionen

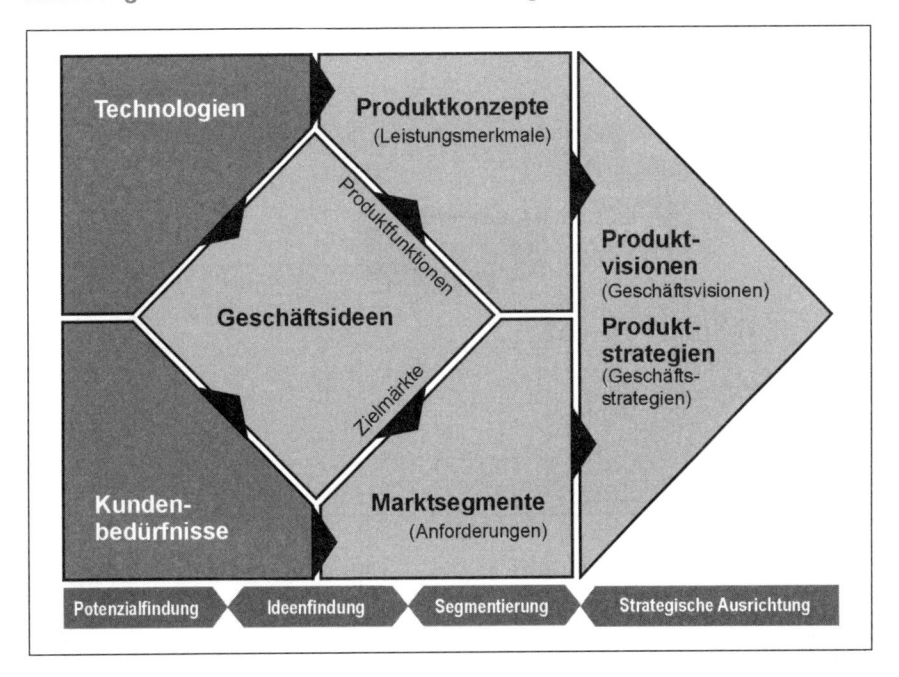

Diagramm mit Elementen: Technologien, Produktkonzepte (Leistungsmerkmale), Produktfunktionen, Geschäftsideen, Produktvisionen (Geschäftsvisionen), Produktstrategien (Geschäftsstrategien), Zielmärkte, Kundenbedürfnisse, Marktsegmente (Anforderungen). Phasen: Potenzialfindung, Ideenfindung, Segmentierung, Strategische Ausrichtung.

Potenzialfelder sind Technologie-Bedürfnis-Kombinationen, die von der strategischen Positionierung weitgehend losgelöst sind. Versteht man den hier verwandten Technologiebegriff im Sinne unternehmerischer Kompetenzen, so lassen sich die Technologie-Bedürfnis-Kombinationen zur Ermittlung oder Verifikation der strategischen Kompetenzen eines Unternehmens einsetzen.

Innovationsfelder entstehen durch die Kombination von zukünftigen Marktleistungen oder Geschäftsfeldern mit zukünftigen Technologiefeldern. Da diese Technologien die Grundlage mehrerer Marktleistungskonzepte sein können, ermöglicht die Betrachtung von Innovationsfeldern eine längerfristige Positionierung. Eine Geschäftsidee oder ein zukünftiges Geschäftsfeld lässt sich auf drei Arten beschreiben:

- als *Technologie-Markt-Kombination*, wenn es auf einem langfristigen Technologiezyklus aufsetzt, der keine spezifische Produktgestaltung vorgibt;
- als *Technologie-Geschäftsfeld-Kombination*, wenn es auf einem langfristigen Technologiezyklus innerhalb eines erkennbaren Produkt-Markt-Felds aufsetzt;

- als *Technologie-Geschäftssystem-Kombination*, wenn zusätzlich zukünftige Geschäftsmodelle berücksichtigt werden.

Abbildung 47: Möglichkeiten der Identifikation von Geschäftsideen

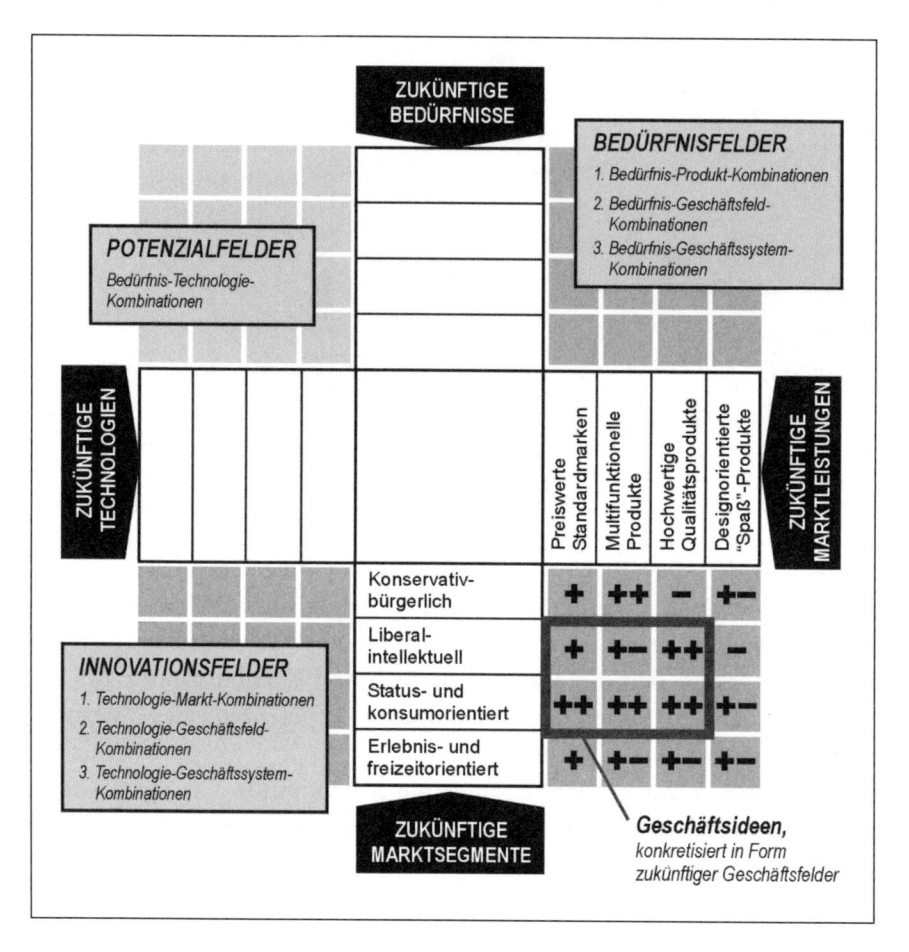

Bedürfnisfelder entstehen durch die Kombination von zukünftigen Marktsegmenten oder Geschäftsfeldern mit zukünftigen Bedürfnissen. Diese haben häufig einen noch längeren Lebenszyklus, sodass eine Betrachtung solcher Bedürfnisfelder ebenso zur Stabilisierung einer strategischen Positionierung eingesetzt werden kann. Auch hier kann eine Geschäftsidee oder ein zukünftiges Geschäftsfeld auf drei Arten beschrieben werden:

- als *Bedürfnis-Produkt-Kombination*, wenn mit einem Produktkonzept ein langfristiges Kundenbedürfnis befriedigt werden kann;
- als *Bedürfnis-Geschäftsfeld-Kombination*, wenn ein Produkt-Markt-Feld eng an ein Bedürfnis gekoppelt ist;
- als *Bedürfnis-Geschäftssystem-Kombination*, wenn das gesamte Geschäftssystem eng an ein Bedürfnis gekoppelt ist.

Für die Bewertung der Geschäftsideen kann auf verschiedene Instrumente – darunter auch Umfeld- und Strategieszenarien im Rahmen des Vier-Quadranten-Modells – zurückgegriffen werden.

Partizipative Visionsfindung

Der Erfolg einer Vision hängt entscheidend davon ab, dass sie von der Organisation angenommen und aktiv mitgetragen wird. Daher gibt es neben einer Top-Down-Visionsfindung durch eine visionäre Unternehmensführung auch verschiedene Formate, bei denen größere Gruppen in einem Bottom-Up-Ansatz gemeinsam Visionen entwickeln. Dazu zählen die Zukunftskonferenz, die Zukunftswerkstatt, das Preferred Futuring, Real Time Strategic Change (RTSC) sowie der partizipative Strategieprozess. Diese Ansätze werden im Folgenden vorgestellt und miteinander verglichen.

Im Jahre 1978 gründete John Mackey im texanischen Austin einen Bio-Supermarkt mit anfangs 19 Mitarbeitern. Zehn Jahre später beschäftige *Whole Foods* mehr als 600 Menschen und der Jahresumsatz war auf 45 Millionen Dollar angestiegen. Für Mackey war es an der Zeit, dass das Unternehmen den nächsten Wachstumsschritt in Angriff nimmt. Dafür organisierte er eine Zukunftskonferenz mit dem Titel »Wo wir 1993 sein werden«, an der neben den Vorstandsmitgliedern verschiedene Führungskräfte, Mitarbeiter, aber auch Lieferanten und Kunden aus unterschiedlichen Filialen teilnahmen. Dabei entstand nicht nur die Vision eines um das fünffache gestiegenen Umsatzes, sondern auch die Mission, den Menschen gesunde Nahrungsmittel anzubieten. Fünf Jahre später war der Umsatz der inzwischen 32 Niederlassungen tatsächlich auf 240 Millionen Dollar angestiegen. Für Mackey war es Ansporn für die nächste Zukunftskonferenz mit dem Titel »1998 werden wir riesig sein.« Und in der Tat – 1998 wies *Whole Foods* bei 87 Filialen und 16 000 Mitarbeitern einen Umsatz von 1,5 Milliarden Dollar auf. 2004 war John Mackey endgültig zum Börsenstar geworden – mit 4 Milliarden Dollar Umsatz. Auf die Frage an John Mackey, wie er in seinem schnell wachsenden Unternehmen strategische Planung und dezentrale Organisation zusammenbringe, antwortete er: »Wir führen alle fünf Jahre eine Zukunftskonferenz durch.«

Inhalt

Erste Formen der partizipativen Visionsfindung finden sich Anfang der sechziger Jahre, als der Brite Eric Trist und der Australier Fred Emery die sogenannte »*Search Conference*« entwickelten und durchführten. Parallel prägte Ronald Lippitt den Begriff der »geplanten Veränderung«, nach dem Veränderung in jedem menschlichen System proaktiv geplant werden kann, und zwar anhand der drei Phasen »auftauen«, »verändern« und »einfrieren«. Darauf basierten dann Ansätze wie das vor Lippitt gemeinsam mit Ed Lindaman entwickelte »*Preferred Futuring*« oder die *Zukunftskonferenz* (»Future Search«), die seit den siebziger Jahren vor allem durch Marvin Weisbord geprägt wurde. Stellvertretend für alle partizipativen Verfahren beschreibt er das Wirken einer *Zukunftskonferenz* so:

»*Weshalb Zukunftskonferenz? Als Gesellschaft haben wir uns in eine technologische Ecke hineinmanövriert. Wir haben mehr Möglichkeiten zum Handeln als jemals zuvor. Doch viel von dem, was für uns wichtig ist, wird nicht durchgeführt, obwohl wir Unsummen ausgeben. Wir bemerken hohe Mauern zwischen den Wohlhabenden und den weniger Wohlhabenden, zwischen Experten und Amateuren, zwischen Führern und Anhängern. In Zukunftskonferenzen reißen wir die Mauern nieder. Wir übernehmen die Kontrolle über unsere eigene Zukunft. Wir holen uns die Verantwortung für uns zurück. Wir entdecken, dass wir von Menschen aus allen Schichten und Berufen lernen und mit ihnen zusammenarbeiten können.*« (Weisbord/Janoff, S. 47)

Im deutschsprachigen Raum ist vor allem die in den sechziger Jahren entwickelte *Zukunftswerkstatt* verbreitet. Sie geht auf Robert Jungk zurück, der beim Besuch von Danilo Dolci in Sizilien erlebt hatte, wie der im Hungerstreik befindliche Sozialreformer durch einfache Fragen die von der

Mafia unterdrückten Bauern zu zukunftsoffenem Denken brachte: »Jetzt sagt doch mal, wie ihr es eigentlich anders haben wollt!«

Der Erfolg einer partizipativen Visionsfindung hängt von mehreren Bedingungen ab, die sich in ähnlicher Form in den verschiedenen Verfahren wiederfinden:

- *Gemeinschaft entwickeln:* Es wird eine Atmosphäre geschaffen, in der Menschen zusammenkommen und gemeinsam erkennen, lernen und das schaffen, woran sie glauben.
- *Das »ganze System« in einen Raum holen:* Um zu einer neuen Sicht des Ganzen zu kommen, müssen möglichst viele unterschiedliche Blickwinkel einbezogen werden. So vergrößert sich das Potenzial für Innovation und die Umsetzung gemeinsamer Vorstellungen. Häufig bedeutet dies, »Externe« wie beispielsweise »Bereichsfremde« aus dem eigenen Konzern, aber auch Kunden, Lieferanten, Verbandsvertreter oder Bürger aus dem Unternehmensumfeld in den Prozess einzubinden.
- *Lokales Handeln mit Blick auf das gesamte System:* Bei vielen Großgruppenformaten wird eine Verengung auf den eigenen Gestaltungsbereich verhindert. Hier kommt es stattdessen zur aktiven Einbindung des Unternehmens oder der Organisation in das Umfeldsystem.
- *Gesunde äußere Bedingungen:* Die Rahmenbedingungen für eine partizipative Veranstaltung sollten so gestaltet sein, dass die Teilnehmer sich auf die inhaltlichen Fragen konzentrieren und sich öffnen können. Dazu zählen auch ein angenehmer Konferenzraum außerhalb der üblichen Tätigkeitsbereiche oder geeignete Mahlzeiten.
- *Durchgängige Anwesenheit aller Teilnehmenden:* Für die Veränderung der Wahrnehmung und damit den Erfolg einer Veranstaltung ist es notwendig, dass die Teilnehmer die gesamte Zeit vor Ort sind. Auf »Zuschauer«, die sich nur kurzzeitig einen Eindruck verschaffen wollen, sollte verzichtet werden.

Peggy Holman und Tom Devane unterscheiden in ihrem zur Vertiefung empfohlenen *Change Handbuch* drei Gruppen partizipativer Großgruppenverfahren:

Planungsmethoden helfen Unternehmen und Organisationen, eine Richtung festzulegen. Nach Gruppendiskussionen und Gruppenentscheidungen legen die Teilnehmer eine Richtung für die Zukunft fest und entwickeln Umsetzungsschritte. Insofern bilden sie den Schwerpunkt der partizipativen Visionsfindung. Zu den Planungsmethoden zählen die

Search Conference, die Zukunftskonferenz (»Future Search«) und die *partizipative Strategieplanung* (PSP).

Strukturierungsmethoden definieren demgegenüber Arbeitsbeziehungen unter den Teilnehmern beziehungsweise den Mitgliedern der Organisation. Damit schaffen sie Strukturen, die bei der Umsetzung von Plänen helfen. Auf die Darstellung solcher Ansätze verzichten wir an dieser Stelle.

Anpassungsmethoden haben keinen eindeutigen Schwerpunkt, sondern kombinieren situationsbedingt Planungs- und Strukturierungsmethoden. Hier werden wir vor allem auf die *Zukunftswerkstatt*, auf das *Preferred Futuring^{TM}* sowie auf *Real Time Strategic Change^{SM}* (RTSC) eingehen.

Abbildung 48: Mögliche Phasen partizipativer Visionsfindung

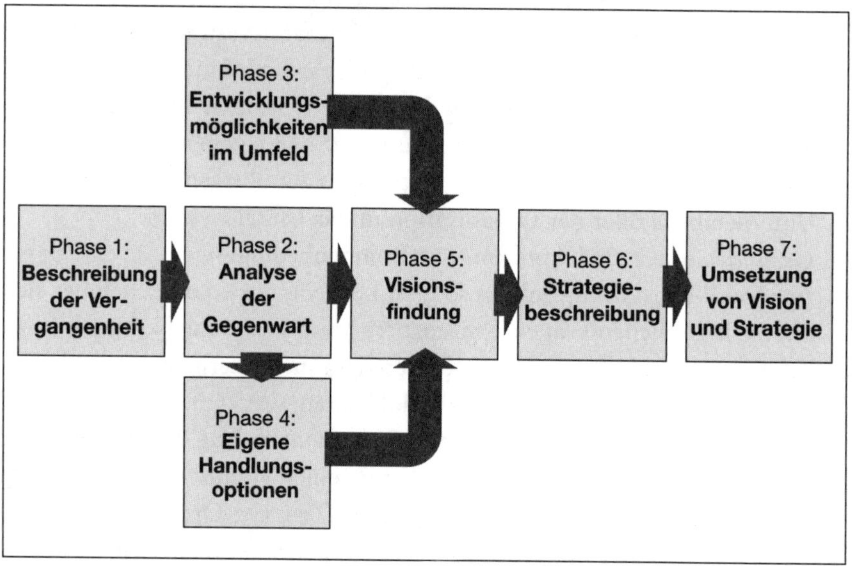

```
                    ┌─────────────────┐
                    │ Phase 3:        │
                    │ Entwicklungs-   │
                    │ möglichkeiten   │
                    │ im Umfeld       │
                    └────────┬────────┘
                             ▼
┌──────────┐  ┌──────────┐  ┌──────────┐  ┌──────────┐  ┌──────────┐
│ Phase 1: │  │ Phase 2: │  │ Phase 5: │  │ Phase 6: │  │ Phase 7: │
│Beschreib.│→ │ Analyse  │→ │ Visions- │→ │Strategie-│→ │Umsetzung │
│ der Ver- │  │   der    │  │ findung  │  │beschreib.│  │von Vision│
│gangenheit│  │Gegenwart │  │          │  │          │  │u.Strateg.│
└──────────┘  └──────────┘  └──────────┘  └──────────┘  └──────────┘
                             ▲
                    ┌────────┴────────┐
                    │ Phase 4:        │
                    │ Eigene          │
                    │ Handlungs-      │
                    │ optionen        │
                    └─────────────────┘
```

Im Prinzip folgen alle Formate der partizipativen Visionsfindung einem ähnlichen Ablaufmodell, dessen sieben mögliche Phasen in Abbildung 48 dargestellt sind. Dabei wird mit den ersten drei Phasen eine Grundlage für die Diskussion der Vision geschaffen. Die Phasen vier bis sechs bilden eine erweiterte Strategiefindung, wobei die Visionsfindung hier als Kern des Vorgehens angesehen werden kann. In Phase 7 geht es schließlich um die Umsetzung der gefundenen Strategie.

Abbildung 49 ordnet die Schritte der einzelnen Methoden in dieses Phasenmodell ein. Dabei wird deutlich, dass *breite Ansätze* mit einer intensiven Grundlagenbildung (beispielsweise die Zukunftskonferenz) von sehr *fokussierten Ansätzen* (beispielsweise der partizipativen Strategieplanung) unterschieden werden können.

Abbildung 49: Übersicht der partizipativen Visionsfindung

	Zukunfts-konferenz (Future Search)	Zukunfts-Werkstatt	Partizipative Strategie-planung	Preferred Futuring	Real Time Strategic Change
Phase 1: Beschreibung Vergangenheit	Schritt 1: Vergegenwärti-gung der Vergangenheit			Schritt 1: Geschichten aus der Vergangenheit	Schritt 1: Gelungener Start
Phase 2: Analyse der Gegenwart	Schritt 3: Bewertung der Gegenwart	Schritt 1: Kritikphase		Schritt 2: Gegenwärtiger Zustand Schritt 3: Werte und Überzeugungen	Schritt 2: Aufrütteln
Phase 3: Umfeldent-wicklungen	Schritt 2: Prüfung des Umfelds			Schritt 4: Ereignisse, Trends, Entwicklungen	
Phase 4: Eigene Hand-lungsmöglich.					Schritt 3: Die eigenen Potenziale be-wusst machen
Phase 5: Visions-findung	Schritt 4: Erfinden der Zukunft Schritt 5: Entdeckung des gemeins. Grunds	Schritt 2: Visions- oder Fantasiephase	Schritt 1: Praxisnahe Vision Schritt 2: Zugrunde liegende Widersprüche	Schritt 5: Visionen der gemeinsamen Zukunft	Schritt 4: Hoffnung auf eine positive Zukunft machen
Phase 6: Strategie-beschreibung			Schritt 3: Strategische Richtungen	Schritt 6: Ziele, Hinder-nisse und stra-teg. Aktionen	
Phase 7: Strategie-umsetzung	Schritt 6: Umsetzung der Zukunft im Hier und Jetzt	Schritt 3: Umsetzungs-phase	Schritt 4: Umsetzung	Schritt 7: Aktionspläne Schritt 8: Unterstützung der Fortführung	Schritt 5: Maßnahmen planen Schritt 6: Der gelungene Schluss

Unterschiede gibt es hinsichtlich der Organisation der einzelnen Formate: Während sich die Zukunftswerkstatt eher an kleinere Gruppen wendet, nehmen an einer Zukunftskonferenz im Idealfall etwa 64 Personen teil und eine RTSC-Konferenz wird mit 80 bis 2000 Personen oder mehr durchgeführt. Viele Konferenzen dauern zwei bis drei Tage und nicht selten gilt der Grundsatz »*zweimal darüber schlafen*«. Wesentlicher Grund dafür ist die zeitliche Aufteilung in Lernphasen und Intervalle sowie die Möglichkeit, den Gesamtprozess bei zwei »nächtlichen Zäsuren« wesentlich besser zu verarbeiten. Außerdem orientieren sich viele Formate an klaren Ablaufplänen, während der *Real Time Strategic Change* ein wesentlich flexibleres Vorgehen vorsieht. Matthias zur Bonsen charakterisiert sie so:

»*RTSC-Konferenzen sind kein starres Modell. Sie laufen nach einigen grundlegenden Prinzipien, aber nicht nach dem gleichen Schema ab. Hierin unterscheiden sie sich von den Methoden Zukunftskonferenz und Open Space die mit kleineren Varianten immer dem gleichen Ablauf folgen. [...] RTSC-Konferenzen werden immer auf den jeweiligen Fall zugeschnitten. Keine gleicht der anderen. Wir haben zumindest keine zwei durchgeführt, die sich auch nur zu 90 Prozent glichen.*« (Zur Bonsen, S. 13)

Häufig werden zudem Grundregeln formuliert, an die sich die Teilnehmer einer Großgruppenveranstaltung halten. Exemplarisch seien hier die fünf Grundregeln einer Zukunftskonferenz nach Weisbord/Janoff genannt:

- Wir geben allen Ideen und Vorstellungen Raum.
- Alles wird auf Flipcharts geschrieben.
- Wir hören einander zu.
- Wir halten uns an den Zeitplan.
- Wir suchen nach Gemeinsamkeiten und Möglichkeiten des gemeinsamen Handelns, anstatt uns in Problemen und Konflikten zu verheddern.

Vorgehen

Für eine erfolgreiche partizipative Visionsfindung ist es wichtig, einen guten Start zu erreichen. Hier gibt es verschiedene Möglichkeiten, von denen nur einige exemplarisch genannt werden:

Gestaltung des Konferenzraums: So sollte er die richtige Form und Größe haben, über ausreichend Tageslicht und gleichzeitig Wandflächen für Materialien verfügen. Auf bequeme Stühle zu achten, ist wichtig, auf Tische kann zugunsten von Sitzkreisen durchaus verzichtet werden.

Begrüßung an den Türen: In der Regel findet der Empfang der Teilnehmer in der Lobby statt, während die Türen zum großen Konferenzraum noch geschlossen sind. Im Vorfeld werden Namensschilder, Unterlagen und Sitzpläne verteilt. Häufig begrüßen die Mitglieder der Führungsspitze die Teilnehmer an den Türen zum großen Raum.

Zielsetzung erläutern: Am Anfang erläutert häufig der »Gastgeber« die Zielsetzung einer Konferenz. Dies umfasst die Information, wie es zu der Konferenz gekommen ist und wie gegebenenfalls ein Kernteam im Vorfeld gearbeitet hat.

Einführung durch die Moderatoren: Hier wird grob der Ablauf der Konferenz vorgestellt. Außerdem wird verdeutlicht, dass die Moderatoren lediglich für den Prozess, nicht aber für den Inhalt, verantwortlich sind.

Sich vorstellen und warm werden: Die erste Arbeit der Teilnehmer besteht häufig darin, zunächst in Einzelarbeit mehrere Fragen zu beantworten. Solche Fragen berühren häufig bereits mehrere der nachfolgenden Phasen und können beispielsweise sein:

- Welches waren die wesentlichen Veränderungen der letzten zehn Jahre?
- Welchen Veränderungen stehen wir/steht die Organisation gegenüber?
- Was wird sich in Zukunft *nicht* verändern?
- Welches sind die wichtigsten Chancen für unsere Organisation?
- Was hat mich in letzter Zeit besonders gestört/frustriert?
- Was war ein besonders positives Erlebnis innerhalb der Organisation?
- Was begeistert mich, wenn ich an die Zukunft unserer Organisation denke?
- Was würde ich in unserer Organisation »über Nacht« ändern, wenn ich die Möglichkeit dazu hätte?

Vergegenwärtigung der Vergangenheit (Phase 1)

Mehrere Formate wie die *Zukunftskonferenz* oder das *Preferred Futuring* beginnen mit einem breiten Blick auf die bisherige Entwicklung. Dabei notieren die Teilnehmer die Meilensteine oder Höhepunkte (1) in den Markt- und Umfeldbereichen, (2) in der Entwicklung ihres Unternehmens oder ihrer Organisation sowie (3) bezüglich ihrer persönlichen Entwicklung.

Diese einzelnen Erfahrungen können auf einem Zeitstrahl aufgetragen werden, sodass für alle Beteiligten die gemeinsame Entwicklung sichtbar wird. Zusätzlich können die Teilnehmer darum gebeten werden, aus Ihrer Sicht wichtige Gegenstände mitzubringen und vorzustellen. Insgesamt geht es in dieser Phase um das Verdeutlichen von Gemeinsamkeiten durch die Erfahrung gemeinsamer beziehungsweise ähnlicher Erlebnisse und Werte.

Analyse der Gegenwart (Phase 2)

Die Analyse der Gegenwart ist fast immer ein Bestandteil partizipativer Zukunftsformate. In der »Kritikphase« der *Zukunftswerkstatt* konzentriert man sich auf die Schwächen und Probleme (vielleicht ist dieser Ansatz deshalb besonders in Deutschland populär!). Für die Darstellung der alltäglichen Unzulänglichkeiten können sehr unterschiedliche Formen gewählt werden. Am gebräuchlichsten ist die Nutzung von Metaplan-Karten, die anschließend zu übergeordneten Themen zusammengefasst und von den Teilnehmern mittels Punktbewertung priorisiert werden. Alternativ dazu können alltägliche Situationen auch in Form von Geschichten dargestellt werden. In der Dramaturgie einer Zukunftswerkstatt kommt der Kritikphase eine doppelte Funktion zu: Einerseits gibt sie die Möglichkeit zur Beteiligung und wird von vielen als Befreiung empfunden (»Endlich dürfen wir klar sagen, was uns stört.«). Andererseits stellt sie aufgrund der massiven Kritiken einen deprimierenden Tiefpunkt dar, den die Moderatoren vorsichtig handhaben müssen – der aber gleichzeitig wie eine »Abschussrampe« für die folgende, zukunftsorientierte Phase fungiert.

Die anderen Ansätze betrachten neben den Schwächen auch Stärken des eigenen Unternehmens. Hier stehen also die Fragen »Worauf sind wir stolz?« und »Was bedauern wir?« gleichberechtigt nebeneinander.

Wichtig ist in beiden Varianten die Offenheit des Prozesses. Gegebenenfalls werden unterschiedliche Sichtweisen auf die Gegenwart festgehalten. Zusätzlich ist es wichtig, dass aus der Analyse heraus nicht direkt Handlungsoptionen abgeleitet werden. Nur so wird es möglich, auch »Tabuthemen« anzusprechen und in die Gegenwartsbeschreibung aufzunehmen.

Entwicklungsmöglichkeiten im Umfeld (Phase 3)

In dieser dritten Phase geht es darum, Entwicklungstendenzen und -möglichkeiten im Unternehmensumfeld darzustellen. So sollen die Teilnehmer einen gleichen Informationsstand erhalten und gleichzeitig von der Dringlichkeit zukünftiger Aktionen überzeugt werden. Dazu werden in einer *RTSC-Konferenz* sowohl interaktive als auch weniger interaktive Schritte wie beispielsweise (zeitlich limitierte) Vorträge eingesetzt. Die Vermittlung der Informationen kann auf sehr unterschiedliche Art erfolgen:

- *Die Was-mich-nachts-nicht-schlafen-lässt-Rede:* Dies ist ein Weg, die Sichtweisen der Führungskräfte anders als im täglichen Geschäft zu prä-

sentieren. Solche Vorträge werden in der Regel ohne Folien gehalten. Alternativ können interne Informationen auch über Stationen oder Marktstände präsentiert werden.
- *Trends im Umfeld erkennen:* Hier geht es darum, die externen Zukunftstrends zu erkennen. Dabei kann auf verschiedene Vorarbeiten aus der *Szenariotechnik* (→), dem *Scenario Planning* (→) oder aus dem *Trend-Management* (→) zurückgegriffen werden.
- *Externe zu Wort kommen lassen:* Alternativ können auch unternehmensexterne Experten ihre Sicht der zukünftigen Veränderungen vortragen. Dabei sollten neben den »Branchengurus« auch weitere Externe wie Kunden, Händler, Lieferanten, Marktforscher oder Partner zu Wort kommen.
- *Die finanzielle Situation verstehen:* Hier wird beispielsweise über eine live übertragene Telefonkonferenz mit Finanzanalysten verschiedener Banken und Fonds verdeutlicht, was diese als Vertreter der Anteilseigner von dem Unternehmen fordern.
- *Nichtstun antizipieren:* Die Notwendigkeit von Veränderung lässt sich auch verdeutlichen, wenn sich die Teilnehmer mit der Frage beschäftigen: »Was passiert, wenn wir nichts tun?«

Bei der *Zukunftskonferenz* – wo diese Phase *vor* der Situationsanalyse erfolgt – werden auch hier persönliche Artikel und Gegenstände ein- beziehungsweise mitgebracht – und zwar solche, die Veränderungen aus dem Umfeld darstellen. Dabei kann es sich beispielsweise um Zeitungsartikel, Konkurrenzprodukte oder einfach um elektronische Gimmicks handeln, die für das Unternehmen oder die Organisation zukünftig von Bedeutung sein könnten. Zusätzlich notieren die Teilnehmer verschiedene Trends aus den Umfeldbereichen, die bei Bedarf vorab grob strukturiert werden können. Diese Trends werden wiederum an einer großen Wand befestigt, in deren Mitte das eigene Unternehmen oder die eigene Organisation mit der Fragestellung »Welche Trends kommen auf uns zu?« steht. Stückweise können jetzt die einzelnen Trends gruppiert werden. Wichtig ist an dieser Stelle die Erkenntnis, dass die Teilnehmer selbst über genügend Wissen verfügen, um diese Umfeldtrends zu beschreiben. Gleichzeitig sind viele Teilnehmer aber auch von der hohen Komplexität des Umfelds überwältigt. Daher ist es notwendig, die vorliegenden Trends oder Trend-Cluster zu bewerten, um die zentralen Umfeldentwicklungen zu erkennen.

Aufzeigen der eigenen Handlungsmöglichkeiten (Phase 4)

Eine wichtige, allerdings in vielen Formaten unterschätzte, Phase ist das Aufzeigen der eigenen Handlungsmöglichkeiten. In einer *RTSC-Konferenz* benötigt man dafür etwa fünf Stunden. Das zentrale Ziel liegt darin, die Potenziale der Organisation sichtbar zu machen. Dazu können verschiedene Bausteine eingesetzt werden:

- *Vom Besten bei uns lernen:* Hier werden im Vorfeld der Konferenz die Themen identifiziert, bei denen das Unternehmen besonders gut dasteht. In den einzelnen Gruppen werden dann Geschichten zu diesen Erfolgsthemen gesammelt und aufbereitet. Anschließend werden diese Geschichten in einer »Galerie der Best Practices« vorgestellt und kommuniziert.
- *Unsere Juwelen:* Hier werden – möglicherweise bereits am Anfang der Konferenz – die eigenen »Juwelen« gesammelt. Dabei entsteht eine Vielzahl von positiven Einzelbildern, die anschließend zusammengetragen und vorgestellt werden.
- *Innovationsstrahl:* Dabei werden auf einer langen, mit einem Zeitstrahl versehenen Wand alle Innovationen gesammelt, die in den vergangenen Jahren erfolgreich umgesetzt wurden. Anschließend wird untersucht, was alles dazu beitrug, dass diese Innovationen gelingen konnten.

Systematischer wird vorgegangen, wenn im Rahmen einer Szenario-Konferenz gemeinsam *Strategieoptionen/Strategieszenarien* (→) entwickelt werden.

Visionsfindung (Phase 5)

Diese Phase ist – der Name sagt es ja bereits – als das Kernstück der partizipativen Visionsfindung anzusehen. Hier verändert sich der Charakter der Veranstaltungen von der Analyse hin zur Zukunftsgestaltung:

»Hier beginnen die Teilnehmer zu verstehen, dass es auch angesichts schwieriger Bedingungen eine positive Zukunft gibt. Hier entstehen lebendige und stimulierende Bilder dazu, wie diese Zukunft aussehen könnte. Hier wird Lust auf Zukunft spürbar und wächst die Hoffnung, dass sich die Situation positiv verändern lässt. Hier gewinnen alle klarere Vorstellungen davon, wie sie selbst zu dieser Zukunft beitragen können.« (Zur Bonsen, S. 83).

Der gemeinsame Entwurf wünschenswerter Zukunftsbilder erfolgt häufig in mehreren Gruppen, die jeweils ein möglichst breites Spektrum des Teilnehmerkreises repräsentieren. Häufig ergeben sich große Überschneidungen der dargestellten Visionen, sodass die Grundlinien einer gemeinsamen Zukunftsvision bereits früh erkennbar werden. Gleichzeitig erfolgt eine Loslösung von den gegenwärtigen Sachzwängen, sodass neue Entwicklungsmöglichkeiten nicht nur erkennbar sondern auch als erreichbar angesehen werden.

Dennoch ist es an dieser Stelle notwendig, die gemeinsamen Visionselemente ebenso zusammenzufassen wie offene Fragen bezüglich der gemeinsamen Zielvorstellung. Rücken allein die gemeinsamen Visionselemente in den Mittelpunkt, so lässt sich zwar eine gemeinsame Veränderungsdynamik erzeugen, es werden aber Konflikte ausgeblendet, die spätestens bei der Visionsumsetzung aufbrechen, wenn sie an dieser Stelle nicht zumindest thematisiert worden sind.

Anschließend präsentieren die einzelnen Gruppen ihre Visionen von der Zukunft, wobei verschiedene kreative Gestaltungsformen wie Zeitungs- und Zeitschriftenartikel, Geschichten oder Theaterstücke denkbar sind. Wesentliches Ziel dieses Schritts ist die Erkenntnis, dass die Zukunft keine bloße Trend-Extrapolation darstellt, sondern bewusst in eine gewünschte Richtung gelenkt werden kann.

Denkbar ist neben diesem »Bottom Up«-Ansatz auch eine geführtere Diskussion, bei der der Geschäftsführer oder Vorstandsvorsitzende seine Vision und seine zukünftigen Ziele beschreibt. Dies kann beispielsweise in Form einer intensiv vorbereiteten »Ich-habe-einen-Traum-Rede« erfolgen. Anschließend greifen die einzelnen Gruppen diese Vision auf oder entwickeln gänzlich eigene Vorstellungen. Nachdem die verschiedenen Zukunftsentwürfe vorliegen, vergleichen die Teilnehmer das eigene Zielpapier mit den Vorstellungen der Führung und nehmen Verbesserungs- und Ergänzungsvorschläge vor. Dem schließt sich häufig eine »Abendrunde« an, in der sich die Führungsspitze mit diesen Vorschlägen beschäftigt und ihre eigene Zielvorstellung anpasst. Diese Ergebnisse werden dann am folgenden Morgen vorgestellt

Konkretisierung der Strategie (Phase 6)

Der Übergang von der Visionsfindung zur Konkretisierung der Strategie vollzieht sich häufig unbewusst. Insofern findet eine solche Strategiebeschreibung häufig auch dann statt, wenn sie gar nicht Bestandteil des eigentlichen Ablaufplans ist. Dann werden – wie bei der Zukunftskonferenz – bereits bei der Visionsfindung erste Ideen für die Umsetzung der Ziele gesammelt.

Sehr strategisch orientierte Ansätze wie die *Partizipative Strategieplanung* oder das *Preferred Futuring* sehen für die konkrete Strategiebeschreibung einen gesonderten Schritt vor, in dem strategische Richtungen und grundlegende Aktionen geplant werden.

Umsetzung von Vision und Strategie (Phase 7)

Abschließend wird überlegt, durch welche konkreten Schritte in Richtung der gemeinsam getragenen Vision ein Veränderungsprozess vorangebracht werden kann. Für die Ausarbeitung konkreter Projekte und Maßnahmen wird zunächst zwischen übergreifenden und spezifischen Maßnahmen unterschieden:

- *Übergreifende Projekte und Maßnahmen* beziehen sich auf das gesamte Unternehmen oder die gesamte Organisation. Sie werden meistens gemeinsam identifiziert und in heterogen und neu zusammengesetzten Gruppen weiterentwickelt.
- *Spezifische Projekte und Maßnahmen* beziehen sich auf einzelne Bereiche, Abteilungen oder Regionen. Auch hier kann es notwendig sein, die Gruppen entsprechend dieser Untergliederungen neu zusammenzusetzen. Die Identifikation der konkreten Maßnahmen kann aber dann in diesen Gruppen erfolgen.

Häufig werden in dieser Phase auch Elemente der *Open-Space-Methode* eingesetzt, bei der die Teilnehmer eine eigene und offene Projektorganisation bilden. Je nach gewünschtem Detaillierungsgrad der Umsetzungsschritte können auch Verfahren des Projekt-Managements genutzt werden. Da diese Phase letztlich über den Erfolg der Veranstaltung entscheidet, kommt es für die Moderatoren darauf an, die Veränderungsbereitschaft der Teilnehmer richtig einzuschätzen:

»In Firmen und Institutionen, die durch äußere Zwänge unter Veränderungsdruck stehen, entsteht oft eine engagierte Bereitschaft, konkrete Projekte anzugehen. In öffentlichen Institutionen oder informellen Gruppen fehlt häufig dieser Druck und das dahinter stehende gemeinsame Interesse.

Deshalb ist es dort schwieriger, sich auf eine gemeinsame Umsetzungsstrategie zu einigen.« (Burow, S. 191)

Die gemeinsam erarbeiteten Umsetzungsprojekte werden anschließend im Plenum vorgestellt und gemeinsam verabschiedet. Nützlich sind darüber hinaus auch verschiedene Follow-Up-Strategien, mit denen die Beteiligten »das Ganze« im Blick behalten. Dazu zählen regelmäßige Koordinierungstreffen, Rundschreiben an die Teilnehmer sowie Websites, auf denen die Kommunikation zwischen den Teilnehmern fortgesetzt wird.

Liegt ein zentraler Zweck der Konferenz darin, dass die Teilnehmer anschließend ihr alltägliches Verhalten ändern, so können konkrete Verhaltensregeln – beispielsweise im Sinne von »*Zehn Geboten*« – entwickelt werden. Dies kann zunächst in den einzelnen Gruppen erfolgen. Anschließend gehen die Teilnehmer durch den Raum, sichten die Ergebnisse der anderen Gruppen, und modifizieren ihre Gebote.

Eine weitere Möglichkeit besteht darin, dass sich die Teilnehmer ein *kleines Zeichen* überlegen, mit dem sie anderen oder sich demonstrieren wollen, dass ihnen das gemeinsam entwickelte Zielbild entsprechend wichtig ist. In die gleiche Richtung zielt die Identifikation von »*Quick Hits*«, mit denen sich erste Erfolge im Veränderungsprozess erreichen lassen. Außerdem kann ein *Übergangsplan* für den Wandel erarbeitet werden.

Ebenso wie der richtige Start ist auch ein gelungener Schluss wichtiger Bestandteil einer partizipativen Veranstaltung. Dazu können die folgenden Elemente beitragen:

- *Statement der Führung zum Follow-Up:* Im Rahmen dieses unerlässlichen Bausteins schildert die Führungsspitze, wie es im Anschluss an die Konferenz weitergehen soll.
- *Bewertungsbogen:* Dieser Bogen sollte nur an die Moderatoren zurückgegeben, von ihnen ausgewertet und anschließend sowohl an die Führungsspitze wie an die Teilnehmer gesandt werden.
- *Talking-Stick-Runde:* Diese traditionelle »Feedback-Runde« eignet sich vor allem bei Konferenzen mit einer geringeren Anzahl von Teilnehmern.
- *Fotos oder Videos der Konferenz:* Häufig können erste Bilder oder Videos bereits am Ende der Konferenz gezeigt werden. Alternativ können sie den Teilnehmern auch im Nachgang zur Verfügung gestellt werden.
- *Produktvisionen* konkretisieren die Visionen im Sinne der Beschreibung des zukünftigen Leistungsspektrums und des Mehrwerts, der damit für

eine zu spezifizierende Kundengruppe verbunden ist. Sie ist damit auch zentraler Baustein der Entwicklung neuer Geschäftsfelder im Rahmen eines *New Business Developments*.

Kapitel 3
Trends

Den Begriff »Trend« zu definieren, ist schwer, da er äußerst vielfältig genutzt wird. Das Bedeutungswörterbuch sieht in einem Trend die »*erkennbare Richtung einer Entwicklung*«, Matthias Horx definiert sie als »*Veränderungsbewegungen*«. Alternativ lassen sich Trends auch von der semiotisch-sprachlichen Seite her definieren: »*Trends sind das, was man mit einem schmucken Namen benennen kann. Trendforschung ist ergo nichts anderes als Begriffsbildung.*« (Horx/Wippermann, S. 20)

Die wichtigsten Abgrenzungen erfolgen über das in der Einführung dargestellte Ebenenmodell. Danach unterscheiden sich Trends von Prognosen durch ihre explizite Berücksichtigung von Veränderungen. Als Grauzone zwischen diesen Ebenen kann der Begriff der »Trendprognosen« angesehen werden. Szenarien unterscheiden sich wiederum von Trends durch die Berücksichtigung von Ungewissheit (Zukunftsoffenes Denken) und Komplexität (Vernetztes Denken). Nach Horx verlagert Trendforschung »*den Sichtwinkel der Zukunftsprognostik. Ihr Fokus ist nicht ›die Welt in 20 Jahren‹, sondern die vollendete Gegenwart. Sie fragt nicht so sehr nach dem Utopischen, sondern analysiert das Prozesshafte im Heute.*« (Horx, 1997, S. 19)

Insofern sieht Horst W. Opaschowski die bekannten Trendforscher als »*Zeitgeistanalysten, also präzise Beobachter von kurzlebigen Zeitströmungen, nicht von langfristigen Zukunftstrends.*« (Opaschowski, 2002, S. 33). Bei der Abgrenzung von Trends und Szenarien entstehen weitere Begriffe, die an dieser Stelle definiert werden sollen:

- *Projektionen* (auch: Trendprojektionen oder Zukunftsprojektionen) beschreiben alternative Entwicklungsmöglichkeiten eines einzelnen Faktors. Sie heißen also nicht »Inflationsrate« (= Faktor) sondern »Preisstabilität« (= Projektion). Projektionen zu ermitteln ist Bestandteil eines Szenarioprozesses (→ *Szenariotechnik*).

- *Trendszenarien* sind Szenarien, die die erwartete Veränderungsrichtung darstellen. Sie können sich aus einer Szenariobewertung ergeben (→ Szenario-Management) oder als einzelnes Zukunftsbild entworfen werden (→ *Narrative Szenarien*).
- *Trendlandschaften* oder *Trend-Cluster* ergeben sich demgegenüber durch die Verknüpfung von ähnlichen, thematisch nahen oder konsistenten Trends. Sie können daher als optionaler Bestandteil eines *Trend-Managements* (→) verstanden werden. Außerdem weisen sie eine methodische Nähe zu narrativen Szenarien (→) auf.

Auch von Prognosen lassen sich Trends abgrenzen: Reine *Prognosen* stellen quantitative Extrapolationen (»Das Durchschnittsalter steigt um vier Monate pro Jahr«) dar. Sind diese Extrapolationen qualitativer Natur, so sprechen wir von *qualitativen Prognosen* (»Die Bevölkerung wird älter«). *Simulationen* oder *Trendeinflussanalysen* gehen über die reine Fortschreibung bestehender Daten hinaus und beziehen Veränderungsimpulse ein. Abbildung 50 verdeutlicht diese Zusammenhänge.

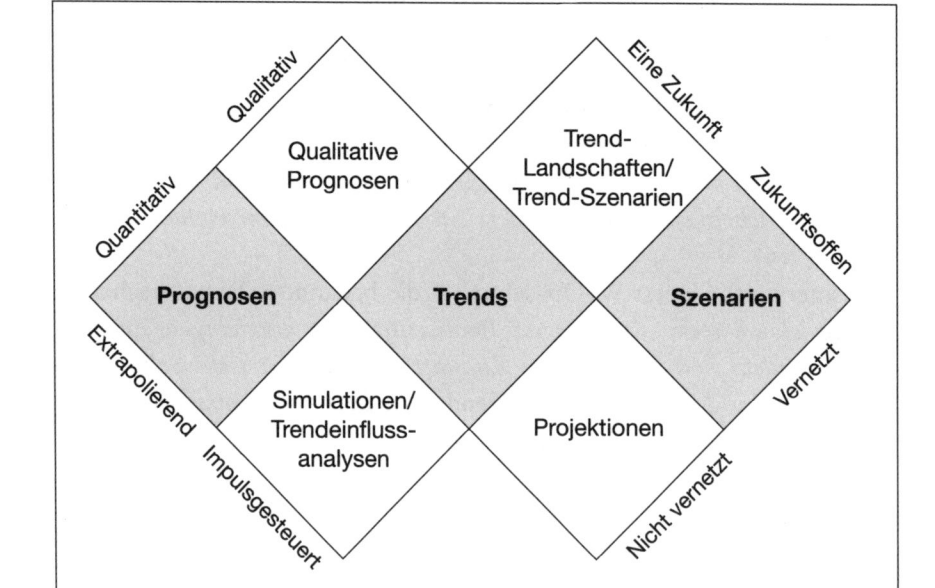

Abbildung 50: Zusammenhänge von Trends, Prognosen und Szenarien

Trends bilden einen möglichen Einstiegspunkt in strategische Früherkennungsprozesse. Parallel wird in der Praxis auch von Corporate Foresight oder Strategic Foresight gesprochen. Solche Vorausschauprozesse gibt es sowohl im privatwirtschaftlichen als auch im öffentlichen Bereich, wobei in Unternehmen tendenziell kürzere Zeithorizonte, kürzere Projektphasen und konkretere Projektziele verfolgt werden.

Insgesamt besteht das Ziel der Vorausschauprozesse darin, unternehmerische oder öffentliche Entscheidungen durch die Aufnahme, Strukturierung und Nutzung von Früherkennungsinformationen zu unterstützen. Daher lässt sich ein Vorausschauprozess in vier Teilprozesse zerlegen:

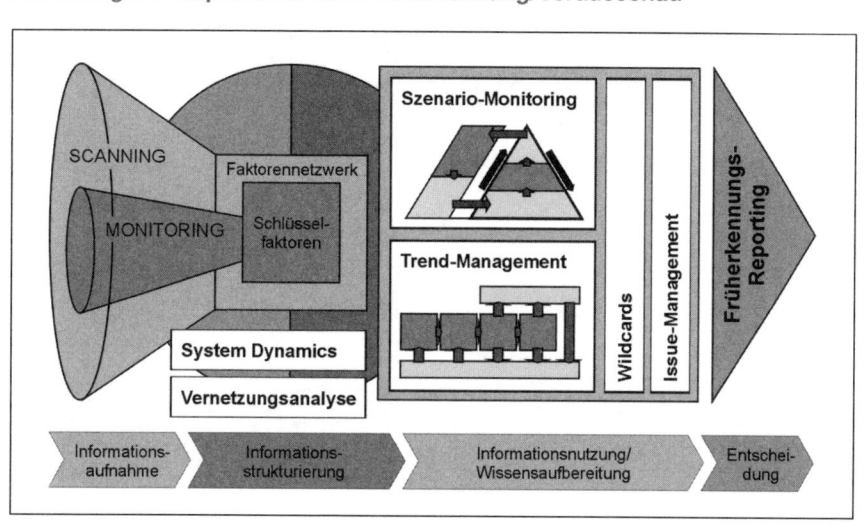

Abbildung 51: Teilprozesse von Früherkennung/Vorausschau

Informationsaufnahme (Teilprozess 1): Hier werden verschiedene Nachrichten – von der einfachen Zeitungsmeldung bis zum qualifizierten Dossier – aufgenommen und häufig auch in ein Früherkennungssystem eingespeist. Wichtig ist dabei vor allem die Zielgerichtetheit des Vorgehens. Die klare Strukturierung des Suchfelds ermöglicht ein effizientes Monitoring (zielgerichtete Beobachtung) der prioritären Umfeldgrößen. Eine weitere Form ist die ungerichtete Informationssuche (Scanning) im Sinne des Ansatzes der schwachen Signale.

Informationsstrukturierung (Teilprozess 2): Die durch Scanning und Monitoring gewonnenen zukunftsrelevanten Informationen müssen im

Folgenden strukturiert werden. Dazu lassen sich drei Ebenen unterscheiden: Auf der oberen, langfristig stabilen Ebene entsteht eine Themenarchitektur – quasi der »Radarschirm« des Unternehmens. Auf der mittleren Ebene werden konkrete Beobachtungspunkte (Faktoren/Indikatoren) festgelegt, denen die auf der unteren Ebene gewonnenen Einzelinformationen zugeordnet werden. Hinzu kommt auf der mittleren Ebene die Vernetzung, Filterung und Interpretation der Informationen, beispielsweise durch Werkzeuge wie *System Dynamics* (→) oder *Vernetzungsanalysen* (→).

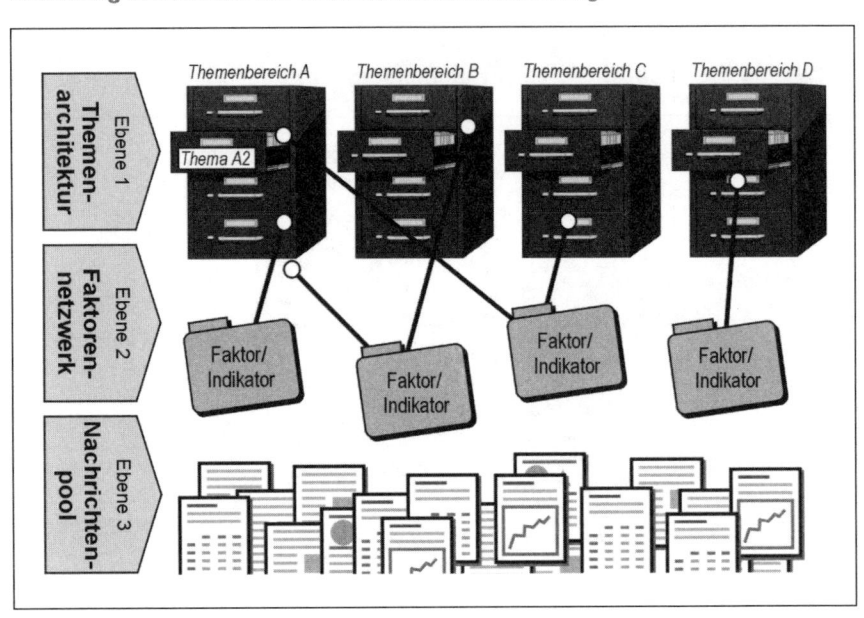

Abbildung 52: Ebenen der Informationsstrukturierung

Informationsnutzung/Wissensaufbereitung (Teilprozess 3): Dies ist der zentrale Schritt eines Früherkennungsprozesses. Hier entscheidet das Unternehmen über dessen Schwerpunkte, in dem es vor allem die Elemente des *Trend-Managements* (→) und des *Szenario-Monitorings* (→) gewichtet und gegebenenfalls miteinander verbindet. Weitere Werkzeuge mit einem hohen Anteil an Wissensaufbereitung sind die Analyse von *Wildcards* (→) sowie das *Issue-Management* (→).

Früherkennungs-Reporting (Teilprozess 4): Dieser vierte Teilprozess definiert das Verhältnis des ausführenden Vorausschauteams und der Entscheidungsebene. Dabei verbietet sich eine exakte Handlungsanleitung, da sich die Planungssysteme und Entscheidungskulturen in den Unternehmen zu stark unterscheiden. Bei der Einrichtung eines Früherkennungsprozesses geht es an zentraler Stelle darum, den Informationsbedarf der Führungsebene einzuschätzen und geeignete Formen zu finden, wie neue Themen und Entscheidungsvorlagen transportiert werden können.

Der Einstieg in einen Früherkennungsprozess ist variabel: In der Startphase eines Früherkennungs-Reportings ist die Frage zu klären, ob regelmäßig oder situationsbedingt berichtet werden soll. Anschließend werden dann verschiedene Reporting-Formate getestet und schließlich zu einer vom Entscheiderkreis akzeptierten Form verdichtet. Als Ergebnis ergibt sich eine spezifische Kommunikationsweise zwischen Vorausschauteam und Unternehmensführung. Dabei hat es sich als Erfolgsfaktor erwiesen, dass neben dem formellen Reporting »ein kurzer Draht« zwischen den beiden Gruppen bestehen sollte.

Trendforschung/Trend-Management

Im Rahmen der Trendforschung beziehungsweise des Trend-Managements geht es darum, relevante Umfeldtrends zu identifizieren und zu bewerten, um darauf aufbauend geeignete Maßnahmen zu ihrer Handhabung sowie ihrer weiteren Beobachtung zu ergreifen.

Die Behr-Hella Thermocontrol GmbH (BHTC) wurde 1999 als Joint Venture der Behr GmbH & Co. KG und der Hella KGaA Hueck & Co. gegründet. Heute gehört die BHTC mit rund 1 500 Mitarbeitern weltweit zur Spitzengruppe der Hersteller von Bedien- und Steuergeräten für die Fahrzeugklimatisierung. Das Portfolio umfasst Bediengeräte, Steuergeräte, Gebläseregler und Sensoren. Die wichtigste Produktgruppe sind elektronische Klimabediengeräte. Als Schnittstelle zwischen Fahrer und Fahrzeug (Mensch-Maschine-Interface) sind sie die Schaltzentrale der Kfz-Klimatisierung. Dahinter – unsichtbar für die Passagiere – sorgen die Produkte der BHTC-Leistungselektronik im Zusammenspiel mit verschiedenen Klimasensoren für die zuverlässige Regelung unter allen möglichen Betriebsbedingungen.

Vor zwei Jahren stellte BHTC sich der Frage, wie die Innenraumelektronik in der Zukunft aussehen wird. Die wesentliche Aufgabenstellung lag dabei in der Verknüpfung der im Unternehmen vorhandenen Innovationsideen und den im Markt erkennbaren Produkt- und Technologietrends. Im Rahmen des daraufhin initiierten Projekts wurden dazu drei wesentliche Projektmodule definiert:

- die Entwicklung von Marktumfeldszenarien (→ *Szenariotechnik*) und alternativen Fahrzeugkonzepten,
- die Identifikation und Bewertung von Produkt- und Technologietrends sowie
- die Entwicklung von Produktideen (→ *Produktvisionen/New Business Development*).

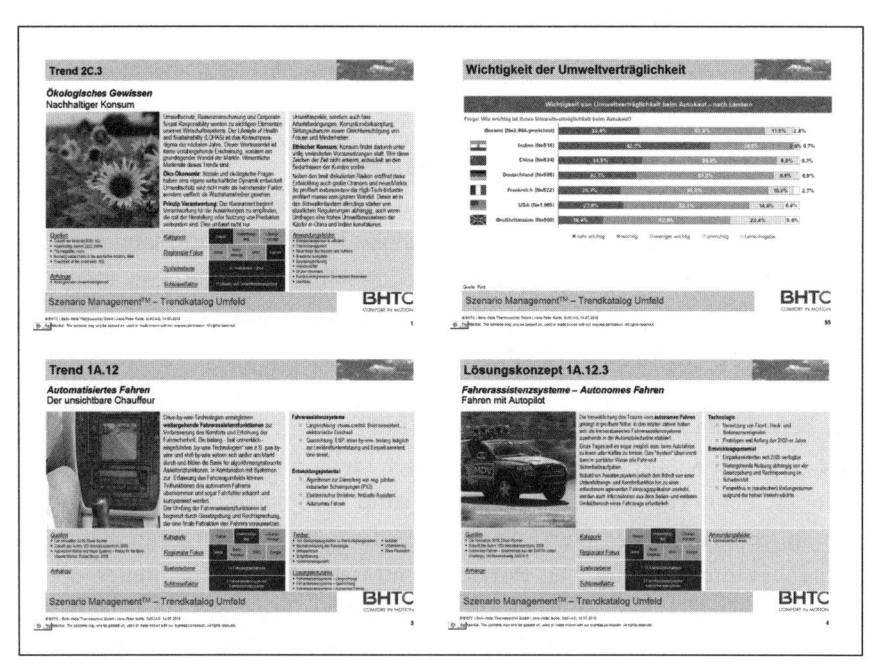

Abbildung 53: Beispiel eines Trendreports

Schon bei der Definition des Marktumfelds zur Szenarioentwicklung stellte sich schnell heraus, dass die Betrachtung der Fahrzeugklimatisierung als Markt eine zu große Fokussierung bedeuten würde. Dem Anspruch folgend, nach neuen, innovativen Ideen zu suchen, reifte die Erkenntnis, dass das Betrachtungsfeld die Gesamtentwicklung der Mechatronik im Fahrzeug mit einbeziehen müsste. Diese gedankliche Erweiterung des Marktrahmens ist aus Sicht des Innovationsmanagements eine notwendige Voraussetzung für das Ableiten einer neuen Produktstrategie und stellte keine Abkehr von der bislang erfolgreichen Strategie des Unternehmens dar.

Vor dem Hintergrund dieses Innovationsrahmens wurden zunächst Marktumfeldszenarien für die Fahrzeugelektronik und dann in sich schlüssige Fahrzeugkonzepte entwickelt. In einer Zukunftsmatrix wurden beide Szenariobetrachtungen miteinander verknüpft, indem bewertet wurde, welches Fahrzeug-/Elektronikkonzept in welchem Umfeld Potenzial besitzt. Im nächsten Schritt wurden die Szenarien mit Hilfe einer Trendanalyse validiert. Dazu wurden 32 Umfeldtrends und 37 Anwendungstrends identifiziert und bezüglich ihres Chancen-/Risikopotenzials und ihrer Eintrittswahrscheinlichkeit bewertet.

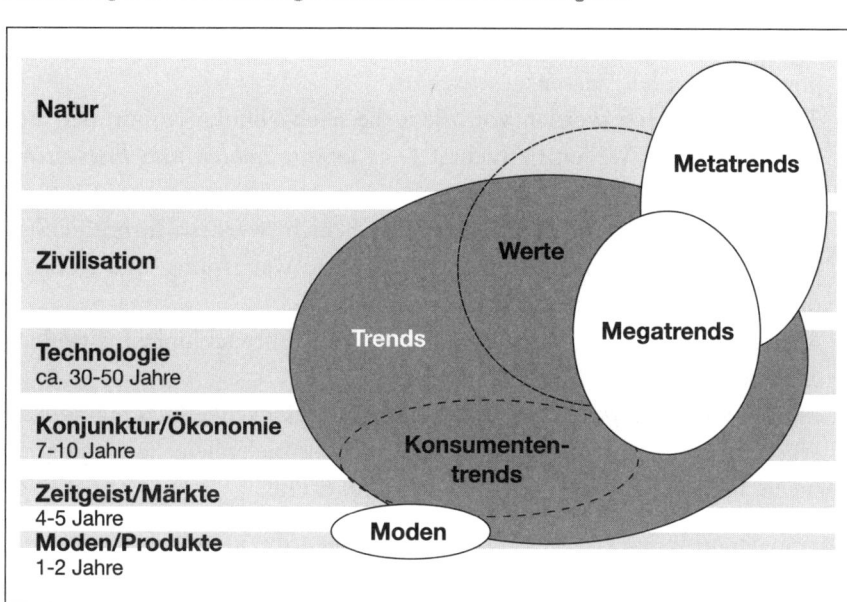

Abbildung 54: Veränderungsschichten und Trendbegriffe

Mit Hilfe dieser Bewertung war es möglich, mögliche Suchfelder für Ideen zu identifizieren und gezielt unter Einbeziehung von Kreativitätstechniken mit erfolgsversprechenden Produktideen zu konkretisieren. Die Betrachtung von Markt und Produkt führt auch hier konsequenterweise zur Ableitung einer Produktstrategie. Heute befindet sich das Unternehmen vor der Überführung der Ergebnisse in einen kontinuierlichen Prozess, der aus

Sicht der Unternehmensentwicklung bis hin zu einer Anpassung oder Änderung der Unternehmensstrategie führen kann.

Inhalt

Die Vielfältigkeit des Trendbegriffs erklärt sich daher, dass es Veränderungen auf sehr unterschiedlichen Ebenen gibt. So unterscheidet Horx sechs Schichten mit sehr unterschiedlichen Veränderungsgeschwindigkeiten:

- *Natur:* Diese erste Schicht weist die langsamste Veränderungsgeschwindigkeit auf. Hier geht es um den Auf- und Niedergang von Spezies, um die Entwicklung von Landschaften, um Biodiversität.
- *Zivilisationen:* Hier werden die Entwicklungen grundlegender Gesellschaftsformen betrachtet. Es beinhaltet den Übergang von Jägern und Sammlern über die agrarische und die industrielle Zivilisation hin zur post-industriellen Wissensgesellschaft.
- *Technologie:* Hier werden vor allem die nach Nikolai Kondratieff benannten langen Wellen betrachtet (→ *Kurven, Zyklen und historische Analogien*).
- *Ökonomie/Konjunktur:* Auf der vierten Schicht werden Unregelmäßigkeiten in der ökonomischen Entwicklung wie Wachstums- und Rezessionsphasen und Konjunkturzyklen untersucht.
- *Märkte und »Zeitgeist«:* Dort werden die Entwicklungen einzelner Märkte oder Marktsegmente näher betrachtet.
- *Moden und Produkte:* Die letzte Schicht umfasst schließlich tagtägliche Phänomene unserer Gegenwart wie Technikspielereien, Saisonphänomene, Hip-Kulte, Farbmoden oder Produktkulte.

Entsprechend lassen sich verschiedene Trendbegriffe identifizieren, die auf unterschiedlichen Schichten wirken:

- *Moden:* Auf der untersten Ebene werden einzelne Strömungen und sozio-kulturelle Effekte als »Trends« beschrieben. Dieser Trendbegriff ist allerdings auf den Bereich der Markt- oder Konsumentenforschung begrenzt.
- *Trends:* Die Zusammenfassung einzelner Moden oder Effekte führt auf der zweiten Ebene zu den eigentlichen *Trends*. Je nach Tätigkeitsfeld wird hier auch von »Konsumententrends« gesprochen.

- *Megatrends:* Häufig lassen sich Trends aufgrund ihrer Vielfältigkeit nicht sinnvoll in Entscheidungsprozesse integrieren. Daher werden auf der dritten Ebene sogenannte *Megatrends* betrachtet, die eine weitere Zusammenfassung verschiedener Trends zu einer wichtigen, über Jahre hinweg Gültigkeit besitzenden Entwicklung darstellen.
- *Metatrends:* Auf einer vierten, nochmals fundamentaleren Stufe, werden übergeordnete Metatrends betrachtet. Franz Liebl nennt als Beispiele den »Trend zum visionären Konservativismus« oder den »Trend zur Fragmentierung«.

Der Begriff der Werte wird häufig ebenfalls im Begriffsgebäude der Trends genannt, lässt sich aber nicht eindeutig zuordnen. Insgesamt fällt auf, dass Trendbegriffe von einzelnen Autoren je nach eigenem Tätigkeitsfeld über- oder unterbewertet werden. So sind kurzfristigere Trends aus Sicht der Zukunftsforscher eher »Moden«, während längerfristige Trends aus Sicht der Konsum- und Trendforscher eher als »Megatrends« verstanden werden.

Vorgehen

Wer sich die vielfältige Trendliteratur – von John Naisbitt und Faith Popcorn über John L. Petersen und Joseph Coates bis zu Matthias Horx und Horst W. Opaschowski – ansieht, stellt fest, dass es neben den inhaltlichen Information nur sehr selten methodische Beschreibungen gibt. Daraus lässt sich kein Urteil über den Inhalt ableiten, aber es lässt vermuten, dass viele Trends eher über ein »Genius Forecasting« als über eine stringente Methodik abgeleitet sind. Wir haben daher im folgenden die vorliegenden methodischen Ansätze gesichtet und zu einem Vorgehensmodell verdichtet.

Trendidentifikation/Trenddiagnose (Phase 1)

Die Trendidentifikation ist der Ausgangspunkt eines jeden Trend-Management-Prozesses. Einige Konzepte der klassischen »Trendforschung« bleiben sogar auf diese erste Phase beschränkt. Die Ausgestaltung der Trendidentifikation hängt stark von der Branche und dem Anwendungshintergrund ab. Hilfreich können dabei die von Horx beschriebenen vier Schritte der Trenddiagnostik sein:

- *Semiotik* (Schritt 1): Hier geht es darum, signifikante Veränderungsmuster in der Gesellschaft oder dem spezifischen Betrachtungsbereich zu erkennen. Matthias Horx und Peter Wippermann sehen sich hier als »Traumdeuter der Gesellschaft«:

»*Wenn in der ungeheuren Vielzahl von Medien, Verpackungen, Musikformen, Kleidungsstücken, Gesten, Läden, Attitüden, Symbolen, Codes, Chiffren, Themen, Werbebotschaften inmitten dieser ungeheuren Flut an Bildern, Zeichen, Symbolen, Sprachwendungen sich plötzlich eine hartnäckige wiederkehrende Melodie zusammenfügt, dann müssen wir zur Stelle sein und diese Melodie aufzeichnen und interpretieren. Dafür üben wir. Dafür trainieren wir. Dafür sind, wichtiger noch als alle Daten-Quantität, Erfahrung und Intuition vonnöten.*« (Horx/Wippermann, S. 51)

Abbildung 55: Vorgehensmodell des Trend-Managements

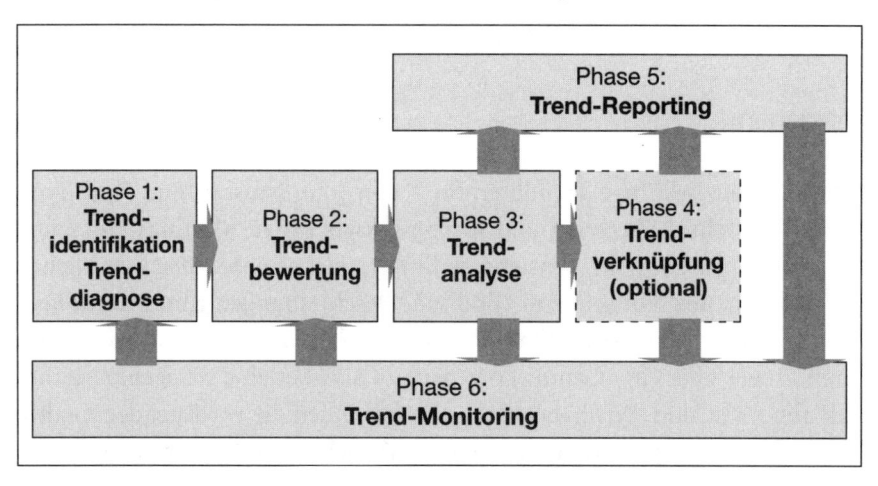

Bei der Findung solcher Trends stehen vor allem die beiden Enden des gesellschaftlichen Spektrums im Mittelpunkt der Betrachtung (siehe Abbildung 56): Zum einen wird auf einen Trickle-Down-Effekt geachtet, bei dem »untere« Gesellschaftsschichten Stile und Verhalten der »oberen« Schichten wie Film- und Popstars imitieren. Zum anderen steht ein Bubble-Up-Effekt im Visier, bei dem der Mainstream durch Stilrichtungen beeinflusst wird, die von Randgruppen entwickelt werden.

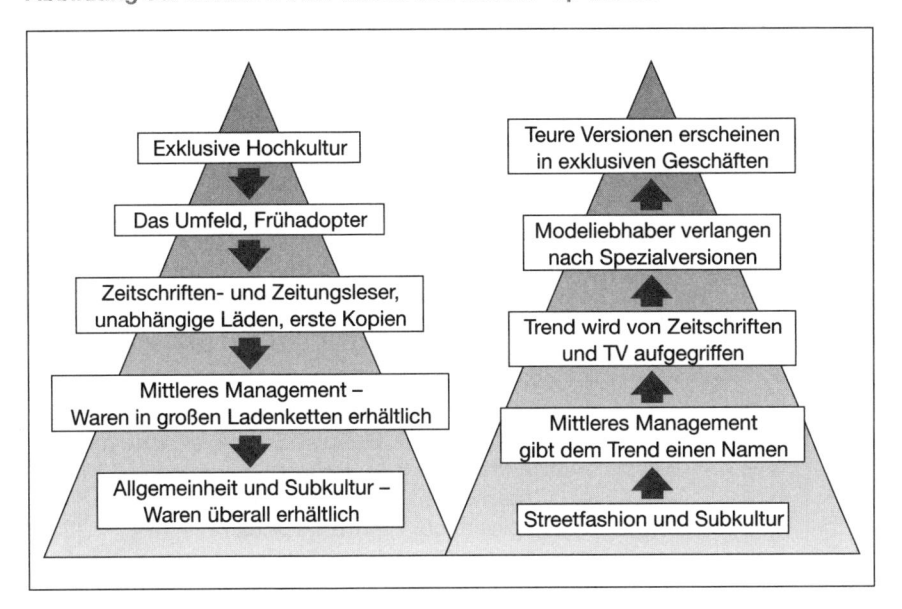

Abbildung 56: Trickle-Down-Effekt und Bubble-Up-Effekt

Linke Pyramide (Trickle-Down):
- Exklusive Hochkultur
- Das Umfeld, Frühadopter
- Zeitschriften- und Zeitungsleser, unabhängige Läden, erste Kopien
- Mittleres Management – Waren in großen Ladenketten erhältlich
- Allgemeinheit und Subkultur – Waren überall erhältlich

Rechte Pyramide (Bubble-Up):
- Teure Versionen erscheinen in exklusiven Geschäften
- Modeliebhaber verlangen nach Spezialversionen
- Trend wird von Zeitschriften und TV aufgegriffen
- Mittleres Management gibt dem Trend einen Namen
- Streetfashion und Subkultur

- *Beweisführung* (Schritt 2): Nun geht es darum, statistische oder andere soziologische Fakten zu finden, die für diesen identifizierten Trend sprechen. Dafür können beispielsweise Wertewandelstudien, Konsumentenumfragen, demoskopische Erhebungen oder ähnliches verwendet werden.
- *Ökonomischer Abgleich* (Schritt 3): Anschließend gilt es zu untersuchen, für welche Branchen oder Konsumentengruppen dieser Trend von Relevanz ist. Spätestens hier lässt er sich in eine der in Abbildung 57 gezeigten Trendkategorien einordnen. Dabei wird deutlich, dass insbesondere bei Branchen-Konsumtrends die Gefahr besteht, lediglich Moden zu betrachten. Gleichzeitig können generelle Trends auf ihr Potenzial als Megatrends hin untersucht werden.
- *Naming* (Schritt 4): Dieser letzte Schritt der Trenddiagnostik ist der wichtigste und gleichzeitig der umstrittenste. Hier geht es darum, den identifizierten Trend durch einen passenden Begriff auszudrücken, damit er sich einprägen und Orientierung bieten kann. Ein prägnantes Beispiel hierfür ist der Begriff »Cocooning«, mit dem Faith Popcorn den Hang zum Rückzug in die eigenen vier Wände beschreibt.

Abbildung 57: Trendkategorien

		Die Trends beziehen sich …	
		… auf eine/wenige Branchen	… auf viele/alle Branchen
Die Trends sind relevant für …	… den Konsum und Handel	**Branchen-Konsum-Trends** Beispiel: Trend zu Echtholz-Fußböden im Gegensatz zu Laminat oder Teppichboden.	**Konsumtrends** Beispiel: Trend zu wertorientiertem Konsum, wie er sich beispielsweise in Bio-Supermärkten zeigt.
	… das Geschäft / die Gesellschaft	**Branchentrends** Beispiel: Konzentrationsprozess im Automobilvertrieb	**Generelle Trends** Beispiel: Entsolidarisierung im Rahmen des Abbaus öffentlicher zugunsten privatwirtschaftlicher Systeme

Moden ↖   *Megatrends* ↘

Im Rahmen eines strategischen Früherkennungsprozesses kann der Prozess der Trendidentifikation durch eine »*Früherkennungsarchitektur*« systematisiert werden (→ *Szenario-Monitoring*). Sie stellt eine Suchfeld-Struktur dar, die den spezifischen Fokus des Unternehmens abbildet. Die kontinuierliche Trendsuche mittels einer Früherkennungsarchitektur wird häufig mit dem Prozess des Trend-Monitorings kombiniert.

Trendbewertung (Phase 2)

Nach der Identifikation und Benennung der einzelnen Trends werden diese anhand verschiedener Kriterien bewertet:

1. *Auswirkungsstärke* des Trends auf das Unternehmen: Wie stark würden wir von einer solchen Entwicklung getroffen?
2. *Auswirkungsrichtung* des Trends auf das Unternehmen: Wie hoch ist das Chancenpotenzial? Wie hoch ist das Gefahrenpotenzial?
3. *Eintrittswahrscheinlichkeit* des Trends: Wie hoch ist die Wahrscheinlichkeit, dass eine solche Entwicklung zu einem spezifischen Zeitpunkt

eintritt? Alternativ kann auch nach dem erwarteten Zeitpunkt des Eintretens gefragt werden.
4. *Unsicherheit* des Trends: Diese Dimension kann entweder direkt abgefragt oder auch aus den Abweichungen der Wahrscheinlichkeitsbewertungen mehrerer Personen errechnet werden.

Eine solche Trendbewertung kann sowohl durch einzelne Bewerter getrennt voneinander als auch gemeinsam im Rahmen eines Trend-Workshops vorgenommen werden. Konsequent weitergedacht stellt die *Delphi-Technik* (→) eine umfangreiche Bearbeitung der Trendbewertungs-Phase dar.

Trendanalyse (Phase 3)

Als erster Schritt der Trendanalyse kann eine zusammenfassende Visualisierung vorgenommen werden. Viele Unternehmen – beispielsweise BMW und die Deutsche Telekom – nutzen ein Trendradar (auch: Strategieradar). Dabei wird ein Radarschirm aufgebaut, der in unterschiedliche thematische Sektoren geteilt ist (Abbildung 58). Diese Sektoren können individuell festgelegt oder aus einer Früherkennungsarchitektur abgeleitet werden. Die zweite Dimension eines Trendradars ist die Wirkzeit der Trends, die als Abstand vom Mittelpunkt aufgetragen wird. So liegen die zeitlich näheren Trends in der Mitte, während sich Langfristentwicklungen außen positionieren. Weitere Kriterien wie die Eintrittswahrscheinlichkeit oder die Auswirkungsrichtung können als Farben oder Größen einzelner Objekte eingezeichnet werden.

Aus den Kriterien der Trendanalyse lassen sich zudem verschiedene Portfolios erstellen, die je nach Einsatzgebiet kombiniert werden können. Das zentrale Instrument ist hier das *Trendportfolio*. Darin werden sechs maßgebliche Felder unterschieden, von denen vor allem die rechten oberen Felder für die Entwicklung von Handlungsoptionen verwendet werden (Abbildung 59):

- *Trends sofort anpacken* (Feld 1): Dies ist der wichtigste und sensibelste Bereich des Portfolios. Chancen müssen energisch genutzt und Risiken konsequent umgangen werden. Wenn die Trendentwicklungen weiter in der Zukunft liegen, so ist hier eine präventive Planung notwendig, mit der sich das Unternehmen auf die Entwicklung vorbereitet.
- *Trends proaktiv aufgreifen* (Feld 2): Diese Trends sind für das Unternehmen von großer Bedeutung – gleichzeitig ist nicht klar, ob sie wirk-

lich eintreten werden. Aufgrund der hohen Bedeutung sollte sich das Unternehmen intensiv mit diesen Trends befassen und deren mögliches Eintreten beobachten und es gegebenenfalls sogar selbst beeinflussen.

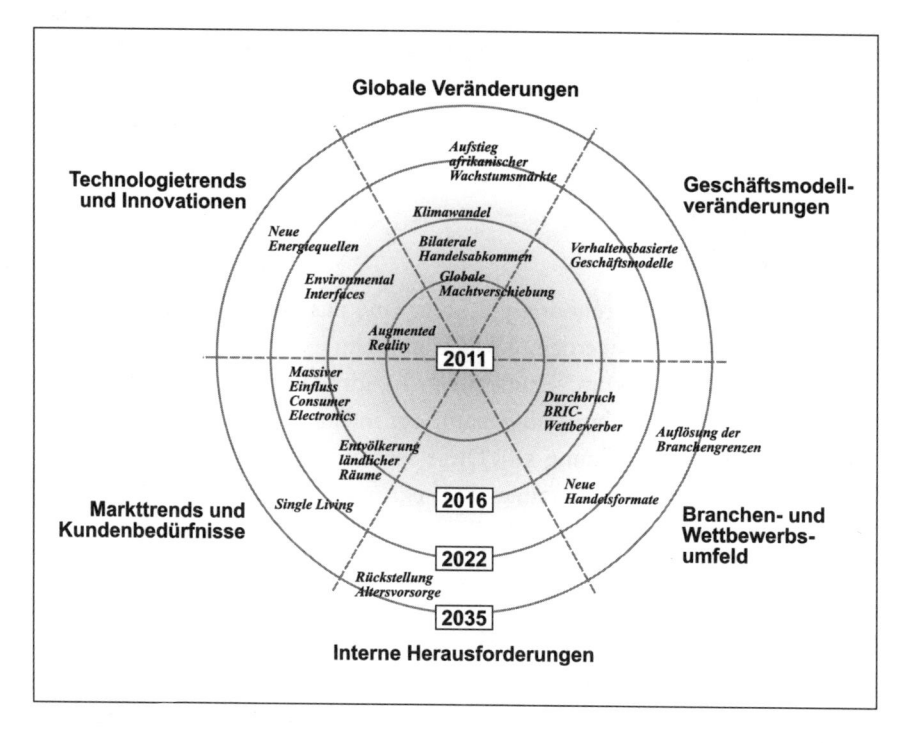

Abbildung 58: Beispiel eines Trendradars

```
                        Globale Veränderungen
                              Aufstieg
                           afrikanischer
                          Wachstumsmärkte
Technologietrends                                    Geschäftsmodell-
und Innovationen         Klimawandel                 veränderungen
                Neue
              Energiequellen  Bilaterale      Verhaltensbasierte
                             Handelsabkommen   Geschäftsmodelle
                 Environmental  Globale
                  Interfaces   Machtverschiebung
                       Augmented
                        Reality    2011
              Massiver
              Einfluss                Durchbruch
              Consumer                 BRIC-
              Electronics              Wettbewerber
                                                    Auflösung der
                                                    Branchengrenzen
                       Entvölkerung
                        ländlicher
                         Räume         Neue
                    Single Living    Handelsformate
Markttrends und                 2016                 Branchen- und
Kundenbedürfnisse                                    Wettbewerbs-
                                2022                 umfeld
                      Rückstellung
                      Altersvorsorge
                                2035
                     Interne Herausforderungen
```

- *Auf überraschende Trends vorbereitet sein* (Feld 3): Hier geht es zunächst um die Sensibilisierung für die *Wildcards* (→). Darauf aufbauend können reaktive Eventualpläne entstehen, um im Fall des eher unerwarteten Eintreffens Chancen zu nutzen oder Gefahren abzuwenden.
- *Trends beobachten* (Feld 4): Dies ist die »Grauzone« des Portfolios. Zur Zeit stehen diese Trends nicht im Mittelpunkt – aber da sie sich in mehrere Richtungen entwickeln können, sollten sie sehr genau beobachtet werden.
- *Trends beobachten und integrieren* (Feld 5): Entsprechende Trends haben nur eine geringe Auswirkung auf das Unternehmen. Aufgrund ihrer hohen Wahrscheinlichkeit sollten sie ohne den Einsatz zusätzlicher Ressourcen beobachtet und in laufende Planungen eingebunden werden.

- *Keine Ressourcen unnötig binden* (Feld 6): Diese Trends sollten nicht im Mittelpunkt der Planungen stehen.

Ein weiteres Instrument ist das *Auswirkungsportfolio*. Darin werden zunächst Chancen- und Gefahrenpotenziale miteinander kombiniert. Damit lässt sich identifizieren, ob es sich bei einem Trend vornehmlich um eine Chance, eine Gefahr oder eine komplexe Entwicklung mit Chancen *und* Gefahren handelt. Kombiniert mit der Auswirkungsintensität werden die eindeutigen und relevanten Chancen, Gefahren und Entwicklungen deutlich.

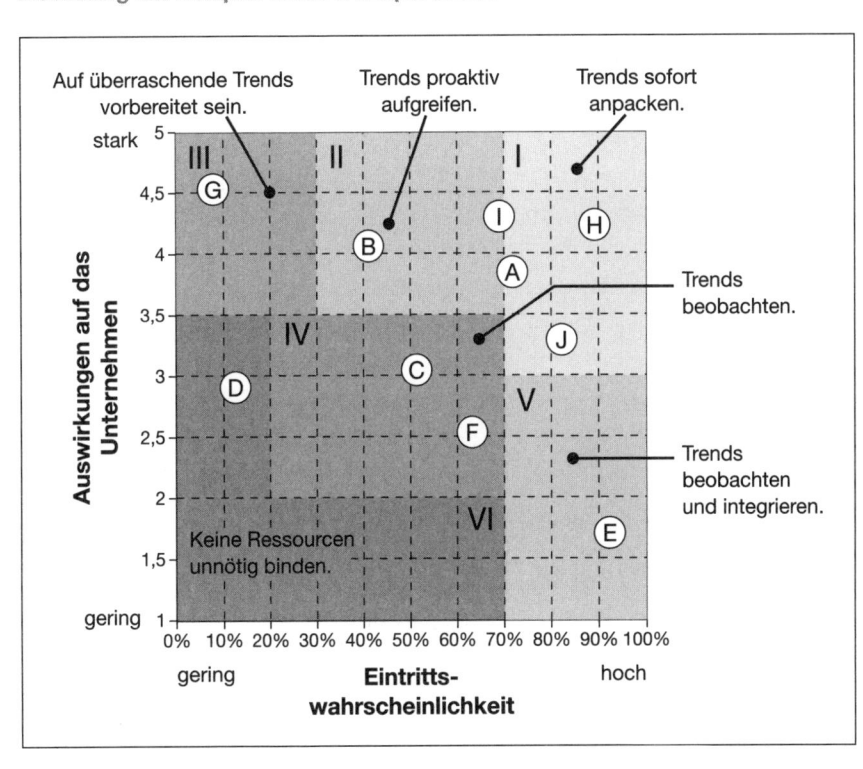

Abbildung 59: Beispiel eines Trendportfolios

Trendverknüpfung (Phase 4)

Zusätzlich zur Einzelbetrachtung von Trends kann deren Zusammenspiel näher untersucht werden. Dies geschieht einerseits in Form von Szenarien, wenn diese auf Trends aufbauen (→ *Wechselwirkungsszenarien* und *Narrative Szenarien*). Andererseits können Trend- oder Themenlandschaften aufgebaut werden.

»Anders als Szenarien, die in der Regel ein umfassendes, konsistentes Bild einer möglichen Zukunft zu entwerfen suchen, zeigen Themenlandschaften einen mehr oder weniger begrenzten Weltausschnitt; sie verkörpern gewissermaßen ein Cluster von Umfeldentwicklungen, die in den Vorstellungs- und Kommunikationswelten – bewusst oder unbewusst – in einem engeren Zusammenhang stehen.« (Liebl 2000, S. 95)

Abbildung 60: Trendlandschaft »Mobilität« mit Ausschnitt Megatrend

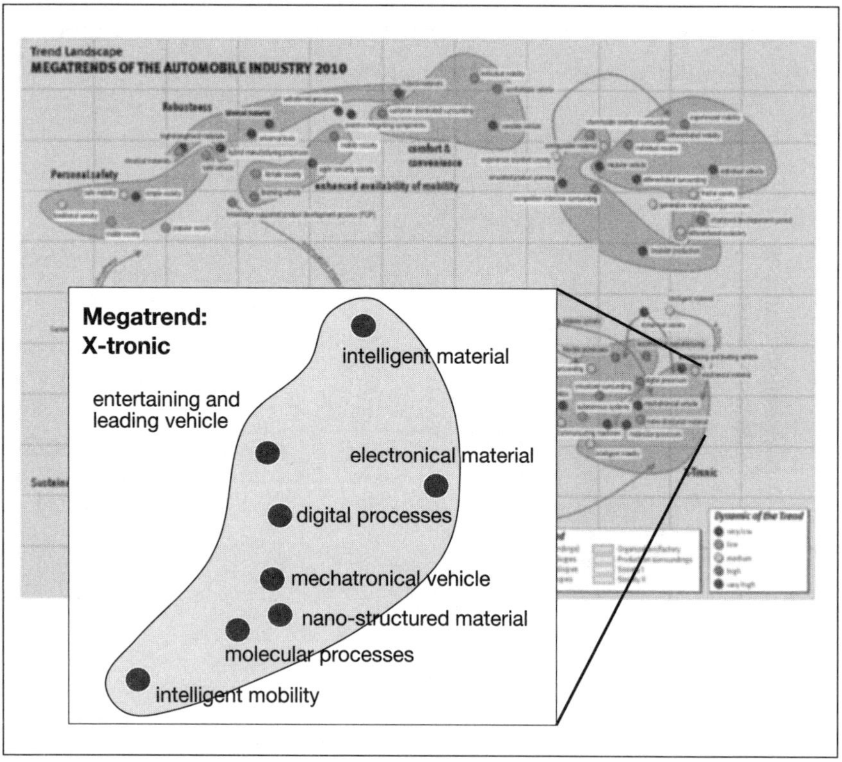

Abbildung 60 zeigt exemplarisch die Trendlandschaft »Mobilität«, wie sie von der INPRO entwickelt wurde. Eine Bewertung der Verträglichkeit zwischen Trends und zusätzlich entwickelten Mobilitätsszenarien zeigte, dass bestimmte Trends in einzelnen Szenarien stärker zur Geltung kommen als in anderen. Andere Trends erwiesen sich in der Summe über alle Szenarien hinweg als stabil und relevant. Innerhalb der Trendlandschaft wurden durch Clusterung systematisch Megatrends aufgespürt, deren Robustheit ebenfalls mit den Mobilitätsszenarien überprüft wurde.

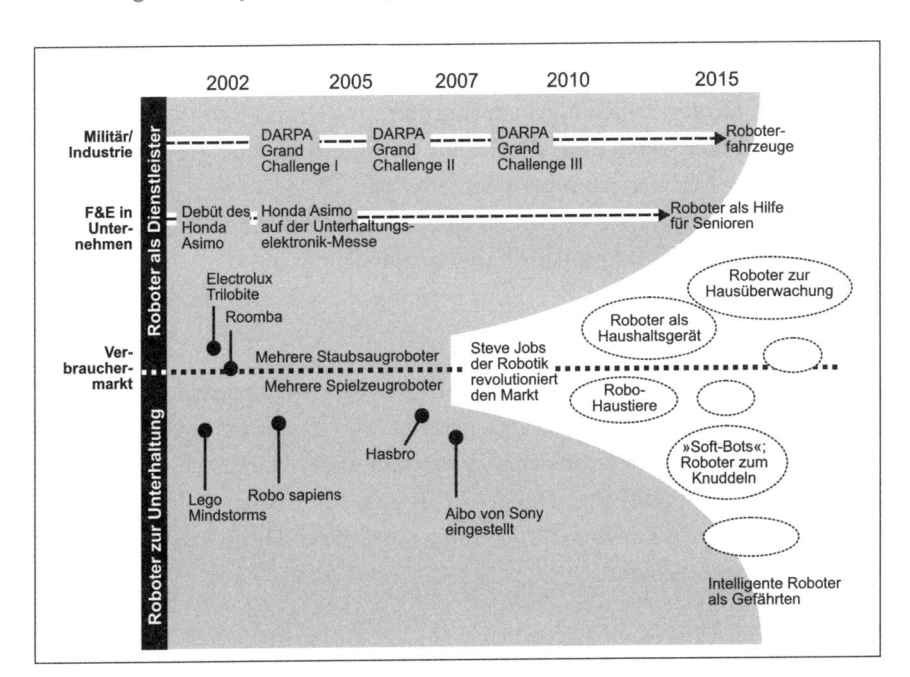

Abbildung 61: Beispiel eines Ungewissheitsdiagramms

Ein weiteres Instrument der Themenverknüpfung ist das *Ungewissheitsdiagramm*. Dies wird im Englischen auch als »cone of uncertainty« bezeichnet, was die Ähnlichkeit zum Szenariotrichter verdeutlicht. In einem Ungewissheitsdiagramm wird festgelegt, welche Bandbreite von Ereignissen oder Produkten der Trichter umfassen soll. Paul Saffo verdeutlicht die Wirkweise an dem in Abbildung 61 dargestellten Beispiel Robotik und sagt:

»*Wie Sie sehen, habe ich viel Raum gelassen, damit ich meine Vorausschau ergänzen oder präzisieren kann. Von allem sind Prognosen dazu da, darauf herumzukritzeln, sich darüber zu streiten und sie zu verwerfen – und sie dann durch neue, bessere Prognosen zu ersetzen.* (Saffo 2007, S. 41)

Trend-Reporting (Phase 5)

Beim Aufbau eines erfolgreichen Trend-Management-Prozesses kommt es entscheidend darauf an, den Informationsbedarf der Führungsebene einzuschätzen und geeignete Formen zu finden, wie neue Trends und Entscheidungsvorlagen kommuniziert werden können. Dabei ist die Frage zu klären, ob regelmäßig oder situationsbedingt berichtet werden soll.
Eine häufige Form des Trend-Reportings ist die Kategorisierung der einzelnen Trends mit Hilfe einer Ampel:

- *Rot* bedeutet, dass hier eine Entwicklung beschrieben wird, aus der heraus sich akuter Handlungsbedarf ergibt.
- *Gelb* bedeutet, dass diese Entwicklung innerhalb des Trend-Management-Prozesses weiterhin beobachtet wird.
- *Grün* bedeutet, dass hier bereits Maßnahmen zur Chancennutzung beziehungsweise Gefahrenhandhabung eingeleitet wurden. Hier besteht also derzeit weder auf der Entscheidungs- noch auf der Bewertungsebene ein Handlungsbedarf.

In der Einführungsphase eines Trend-Management-Prozesses werden verschiedene Formen des Reportings getestet. Als Ergebnis ergibt sich eine spezifische Kommunikationsweise zwischen dem Vorausschauteam und der Unternehmensführung. Dabei hat es sich als Erfolgsfaktor erwiesen, dass neben dem formellen Reporting »ein kurzer Draht« zwischen den beiden Gruppen besteht.

Trend-Monitoring (Phase 6)

Im Rahmen des Trend-Monitorings werden bekannte und als besonders kritisch angesehene Trends und deren Indikatoren kontinuierlich und gezielt beobachtet. Dabei konzentrieren sich *interne Beobachter* auf ausgewählte Indikatoren und Kennzahlen, während *externe Beobachter* auf spezifische Indikatoren aus dem Unternehmensumfeld achten. Dazu werden einzelne Kennzahlen und Indikatoren identifiziert, Warnbereiche festgelegt und Beobachtungsaufträge vergeben.

Die einzelnen Beobachtungsergebnisse fließen in Form von Nachrichten an das Trend-Management koordinierende Vorausschauteam zurück. Dabei kann eine solche Nachricht sowohl aus einem fundierten Analystenreport als auch aus einer intuitiven Wahrnehmung hergeleitet werden. Das

Vorausschauteam führt die Ergebnisse entsprechend der beschriebenen Schritte 1 bis 4 zusammen und bereitet sie für das Trend-Reporting (Schritt 5) auf. Als wesentlicher Erfolgsfaktor für Trend-Management-Prozesse hat sich das »doppelte Feedback« ergeben. Danach müssen Entscheider die Nutzung der Früherkennungsinformationen mit dem Vorausschauteam abgleichen, und das Vorausschauteam motiviert die Beobachter vor allem über ein Feedback – das heißt über die Vermittlung der Nutzhaftigkeit ihrer Beobachtungstätigkeit.

Szenario-Controlling

Die meisten Szenarien entstehen zunächst vor dem Hintergrund einer konkreten Entscheidungssituation – beispielsweise eines Strategie- oder Innovationsprozesses. Ist es dann folgerichtig, wenn Szenarien mit der getroffenen Entscheidung »ihre Pflicht und Schuldigkeit« getan haben und nicht mehr weiter gebraucht werden? Natürlich nicht, denn Szenarien sind wie »Landkarten der Zukunft« – sie sollten kontinuierlich genutzt werden. Dies geschieht zunächst dadurch, dass die Szenarien im Sinne eines Szenario-Controllings kontinuierlich neu bewertet werden – also quasi die Position auf der Landkarte immer wieder neu bestimmt wird. Wird diese Landkarte zu unscharf, bedarf es einer Überarbeitung der Szenarien im Rahmen eines Szenario-Updates. Schließlich kommt es auch vor, dass die Themenstellung angepasst oder die Szenarien grundlegend neu entwickelt werden. Dies wird auch als Szenario-Relaunch bezeichnet.

Lufthansa Technik (LHT) ist einer der führenden herstellerunabhängigen Anbieter für Wartungs-, Reparatur- und Überholungsservices in der zivilen Luftfahrtindustrie. Aufgrund der vielfältigen Veränderungen im Geschäftsumfeld der Triebwerkinstandhaltung wurden sechs Szenarien erarbeitet, die die Entwicklungsmöglichkeiten des Markt- und Branchenumfelds beschreiben. Um den zu erwartenden Verlauf dieser Szenarien besser einschätzen zu können, wurde ein Szenario-Controlling-Prozess implementiert. Die Einführung eines umfangreichen Trend-Management- oder Früherkennungsprozesses wurde auf Basis der Ergebnisse einer Kosten/Nutzen-Analyse vorerst verworfen.

Stattdessen wurde entschieden, sich bei der Umfeldbeobachtung auf die Schlüsselfaktoren und deren Projektionen aus dem Szenarioprojekt zu konzentrieren. Dazu wurde das Beobachtungsfeld zunächst auf acht Themen und Themenbereiche eingegrenzt, denen die achtzehn Schlüsselfaktoren zugeordnet wurden. Insgesamt ergaben sich so 28 Indikatoren, für die ermittelt wurde, wann Veränderungen gegenüber der aktuellen Situation als signifikant anzusehen sind – und wann kritische Grenzwerte erreicht sind.

Dabei stellte sich heraus, dass nur wenige Abteilungen involviert werden müssten. Allerdings gab es auch eine Reihe von Marktinformationen, die schon damals erhoben wurden. Letztlich wurden die Indikatoren auf zwei Abteilungen verteilt, die einmal im Jahr die notwendigen Informationen und Zahlenwerte zu den Indikatoren zusammentragen. Die Ergebnisse werden ebenfalls einmal im Jahr konsolidiert und im Sinne der Szenarien interpretiert: »Welche Entwicklungen sprechen für das Eintreten welches Szenarios?«

Die Begehrlichkeit nach der systematischen Betrachtung des Marktumfelds wuchs stetig, sodass die Zahl der Indikatoren im darauf folgenden Jahr auf knapp 50 Indikatoren gestiegen ist. Im darauf folgenden Jahr wurde die Zahl der Indikatoren allerdings wieder reduziert, da einige Entwicklungen inzwischen als relativ sicher anzusehen waren.

Inhalt

Während ein Controlling-Prozess auf die Strategie des Unternehmens bezogen ist – angefangen von der Erfolgskontrolle bis zum strategischen Controlling –, fokussiert das Szenario-Controlling auf das Unternehmensumfeld. Daher kann parallel auch von Umfeld-Controlling gesprochen werden. Ein Szenario-Controlling kann drei aufeinander aufbauende Kernaktivitäten umfassen (siehe Abbildung 62):

- *Szenario-Monitoring:* Zunächst wird der von den Szenarien aufgespannte Zukunftsraum kontinuierlich überprüft und bewertet – also quasi die Position auf der Landkarte neu bestimmt.
- *Szenario-Update:* Wird dabei festgestellt, dass der Zukunftsraum den Möglichkeitsraum nicht mehr adäquat abdeckt, so erfolgt eine Überarbeitung und Anpassung der Szenarien. Dieser Schritt bildet gemeinsam

mit dem Szenario-Monitoring das Szenario-Controlling im engeren Sinne.

- *Szenario-Relaunch*: Wenn sich neue Themenstellungen ergeben, der regionale oder zeitliche Fokus verschoben oder die Zusammensetzung des Entscheiderkreises geändert hat, kann eine Neuentwicklung der Szenarien sinnvoll sein. Dies erfolgt üblicherweise in einem regulären Szenarioprojekt, weshalb ein solcher Relaunch als Szenario-Controlling im weiteren Sinne verstanden werden kann.

Abbildung 62: Kernaktivitäten des Szenario-Controllings

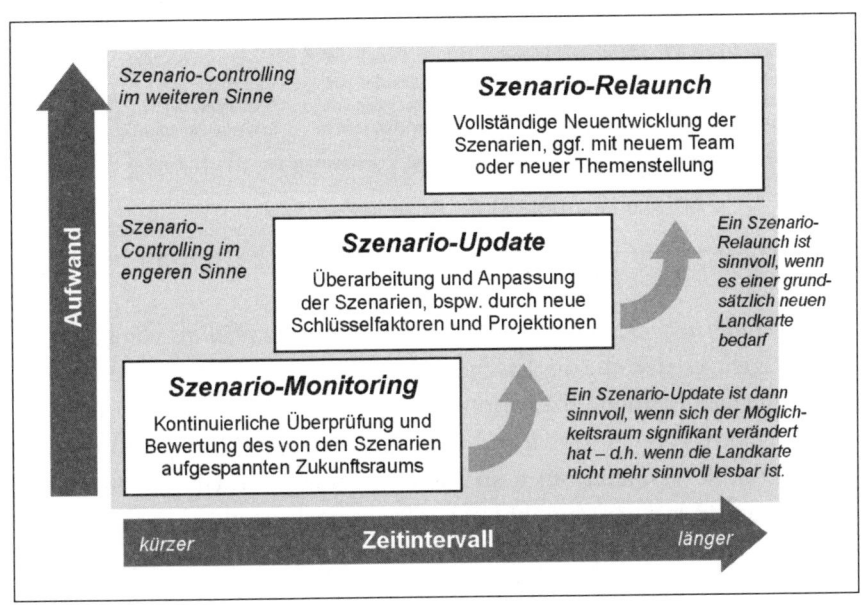

Aufwand

Szenario-Controlling im weiteren Sinne

Szenario-Relaunch
Vollständige Neuentwicklung der Szenarien, ggf. mit neuem Team oder neuer Themenstellung

Szenario-Controlling im engeren Sinne

Szenario-Update
Überarbeitung und Anpassung der Szenarien, bspw. durch neue Schlüsselfaktoren und Projektionen

Ein Szenario-Relaunch ist sinnvoll, wenn es einer grundsätzlich neuen Landkarte bedarf

Szenario-Monitoring
Kontinuierliche Überprüfung und Bewertung des von den Szenarien aufgespannten Zukunftsraums

Ein Szenario-Update ist dann sinnvoll, wenn sich der Möglichkeitsraum signifikant verändert hat – d.h. wenn die Landkarte nicht mehr sinnvoll lesbar ist.

kürzer **Zeitintervall** länger

Wir konzentrieren uns nachfolgend auf die verschiedenen Bausteine des Szenario-Monitorings und zeigen abschließend anhand eines Beispiels die Möglichkeiten eines Szenario-Updates.

Szenario-Monitoring

Die Bausteine eines Szenario-Monitorings reichen von einer Bewertung des Zukunftsraums auf Basis der Szenariolandkarte bis hin zur Konzeption eines Früherkennungsprozesses.

Abbildung 63: Bausteine des Szenario-Monitorings

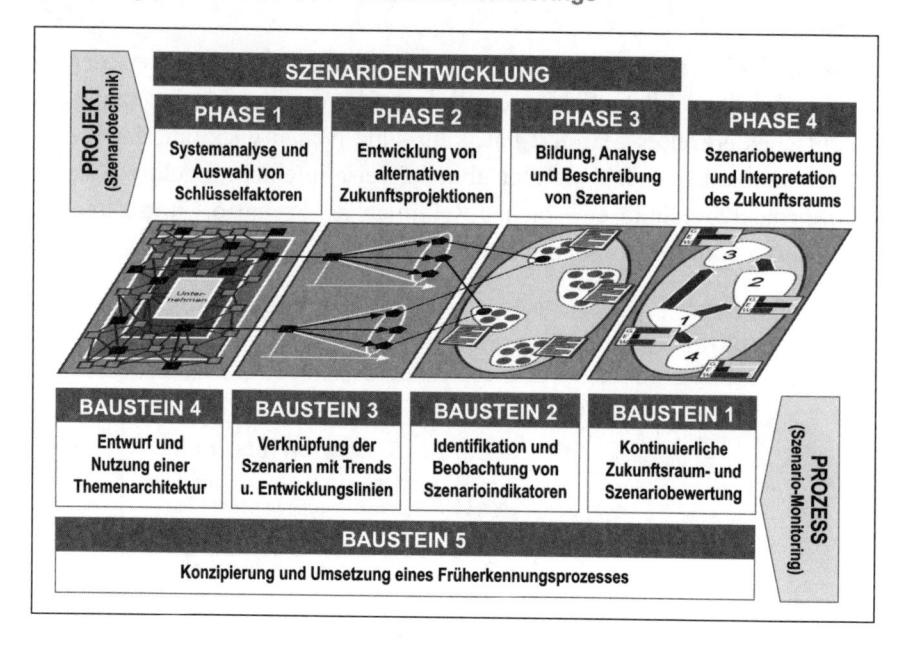

- *Kontinuierliche Zukunftsraum- und Szenariobewertung* (Baustein 1): Hier geht es darum, die häufig im Anschluss an ein Szenarioentwicklungsprojekt erfolgte Szenariobewertung *(→ Szenariotechnik)* in regelmäßigen Abständen zu wiederholen, um auf diese Weise qualitative und strukturelle Veränderungen im Zukunftsraum zu erkennen. Solche Veränderungen können sowohl auf der Szenarioebene als auch für einzelne Schlüsselfaktoren ermittelt werden.
- *Identifikation und Beobachtung von Szenarioindikatoren* (Baustein 2): Hier geht es darum, zu einzelnen Schlüsselfaktoren konkrete und häufig quantitative Indikatoren zu definieren, die Aussagen dazu liefern, ob es Entwicklungstendenzen hin zu bestimmten Projektionen gibt. Manchmal werden zusätzlich zu den szenariospezifischen Indikatoren auch weitere Einflussfaktoren ergänzt.
- *Verknüpfung der Szenarien mit dem Trend-Management* (Baustein 3): In diesem Baustein wird für den von den Szenarien aufgespannten Zukunftsraum ein *Trend-Management (→)* durchgeführt. Dies beinhaltet im Kern die bekannten Phasen von der Trendidentifikation und Trendbewertung über die Trendanalyse bis hin zum Trend-Reporting und Trend-Monitoring.

- *Entwurf und Nutzung einer Früherkennungsarchitektur* (Baustein 4): Mit einer Themenarchitektur wird das Szenario-Monitoring in einen unternehmerischen Früherkennungsprozess überführt – daher wird parallel auch von einer Früherkennungsarchitektur gesprochen. Sie bildet auf der obersten Ebene der Informationsstrukturierung den »Radarschirm« des Unternehmens. Auf dieser Basis können verschiedene Szenario-Monitoring-Prozesse vernetzt und gesteuert sowie mit dem *Trend-Management (→)* verknüpft werden. Daher kann es sinnvoll sein, eine solche Themenarchitektur bereits mit dem Start eines Szenario-Monitorings zu konzipieren, um bei einem späteren Ausbau über eine solide Grundlage zu verfügen.
- *Konzipierung und Umsetzung eines Früherkennungsprozesses* (Baustein 5): Die Zusammenbindung aller Schritte entspricht in der Regel der Konzeption eines Früherkennungsprozesses. Dies ist insbesondere dann notwendig, wenn man über das Monitoring der Schlüsselfaktoren und Szenarien hinaus auch ein Scanning des gesamten Unternehmensumfelds vorsieht.

Vorgehen

Ein Szenario-Monitoring-Prozess kann in der Praxis unterschiedlich gestaltet werden. Nachfolgend beschreiben wir ein in der Praxis bewährtes Verfahren, bei dem bereits frühzeitig eine Früherkennungsarchitektur erstellt wird, um den Prozess später erweitern zu können.

Definition einer Früherkennungsarchitektur (Schritt 1)

Ehe der eigentliche Früherkennungsprozess starten kann, muss der Beobachtungsbereich eingegrenzt, strukturiert und beschrieben werden. Beim Szenario-Monitoring wird dieses Beobachtungsfeld durch die Schlüsselfaktoren aufgespannt. Sie zu beobachten ist notwendig, um Aussagen über das mögliche Eintreten der einzelnen Szenarien treffen zu können.

Im Rahmen eines umfangreichen Früherkennungsprozesses wird das Betrachtungsfeld über die Schlüsselfaktoren hinaus ausgedehnt. Dies ist insbesondere dann der Fall, wenn mehrere Szenarioprojekte parallel beobachtet werden sollen. Dann – oder auch wenn beim Szenario-Monitoring bereits die Grundlage für eine spätere Früherkennung gelegt werden soll – bietet sich eine übergreifende Strukturierung in Form einer sogenannten Früherkennungsarchitektur an. Bei deren Erstellung kann zunächst auf das Systembild aus dem Szenarioentwicklungsprozess zurückgegriffen werden. Wir verwenden hierzu häufig eine Struktur aus acht Themenbereichen, die sich jeweils wieder in acht Themen strukturieren lassen (siehe Abbildung 64, oben). Dies zwingt die Nutzer dazu, sich auf die wesentlichen Themen zu konzentrieren. Nach unserer Erfahrung ist eine solche Begrenzung nicht störend, sondern hilfreich bei der Gestaltung des Früherkennungsprozesses. Zudem ermöglicht dieses Vorgehen eine intuitive Visualisierung mit Hilfe der sogenannten Lotosblütentechnik. Sie orientiert sich an den Blumenblättern einer Lotosblüte, die um einen Kern angeordnet sind. Im Zentrum der Blüte steht eine zentrale Thematik oder Problemstellung – eben der Fokus des Unternehmens. Die acht Blätter der ersten Ebene sind die zentralen *Themenbereiche* – beispielsweise die strategischen Geschäftsfelder des Unternehmens. Diese lassen sich auf der zweiten Ebene wiederum durch acht *Themen* charakterisieren.

Im Szenario-Monitoring liegt als Grundlage der Definition von Themenbereichen und Themen mit dem Systembild eines Szenarioprojekts bereits eine systemische Beschreibung des Geschäftsumfelds vor. Die darin beschriebenen Systemebenen und Einflussbereiche werden überprüft und gegebenenfalls erweitert.

Detaillierung des Beobachtungsfelds (Schritt 2)

Kernfrage des Szenario-Monitorings ist, *was* beobachtet werden soll. Ausgangspunkt sind dabei die im Rahmen der Szenarioentwicklung ermittelten Schlüsselfaktoren. Für sie sind möglichst konkrete Indikatoren festzulegen (siehe Abbildung 64, rechts unten). Dies kann auf unterschiedliche Weise erfolgen: Zu einigen Schlüsselfaktoren – wie zum Beispiel der Branchenstruktur – lassen sich direkt Indikatoren wie die Anzahl der Wettbewerber identifizieren. Zu anderen Schlüsselfaktoren – wie zum Beispiel der Innovationsgeschwindigkeit – ist zunächst festzulegen, worauf dieser Faktor aufsetzt, beispielsweise der F&E-Intensität oder der Umsetzung von Erfindungen. Erst dann lassen sich hinreichend konkrete Indikatoren wie die Anzahl von Patentanmeldungen ermitteln. Die Eindeutigkeit und Messbarkeit der Indikatoren ist ein wichtiger Erfolgsfaktor des Szenario-Monitorings.

Abbildung 64: Früherkennungsarchitektur und Beobachtungsfeld

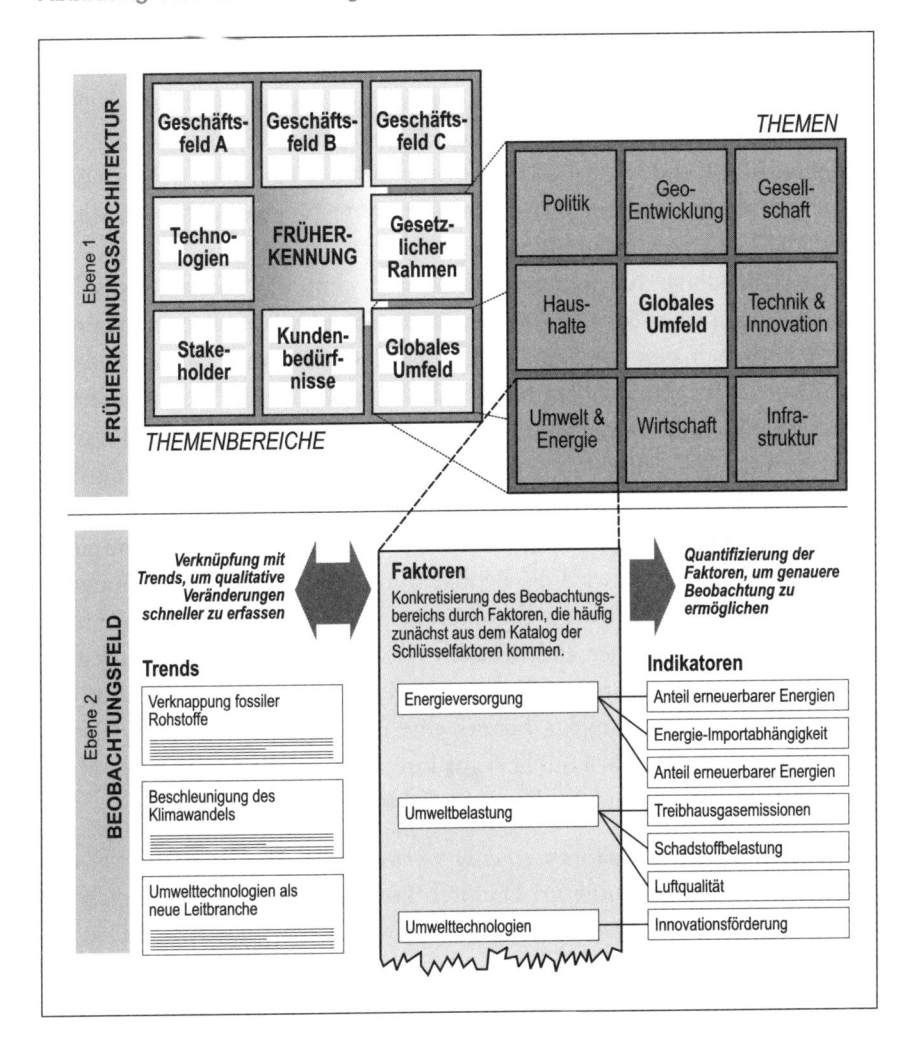

Für quantifizierbare Indikatoren sind zusätzlich konkrete Beobachtungsbereiche festzulegen. So wird für die Branchenstruktur mit dem Indikator »Anzahl der Wettbewerber« definiert, welche Veränderung aus Sicht des Unternehmens oder der Organisation eine signifikante Abweichung darstellt und für welche Zukunftsprojektion eines Schlüsselfaktors diese Abweichung spricht. Eine Betrachtung der Szenarien und ihrer Projektionen ermöglicht dann eine Interpretation, welche Entwicklungen das Eintreten welches Szenarios wie beeinflussen.

Für die Beobachtung eines Szenarios beziehungsweise des Zukunftsraums sind nicht alle Schlüsselfaktoren gleich wichtig. Daher ist an dieser Stelle auch zu bestimmen, welche Priorität den einzelnen Faktoren im Rahmen der Umfeldbeobachtung zukommt. Dazu ist zu klären, welche Faktoren einen maßgeblichen Einfluss auf die Entwicklung einzelner Szenarien ausüben und welche relative Bedeutung den einzelnen Schlüsselfaktoren innerhalb der Szenarien zukommt. Wir sprechen daher an dieser Stelle auch von Szenarioindikatoren.

Eine Grundlage für Szenarioindikatoren sind die charakteristischen Ausprägungen eines Szenarios (→ *Szenariotechnik*). Weitere Szenarioindikatoren ergeben sich aus dem Gesamtbild des Szenarios (»Wenn dies unsere Zukunft ist, dann sollten wir auf das achten ...«). Bei besonders kritischen Szenarioindikatoren kann es sinnvoll sein, zusätzlich Frühindikatoren zu ermitteln. Dabei handelt es sich um Größen, deren Veränderung Einfluss auf den kritischen Indikator nimmt.

Ist das Szenario-Monitoring in einen umfassenderen Früherkennungsprozess eingebettet, so wird die Beobachtung auf weitere Faktoren ausgedehnt. Zentrales Ziel dieser Erweiterung ist, das Unternehmensumfeld umfassend und auf einer einheitlichen Abstraktionsebene zu bearbeiten. Um die weiteren Faktoren zu bestimmen, liegt mit dem Einflussfaktorenkatalog des Szenarioprojekts bereits eine umfangreiche Basis vor. Dazu werden die Faktoren im Hinblick auf ihre Eignung als Indikatoren überprüft. Hierzu gibt es verschiedene Möglichkeiten:

- *Zuordnung aller Faktoren zu den Themenbereichen und Themen der Früherkennungsarchitektur:* Dadurch können bisher nicht ausreichend berücksichtigte Beobachtungsbereiche erkannt und durch neue Faktoren belegt werden.
- *Vernetzungsanalyse (→):* Durch Rückgriff auf die vorliegende Vernetzungsanalyse können bisher nicht berücksichtigte äußere Hebelkräfte oder Systemindikatoren erkannt werden.
- *Relevanzanalyse:* Eine zusätzliche Erweiterung ist möglich, wenn gezielt Faktoren einbezogen werden, die einen großen Einfluss auf die Entwicklung des eigenen Geschäfts ausüben. Solche Faktoren sind zwar weniger eng mit den Szenarien selbst verknüpft, stellen aber häufig die Verbindung zwischen ihnen und dem unternehmerischen Handeln her.

Die Definition der Indikatoren erfolgt wie im vorherigen Schritt beschrieben.

Verknüpfung der Szenarien mit Trends und Entwicklungslinien (Schritt 3)

Die Einbindung wahrnehmbarer Entwicklungen in das Szenario-Monitoring ermöglicht es, qualitative Veränderungen zu erfassen. Daher ist dieser Schritt vor allem dort sinnvoll, wo keine quantifizierbaren Indikatoren vorliegen. Außerdem ist dieser Schritt obligatorisch, wenn das Szenario-Monitoring an einen bestehenden Trend-Management-Prozess angedockt wird. Die Verknüpfung von Szenarien mit Trends und Entwicklungslinien kann dabei auf zwei Arten erfolgen:

- *Entwicklungslinien aus Szenariobewertung ableiten:* Dabei werden die Bewertungsergebnisse für einzelne Schlüsselfaktoren dahingehend untersucht, welche Differenzen es zwischen Gegenwart und erwarteter Zukunft gibt. Daraus lassen sich Entwicklungslinien für diesen Schlüsselfaktor ableiten.
- *Trends unabhängig von Szenarien ermitteln – und dann mit den Szenarien verknüpfen:* Hier werden zunächst relevante Umfeldtrends ermittelt. Dies kann durch Nutzung verschiedenster Quellen erfolgen. Diese Trends werden, soweit möglich, mit den Szenarien verknüpft, sodass erkennbar wird, welche Folgen das Eintreten oder die Verstärkung eines Trends für die einzelnen Szenarien hätte. Dabei ist es nicht zwingend erforderlich, dass die Trends einzelnen Indikatoren zugeordnet werden müssen; häufig reicht es aus, wenn sie einzelnen Faktoren oder sogar direkt den Szenarien zugeordnet werden können.

Die Beobachtung der Trends und Entwicklungslinien führt nun nicht nur zu einem Trendkatalog (→ *Trend-Management*), sondern ermöglicht gleichzeitig eine kontinuierliche Überprüfung der Szenariobewertung.

Organisation des Szenario-Monitorings

Die Organisation eines Szenario-Monitorings folgt im Wesentlichen den allgemeinen Fragen der Organisationsgestaltung: Wer macht was, wann und wie? Konkret führt dies zu drei Fragen:

- Wer beobachtet – oder woher kommen die Informationen?
- Wer interpretiert – oder wie entsteht das Zukunftswissen?
- Wer benutzt es – oder wann erhalten Entscheider was?

Somit ist zunächst zu klären, welche Geschäftsbereiche und Abteilungen in die Beobachtung der Faktoren und Indikatoren einbezogen werden sollten. Häufig ist es sinnvoller, sich auf einen überschaubaren Kreis zu verständigen, was die Effizienz des Prozesses erhöht und gleichzeitig den Ressourcenaufwand eingrenzt. Dabei ist zu berücksichtigen, dass es zum einen schon Abteilungen gibt, die heute Umfeldaspekte beobachten und dass es zum anderen auch Abteilungen gibt, die per Definition keine Marktinformationen erheben. Wichtig ist zudem, welche Synergien über welche Mechanismen aus einer internen Zusammenarbeit der Bereiche geschöpft werden können. Zusätzlich ist die Art der Beobachtung festzulegen:

- Bei der *periodischen Umfeldbeobachtung* werden Indikatoren in einem festzulegenden Zeitintervall untersucht. Häufig bietet es sich an, zunächst zweimal im Jahr zu »monitoren« und den Zyklus später entsprechend der Erfahrungen anzupassen.
- Bei der *kontinuierlichen Umfeldbeobachtung* werden ständig aktuelle Nachrichten einbezogen und mit dem Beobachtungfeld (Faktoren, Indikatoren, Trends) verknüpft. Bei diesem Vorgehen wird häufig ein Früherkennungssystem eingesetzt. Die Interpretation der Ergebnisse kann wiederum in bestimmten Zeitintervallen erfolgen – oder bei Erreichen kritischer Grenzwerte.

Die Interpretation der Beobachtungsergebnisse erfolgt in der Regel durch ein kleineres Vorausschauteam. Es ist aber auch möglich, einen größeren Kreis über Trend- oder Szenario-Workshops einzubinden.

Die Aufbereitung der Monitoring-Ergebnisse richtet sich nach dem Informationsbedarf der Entscheider. Diesen gilt es einzuschätzen und geeignete Formen zu finden, wie neue Themen und Entscheidungsvorlagen transportiert werden können. Auch hier ist die Frage zu klären, ob regelmäßig oder situationsbedingt berichtet werden soll. Erst danach werden konkrete Reporting-Formate festgelegt. Insgesamt hat es sich als Erfolgsfaktor erwiesen, wenn neben dem formellen Reporting »ein kurzer Draht« zwischen dem Vorausschauteam und den Entscheidern besteht.

Wichtig für den Erfolg des Prozesses ist zudem die Erkenntnis, dass Information nicht lediglich in einer Richtung aufgenommen, weiterverarbeitet und genutzt werden kann. Notwendig ist vielmehr ein *mehrfaches Feedback*: Die Entscheider sollten die Früherkennungsinformationen nicht kommentarlos nutzen, sondern eine intensive Kommunikation mit dem Vorausschauteam pflegen. Dieses wiederum darf die Beobachtungsergebnisse nicht einfach nur aufnehmen, sondern sollte die einzelnen Beobachter über erfolgreiche Verwendungen ihrer Informationen auf dem Laufenden halten und damit motivieren.

Szenario-Update

Nachdem KNV Umfeldszenarien für den E-Book-Markt entwickelt hatte, (→ *Partizipative Szenarioprozesse*) wurden in einem internen Prozess *Strategieszenarien (→)* entwickelt und daraus eine strategische Stoßrichtung für das digitale Geschäft abgeleitet. Im Rahmen des jährlichen Strategieprozesses stellte sich daraufhin zunächst die übliche Frage, ob die mit der Strategie verbundenen Ziele erreicht werden konnten. Darüber hinaus kamen aber neue Fragen auf: Wurden soziale Netzwerke in ausreichendem Umfang berücksichtigt?

Daher entschied sich KNV, die zwei Jahre zuvor entwickelte Landkarte noch einmal auf den Prüfstand zu stellen. Dabei nahm ein kompaktes Kernteam verschiedene Änderungen vor:

- Das Systembild wurde auf Basis der Erfahrungen des kompletten Prozesses neu strukturiert, wobei das Thema »digitale Inhalte« spezifiziert und betont wurde.
- Ein neuer Schlüsselfaktor wurde aufgenommen und zwei bisherige Schlüsselfaktoren wurden weggelassen. Darüber hinaus wurde ein Schlüsselfaktor aufgeteilt, um seine Zukunftsentwicklung genauer abschätzen zu können.
- Bei sieben Schlüsselfaktoren wurden die Zukunftsprojektionen überarbeitet – wobei der Umfang von der Anpassung der Formulierung bis zur Neustrukturierung reichte.

Auf Basis der geänderten Vorgaben wurden die Szenarien neu gebildet *(→ Szenariotechnik)*, sodass sich ein neues Zukunftsraum-Mapping ergab (siehe Abbildung 65). Darin zeigte sich zunächst die Stabilität der Szenarien, da die wesentlichen Dimensionen des Zukunftsraums erhalten geblieben waren. Signifikante Veränderungen ergaben sich allerdings im unteren Bereich der Landkarte, sodass einige bisher getrennt voneinander betrachtete Zukunftsbilder zu Szenariogruppen kombiniert werden konnten. Dies erleichterte die Kommunikation der Umfeldszenarien. Als weitere Veränderung ergab sich ein elftes Szenario (Szenario 3), in dem einige neue Zukunftsprojektionen mit bisher bereits bestehenden Annahmen zusammengeführt wurden. Dieses Bild

– darüber bestand im Szenarioteam schnell Einigkeit – war bei der ursprünglichen Szenarioentwicklung noch nicht ausreichend berücksichtigt worden.

Abbildung 65: **Veränderung der Zukunftslandkarte durch ein Szenario-Review**

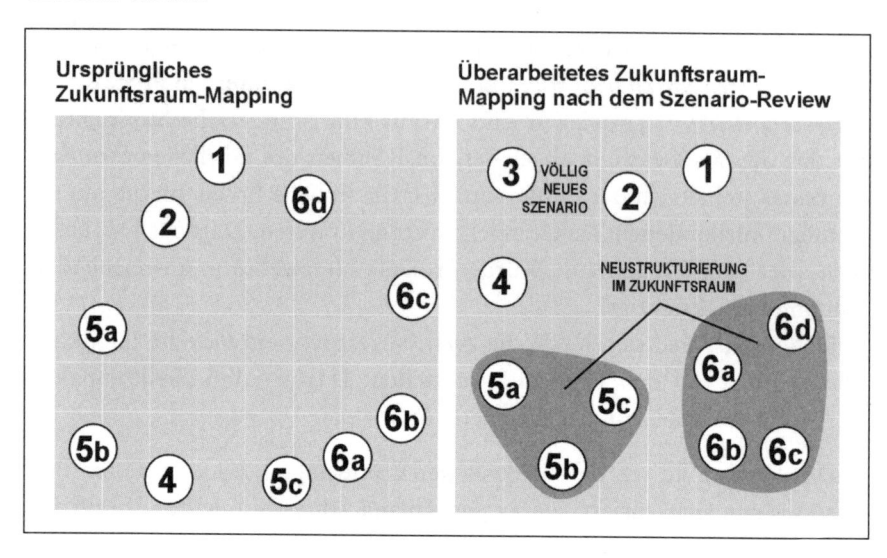

Ebenfalls aktualisiert wurde die Szenariobewertung. Die darin erkennbaren Veränderungen wurden daraufhin überprüft, ob sie auf inhaltlichen Neubewertungen beruhen – oder ob sie sich durch die Veränderungen der Fragestellungen (neue Schlüsselfaktoren und Zukunftsprojektionen) ergeben haben.

Wildcards

Wildcards sind zukünftige Entwicklungen oder Ereignisse, die sich durch eine relativ geringe Eintrittswahrscheinlichkeit und potenziell weit reichende Konsequenzen für das eigene Tätigkeitsfeld auszeichnen. Mit der systematischen Betrachtung von Wildcards sollen mögliche Strukturbrüche vorausgedacht sowie Szenarien und Strategien auf ihre Robustheit hin überprüft werden.

Im Oktober 2000 schreckte eine Meldung aus dem Benfield Greig Hazard Research Centre am Londoner University College die Anwohner des

Nordatlantik. Dr. Simon Day vermutete, dass eine Seite des Vulkans Cumbre Vieja auf der Kanareninsel La Palma instabil sei und in den Atlantik stürzen könnte. Schweizer Forscher hatten eine solche Eruption von einer halben Billion Tonnen Gestein modelliert. Danach entstände eine etwa 650 Meter hohe Flutwelle, die den Atlantischen Ozean mit Hochgeschwindigkeit durchqueren würde. Der Tsunami würde sich zwar abschwächen, aber nach Berechnung der Wissenschaftler noch immer mit einer Höhe von 40-50 Metern auf die amerikanische Küste treffen und dort bis zu 20 Kilometer landeinwärts spülen. Abbildung 66 zeigt die Entwicklung einer solchen Riesenwelle.

Abbildung 66: Entwicklung eines Tsunamis nach einem Vulkanausbruch auf den Kanarischen Inseln

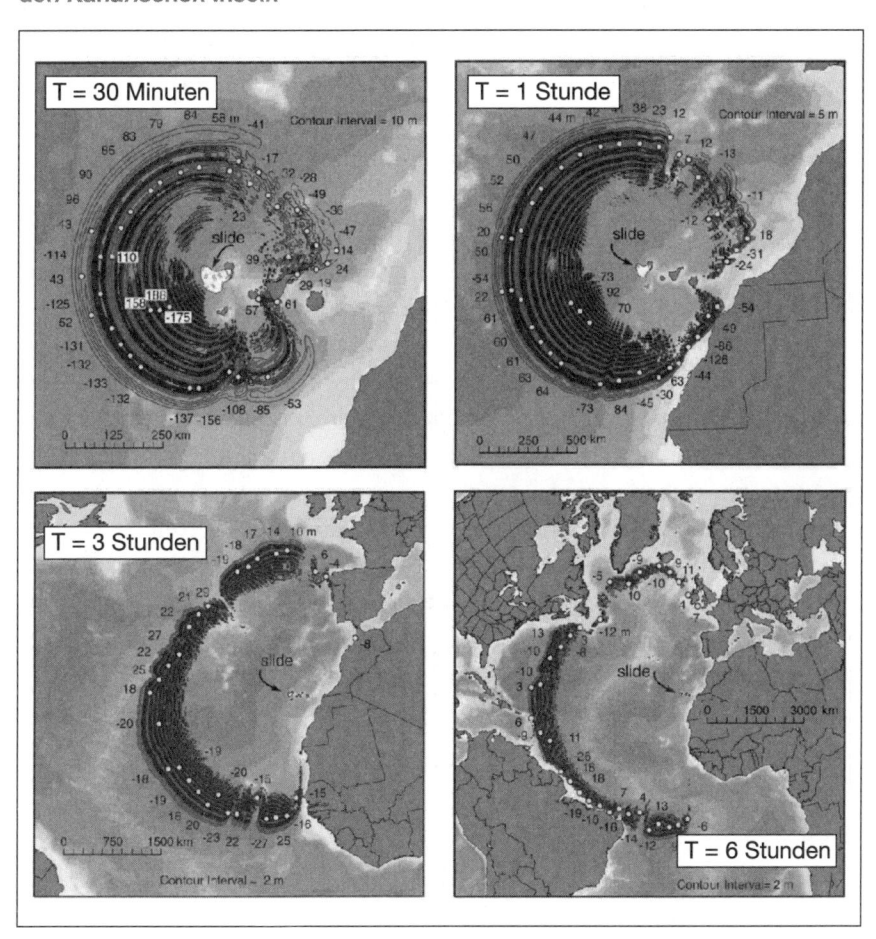

Wie geht man mit einer solchen »Wildcard« um? Zunächst einmal geht es darum, diese zukünftige Entwicklungsmöglichkeit nicht aufgrund ihrer scheinbar geringen Eintrittswahrscheinlichkeit zu vernachlässigen, sondern diese als Möglichkeit zu akzeptieren und zu verstehen. Erst dann ist es möglich, über Maßnahmen zur Vorsorge oder Vorbereitung sowie über Möglichkeiten der Frühwarnung nachzudenken. Bei Wildcards gilt folglich der Grundsatz: »Vorbereitung auf das scheinbar Undenkbare.«

Inhalt

Die Nutzung des Begriffs »Wildcard« im Rahmen der Zukunftsinstrumente geht auf eine gemeinsame Veröffentlichung des *BIPE Conseiol* in Issy-Les-Moulineaux/Frankreich, des *Copenhagen Institute for Future Studies* und des *Institute for the Future* in Menlo Park/USA zurück. Max H. Bazerman sowie Michael D. Watkins nennen Wildcards auch »predictable surprises«.

Mit dem Buch von Nassim Nicholas Taleb hat sich ein weiterer Begriff etabliert – der »Schwarze Schwan«. Hergeleitet wird diese Allegorie daher, dass die Menschen bis zur Entdeckung Australiens davon ausgingen, dass alle Schwäne weiß sind, sich diese Gewissheit mit der Sichtung des ersten schwarzen Schwans allerdings auflöste. Schwarze Schwäne haben eine massive Auswirkung. Gleichzeitig liegen sie außerhalb der regulären Erwartungen – trotzdem bemühen wir uns, im Nachhinein Erklärungen für ihr Auftreten zu finden.

Einen wesentlichen Grund für das verstärkte Auftreten schwarzer Schwäne beschreibt Taleb anhand des Unterschieds von Mediokristan und Extremistan: In Mediokristan dominiert eine milde Form der Zufälligkeit, bei der einzelne Ausreißer die Gesamtheit nicht signifikant beeinflussen. In Extremistan hingegen wirkt eine wilde Form der Zufälligkeit, bei der einzelne Ereignisse das Ganze massiv beeinflussen:

»Man kann den generellen Unterschied auch so formulieren: In Mediokristan müssen wir die Tyrannei des Kollektiven, der Routine, des Offensichtlichen und des Vorhergesagten ertragen; in Extremistan stehen wir unter der Tyrannei des Singulären, Zufälligen, Ungesehenen und Unvorhergesagten.« (Taleb 2008, S. 56)

Ähnlich wie bei schwarzen Schwänen oder Themen im *Issue-Management* (→) lassen sich auch für den Umgang mit Wildcards mehrere Phasen unterscheiden:

- In der *Latenzphase* entstehen die Wildcards, ohne dass sie von der breiten Öffentlichkeit oder den später Betroffenen wahrgenommen werden. Lediglich »schwache Signale« können auf das spätere Eintreten der Wildcards hinweisen.
- In der *manifesten Phase* werden daraus »starke Signale«. Diese Wahrnehmung der Wildcards durch die Öffentlichkeit erfolgt nicht selten schockartig. Dabei überschlagen sich die Ereignisse und es kommt zu hektischen Reaktionen. Häufig gibt es auch divergierende Interpretationen der dramatischen Veränderungen.
- In der *(Nach-)Wirkungsphase* erlischt das öffentliche Interesse und die Betroffenen gewöhnen sich an die Wildcards. Damit verbunden ist vielfach die Festlegung auf eine Standardinterpretation.

Abbildung 67: Einordnung von Wildcards

		Subjektive Eintrittswahrscheinlichkeit	
		hoch	gering
Betrachtete Treiber	Mehrere miteinander verknüpfte Faktoren	**Die erwartete Zukunft** … ist die Grundlage einer komplexen Planung. Sie ist häufig implizit vorhanden, kann aber auch aus einem oder mehreren Szenarien systematisch ermittelt werden.	**Szenarien** … sind mögliche Entwicklungen eines komplexen Betrachtungsbereichs, der durch mehrere Schlüsselfaktoren beschrieben wird. Szenarien haben häufig unterschiedliche Erwartungswerte.
	Nur ein Treiber	**Trends** … sind erwartete Entwicklungen eines einzelnen Faktors. Sie werden in der Regel beschrieben, um Entwicklungsrichtungen oder Veränderungen zu verdeutlichen.	**Wildcards** … sind mögliche Entwicklungen eines einzelnen Faktors, die (1) als relativ unwahrscheinlich angesehen werden – aber (2) mit erheblichen Konsequenzen verbunden wären.

Wildcards bilden den Gegenpol zu einer erwarteten Zukunft, wie sie die Grundlage vieler Prognose- und Planungsprozesse darstellt. Dabei liegen sie zwischen Trends und Szenarien. Einerseits beschreiben sie – ebenso wie Trends – die Entwicklungsmöglichkeiten eines einzelnen

Faktors oder eines isolierten Betrachtungsbereichs. Sie können quasi als »Trends mit geringer Eintrittswahrscheinlichkeit« angesehen werden. Andererseits können sorgfältig ausgearbeitete Wildcards, die zudem die Folgen für ganze Betrachtungsfelder beschreiben, den Charakter von *narrativen Szenarien* (→) bekommen. Allerdings fehlen ihnen im Vergleich zu richtigen Szenarien die Gegenparts – das heißt die alternativen Szenarien. Sie werden hier als »Nicht-Eintreten der Wildcards« nur selten mitbedacht.

John L. Petersen vom Arlington-Institute, dessen Buch »Out of the Blue« als Meilenstein der Wildcard-Methodik angesehen werden kann, nennt fünf Regeln für den Umgang mit Wildcards:

- Regel 1: Wenn Du nicht an eine Wildcard gedacht hast, dann hast Du auch nicht darüber nachgedacht.
- Regel 2: Wenn Du nicht über eine Wildcard nachgedacht hast *bevor* sie eintritt, dann sind alle Vorteile verschenkt.
- Regel 3: Für jedes wichtige Ereignis gibt es Vorboten, die sich aufspüren lassen.
- Regel 4: Bewertung und Verständnis von Information ist der Schlüssel zu Wildcards.
- Regel 5: Ungewöhnliche Ereignisse erfordern ungewöhnliche Ansätze.

Im deutschsprachigen Raum haben sich vor allem Angela und Karlheinz Steinmüller mit dem Thema »Wildcards« beschäftigt. Sie unterscheiden drei typische Kategorien von Wildcards:

- *Naturkatastrophen* wie Erdbeben und Überschwemmungen – aber auch Seuchen oder klimatische Veränderungen mit einer Verschiebung des Golfstroms und einer Abkühlung in Europa.
- *Innovationen und ihre Folgen*, wobei sich unmittelbare Folgen von »Killer-Applikationen« wie beispielsweise der Rundfunk in den zwanziger Jahren sowie Innovationen mit Spätfolgen wie die Gesundheitsschäden durch Substanzen wie DDT, Asbest oder FCKW unterscheiden lassen.
- *Gesellschaftliche Umwälzungen* können Regierungsumstürze, Revolutionen und Kriege, aber auch gesellschaftlich-kulturelle Veränderungen wie Wertewandel oder Migrationseffekte sein.

Vorgehen

Obwohl Wildcards in der Praxis meistens mit anderen Instrumenten kombiniert werden, wollen wir im Folgenden die vier zentralen Phasen eines Wildcard-Managements zunächst isoliert beschreiben.

Identifikation von Wildcards (Phase 1)

Hier geht es im Kern um die Frage, welche Störereignisse für einen Akteur überhaupt relevant sind. Dabei kann zunächst auf bekannte Kreativmethoden wie Workshops oder Brainstorming zurückgegriffen werden. Gestellt werden dabei Fragen wie »Was wird sich Ihrer Ansicht nach nicht verändern?«, »Was würde Ihnen nachts den Schlaf rauben?« oder »Was könnte Ihrem Geschäft die Grundlagen entziehen?« Zusätzlich können bestehende Checklisten (siehe u. a. Steinmüller et al.) genutzt oder verschiedene Experten befragt werden. Dabei ist es allerdings wichtig, dass diese Experten eher den Charakter von »externen Innovatoren« haben. Dieses können beispielsweise branchenfremde Zukunftsdenker, Sciencefiction-Autoren sowie Künstler und Kulturschaffende sein.

Bewertung von Wildcards (Phase 2)

In der zweiten Phase müssen die zuvor grob identifizierten Wildcards auf ihre Wahrscheinlichkeit und Wirkung hin bewertet werden. Dazu formulieren die Steinmüllers mehrere Fragen, die in dieser Phase gestellt werden können:

- *Worin besteht das Störereignis?*
- *Wie hoch ist – grob geschätzt – die Eintrittswahrscheinlichkeit? [...]*
- *Ist praktisch sofort oder schon sehr bald mit einem Eintreten zu rechnen oder müssen dafür erst gewisse Voraussetzungen gegeben sein? [...]*
- *Wer ist primär betroffen – welche Personengruppen oder Branchen, welche geografischen Regionen et cetera?*
- *Welche unmittelbaren und welche mittelbaren Wirkungen auf die Gesellschaft als Ganzes, auf einzelne Branchen werden ausgelöst?*
- *Mit welcher Dynamik könnten sich die Wirkungen entfalten – langsam und zeitversetzt oder praktisch augenblicklich?«* (Steinmüller et al., S. 33)

Abbildung 68: Wildcards mit dem höchsten Einflussindex nach Petersen (1999)

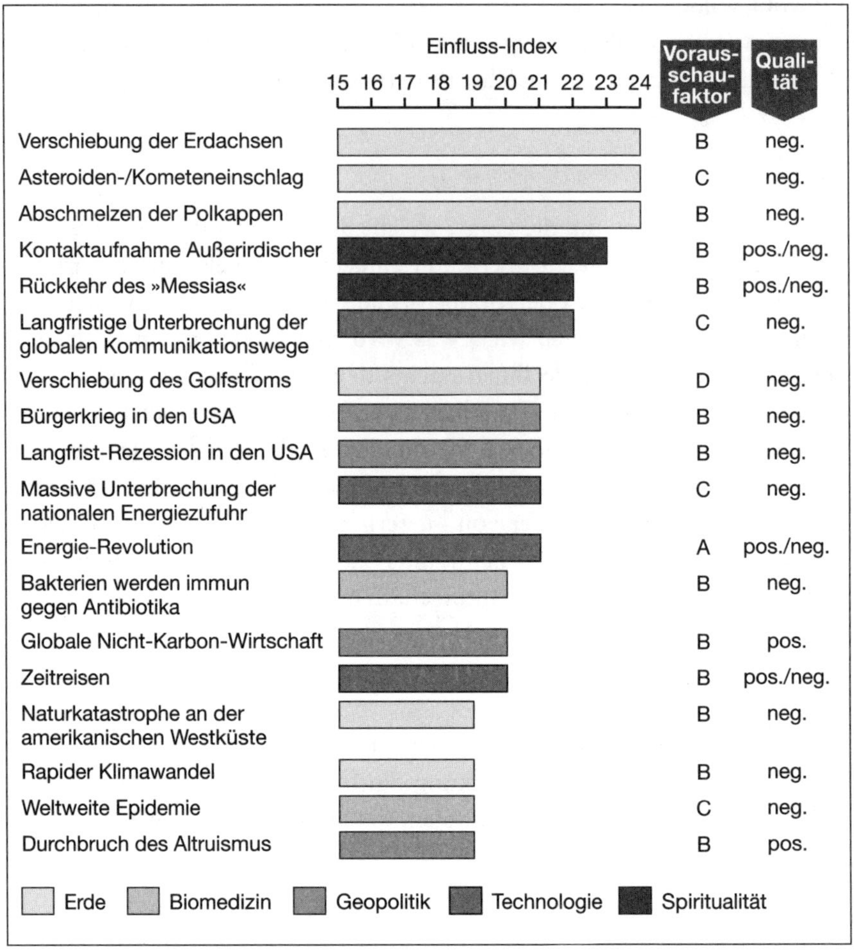

Wildcard	Einfluss-Index (15–24)	Vorausschaufaktor	Qualität
Verschiebung der Erdachsen		B	neg.
Asteroiden-/Kometeneinschlag		C	neg.
Abschmelzen der Polkappen		B	neg.
Kontaktaufnahme Außerirdischer		B	pos./neg.
Rückkehr des »Messias«		B	pos./neg.
Langfristige Unterbrechung der globalen Kommunikationswege		C	neg.
Verschiebung des Golfstroms		D	neg.
Bürgerkrieg in den USA		B	neg.
Langfrist-Rezession in den USA		B	neg.
Massive Unterbrechung der nationalen Energiezufuhr		C	neg.
Energie-Revolution		A	pos./neg.
Bakterien werden immun gegen Antibiotika		B	neg.
Globale Nicht-Karbon-Wirtschaft		B	pos.
Zeitreisen		B	pos./neg.
Naturkatastrophe an der amerikanischen Westküste		B	neg.
Rapider Klimawandel		B	neg.
Weltweite Epidemie		C	neg.
Durchbruch des Altruismus		B	pos.

Legende: Erde, Biomedizin, Geopolitik, Technologie, Spiritualität

John L. Petersen bewertet die verschiedenen Störereignisse zunächst anhand von sieben Kriterien:

- *Veränderungsgeschwindigkeit:* Im Fall einer schnellen Veränderung im Bereich der Wildcard ist von einem höheren Einfluss auf das eigene Handeln auszugehen. Dabei reicht die Skala von täglicher Veränderung (= 3) über monatliche Veränderung (= 2) bis zu jährlicher Veränderung (= 1).
- *Reichweite:* Hier wird eine Skala von globaler Wirkung (= 5) bis lokaler Wirkung (= 1) aufgespannt.

- *Verletzlichkeit des Umfelds:* Dabei geht es darum, wie stark wir beziehungsweise das Gesamtsystem von dem Störereignis betroffen sind. Hier reicht die Skala von hoher Verletzlichkeit (=3) bis geringer Verletzlichkeit (=1).
- *Resultat:* Die Folgen eines Störereignisses hängen davon ab, wie die Betroffenen darauf reagieren. Je größer die Ungewissheit, desto eher werden sie in chaotischer und ineffektiver Weise mit einer Wildcard umgehen. Daher wird hier eine Skala von hoher Ungewissheit bezüglich der Resultate (=3) bis geringer Ungewissheit (=1) verwendet.
- *Zeitrahmen:* Hier wird die Frage gestellt, ob eine Wildcard eher früher oder später eintreten wird. Daher wird für das wahrscheinlichste Eintreten eine Skala von 0–5 Jahre (=4) über 6–10 Jahre (=3) und 11–15 Jahre (=2) bis zu später als 15 Jahre (=1) verwendet.
- *Opposition:* Dabei wird gefragt, ob es Menschen oder Gruppen gibt, die sich dem Störereignis bereits heute entgegenstellen. Dabei wird eine Skala von starker Opposition (=+2) bis starker Unterstützung (=-2) verwendet.
- *Machtfaktor:* Abschließend wird gefragt, auf welcher Ebene das Störereignis jeden Einzelnen betreffen würde. Dabei wird die Wildcard von hohem Einfluss (=4) bis geringem Einfluss (=1) kategorisiert.

Eine Summierung der Kriterien für die einzelnen Störereignisse führt zu einem *Einflussindex*, der von 4 bis 24 reichen kann. Abbildung 68 zeigt aus der Perspektive des Jahres 1999 die Wildcards mit dem höchsten Einflussindex. Außerdem wird in einem *Vorausschau-Faktor* die Quellen- und Datenlage bezüglich des Störereignisses bewertet. Hier schlägt Petersen eine Skala von A (=viele Quellen) bis F (=wenige Quellen) vor. Letztes Kriterium sind die Auswirkungen einer Wildcard, die Petersen als *Qualität* beschreibt. Sie können primär positiv, primär negativ oder beides sein.

Vorsorge und Vorbereitung auf Wildcards (Phase 3)

Hier geht es darum, bereits in der Latenzphase die Wirkweisen der Wildcard zu durchdenken und sich auf ihr Eintreten vorzubereiten. Entsprechende Aktionen können anhand von zwei Kriterien unterschieden werden:

- Erfolgt die Aktion bereits vorbeugend, so handelt es sich um eine *Präventivmaßnahme*. Wird demgegenüber erst agiert, wenn die Wildcard bereits eingetreten ist, so sprechen wir von *Reaktivmaßnahmen*, die es im Vorfeld vorzubereiten gilt.

- Es gibt Wildcards, die als einmaliges *Ereignis* eintreten – beispielsweise ein Tsunami oder eine Epidemie. Der Begriff »Störereignis« drückt dieses aus. Alternativ gibt es Wildcards, die eher in Form einer *Entwicklung* auftreten, die sich in der manifesten Phase massiv verstärkt. Beispiele sind das Abschmelzen der Polkappen oder die Entwicklung der globalen Energiemärkte.

Abbildung 69 zeigt, welche Arten der Vorsorge und Vorbereitung auf Wildcards es gibt.

Frühwarnung von Wildcards (Phase 4)

Offen bleibt weiterhin die Frage: »Wie erkennt man, dass ein Störereignis naht – also wahrscheinlicher wird?« Diese Frühwarnung von Wildcards kann als Teilprozess der strategischen Früherkennung verstanden werden. Petersen spricht von »Surprise Anticipation«.

Während bei prozessbezogenen Wildcards die Entwicklung direkt beobachtet werden kann, müssen bei situationsbezogenen Störereignissen zunächst Indikatoren identifiziert werden, die auf diese Ereignisse hinweisen könnten.

Abbildung 69: Arten der Vorsorge und Vorbereitung auf Wildcards

		Charakter der Wildcards	
		Ereignis/Situationsbezogen	Entwicklung/Prozessbezogen
Zeitpunkt der eigenen Aktion	Latenzphase (Präventivmaßnahme)	Mit Präventivmaßnahmen das Eintreten einer Wildcard beeinflussen Beispiel: Akquisition neuer Kunden, um die Abhängigkeit von einem Großkunden zu reduzieren.	Mit Präventivmaßnahmen die Entwicklung einer Wildcard beeinflussen Beispiel: »Global Infectious Disease Surveillance«-Programm der WHO zur Frühwarnung vor neuartigen Infektionskrankheiten.
	Manifeste Phase (Reaktivmaßnahme)	Mit Reaktivmaßnahmen auf das Eintreten einer Wildcard reagieren Beispiel: Notfallplanungen für den Störfall in einem Kernkraftwerk.	Mit Reaktivmaßnahmen reagieren, wenn ein bestimmter Punkt in der Entwicklung einer Wildcard erreicht ist Beispiel: Fahrverbote, wenn ein bestimmter Grad von Umweltbelastung erreicht ist.

Anwendungen

Auch wenn die Bedeutung von Wildcards einleuchtet, – spätestens nach Ereignissen wie dem 11. September oder dem Tsunami in Südostasien – so werden sie in der Praxis häufig nicht oder nur beiläufig berücksichtigt. Nicht selten werden Elemente eines »Wildcard-Managements« in andere Zukunftsinstrumente integriert. So werden Wildcards im *Trend-Management* (→), im *Risiko-Management* (→) oder im *Krisen-Management* (→) immer dann berücksichtigt, wenn Ereignisse oder Entwicklungen mit geringer Eintrittswahrscheinlichkeit und hoher Wirkung betrachtet werden.

Abbildung 70: Exemplarische Eingrenzung des Mappings für den Rapiden Klimawandel (links) und den Globalen Terrorkrieg (rechts)

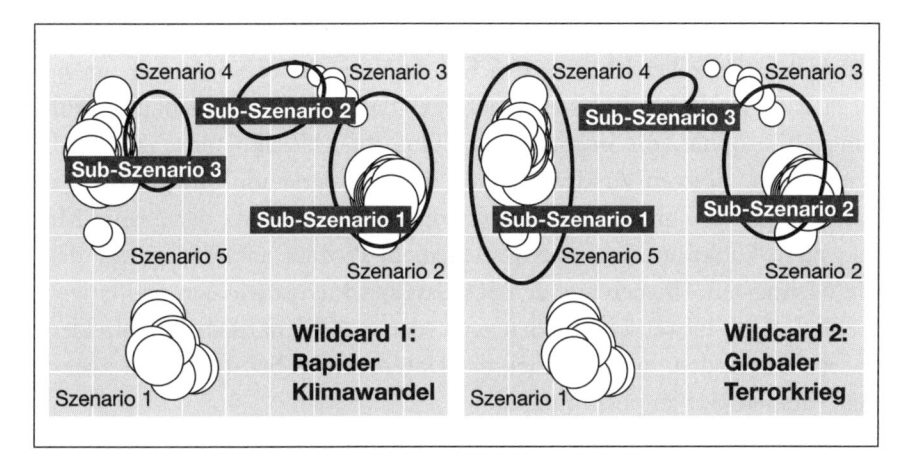

Auch in Szenarioprozessen werden Wildcards einbezogen – beispielsweise im Rahmen der von Ute von Reibnitz beschriebenen Störereignisanalyse. In der Praxis stellt sich dabei immer wieder die Frage, bis zu welchem Grad mögliche Entwicklungen direkt in die Szenarien integriert werden sollten. Eine Lösungsmöglichkeit ist die gesonderte Verknüpfung von Szenarien mit Wildcards. So wurden beispielsweise in die Mobilitätsszenarien der INPRO vier Wildcards – rapider Klimawandel, globaler Terrorkrieg, Weltwirtschaftskrise und globale Epidemie – integriert. Jedes dieser Störereignisse wurde zunächst beschrieben. Anschließend wurden die direkten Auswirkungen der Wildcards auf die Fahrzeugproduktion herausgearbeitet. Schließlich ließ sich bewerten, welche Projektionen beim Eintreten einzelner Störereignisse ausgeschlossen werden müssen. Durch eine gesonderte Szenarioberechung wurden nunmehr Sub-Szenarien für die einzelnen Wildcards erstellt und mit dem Zukunftsraum-Mapping kombiniert (Abbildung 70).

Issue-Management

Beim Issue-Management geht es darum, soziale Konflikte und Spannungen, die sich in Form von sogenannten »Issues« (Themen) zeigen, frühzeitig zu erkennen und entweder deren Eintreten im eigenen Sinne positiv zu beeinflussen oder mit dem Thema adäquat umzugehen.

Die *Swiss Re* ist der größte Rückversicherer der Welt – und als führender »Versicherer der Versicherer« gleichzeitig ein globaler Vordenker für vielerlei Risiken. Daher ist es ein wichtiger Bestandteil der visionären Führungsphilosophie von *Swiss Re*, die zukünftige »Risikolandschaft« frühzeitig zu antizipieren, zu identifizieren, zu analysieren und entsprechend zu handeln. Dazu wurde in Ergänzung zur Kernkompetenz der Risiko-Management-Funktion ein Issue-Management-Prozess entwickelt, mit dem die wichtigsten Themen aus den Schlüsselmärkten sowie den regulativen, technologisch-wissenschaftlichen und den gesellschaftlichen Umfeldern bearbeitet werden, mit dem Ziel, das Unternehmen bei strategisch wichtigen Themen klar zu positionieren.

Die Entwicklung des Issue-Managements der *Swiss Re* vollzog sich in mehreren Phasen. Vor Einführung eines formellen Issue-Management-Prozesses war es vor allem ein Bottom-Up-Prozess, in dem sich verschiedene Unternehmenseinheiten mit Zukunftsthemen und -risiken auseinandersetzten und die Ergebnisse situationsbezogen austauschten. Im Jahr 2001 stieß die Geschäftsleitung einen formalisierten Prozess an, um die rund zehn sogenannten »Top Topics« für die Unternehmensgruppe zu bestimmen und Forschungs- und Kommunikationsaktivitäten darauf auszurichten. Beispiele für solche Topthemen sind versicherungsrelevante Regulierungen, das Haftpflichtumfeld, Nanotechnologie, Terrorismus, Wasserversorgung, Klimawandel und Naturkatastrophen. Letztere standen bereits seit vielen Jahren auf der Agenda der *Swiss Re*, erhielten durch diese Priorisierung der Themen stärkeres Gewicht. Durch das formalisierte Issue-Management konnte schließlich die gesamte Geschäftsleitung für das Thema sensibilisiert werden und wichtige Projekte auf verschiedenen Ebenen initiiert werden.

Die Gründe für diesen stärker Top-Down-orientierten Ansatz waren vielfältig – von einer klaren Positionierung bei wichtigen Themen und der Ausrichtung der eigenen Forschungs- und Kommunikationsaktivitäten bis zur sogenannten »One-Voice-Quality« – also der einheitlichen Darstellung der *Swiss Re* nach außen. Besonders wichtig war in dieser Phase die Rolle der Unternehmenskommunikation, die das Grundprinzip der *Swiss Re* ausformte, wonach Informationen zu den Topthemen öffentlich kommuniziert und diskutiert werden.

In der Ende 2004 begonnenen Phase rückte der Einfluss der verschiedenen Stakeholder auf die *Swiss Re* stärker ins Blickfeld. Dazu wurde ein »Issue Steering Committee« gegründet, dessen Vorsitz der Chief Risk Officer (CRO) übernahm, und dem hochrangige *Swiss Re*-Vertreter, welche die verschiedenen Anspruchsgruppen (Kunden, Investoren, Behörden, Mitarbeiter) und die Kommunikationsfunktion vertreten, angehören. Gleichzeitig wurde das *Swiss Re*-Konferenz- und Ausbildungszentrum (*Swiss Re* Centre for Global Dialogue) besser in den Prozess eingebunden, indem es die Früherkennungsaktivitäten der verschiedenen Unternehmenseinheiten – wo erforderlich – koordiniert und ergänzt, dem Issue Steering Committee Vorschläge für die Priorisierung unterbreitet und als Plattform für den Wissensaustausch mit externen Experten und den Dialog mit den Anspruchsgruppen fungiert. Die strategischen Früherkennungsaktivitäten zur systematischen Identifizierung und der kontinuierlichen Beobachtung und Verfolgung der Topthemen wurden nicht nur im Rahmen des Issue-Management-Prozesses sondern auch für das zentrale Risiko-Management verstärkt. Ein »Emerging Risk Management«-Team wurde aufgebaut, das unter anderem die Aufgabe hat, das Bottom-Up-Früherkennungssystem »SONAR« (Systematic Observations Associated with Risks) einer Unternehmenseinheit gruppenweit zu verankern und Empfehlungen für den Umgang mit Emerging Risks auszuarbeiten. Entsprechend ist dies eine wichtige Quelle für den Issue-Management-Prozess.

Das Issue-Management wurde so immer stärker zu einer Schnittstellenfunktion zwischen Risiko-Management, Produktentwicklung, Strategie und Unternehmenskommunikation, die sowohl Top-Down als auch Bottom-Up-Elemente miteinander verknüpft. Einerseits positioniert es die *Swiss Re* zu wichtigen strategischen Themen gegenüber seinen Stakeholdern und anderseits ermöglicht es einen offenen internen und externen Dialog, sodass »schwache Signale« früher aufgenommen und bearbeitet werden können.

Inhalt

Der Begriff »issue« bezeichnet im angelsächsischen Sprachraum ein öffentliches Anliegen oder Problem beziehungsweise eine politische oder gesellschaftliche (Streit-)Frage. Da es im Deutschen keinen adäquaten Begriff gibt, wird hierfür vor allem der Begriff »Thema« verwendet (»Das ist für uns ein Thema« oder »Tagesthemen«). Der methodische Ansatz eines systematischen *Issue-Managements* wurde 1976 von dem amerikanischen PR-Manager Howard Chase geprägt. Er war vor allem fasziniert davon, welchen Einfluss außenstehende Organisationen und Akteure auf ein Unternehmen ausüben können.

Die Abgrenzung eines Issues von einem Trend wird in Literatur und Praxis sehr unterschiedlich vorgenommen. In einfacher Form wird ein Issue als ein Trend oder Ereignis definiert, das eine potenzielle Auswirkung auf die eigene Organisation hat und insofern möglicherweise einer Reaktion bedarf. In der erweiterten Definition wird ein Issue als soziales Problem verstanden, zu dessen Entstehung es sowohl einer Interpretationsleistung als auch einer Motivationsleistung in Bezug auf Ressourcen bedarf. Insofern kann die Entstehung von Issues durch drei Phasen beschrieben werden (siehe auch Abbildung 71).

Auftreten struktureller Spannungen (Phase 1): Hier kommt es zu dem als Deprivation bezeichneten Auseinanderklaffen von Ansprüchen und ihrer Erfüllung. Grundsätzlich gibt es drei Formen solcher Erfüllungslücken, aus denen heraus sich ein Mobilisierungspotenzial ergibt:

- Typ 1: Hier geht die Erfüllungslücke auf unterschiedliche Wahrnehmung oder Interpretationen der Gegenwart zurück.
- Typ 2: Diese Lücke bezieht sich auf eine tatsächliche Abweichung von Anspruch und Leistung.
- Typ 3: Hier bestehen in der Gegenwart Unterschiede in Bezug auf die Ideal- oder Zielvorstellungen.

Entstehung von Deutungsgemeinschaften (Phase 2): Die Fähigkeit, sich zu organisieren, wird heute als treibende Kraft für das Emporkommen eines Issues angesehen. Insofern müssen neben den *materiellen Ressourcen* wie Finanzmitteln und Arbeitsleistungen auch *motivationale Ressourcen* vorliegen. Darunter werden gemeinsame Geisteshaltungen und ein Konsens in Bezug auf die moralische Richtigkeit der Interpretation des Issues verstanden. Grundlage dafür ist ein gemeinsamer *Deutungsrahmen* beziehungsweise *Deutungsmuster*. Das Deutungsmuster eines Issues besteht nach Liebl darin, »dass Fakten zu einem Ganzen arrangiert und mit einem Etikett versehen werden«. Während im Rahmen eines *diagnostischen Deutungsrahmens* ein Problem definiert und beschrieben wird, enthält ein *prognostischer Deutungsrahmen* einen Lösungsvorschlag für das Problem. Soziale Bewegungen können insofern auch als »Deutungsgemeinschaften in Bezug auf Issues« verstanden werden.

Abbildung 71: Entstehung von Issues nach Liebl

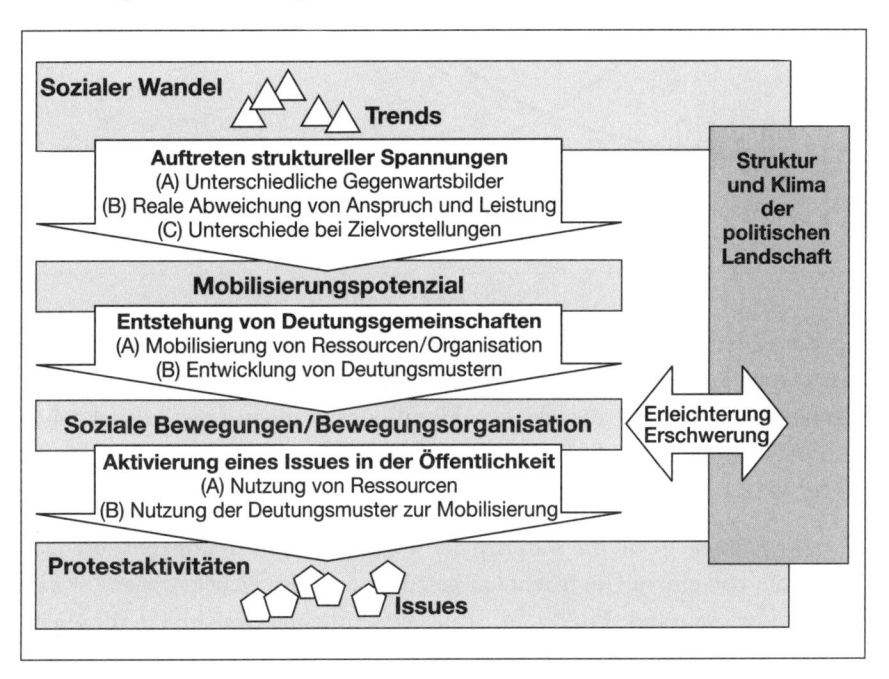

Aktivierung eines Issues in der Öffentlichkeit (Phase 3): Schließlich nutzen diese Organisationen – unter Berücksichtigung von Strukturen und politischem Klima – ihre Ressourcen zur Aktivierung eines Issues in der breiten

Öffentlichkeit. Dabei kommt dem Deutungsrahmen eine besondere Bedeutung zu. So blieb ein Unfall im Fermi-Reaktor bei Detroit im Jahr 1966 aufgrund des fehlenden Deutungsrahmens weitgehend ignoriert, während der Unfall im Kernkraftwerk *Three Mile Island* im Jahr 1979 erhebliche öffentliche Reaktionen auslöste.

Abbildung 72: Lebenszyklus eines Issues

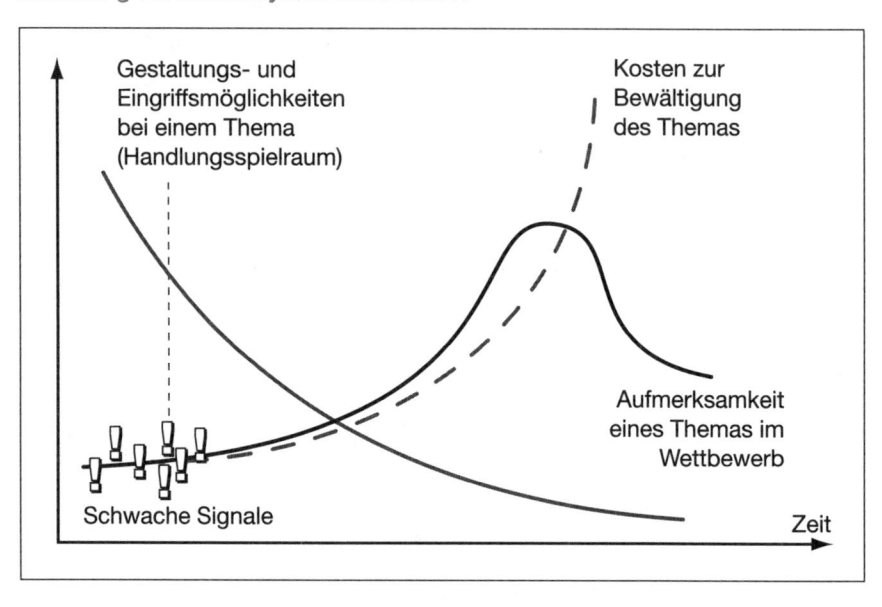

Bei der Entstehung und Aktivierung eines Issues durchläuft dieser idealtypisch einen Lebenszyklus, in dessen Verlauf die Kosten der Themenbewältigung ansteigen und die eigenen Handlungsmöglichkeiten zurückgehen (Abbildung 72). Nach Franz Liebl können drei verschiedene Anwendungsfelder für das Issue-Management identifiziert werden:

- *Issue-Management im Bereich der Public Relations* konzentriert sich auf die von einem Unternehmen betroffenen Anspruchsgruppen (→ *Stakeholder-Analyse*). Hier geht es im Wesentlichen um die Handhabung etwaiger Missverhältnisse zwischen den Aktionen eines Unternehmens und den Erwartungen der verschiedenen Stakeholder.
- *Issue-Management als Bestandteil des strategischen Managements* fokussiert auf die strategischen Konsequenzen, die von einem Issue für das Unternehmen ausgehen. Als Issue gilt dabei alles, was als Entwicklung

im Umfeld einen – positiven oder negativen – signifikanten Einfluss auf den zukünftigen Erfolg ausüben kann.
- *Issue-Management im Sinne des Trend-Managements* (→) ist eine dritte Entwicklungsrichtung, die immer dann zum Tragen kommt, wenn Zukunftsthemen intensiv analysiert werden.

Vorgehen

Es gibt verschiedene Modelle für einen Issue-Management-Prozess. So unterscheidet das amerikanische *Issue Management Council* fünf Phasen: (1) Issues aufspüren, (2) Issues analysieren und bewerten, (3) strategische Optionen zur Bearbeitung des Issues ermitteln, (4) Umsetzung der Maßnahmen und (5) Auswertung der Ergebnisse. Wir wollen uns stattdessen an den Issue-Management-spezifischen Aspekten orientieren und unterscheiden in Anlehnung an Liebl fünf Phasen des Issue-Managements.

Identifikation von Themen (Phase 1)

Im Rahmen der *Informationsaufnahme* geht es darum, die für ein Issue-Management notwendigen Informationen zu gewinnen. Dabei kommen verschiedene Nachrichten – von der einfachen Zeitungsmeldung bis zum qualifizierten Dossier – in Betracht. Konkret werden zwei Arten der Informationsgewinnung unterschieden:

- *Scanning*: Hier erfolgt die Nachrichtensuche im Sinne eines 360°-Abtastens anhand eines allgemeinen Suchfelds, dass beispielsweise das gesamte Unternehmensumfeld umfasst.
- *Monitoring*: Hier werden vorab bekannte und als besonders kritisch angesehene Suchfelder (wie Prämissen für bestehende Strategien, Indikatoren für das Eintreten von Krisen oder spezifische Szenariokennwerte) kontinuierlich und gezielt beobachtet.

Erfassung von Komponenten und Strukturen eines Themas (Phase 2)

In der zweiten Phase des Issue-Managements geht es darum, die identifizierten Themen (und auch Trends, sofern sie als komplexe Themenkonstellationen verstanden werden) – näher zu untersuchen. Dieser Schritt wird auch als »Tiefen-Analyse« bezeichnet. Nach Liebl geht es hier darum, »*Trends und Issues auf ihre Kernelemente zu untersuchen, die beteiligten Kontexte zu eruieren und Vorstellungen über die Verbreitungschancen zu erhalten.*« Dazu gehört auch, die komplexe Struktur von Trends und Issues transparent zu machen und das Verhältnis von Trends und Gegentrends zu verstehen.

Ein wichtiger Teil der Tiefen-Analyse ist die Identifikation von Elementen oder Motiven, die ein Thema oder einen Trend ausmachen. Dazu können Workshops veranstaltet, Tiefeninterviews durchgeführt oder Medienberichte ausgewertet werden. Eine besondere Form dazu ist die *Bibliometrische Analyse*, bei der begriffliche Zusammenhänge automatisch erfasst und ausgewertet werden. Außerdem besteht hier eine enge Verbindung zur *Stakeholder-Analyse* (→), da die Bewertung von Themen stets in Beziehung zu bestimmten Anspruchsgruppen erfolgt.

Abbildung 73: Assoziationsnetz des Trends zu Bio-Lebensmitteln

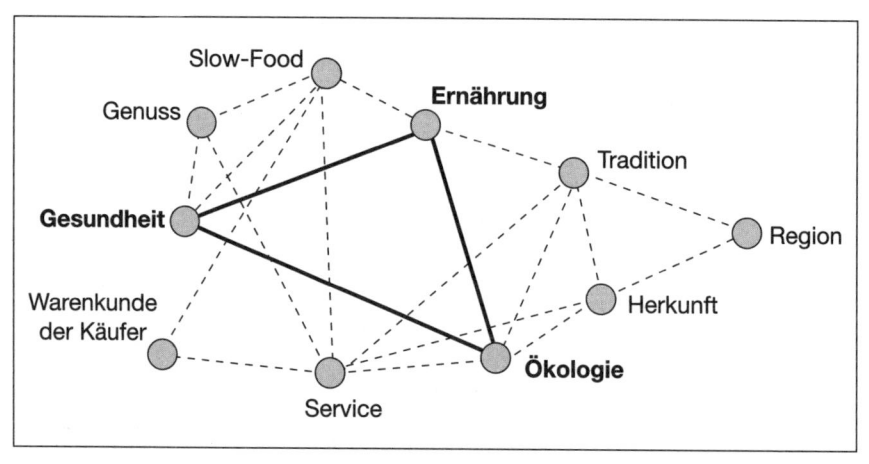

Um ein Verständnis von einem Thema zu gewinnen, können die Zusammenhänge der Motive in einem Assoziationsnetz dargestellt werden. So zeigt sich exemplarisch beim Trend zu biologischen Lebensmitteln, dass dieser über die ursprünglichen Motive »Ernährung«, »Gesundheit« und »Ökologie« deutlich hinausgeht und nunmehr ein wesentlich komplexeres Geflecht darstellt.

Nach der Atomisierung und Verknüpfung der Motive werden Assoziationen identifiziert, die die innere Konsistenz der Themen gefährden können. Daraus können beispielsweise Gegentrends abgeleitet werden. Außerdem können durch verschiedene »Szene-Diskurse« die sogenannten Andockstellen der Trends geprüft werden.

Erfassung von Möglichkeitsräumen für ein Thema (Phase 3)

Während es in der zweiten Phase um eine Analyse der Struktur sowie der bisherigen Entwicklung der Themen ging, werden nunmehr im Sinne einer »Potenzial-Synthese« ihre zukünftigen Entwicklungsmöglichkeiten näher betrachtet. Hier sieht Liebl einen zentralen Vorteil des Issue-Managements, denn es »*beschränkt sich nicht auf passives Antizipieren von Entwicklungen im sozio-kulturellen Umfeld*«, sondern liefert eine »*plausible und kreative Weiterführung der Querverbindungen zwischen den Konstituenten von einmal erkannten Trends und Issues, zum Beispiel durch Analogien oder andere Kreativtechniken*«. Dabei unterscheidet er zwei unterschiedliche Wege zur Erfassung von Möglichkeitsräumen: Beim *Outside-in-Vorgehen* entstehen durch Zusammenfassung und Fortschreibung Möglichkeitsräume für das Umfeld, aus denen entsprechende Optionen und Strategien für das Unternehmen abgeleitet werden. Beim *Inside-out-Vorgehen* steht das Unternehmen mit seinen existierenden Strategien oder Produkten im Mittelpunkt und es wird gefragt, welche Trends oder Issues signifikante Auswirkungen auf deren Entwicklung haben könnten.

Letztlich können in dieser Phase verschiedene Instrumente der Vorausschau genutzt werden. So schlägt Liebl beispielsweise vor, bestehende Assoziationsnetze durch Analogien fortzuschreiben. Auch mit Themen- und *Trendlandschaften* (→ *Trendforschung*) lassen sich Möglichkeitsräume aufspannen.

Szenarien spielen im Issue-Management insofern eine große Rolle, als dass sie Möglichkeitsräume aufzeigen. Neben den klassischen Szenarien für einzelne Themen oder zusammenhängenden Themen- oder Trendfelder können auch bewusst Szenarien betrachtet werden, die aus heutiger Sicht Inkonsistenzen enthalten und die dann im Sinne eines experimentellen Vorgehens weitergedacht werden.

Agenda-Building (Phase 4)

Da ein Unternehmen nicht alle Themen mit gleicher Intensität bearbeiten kann, geht es in dieser vierten Phase um die Auswahl beziehungsweise Priorisierung strategisch relevanter Themen. Dieser Prozess wird auch als *Agenda-Building* bezeichnet. Dabei müssen mehrere Prioritätenlisten oder Tagesordnungen, nämlich die Agenden von Medien, Öffentlichkeit sowie Top- und Mittel-Management betrachtet werden.

Abbildung 74: Verknüpfung der Agenden

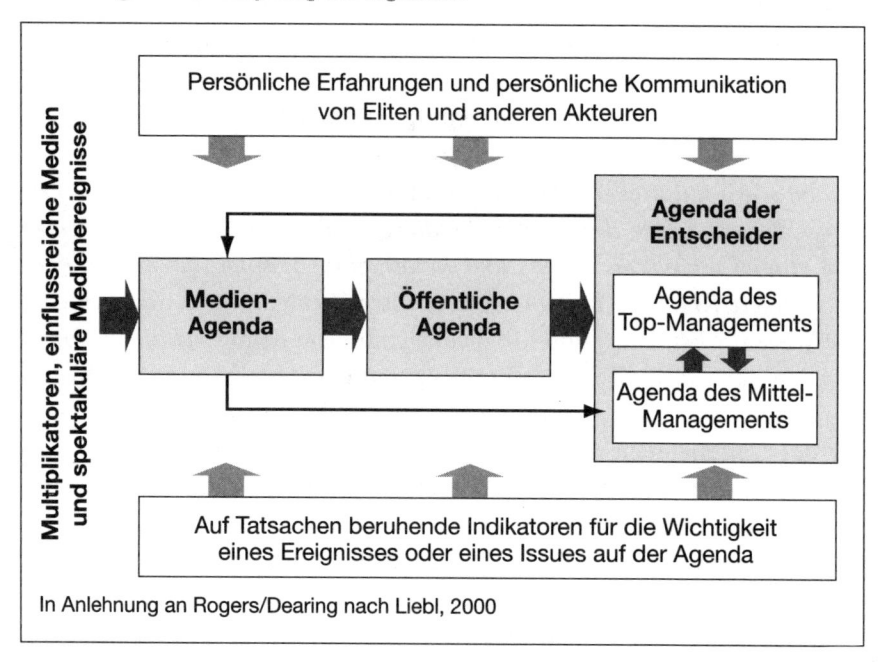

```
                    ┌─────────────────────────────────────────────┐
                    │ Persönliche Erfahrungen und persönliche     │
                    │ Kommunikation von Eliten und anderen Akteuren│
                    └─────────────────────────────────────────────┘
                              │           │            │
                              ▼           ▼            ▼
  Multiplikatoren,                                  ┌──────────────┐
  einflussreiche Medien                             │ Agenda der   │
  und spektakuläre      ┌──────────┐  ┌──────────┐  │ Entscheider  │
  Medienereignisse      │ Medien-  │→ │Öffentliche│→ ├──────────────┤
                   ──→  │ Agenda   │  │ Agenda   │  │ Agenda des   │
                        └──────────┘  └──────────┘  │Top-Managements│
                                                    ├──────────────┤
                                                    │Agenda des    │
                                                    │Mittel-       │
                                                    │Managements   │
                                                    └──────────────┘
                              ▲           ▲            ▲
                    ┌─────────────────────────────────────────────┐
                    │ Auf Tatsachen beruhende Indikatoren für die │
                    │ Wichtigkeit eines Ereignisses oder eines    │
                    │ Issues auf der Agenda                       │
                    └─────────────────────────────────────────────┘
```

In Anlehnung an Rogers/Dearing nach Liebl, 2000

Auch auf der Entscheiderseite gibt es einen internen Konflikt zwischen verschiedenen Gruppen. In Unternehmen können daher zwei Problemfelder identifiziert werden. Beim *Top-Down-Problem* wird die Frage gestellt, wie das Top-Management die wichtigen Issues in die Köpfe der Mitarbeiter bekommt, und wie diese für strategische Konsequenzen sensibilisiert werden können. Beim *Bottom-Up-Problem* fragt sich das Mittel-Management, wie es ein wichtiges Thema auf der strategischen Agenda des Top-Managements verankern kann.

Auf der Umfeldseite geht es zunächst um die Beziehung zwischen Medien-Agenda und öffentlicher Agenda. Grundsätzlich ist zu berücksichtigen, dass in beiden Feldern ein eigenes System von Kriterien besteht, nach dem Issues ausgefiltert beziehungsweise Themen gesetzt werden. Dennoch besteht hier ein enger Zusammenhang, denn die Medien beeinflussen im

Sinne einer »Agenda-Setting-Funktion« in starkem Maße, worüber gesprochen wird. Davon zu unterscheiden sind allerdings die Haltungen des Publikums zu den einzelnen Themen, denn dort muss der Einfluss der Medien als wesentlich geringer angesehen werden. Liebl nennt zwanzig Kriterien, von denen der Aufmerksamkeitswert und damit »die Karriere« eines Issues abhängt:

- Wie allgemein ist das Issue formuliert?
- Wie stark ist der lebensweltliche Bezug des Issues?
- Wie hoch ist die empirische Beweiskraft für das Issue?
- Wie groß ist die soziale Bedeutung des Issues?
- Welchen zeitlichen Horizont besitzen die Konsequenzen eines Issues?
- Wie komplex ist das Issue?
- Wie einstimmig ist die Medienberichterstattung?
- Werden Argumente zu häufig wiederholt?
- Wie hoch ist der Neuheitsgrad des Issues?
- Wie stark ist das Issue emotional besetzt?
- Wie hoch ist die Dynamik der Verbreitung?
- Wie stimmig ist die Symbolik des Issues?
- Wie zentral sind die benutzten Werte?
- Wie groß ist die Spannungsweite des Deutungsrahmens?
- Wird das Deutungsmuster als konsistent wahrgenommen?
- Existieren Unstimmigkeiten zwischen Deutungsmuster und Aktionen?
- Existiert die Möglichkeit einer Schuldzuweisung?
- Wie stark ist die Konkurrenz zwischen Issues?
- Wie groß ist die Verwandtschaft zu priorisierten Issues?
- Wie wahrscheinlich ist die Herausbildung von sekundären Issues?

Beim Agenda-Building geht es im Kern darum, ausgehend von einer eigenen, internen Agenda die Themenbildung relevanter Stakeholder zu beeinflussen. Für eine Unternehmensführung bedeutet dies zunächst die eigene Agenda zu strukturieren und dann die Agenda seiner Mitarbeiter sowie die öffentliche Agenda über gezielten Medieneinsatz mitzugestalten.

Handhabung von Issues (Phase 5)

Die Handhabung der Issues richtet sich nach dem Einsatzfeld: Ist es eher ein strategischer Entscheidungs- oder ein Kommunikationsprozess? Unabhängig davon werden drei Formen der Handhabung von Issues unterschieden:

- Das Unternehmen überlässt es anderen Akteuren, das Issue zu beeinflussen oder voranzutreiben und es beschränkt sich auf die Reaktion beim Eintreten bestimmter Randparameter.
- Das Unternehmen passt sich der bestehenden Dynamik des Issues aktiv an – allerdings ohne das Issue selbst zu beeinflussen oder:
- Das Unternehmen greift dynamisch ein und gestaltet die Fortentwicklung des Issues aktiv mit.

System Dynamics/Simulationen und Mikrowelten

Systemorientiertes oder vernetztes Denken bedeutet in seinem Kern, mit komplexen Systemen verständig umzugehen. Dafür gibt es in der Praxis viele verschiedene Ansätze. Wir konzentrieren uns hier auf System Dynamics als Möglichkeit zur Modellierung komplexer Systeme und zur Simulation ihres Verhaltens. Damit bilden sie gleichzeitig die Grundlage für experimentelles Lernen in sogenannten »Mikrowelten«.

Die Moros leben als Stamm von Halbnomaden irgendwo in Westafrika, am Rand der Sahelzone. Dort ziehen sie mit ihren Viehherden von Wasserstelle zu Wasserstelle und betreiben außerdem ein wenig Hirseanbau. Die Säuglingssterblichkeit ist hoch, die Lebenserwartung insgesamt gering und aufgrund der spezifischen Wirtschaftsform treten immer wieder Hungersnöte auf. Kurz gesagt: Die Situation der Moros ist nicht sonderlich gut.

Dies war die Ausgangssituation für ein computergestütztes Planspiel, dass Dietrich Dörner immer wieder mit verschiedenen Gruppen durchgeführt hat. Geld stand den Probanden genug zur Verfügung. Sie konnten die Tsetsefliege – den Hauptfeind der Rinderherden – bekämpfen, das Gesundheitssystem verbessern, Brunnen bohren und vieles andere mehr. Dank der Simulation vergingen die Jahre im Minutentempo und nach zwanzig (simulierten) Jahren und wenigen (echten) Stunden zeigte sich fast immer ein ähnliches Bild:

Nach ersten Erfolgen in den meisten Bereichen nahm die Zahl der Rinder immer mehr zu. An einem bestimmten Punkt überstieg die Zahl der Rinder dann die Zahl, die auf der vorhandenen Vegetationsfläche ernährt werden kann. Auch der Bau weiterer Brunnen half nichts mehr. Jetzt fraßen die hungernden Rinder zusätzlich die Wurzeln aus dem Boden, was die

Vegetationsfläche nochmals verminderte und damit den Hunger der verbleibenden Rinderherden weiter vergrößerte. Die einzige Lösungsmöglichkeit – die Schlachtung oder der Verkauf der gesamten Herde zur Rettung der Vegetationsflächen – wird so gut wie nie erwogen. Stattdessen verschwinden nach dem Grad die Rinder und es kommt zu einer Hungerkatastrophe, falls die Moros nicht von außen ernährt werden.

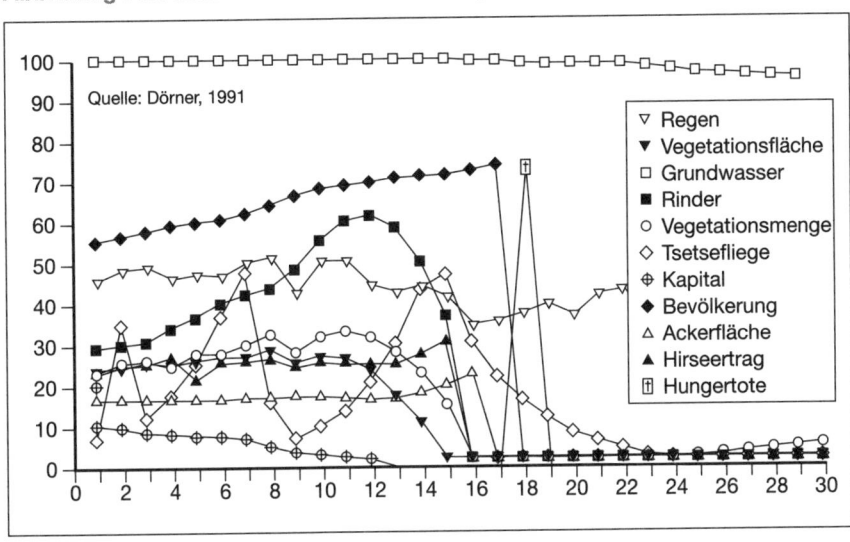

Abbildung 75: Ablauf einer »Rinderkatastrophe«

Quelle: Dörner, 1991

- ▽ Regen
- ▼ Vegetationsfläche
- ☐ Grundwasser
- ■ Rinder
- ○ Vegetationsmenge
- ◇ Tsetsefliege
- ⊕ Kapital
- ◆ Bevölkerung
- △ Ackerfläche
- ▲ Hirseertrag
- ⊞ Hungertote

Gehen die Versuchspersonen demgegenüber vorsichtig mit den Rindern um, so kommt nach einigen positiv verlaufenen Jahren eine weitere Rückkopplung ins Spiel und führt zu einer »Grundwasserkatastrophe« mit ähnlichen Folgen. Dieses Beispiel der Moros zeigt, wie schwierig es für uns Menschen ist, komplexe Situationen adäquat zu erfassen und zu bewerten:

»Allem Anschein nach ist [...] die ›Mechanik‹ des menschlichen Denkens in der Evolution einmal ›erfunden‹ worden, um Probleme ›ad hoc‹ zu bewältigen. [...] Die Notwendigkeit, über die Situation hinauszudenken, die Notwendigkeit, die Einbettung eines Problems in den Kontext von anderen Problemen mitzubeachten, trat selten auf. Für uns dagegen ist eben dieser Fall die Regel.«

Dörner hat sich in seinem Buch *Die Logik des Misslingens* intensiv mit den Merkmalen unseres Denkens beim Umgang mit komplexen Problemen beschäftigt. Er liefert damit die Grundlage für ein systemisches oder vernetztes Denken, auf dem Instrumente wie die *Vernetzungsanalyse* (→) und System Dynamics aufsetzen.

Inhalt

Bis in die sechziger Jahre hinein konnten viele Unternehmen weitgehend unabhängig von ihren globalen Umfeldern handeln. Verglichen mit heute herrschte nur ein geringer Wettbewerbsdruck, sodass sie sich vor allem auf sich selbst und die zu erschließenden Märkte konzentrierten. Mit der Entstehung von Käufermärkten und der stärkeren Fokussierung auf die Unternehmensumwelt verstärkte sich die Wirkung von zwei Trends, die bis heute anhalten:

- *Trend zur Vielfalt:* Durch neue Produktions- und Kommunikationstechnologien, heterogenere Produktionsprogramme, zunehmende politische Regulierung sowie die gestiegenen Ansprüche von Gesellschaft, Kunden und Mitarbeitern erhöht sich die Anzahl der relevanten Einflussfaktoren ständig. Dieses wird als Vielfalt oder »Kompliziertheit« bezeichnet.
- *Trend zur Dynamik:* Hinzu kommt, dass sich die Dynamik der Änderungsprozesse in der Unternehmensumwelt ebenfalls erhöht. Beispielsweise verkürzen sich die Lebenszyklen von Produkten und Branchen. Ferner wird diese Tendenz des zunehmenden Wandels durch das starke Anwachsen des Wissens unterstrichen.

Dieses Zusammentreffen von Vielfalt und Dynamik wird als dynamische Komplexität bezeichnet. Sie fußt auf der räumlichen und zeitlichen Trennung von Ursache und Wirkung. C. Otto Scharmer analysiert zwei weitere Formen von Komplexität, die bei der Ausrichtung von Unternehmen berücksichtigt werden müssen (Scharmer 2009, S.79ff.):

- *Soziale Komplexität* entsteht durch unterschiedliche Interessen und Perspektiven der mit einer Themenstellung befassten Personen und Organisationen (Stakeholder): »*Je höher die soziale Komplexität, umso eher ist ein Prozess gefragt, der die Beteiligten in die Problemlösung mit einbezieht, sodass alle relevanten Stimmen gehört wurden.*« *(Scharmer 2009, S.80)*

- *Emergente Komplexität* bezieht sich auf nichtlineare Veränderungsprozesse und ist vor allem durch drei Merkmale gekennzeichnet: (1) eine unbekannte Problemlösung, (2) eine noch nicht abgeschlossene Problemformulierung und (3) einen unklaren Kreis von Beteiligten. Je größer die emergente Komplexität, desto weniger kann bei der Handhabung von Zukunftsfragen auf Erfahrungen aus der Vergangenheit zurückgegriffen werden.

Mit der Zunahme der verschiedenen Formen von Komplexität versagen viele herkömmliche Management-Ansätze, die häufig (1) auf eindeutigen Wirkbeziehungen, (2) auf eindimensionalen Interessen- und Zieldefinitionen und (3) auf einer klaren Definition der Ausgangssituation aufsetzen. Daher sind Unternehmen darauf angewiesen, bei ihrer strategischen Ausrichtung die Entwicklung und das Verhalten vernetzter und komplexer Systeme zu berücksichtigen.

Um die zunehmende Komplexität handhaben zu können, bedarf es neuer Sichtweisen, Methoden und Werkzeuge. Grundlage dieser neuen Sichtweise des Unternehmens ist der »Systemansatz«, aus dem heraus sich die »Systemtheorie« entwickelte. Sie beschäftigt sich mit Prinzipien, die sich auf Ganzheiten (also Systeme) anwenden lassen, unabhängig davon, welcher Art die Elemente, Beziehungen und Kräfte zwischen ihnen sind. Das systemorientierte oder vernetzte Denken lässt sich durch fünf Charakteristika beschreiben:

Ganzheitliches Denken in offenen Systemen: Das betrachtete System wird gesamthaft und als offenes System gesehen. Das bedeutet, dass vielfältige Wechselwirkungen nicht nur zwischen den Elementen des Systems bestehen, sondern auch zwischen dem System und seiner Umwelt. Folglich wird auch die Interaktion zwischen Umwelt und System betrachtet – sowohl die Einpassung des Systems in die Umwelt als auch die Einflussnahme des Systems auf die Umwelt.

Kombination analytischen und synthetischen Denkens: Hier wird davon ausgegangen, dass ein Gesamtsystem durch eine Systemhierarchie aus Über- und Untersystemen abgebildet wird. Darin kann durch Analyse auf eine niedrigere Systemebene und durch Synthese auf eine höhere Systemebene »umgeschaltet« werden.

Denken in kreisförmigen Prozessen: Entsprechend den Grundlagen der Kybernetik ist das systemorientierte Denken nicht auf Ursache-Wirkungs-Prinzipien beschränkt, sondern bezieht zirkuläre Systeme mit Rückkopplungseffekten ein.

Bedeutung von Struktur und Information: Peter Senge beschreibt, dass verschiedene Menschen in derselben Struktur dazu neigen, qualitativ ähnliche Ergebnisse zu produzieren. Daher gilt es, die Strukturen zu erkennen, die das individuelle Handeln beeinflussen und bestimmte Ereignisformen begünstigen.

Interdisziplinäres Vorgehen: Im Rahmen des vernetzten Denkens reicht es nicht aus, einzelne Wissenschaftsdisziplinen getrennt zu betrachten, sondern diese müssen in einen Zusammenhang gestellt werden.

Welche Ansätze für systemorientiertes und vernetztes Denken werden unterschieden?

In den vergangenen vierzig Jahren haben sich im Management verschiedene Ansätze zur Anwendung systemorientierten Denkens entwickelt:

- *System Dynamics-Ansatz:* Dieser Ansatz wurde in den sechziger Jahren von Jay Forrester entwickelt und für Unternehmen (»Industrial Dynamics«), Städte (»Urban Dynamics«) sowie weltweite Problemstellungen (»World Dynamics«) zugeschnitten.
- *Sensitivitätsmodell:* Dieser Ansatz von Frederic Vester wird zu den biokybernetischen Ansätzen gerechnet, da hier ganzheitliches Denken mit ökologischem Denken gleichgesetzt wird.
- *Methodik des ganzheitlichen Problemlösens:* Dieser Ansatz entstand in der zweiten Hälfte der achtziger Jahre als »Methodik des Vernetzten Denkens«. Hans Ulrich, Gilbert Probst und Peter Gomez beschrieben eine auf komplexe Unternehmensprobleme zugeschnittene Methodik, die kontinuierlich zu einer Methodik des ganzheitlichen Problemlösens fortentwickelt wurde.
- *Lernende Organisation:* Dieses von Peter Senge entwickelte Konzept ist keine Methodik im engeren Sinne, sondern es stellt eine neue Denkweise dar, die auf die Schaffung einer lernenden Organisation ausgerichtet ist. Basierend auf dem System Dynamics-Ansatz werden anhand verschiedener Archetypen von Kreisläufen die Möglichkeiten systemorientierten Denkens aufgezeigt. Der Ansatz ermöglicht die Simulation verschiedener Abläufe im Unternehmen und seiner Umwelt.

Zusammenfassend kann reines *Systemdenken* als die qualitative Analyse vor allem externer Umfelder aufgefasst werden. Dazu nutzt es verschiedene Instrumente wie die an anderer Stelle beschriebene *Vernetzungsana-*

lyse (→) sowie Wirkungsgefüge und Kausaldiagramme zur Identifikation und Analyse von Teilsystemen und Rückkopplungseffekten. *System Dynamics* geht weiter und beinhaltet zudem den Entwurf und das Testen quantitativer Simulationsmodelle, bei denen zwischen den einzelnen Elementen nicht nur lineare Beziehungen bestehen, sondern verschiedene Funktionen unterlegt werden.

Vorgehen

In der Praxis werden eine Reihe unterschiedlicher Anwendungsarten von System-Dynamics-Modellen beschrieben, die sich aber in ihrem Kern auf die in Abbildung 76 dargestellten fünf Phasen zusammenführen lassen.

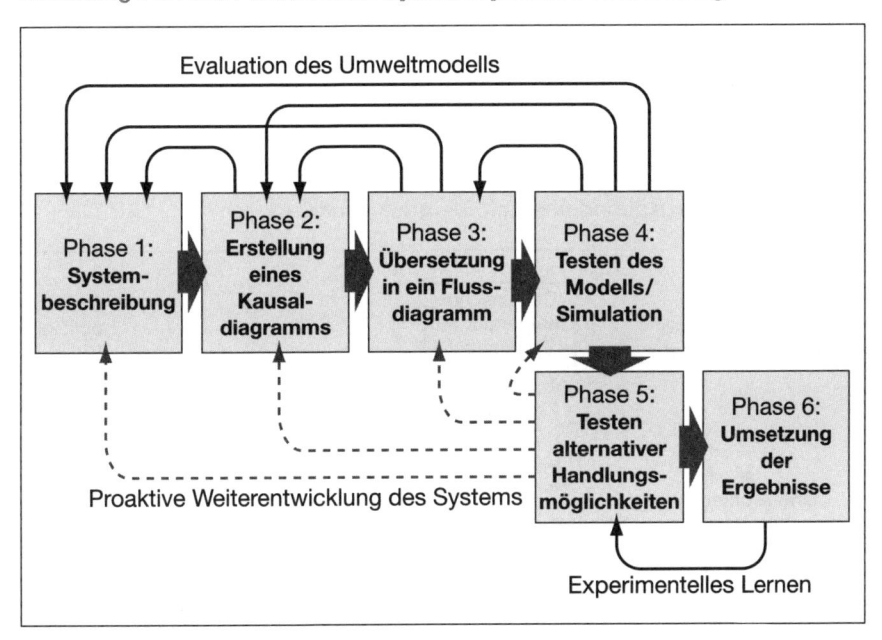

Abbildung 76: Fünf Phasen einer System Dynamics-Anwendung

Beschreibung des Systems (Phase 1)

Häufig beginnt eine System-Dynamics-Anwendung mit der Wahrnehmung eines nicht erklärbaren Problems – oder in systemischen Begriffen eines

»unerwünschten Systemverhaltens«. Das Ziel ist danach zunächst die Erklärung des Systemverhaltens und daraufhin die Beeinflussung des Systems in eine positive Richtung.

Im Rahmen der Systembeschreibung werden zunächst die Systemgrenzen festgelegt und die Schlüsselvariablen identifiziert. Anschließend wird das Verhalten der einzelnen Schlüsselvariablen im System betrachtet.

Erstellung eines Kausaldiagramms (Phase 2)

In dieser nicht in allen SD-Verfahren vorgesehenen Phase wird eine Art qualitatives Grundmodell konzipiert. Es bildet die Basis für die spätere quantitative Modellierung. Die Darstellung des Grundmodells erfolgt in einem sogenannten *Kausaldiagramm* (auch: Feedbackdiagramm). Sie sind mit gerichteten Knoten-Kanten-Graphen vergleichbar, wobei die Knoten die Systemvariablen und die Kanten die Wirkungen von einer auf eine andere Variable angeben. Dabei kann eine positive oder negative Wirkungsrichtung angegeben werden, sodass sich eskalierende oder stabilisierende Rückkopplungssysteme identifizieren lassen. Abbildung 77 zeigt exemplarisch das Kausalmodell für ein Zentralheizungssystem.

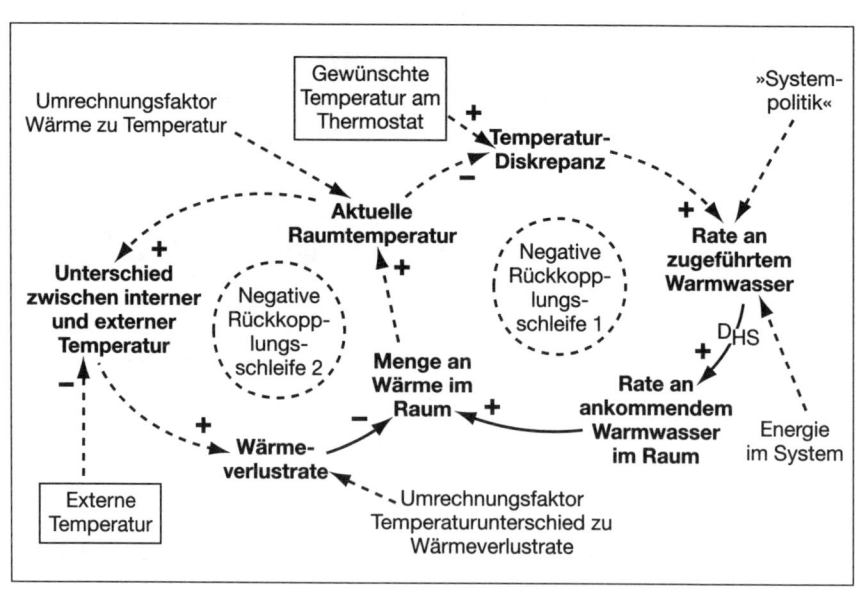

Abbildung 77: Kausalmodell für ein Zentralheizungssystem

Kausaldiagramme werden auf unterschiedliche Arten dargestellt. Peter Senge schlägt in seinem Buch *Die fünfte Disziplin* eine sehr bildhafte Visualisierung vor. Formal gelten die folgenden Konventionen:

- *Massive Pfeile* stehen für physikalische Ströme.
- *Gestrichelte Pfeile* stellen Wirkungen dar, die nicht im Zusammenhang mit physikalischen Strömen stehen, sondern mit Informationen und daraus resultierenden Aktionen.
- *Der Großbuchstabe* »D« steht für Verzögerungen und wird mit zusätzlichen Informationen versehen.
- *Kästen* repräsentieren externe Einflussgrößen, auf die das System reagieren muss.
- Eine *»+«-Beschriftung* an einem Pfeil gibt an, dass bei einer Änderung der Variablen am Anfang des Pfeils sich die beeinflusste Variable in die gleiche Richtung entwickelt.
- Eine *»–«-Beschriftung* steht für das gegensätzliche Verhalten.
- *Kursive, fette Beschriftungen* drücken konstante Größen aus, die das System beeinflussen. Der Einfluss wird wiederum mit einem gestrichelten Pfeil dargestellt.
- *Rückkopplungsschleifen* (»feedback loops«) werden durch gestrichelte Kreise dargestellt und bekommen einen Namen.

Übersetzung des Kausaldiagramms in ein Flussdiagramm (Phase 3)

Hier wird die bisherige Systembeschreibung in ein quantitatives *Flussdiagramm*, die traditionelle Modellierungsform von System Dynamics, übertragen. Flussdiagramme sind der Ausgangspunkt für die in der vierten Phase vorgenommene Computersimulation. In Flussdiagrammen werden drei Systemelemente unterschieden:

- *Zustandsvariable* (auch: Bestandsvariable oder »levels«) beschreiben den Systemzustand zu einem bestimmten Zeitpunkt. Ein Beispiel ist die Bevölkerungszahl in Deutschland.
- *Flussvariable* (auch: »flow rates«) repräsentieren den Strom zwischen den Zustandsvariablen. Beispiele hierfür sind unter anderem die Geburten, Sterbefälle oder Zuzüge. Sie können auch als Aktionen (»gebären«, »sterben«, »zuziehen«) verstanden werden, denn nur durch Variation einer Flussvariablen kommt es zu Änderungen einer Zustandsvariablen.

- *Hilfsvariablen* (auch: »auxiliaries«) geben die Schritte wieder, durch die Informationen über den aktuellen Zustand – repräsentiert durch Zustandsvariablen – in Flussvariablen umgewandelt werden. Dies sind beispielsweise die durchschnittliche Lebensdauer oder die Kinder pro Paar.

In Abbildung 78 ist ein von Richmond beschriebenes, einfaches Flussdiagramm für die Bevölkerungsentwicklung dargestellt. Bei der Konstruktion von Flussmodellen wird die allgemeine und in der Regel unvollständige Beschreibung des Kausaldiagramms konkretisiert. Für gewöhnlich werden dabei auch Lücken und Inkonsistenzen in der Systembeschreibung offenbar, die eine Überarbeitung der Ergebnisse der Phasen 1 und 2 nahelegen.

Ursprünglich war System Dynamics eine reine Computersimulationsmethode. Daher liegt seine Stärke auch noch immer im folgenden Schritt, nämlich der Umsetzung des Flussdiagramms in *mathematische Gleichungen*. Dabei werden nicht nur die Zusammenhänge zwischen Zustands-, Fluss- und Hilfsvariablen modelliert, sondern auch zeitliche Abläufe und *Verzögerungen* einbezogen.

Abbildung 78: Flussdiagramm der Bevölkerungsentwicklung

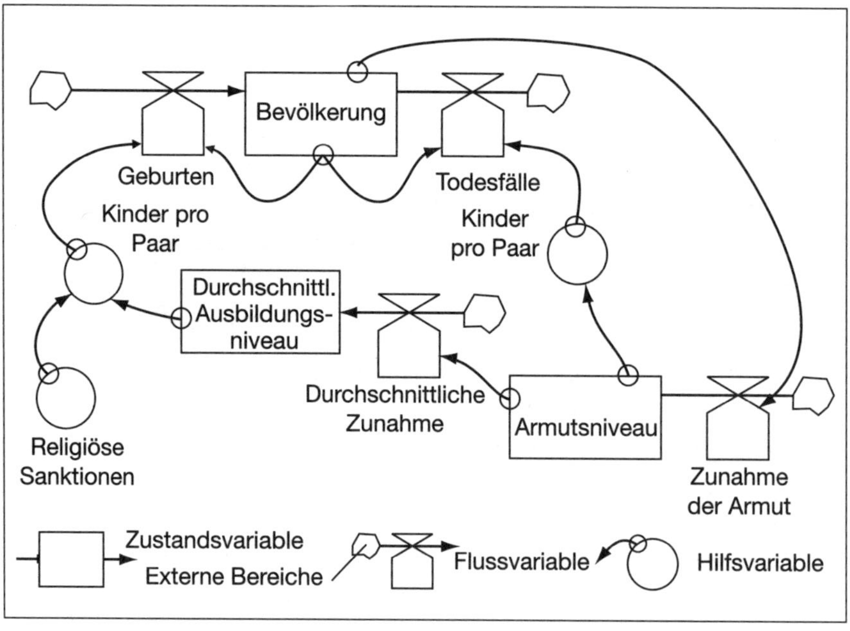

Testen des Modells/der Simulation (Phase 4)

Generell wird unter einer Simulation die Nachahmung von Abläufen realer oder gedachter Systeme mit Hilfe von formalen Modellen verstanden. Diese eigentliche Simulation kann beginnen, wenn die Gleichungen aus Phase 3 die Kriterien eines lauffähigen Modells erfüllen. Die dazu notwendigen Überprüfungen sind in den gängigen SD-Software-Systemen enthalten.

In einem ersten Durchlauf wird die Simulation aller Voraussicht nach ein unrealistisches Systemverhalten abbilden. Daraufhin springt man je nach Problemlage zurück zu Systembeschreibung, Kausal- und Flussdiagramm oder dem Gleichungsaufbau und wiederholt die Simulation im Sinne einer *Evaluation* (siehe Abbildung 76) solange, bis das Modell ein adäquates Systemverhalten beschreibt. Dabei steht – wie bei jedem anderen Modell – »adäquat« nicht für eine nachgewiesene Gültigkeit, sondern vielmehr für eine unter den jeweiligen Randbedingungen akzeptablen Grad des Vertrauens in seine Übereinstimmung mit dem Verhalten der realen Welt.

Testen alternativer Handlungsmöglichkeiten (Phase 5)

In der fünften Phase werden Handlungsalternativen identifiziert und im Simulationsmodell daraufhin getestet, in welchem Umfang sie nutzbringende Handlungsmöglichkeiten aufzeigen. Die einzelnen Handlungsalternativen ergeben sich in der Regel aus dem in den vorigen Phasen aufgezeigten Umweltverhalten. Dabei fließen zunächst die Erfahrungen der beteiligten Planer und gegebenenfalls auch Vorschläge der operativ Handelnden ein. Die automatische Variierung von Systemvariablen ist zwar möglich – in den meisten Fällen aber von geringem Nutzen.

Wenn diese Handlungsalternativen wiederum einen Einfluss auf das beschriebene System haben, so sprechen wir von einer proaktiven Weiterentwicklung des Systems (siehe Abbildung 76).

Umsetzung der Ergebnisse/Nutzung von Mikrowelten (Phase 6)

Unabhängig davon, wie viele Personen in den ersten fünf Phasen involviert waren, wird jetzt eine ungleich größere Zahl von Personen mit dem System, seinem Verhalten und den Ergebnissen konfrontiert. Dabei lassen sich zwei Anwendungsformen unterscheiden. Im ersten Fall erfolgt eine direkte Nutzung der Simulationsergebnisse. Dabei werden die inhaltlichen Resultate der ersten fünf Phasen aufbereitet und einer Zielgruppe – vor allem einem Entscheiderkreis – kommuniziert. Mit Hilfe von System-Dynamics-Modellen können Entscheider innere Widersprüche innerhalb ihrer Strategien aufdecken, verborgene Strategiemöglichkeiten erkennen und bisher ungenutzte Hebelwirkungen entdecken.

Bei der zweiten Anwendungsform arbeiten die Nutzer/Entscheider direkt mit dem Simulationsmodell. Für diese Nutzungsart haben sich verschiedene Begriffe wie »Mikrowelten« (»microworlds«), »Lernlabore«, »business games« oder »Management flight simulator« eingebürgert. Mit ihrer Nutzung sind nach Senge eine Reihe von Vorteilen verbunden:

- *Zeitraffer und Zeitlupe:* In Mikrowelten lässt sich das Tempo einer Entwicklung beschleunigen oder verlangsamen. Gleichzeitig kann Zeit zum Nachdenken gewonnen und genutzt werden.
- *Räumliche Komprimierung:* In Mikrowelten lassen sich weit entfernte Auswirkungen von Handlungen erfahren.
- *Isolieren von Variablen:* In Mikrowelten können störende, äußere Variable »ausgeschaltet« und die Komplexität realer Prozesse gezielt reduziert werden.
- *Experimentierfreudigkeit:* In Mikrowelten können Teams mit neuen Verfahrensweisen und Strategien experimentieren. Handlungen, die sich in der Realität nicht umkehren oder ungeschehen machen lassen, können so überprüft und erlernt werden.
- *Institutionelles Gedächtnis:* Durch gemeinsames Lernen entsteht ein Organisationsgedächtnis, sodass Erfahrungen gegen personelle Veränderungen abgesichert werden.

In der Praxis bedeutet die Nutzung von Mikrowelten fast immer, dass Führungskräfte ihr bisheriges Handeln in Frage stellen müssen, da dies für das in Phase 1 beschriebene »unerwünschte Systemverhalten« zumindest teilweise mitverantwortlich ist. Daher führt diese Phase – selbst bei weitgehender Akzeptanz des System-Dynamics-Ansatzes und des Simulationsmodells – zu Unannehmlichkeiten und emotionalen Blockaden.

Um diese Widerstände zu überwinden, bedarf es ausreichender Zeit zur Auseinandersetzung mit dem Modell. Dies kann durch die Einrichtung von »*Learning laboratories*« oder »*Interactive learning environments*« gefördert werden, in denen Computermodelle mit weiteren Hintergrundinformationen, Quellenmaterialien und Erfahrungsberichten sowie kreativen Elementen kombiniert werden.

Vernetzungsanalyse/Einflussanalyse

Vernetzungsanalysen (auch: Einflussanalysen oder Strukturanalysen) haben zum Ziel, die qualitativen Zusammenhänge in einem komplexen System zu erfassen und zu analysieren. Sie beruhen auf systemorientiertem und vernetztem Denken (→ *System Dynamics*) und führen zur Identifikation von Hebelkräften, Knotenpunkten und Indikatoren.

Daniel Goeudevert galt bereits zu seiner aktiven Zeit in der Automobilindustrie als »weitsichtiger Provokateur« (*Der Spiegel*). Ende 1986 beauftragte er als Vorstandsvorsitzender von *Ford Deutschland* die *Studiengruppe für Biologie und Umwelt* von Frederic Vester mit der Durchführung einer Systemstudie. Darin sollte die Funktion des Automobils im Rahmen des zukünftigen Verkehrsgeschehens umfassend untersucht werden.

Im Rahmen der Studie wurden zunächst Faktoren gesammelt, die für die Ausgangsfrage von Bedeutung waren. Aus der Systematisierung dieser Faktoren ergeben sich die drei eng miteinander verknüpften Teilmodelle *Verkehr*, *Automobilindustrie* und *Individualfahrzeug*. Aus der Industriesicht wurde später das Teilmodell *Unternehmen Ford* als viertes eigenständiges Subsystem herausgelöst.

Nun wurde für jedes der vier Teilmodelle ein spezifischer Katalog von jeweils 20 bis 40 Faktoren festgelegt. Anschließend wurden die Zusammenhänge und Beeinflussungen zwischen den einzelnen Faktoren abgeschätzt. Daraus konnte abgelesen werden, durch welche Größen die einzelnen Teilsysteme besonders stark beeinflusst werden – und welche kritischen Faktoren die zukünftigen Entwicklungsmöglichkeiten prägen werden. So wurde beispielsweise deutlich, dass kleinräumige Siedlungs- und Industriestrukturen eine zentrale Hebelkraft des Verkehrssystems darstellen. Im Teilmodell Automobilindustrie zeigten sich überproportional viele hochvernetzte Faktoren, was die Anfälligkeit des Systems gegen Umkippeffekte andeutete.

So wichtig die Kenntnis der Rolle im System für die Beurteilung der Faktoren ist, so sagt sie noch nichts über deren Zusammenspiel aus. Daher wurden im folgenden die Wirkflüsse in den Teilsystemen untersucht. Das Ziel war die Identifikation von Ausschnitten aus dem Wirkungsgefüge, deren Regelkreise untersucht und zu 18 sogenannten »Teilszenarien« ausgearbeitet wurden:

- Im Subsystem »Verkehr« wurden die Teilszenarien Verkehrsentstehung, Umweltsituation, Verkehr und Gesundheit, Funktionserfüllung, Freizeit und Tourismus sowie Verkehr und öffentlicher Haushalt betrachtet.
- Im Subsystem »Automobilindustrie« wurden die Teilszenarien Lebensfähigkeit, Innovation, dezentrale Energieversorgung sowie funktionale Entsorgung beschrieben.
- Im Subsystem »Individualfahrzeug« wurden die Teilszenarien Sicherheit, Funktionskonflikte, Antriebsarten und Design sowie Kaufentscheid untersucht.
- Im Subsystem »Unternehmen« wurden die Teilszenarien Image nach außen, Image nach innen sowie die verknüpften Ausschnitte Fertigungsstruktur und Entscheidungsstruktur beschrieben.

Rund zwanzig Jahre nach Erstellung der Systemstudie zeigt allein der Vergleich der achtzehn Teilszenarien mit den heutigen Kernthemen der Automobilindustrie, wie leistungsstark die Vernetzungsanalyse ist. Auch in den kybernetischen Interpretationen der einzelnen Teilszenarien finden sich eine Vielzahl von Parallelen zur bisherigen oder gegenwärtigen Entwicklung. So wird beispielsweise beim Thema Sicherheit die Bedeutung eines »intelligenten elektronischen Feedbacks« hervorgehoben. Gleichzeitig treten hier aber auch Fehlprognosen und Fehlinterpretationen auf – beispielsweise wenn davon ausgegangen wird, dass eine grundlegende Beeinflussung des Fahrverhaltens allein durch »drastische Verringerung der Motorleistung auf eine Höchstgeschwindigkeit von 50 km/h mit neuartigen, für Langstrecken auf die Bahn verladbaren Fahrzeugen« erreichbar ist. Daher sollten die hier beschriebenen »Teilszenarien« eher als Trendlandschaften im Sinne des *Trend-Managements* (→) und weniger als vollwertige Szenarien verstanden werden.

Inhalt

Die Vernetzungsanalyse hat ihre Ursprünge im systemischen Denken – vermutlich sogar im Rahmen der »Urban Dynamics« von Jay Forrester (→

System Dynamics). In Frankreich wurde sie 1974 von Michel Godet und J. C. Dupperin im Rahmen einer Zukunftsstudie über die Atomkraft beschrieben und fortan als »Structural Analysis« bezeichnet. In Deutschland ist die Vernetzungsanalyse in das 1980 zusammen von Frederic Vester und Alexander von Hesler im Rahmen einer UNESCO-Studie erstmals veröffentlichte »Sensitivitätsmodell« integriert worden. Sie wird parallel auch als »Papiercomputer« bezeichnet. Zu den bekanntesten Studien Vesters gehört neben der *Ford*-Systemstudie »Ausfahrt Zukunft« (1988) der Bericht »Ballungsräume in der Krise« (1982).

Im Rahmen einer Vernetzungsanalyse wird ein zu betrachtendes System durch eine geeignete Menge von Variablen beschrieben. Dabei kann es sich sowohl um *Faktoren* – also ungerichteten Entwicklungsgrößen – als auch um *Trends* – also gerichteten Entwicklungsmöglichkeiten – handeln. Anschließend wird die Beziehung zwischen diesen Variablen bewertet. Daraus lassen sich Rückschlüsse auf das Verhalten dieser Variablen im System – Vester spricht von ihrer »kybernetischen Rolle« – schließen. Dabei ist die Vernetzungsanalyse ein relativ einfaches Instrument, bei dem lediglich die Intensität der Beziehung zwischen zwei Variablen bewertet wird. Daher bezeichnen Hans Ulrich und Gilbert J. B. Probst sie auch als »Grobanalyse«, die gleichermaßen Basis für eine weitergehende »Feinanalyse« ist, auf die wir in diesem Kapitel insoweit eingehen werden, wie sie nicht Bestandteil anderer Instrumente wie beispielsweise *System Dynamics* (→) ist.

Vorgehen

Im Folgenden beschreiben wir zunächst die drei wesentlichen Schritte der Vernetzungsanalyse: Systembeschreibung, Vernetzungsbewertung und Charakterisierung der einzelnen Größen. Anschließend gehen wir mit der Betrachtung indirekter Beziehungen und der Identifikation von Teilsystemen auf zwei mögliche Erweiterungen der »groben« Vernetzungsanalyse ein. Im Ausblick stellen wir schließlich die Grundzüge der »Feinanalyse« vor.

Beschreibung des Systems (Schritt 1)

Zunächst ist es notwendig, das zu analysierende System zu definieren. Dabei lassen sich drei Formen von Systemen unterscheiden. Bei *Umfeldsyste-*

men werden lediglich Größen aus den nicht beeinflussbaren Umweltbereichen betrachtet. *Lenkungssysteme* basieren demgegenüber allein auf Größen, die man selbst beeinflussen kann. In *Gesamtsystemen* finden sich demgegenüber sowohl beeinflussbare als auch nicht beeinflussbare Größen.

Abbildung 79: Schritte der Vernetzungsanalyse

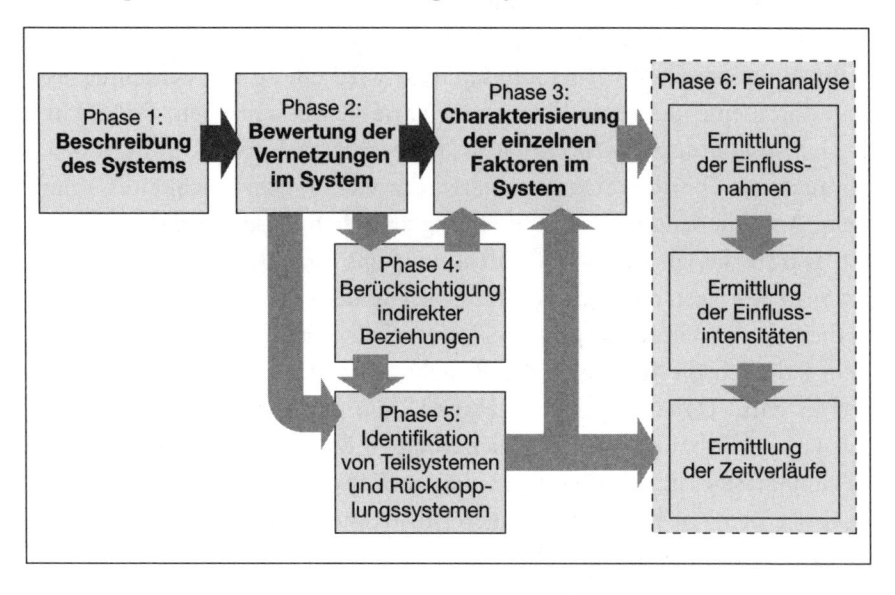

Ein System kann in der Regel durch eine Systemhierarchie aus Über- und Untersystemen abgebildet werden. Darin kann durch Analyse auf eine niedrigere und durch Synthese auf eine höhere Systemebene »umgeschaltet« werden. Bei der Betrachtung unternehmerischer Umfelder lassen sich häufig die vier Systemebenen *Branche, Wertkette, spezifisches Umfeld* und *allgemeines Umfeld* unterscheiden. Jede dieser Systemebenen kann wiederum in mehrere Einflussbereiche gegliedert werden. So lassen sich auf der Ebene Wertkette Bereiche wie Lieferanten, Vertriebskanäle oder Endkundenmärkte identifizieren. Das allgemeine Umfeld wird häufig in die Bereiche Politik, Wirtschaft, Gesellschaft, Technik und Umwelt gegliedert.

Um das System konkret beschreiben zu können, werden die einzelnen Systemebenen beziehungsweise Einflussbereiche durch mehrere geeignete Einflussfaktoren beschrieben. Solche Einflussfaktoren können durch logisch nachvollziehbare Prozesse oder durch kreative Verfahren wie beispielsweise Brainstorming oder Mind-Mapping ermittelt werden. Hinzu kommen externe Quellen, die zur Ermittlung von Einflussfaktoren genutzt werden. Dazu zählen Datensammlungen oder Datenbanken, Checklisten oder eigene Literaturrecherchen.

Abbildung 80: Systemebenen

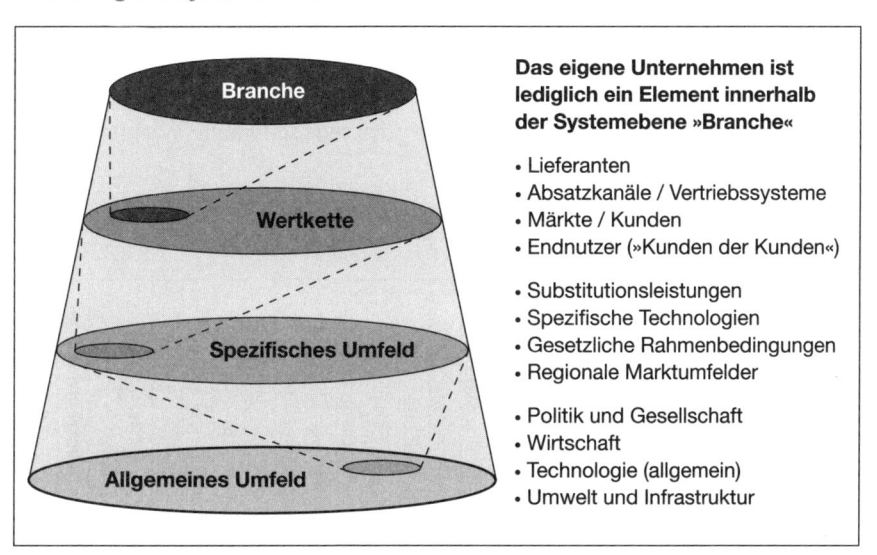

Systemebene	Einflussbereiche
Branche	Das eigene Unternehmen ist lediglich ein Element innerhalb der Systemebene »Branche« • Lieferanten • Absatzkanäle / Vertriebssysteme • Märkte / Kunden • Endnutzer (»Kunden der Kunden«)
Wertkette	
Spezifisches Umfeld	• Substitutionsleistungen • Spezifische Technologien • Gesetzliche Rahmenbedingungen • Regionale Marktumfelder
Allgemeines Umfeld	• Politik und Gesellschaft • Wirtschaft • Technologie (allgemein) • Umwelt und Infrastruktur

Bei der Beschreibung eines Systems kommt es weniger auf die Anzahl der Einflussfaktoren als vielmehr darauf an, dass die Gesamtheit der Faktoren das System repräsentieren kann. Dies kann in einem Projekt durch 30 Faktoren ebenso erfolgen wie in einem anderen Projekt durch 100 Faktoren. Dabei kann eine angemessene Gewichtung der einzelnen Systemebenen und Einflussbereiche als Mittel zur Verifizierung des Einflussfaktorenkatalogs verwendet werden. Vester bedient sich an dieser Stelle einer »Kriterienmatrix«, in der Lebensbereiche, physische und dynamische Kategorien sowie Systembeziehungen abgefragt werden.

Die identifizierten Einflussfaktoren erhalten anschließend eine prägnante und leicht verständliche Kurzbezeichnung. Außerdem wird eine ausführlichere Beschreibung verfasst, die den Einflussfaktor inhaltlich genauer beschreibt. Diese Definition ist wichtig, weil sie eine gemeinsame Grundlage für weitere Diskussionen sowie spätere Bewertungen schafft.

Bewertung der Vernetzungen im System (Schritt 2)

Nachdem das System durch eine geeignete Zahl von Einflussfaktoren beschrieben ist, wird eine *Einflussmatrix* aufgebaut. In deren Zeilen und Spalten werden die Kurzbeschreibungen aller Einflussfaktoren eingetragen. Dann werden die *direkten* Beziehungen oder Beeinflussungen zwischen den Faktoren bewertet. Dazu muss für jedes Faktorenpaar der Einfluss bewertet werden, mit dem der eine Faktor auf den anderen wirkt – und umgekehrt. Im Vordergrund steht dabei die Frage: »*Wenn sich der Faktor A verändert, wie stark oder wie schnell verändert sich durch die direkte Einwirkung von A der Faktor B?*« Die Bewertung der Einflüsse erfolgt anhand einer Skala von 3 (= starke Wirkung) bis 0 (= keine oder sehr schwache Wirkung).

Abbildung 81: Einflussmatrix

Einflussmatrix	1 Freizeit/Freizeitverhalten	2 Kommunikationsverhalten	3 Konsumverhalten	4 Reisemotivationen	5 Sprachliche Fähigkeiten	6 Stellenwert Dienstleistungen	7 Stellenwert von Urlaub	8 Reiseverkehrsmittel	9 Wohlbefinden im Urlaub	10 Zahlungsmittel	11 Absatzkanäle der Reisemittler	...	77 Politische Entwicklung Europa	78 Sozialwesen	79 Strukturpolitik/Förderungen	Aktivsumme
1 Freizeit/Freizeitverhalten		1	3	3	0	1	2	0	1	0	2		0	0	0	19
2 Kommunikationsverhalten	0		2	2	0	1	0	0	0	0	3		0	0	0	11
3 Konsumverhalten	3	0		3	0	0	0	2	1	2	0		0	0	0	56
4 Reisemotivationen	1	0	2		1	1	0	3	3	1	3		0	0	0	65
5 Sprachliche Fähigkeiten	1	1	1	2		0	0	0	0	0	2		0	0	0	9
6 Stellenwert Dienstleistungen	1	0	0	3	0		0	2	1	0	3		0	0	0	21
7 Stellenwert von Urlaub	2	0	1	3	0	0		1	0	0	0		0	0	0	17
8 Reiseverkehrsmittel	0	0	0	1	0	0	0		0	0	0		0	0	0	11
9 Wohlbefinden im Urlaub	1	0	3	2	0	0	0	0		0	0		0	0	0	8
10 Zahlungsmittel	0	1	1	0	0	0	0	0	0		1		0	0	0	8
11 Absatzkanäle der Reisemittler	0	2	0	3	0	2	0	0	1	1			0	0	0	25
⋮																
77 Politische Entwicklung Europa	0	0	0	2	0	0	0	0	0	0				0	2	29
78 Sozialwesen	0	0	0	0	0	0	0	1	0	0			0		0	13
79 Strukturpolitik/Förderungen	0	0	2	2	0	0	0	0	0	1			1	0		36
Passivsumme	45	14	59	98	6	24	13	22	32	9	48		3	1	5	

Fragestellung: »Wie stark beeinflusst Einflussfaktor A (Zeile) Einflussfaktor B (Spalte)?«

Bewertungsmaßstab:
0 = kein Einfluss
1 = schwacher, verzögerter Einfluss
2 = mittlerer Einfluss
3 = starker, unmittelbarer Einfluss

Eine Ähnlichkeitsanalyse ermöglicht in Einzelfällen eine Überarbeitung des zuvor festgelegten Faktorenkatalogs. Dazu werden die Aktivitäts- und Passivitätsprofile der einzelnen Faktoren miteinander verglichen. Die Faktorenpaare mit großer Ähnlichkeit werden dann auf ihre inhaltliche Nähe überprüft und gegebenenfalls zusammengefasst.

In der Praxis wird eine Einflussmatrix aufgrund des Aufwands nur selten gemeinsam von einem Team ausgefüllt. Daher bedarf es einer kooperativen Form, bei der sich nach Oliver Schlake eine vollständige Bewertung der Matritzen, eine Teilmatritzenbewertung und eine Quadranten-Bewertung unterscheiden lassen.

Charakterisierung der einzelnen Faktoren (Schritt 3)

Aus der gemeinsam getragenen Einflussmatrix lassen sich verschiedene Kennwerte ermitteln, von denen die folgenden drei die wichtigsten sind:

- Die *Aktivsumme* eines Faktors ist die Summe aller Beziehungswerte einer Zeile. Sie zeigt die Stärke an, mit der der Faktor direkt auf alle anderen Faktoren wirkt.
- Die *Passivsumme* eines Faktors ergibt sich aus der Summe aller Werte einer Spalte. Sie ist ein Maß dafür, wie stark der jeweilige Faktor durch alle übrigen Faktoren beeinflusst wird.
- Der *Vernetzungsgrad* (auch: Dynamik-Index) errechnet sich durch die Multiplikation von Aktiv- und Passivsumme. Er ist ein Maß für die Einbindung des Faktors in das Gesamtsystem.

Die Visualisierung der Kennwerte erfolgt in einem *Systemgrid* (auch: Aktiv-Passiv-Grid). Darin werden die einzelnen Faktoren entsprechend ihres Systemverhaltens positioniert. Dazu werden auf der Abszisse die Passivität und auf der Ordinate die Aktivität aufgetragen. Faktoren mit einer hohen Passivsumme liegen also auf der rechten Seite und Faktoren mit einer hohen Aktivsumme im oberen Teil des Systemgrids.

Beim Aufbau des Systemgrids lassen sich insgesamt zwei Varianten unterscheiden. Beim traditionellen Vorgehen werden die Faktoren über Aktiv- und Passivsummen direkt in den Systemgrid übertragen. Dabei werden die qualitativen Unterschiede zwischen den einzelnen Faktoren erkennbar. Gleichzeitig hängt die Positionierung aber stark von den Höchstwerten und gegebenenfalls einer weiteren Normierung ab. Daher präferieren wir inzwischen eine Positionierung über

Rangreihen (siehe Abbildung 82). Dies führt zu einem wesentlich ausgewogeneren Systemgrid, der nach unserer Erfahrung das Systemverhalten der einzelnen Faktoren besser beschreibt. In diesem Systemgrid lassen sich insgesamt vier charakteristische und einander überschneidende Bereiche unterscheiden:

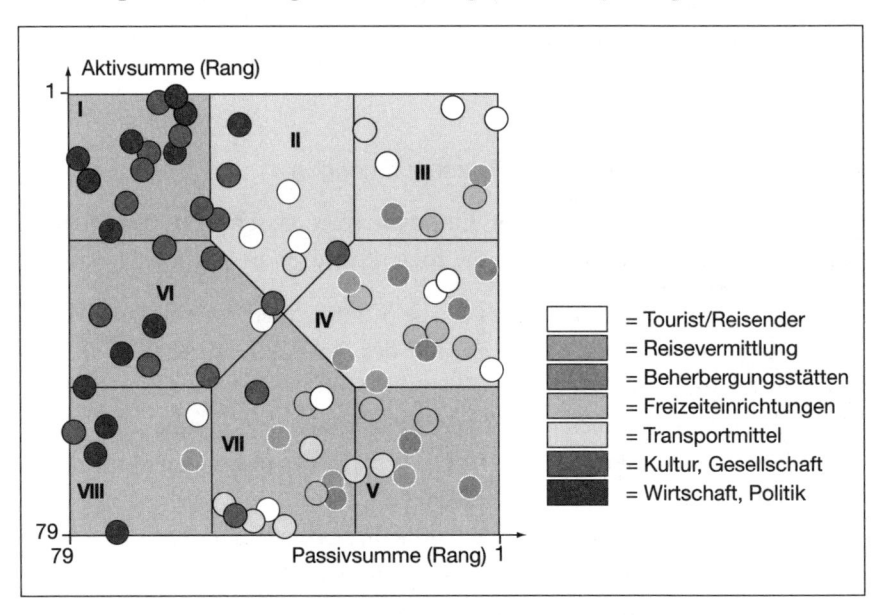

Abbildung 82: Darstellung der Vernetzung in einem Systemgrid

- *Proaktive Faktoren* (auch: Impulsive Faktoren, Felder I, II und VI) üben einen starken Einfluss auf das betrachtete System aus, während sie von diesem nur wenig beeinflusst werden. Werteentwicklung oder die Leistungsfähigkeit der Informationstechnik sind typische Hebelkräfte. Im Fall der Einbeziehung beeinflussbarer Größen sind proaktive Faktoren ideal für Lenkungseingriffe.
- *Interaktive Faktoren* (auch: dynamische oder kritische Faktoren, Feld II, III und IV) sind stark in das Systemgefüge eingebunden. Lenkungseingriffe sind präzise zu beobachten, da häufig unerwartete Folgewirkungen eintreten können. Interaktive Knoten drücken aufgrund ihrer starken Vernetzung mit anderen Faktoren (= hoher Vernetzungsgrad) einen großen Teil der Systemdynamik aus und sind insofern ideale Schlüsselfaktoren bei Szenarioentwicklungen.

- *Reaktive Faktoren* (Feld IV, V und VII) verfügen über eine geringe Aktivität – werden aber von vielen anderen beeinflusst. Es sind daher Größen, die sich im Operativen schnell verändern und daher viel Aufmerksamkeit auf sich ziehen, obwohl sie für langfristige Überlegungn eher unbedeutend sind. Lenkungseingriffe gleichen hier einer Symptombehandlung und sind häufig nicht sinnvoll. Dafür spielen reaktive Größen im Rahmen der Früherkennung eine große Rolle.
- *Unabhängige Faktoren* (auch: puffernde Faktoren, Feld VI, VII und VIII) haben nur eine geringe Aktivität beziehungsweise Passivität und beeinflussen das Systemgefüge daher relativ wenig.

Berücksichtigung der indirekten Beziehungen (Schritt 4)

Bei der bisherigen Vernetzungsanalyse wurden lediglich direkte Beziehungen berücksichtigt. Daneben gibt es aber auch eine Vielzahl von Wirkungsketten, aus denen indirekte Beziehungen resultieren. Diese sind in einer Einflussmatrix nur indirekt enthalten. Daher werden mit Hilfe eines Software-Tools die in der Einflussmatrix enthaltenen indirekten Beeinflussungen identifiziert und in die Analyse einbezogen. Als Ergebnis ergeben sich modifizierte Kennwerte (Aktivsumme, Passivsumme, Vernetzungsgrad et cetera), die jetzt neben den direkten auch die indirekten Beeinflussungen berücksichtigen.

Durch diese indirekte Vernetzungsanalyse – wir bevorzugen inzwischen den Begriff »vollständige Vernetzungsanalyse« – werden versteckte Systemtreiber, sogenannte »hidden driver«, identifiziert. So wurde für eine regionale Wirtschaftsplanung auf diese Weise die Bedeutung von Migrationsprozessen deutlich und ein regionaler Verkehrsanbieter erkannte, dass die Bequemlichkeit regionaler Mobilitätsleistungen eine zentrale Schlüsselgröße der Zukunft ist. In Szenarioprozessen machen diese erfahrungsgemäß etwa 10 Prozent bis 20 Prozent der anschließend ausgewählten Schlüsselfaktoren aus.

In der Praxis spricht noch ein weiterer Grund für die Einbeziehung der indirekten Vernetzungen: Wenn eine Einflussmatrix geteilt und durch mehrere Personen ausgefüllt wird, so ergeben sich unterschiedliche Bewertungsniveaus. Während ein Bewerter ausschließlich direkte Beziehungen betrachtet, bezieht sein Kollege indirekte Vernetzungen mit ein. Durch eine indirekte Vernetzungsanalyse werden diese unterschiedlichen Bewertungsniveaus ausgeglichen.

Abbildung 83: Ermittlung der Wirkzusammenhänge in einem Szenario auf Basis der Vernetzungsanalyse (ScMI, 2002)

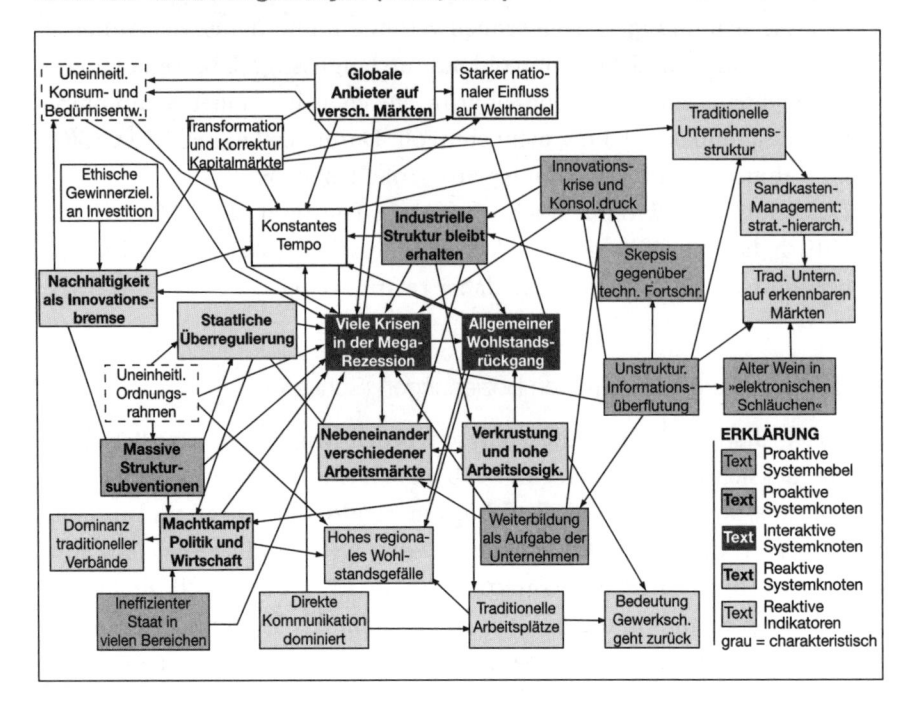

Betrachtung von Rückkopplungssystemen (Schritt 5)

Dieser letzte, optionale Schritt bildet den Übergang zu anderen Verfahren. Dazu wird das in der Einflussmatrix aufgebaute Systemgefüge im Detail analysiert. Dies führt zur Identifikation von Rückkopplungssystemen, die beispielsweise im Rahmen von *System Dynamics* (→) konkretisiert werden.

Auch in Szenarioprozessen kann an dieser Stelle auf die Einflussmatrix zurückgegriffen werden. Dies geschieht beispielsweise, wenn nach der Entwicklung von Szenarien der Zusammenhang zwischen den einzelnen Szenarioelementen visualisiert und analysiert wird. Abbildung 83 verdeutlicht dieses Vorgehen am Beispiel eines Szenarios zur Zukunft der globalen Wirtschaft. Dabei wurden zunächst die Zusammenhänge zwischen den Schlüsselfaktoren in einem Netzwerk abgebildet. Anschließend wurden für das betrachtete Szenario die Ausprägungen/Elemente des entsprechenden Szenarios darin verzeichnet.

Anwendungen

Vernetzungsanalysen werden an vielen Stellen des Zukunftsmanagements eingesetzt. Dazu zählt zunächst die Unterstützung der Schlüsselfaktoren-Auswahl im Rahmen von Szenarioentwicklungen (→ *Szenariotechnik*). Dort wird auf diese Weise sichergestellt, dass Szenarien nicht auf den operativen Indikatoren aufbauen, sondern auf den langfristig entscheidenden Hebelkräften und Knotenpunkten.

Ein weiteres Einsatzfeld ist die Bewertung von Systemzusammenhängen zur Ableitung von Indikatoren. So betrachtet die EADS im Vorfeld von Großprojekten die Vernetzung der Faktoren, die auf den Projekterfolg wirken. Daraus ergeben sich spezifische Indikatoren, die während der Projektlaufzeit zu beobachten sind, um bei Veränderungen im Umfeld frühzeitig gegensteuern zu können.

Grundsätzlich lässt sich eine derartige Vernetzungsanalyse auch mit Trends (anstelle von Faktoren) durchführen. So konnte der Büromöbel-Hersteller *WINI* auf diese Weise Zusammenhänge zwischen Entwicklungstrends identifizieren und Indikatoren für den erfolgreichen Einstieg ins Geschäft mit »Besprechungsmöbeln« ableiten.

Kapitel 4
Roadmaps

Während mit einer *Vision* ein grundsätzliches Ziel beschrieben wird, skizziert eine Strategie zusätzlich den Weg zu dieser Vision. Sie beschreibt damit – auch wenn hier die Strategiebegriffe in Literatur und Praxis variieren – sowohl das im Rahmen der Prämissen festzulegende Ziel als auch den Weg dorthin. Die in einer Strategie enthaltene Wegbeschreibung ist allerdings noch keine konkrete *Planung*, sondern sie definiert die Eckpfeiler für die Umsetzung der Vision und bildet insofern die Grundlage dafür, dass eine konkrete Planung erfolgen kann. In diesem Hauptkapitel werden verschiedene Instrumente beschrieben, die eine Brücke zwischen der strategisch-normativen Vision und der konkreten Planung im Sinne einer Strategieumsetzung schlagen. Diese Instrumente bezeichnen wir zusammenfassend auch als *Roadmaps*, wobei wir den Begriff der Roadmap damit weiter fassen, als dies in der herkömmlichen Literatur (aber nicht unbedingt in der Praxis) geschieht:

- Die *Balanced Scorecard* konkretisiert das strategische Zielsystem, das zur Umsetzung einer Vision notwendig ist. Häufig sind diese Ziele eines Unternehmens oder einer Organisation inhaltlich-konzeptionell in einer sogenannten *Strategy Map* miteinander verknüpft und visualisiert.
- Eine *Strategie-Roadmap* stellt den Zusammenhang zwischen den verschiedenen Umsetzungselementen – strategischen Projekten und Initiativen sowie konkreten Maßnahmen – her. Sie hat insofern einen eher explorativen Charakter, da sie zunächst auf den aktuell umzusetzenden Projekten und Maßnahmen aufbaut und im Sinne einer »Straßenkarte« die zukünftigen Kreuzungen und Weggabelungen vorausdenkt.
- Im *Produkt- und Technologie-Roadmapping* als traditioneller Form des Roadmapping-Prozesses werden Technologien, Produkte und Prozesse in einen sinnvollen Zusammenhang gebracht und anhand eines Zeit-

strahls visualisiert. Auch hierbei orientiert sich die »Straßenkarte« an den visionären Zielen.
- Beim *Wargaming* wird zusätzlich die mögliche Interaktion zwischen einem Unternehmen und seinem Umfeld – vor allem seinen Wettbewerbern – im Vorfeld durchdacht. Grundlage des Wargamings ist die *Spieltheorie*, für die auch weitere Anwendungsformen skizziert werden.

Abbildung 84 verdeutlicht diesen Zusammenhang: Die Balanced Scorecard entwirft ein inhaltlich-konzeptionelles Zielsystem und nutzt dieses zur eher kurzfristigen Kontrolle der Zielerreichung. *Technologie- und Strategie-Roadmapping* schreiben diese Betrachtungsebene in die Zukunft fort. Wargaming ergänzt diese Sicht um die *Interaktion*.

Abbildung 84: Roadmapping-Werkzeuge im Kontext strategischer Unternehmensentwicklung

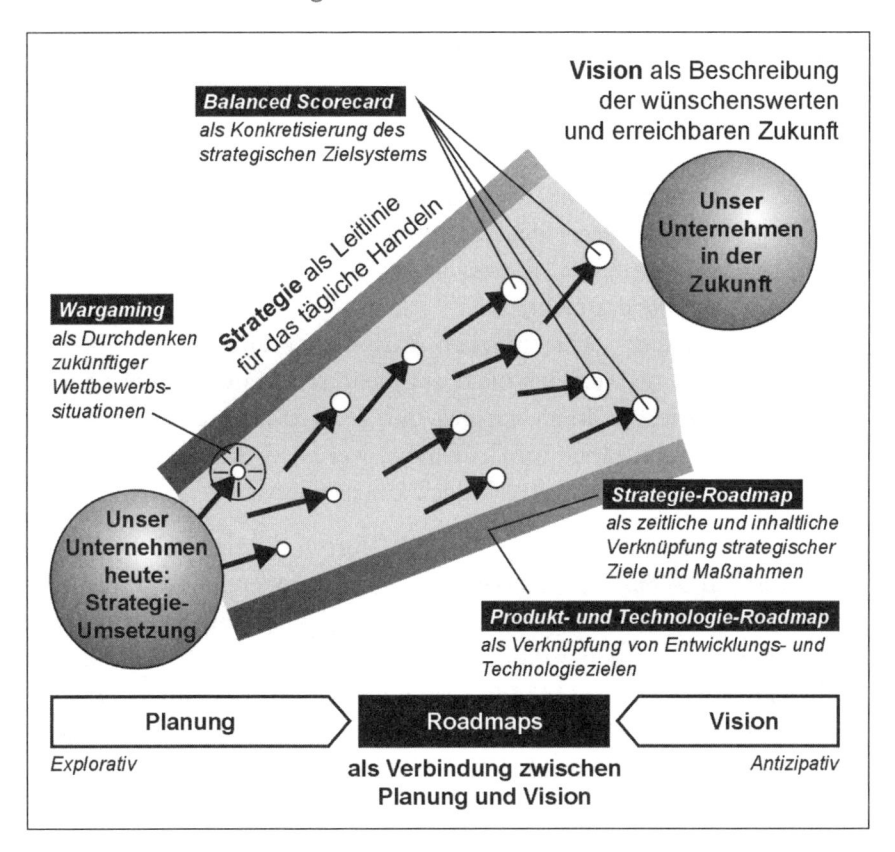

Balanced Scorecard/Strategy Maps

Die Balanced Scorecard repräsentiert die zentralen Schlüsselziele eines Unternehmens und nennt Kennzahlen, an denen die Erreichung dieser Schlüsselziele gemessen wird. Sie beinhaltet über die traditionelle Finanzperspektive hinaus auch eine Kunden-, eine Prozess- und eine Entwicklungsperspektive. Mit einer Strategy Map werden die einzelnen Ziele zusammenfassend visualisiert.

Was wäre, wenn Sie auf Ihrem nächsten Flug ins Cockpit des Flugzeugs kämen und mit dem Kapitän das folgende Gespräch führen würden:

Frage: Es überrascht mich zu sehen, dass Sie in Ihrem Flugzeug mit nur einem Instrument zurecht kommen. Wozu dient es?
Antwort: Fluggeschwindigkeit. Heute konzentriere ich mich auf die Fluggeschwindigkeit.
Frage: Das ist gut. Die Fluggeschwindigkeit ist bestimmt wichtig. Aber was ist mit der Höhe? Wäre ein Höhenmesser nicht auch nützlich?
Antwort: Auf die Höhe habe ich mich während der letzten Flüge konzentriert und bin schon ziemlich gut darin. Jetzt muss ich an der optimalen Fluggeschwindigkeit arbeiten.
Frage: Mir ist aufgefallen, dass Sie gar keine Kraftstoffanzeige haben. Stört Sie das nicht?
Antwort: Sie haben recht. Nützlich wäre so ein Ding schon. Aber ich kann mich einfach nicht auf mehrere Geräte gleichzeitig konzentrieren. Wenn ich das mit der Geschwindigkeit und der richtigen Höhe im Griff habe, werde ich mich nächstes Mal auf den Kraftstoffverbrauch konzentrieren.

Dieser von Robert S. Kaplan und David P. Norton skizzierte fiktive Dialog würde vermutlich dazu führen, dass wir uns nach anderen Fortbewegungsmitteln umsehen. Allerdings ist es mit der Führung und Steuerung von Unternehmen und Organisationen nicht unbedingt anders. Auch bei der Umsetzung von Strategien geht es darum, die zentralen Kennwerte zu kennen und gemeinsam im Blick zu behalten. Dieses Grundprinzip ist Gegenstand der Balanced Scorecard sowie weiterer Performance Measurement-Systeme.

Inhalt

Mit dem Übergang vom industriellen Kapitalismus zur Wissensökonomie verlagert sich der Fokus der Wirtschaftstätigkeit von materiellen Vermögenswerten auf immaterielle Unternehmenswerte, die sogenannten »Intangible Assets«. Dies führt dazu, dass die in eine Bilanz einfließenden Vermögenswerte einen immer kleineren Teil der tatsächlichen Werte des Unternehmens repräsentieren, und der in der Bilanz wiedergegebene Buchwert immer stärker vom tatsächlichen Marktwert abweicht. Leif Edvinsson und Michael S. Malone verdeutlichen die Bedeutung immaterieller Unternehmenswerte am Wachstum eines Baums:

»Wenn wir uns ein Unternehmen als einen lebenden Organismus vorstellen, zum Beispiel als einen Baum [...], befindet sich die Hälfte dieses Baums als Wurzelsystem unter der Erde. Und obwohl der Geschmack seiner Früchte und die Farbe seiner Blätter einen Hinweis darauf geben, wie gesund dieser Baum zur Zeit ist, ist ein Verständnis dafür, was in seinem Wurzelsystem geschieht, eine wesentlich effektivere Art, den Gesundheitszustand dieses Baums für die Zukunft einzuschätzen [...]. Dies ist der Grundgedanke hinter dem Konzept des Wissenskapitals: die Untersuchung der Wurzeln des Werts eines Unternehmens, die Einschätzung der verborgenen, dynamischen Faktoren, die dem sichtbaren Unternehmen mit seinen Gebäuden und Produkten zugrunde liegen. (Edvinsson/Malone, S. 10-11)

Die zunehmende Bedeutung von Intangible Assets hinterfragt nicht nur bestehende Verfahren des Rechnungswesens und der Wirtschaftsprüfung, sondern stellt zudem die Frage, ob sich Unternehmen allein nach finanziellen Zielgrößen sinnvoll steuern lassen. Daher führten 1990 zwölf Unternehmen unter der Leitung des *Nolan Norton Instituts* – des Forschungszweigs der *KPMG* – eine Untersuchung mit dem Titel »Performance Measurement in Unternehmen der Zukunft« durch. Das Ziel dieses von Kaplan und Norton geleiteten Projekts war es, die existierenden, von Finanzkennzahlen dominierten Controlling-Ansätze durch ein weitergehendes, an den Erfordernissen der strategischen Führung orientierten Kennzahlensystems zu ersetzen.

Als Ergebnis entwickelten Kaplan und Norton die »Balanced Scorecard« (BSC). Sie repräsentiert die zentralen Schlüsselziele des Unternehmens und nennt Kennzahlen, an denen die Erreichung dieser Schlüsselziele gemessen wird. Das Zielsystem gliedert sich dabei in vier Perspektiven auf:

- *Finanzwirtschaftliche Perspektive:* Diese traditionelle Sichtweise verdeutlicht den Erfolg der derzeit verfolgten Strategie. Gemessen wird dies vor allem am Unternehmenswert, basierend auf Kenngrößen zur Wirtschaftlichkeit und zum Wachstum.
- *Externe Kunden- und Marktperspektive:* Der zweite Blickwinkel verdeutlicht, wie das Unternehmen von außen – das heißt insbesondere von seinen Kunden – wahrgenommen wird. Dabei werden Kennzahlen wie Marktanteile, Kundenzufriedenheit und Kundentreue oder Akquisitionen betrachtet.
- *Interne Prozessperspektive:* Die dritte Perspektive lenkt den Blick auf die internen Geschäftsprozesse. Dabei können einerseits grundlegende Prozesse wie Produktion, Logistik, Kunden-Management oder Innovation unterschieden werden. Andererseits geht es auch gerade darum, die kritischen Wertschöpfungsprozesse zu identifizieren und in den Beobachtungsprozess zu integrieren.
- *Lern- und Entwicklungsperspektive:* Mit diesem vierten Blickwinkel werden die immateriellen Vermögenswerte des Unternehmens in die Betrachtung einbezogen. Wichtig sind hier vor allem Kennwerte für die Mitarbeiterpotenziale, die Potenziale von Informationssystemen sowie die Motivation und Innovationsfähigkeit der Organisation.
- Die finanzwirtschaftliche Perspektive ist dabei als fix anzusehen, während die drei weiteren Sichten auch durch andere Sichten ersetzt werden können. Die Balanced Scorecard ist heute mehr als ein Kennzahlen- oder Messsystem. Sie wird vielmehr als zentraler und organisatorischer Rahmen für einen großen Teil des Führungsprozesses verstanden. Dabei wird sie zur Klärung und Konsensbildung im Rahmen der Strategiefindung sowie zur Kommunikation der Strategie im gesamten Unternehmen eingesetzt. Im Rahmen dieser weiteren Auslegung des BSC-Ansatzes haben sich sogenannte »Strategy Maps« als wichtige Werkzeuge etabliert.

»*Uns ist nun klar, dass die Strategy Map als Visualisierung der Ursache-Wirkungs-Beziehungen zwischen den Komponenten der Strategie einer Organisation den Führungskräften einen ebenso tiefen Einblick gewährt wie die Balanced Scorecard selbst. […] [Sie] liefert […] eine einheitliche und konsistente Beschreibung der Strategie und ermöglicht die Schaffung und das Management von Kennzahlen. Somit stellt die Strategy Map die (bisher) fehlende Verbindung zwischen Formulierung und Realisierung einer Strategie dar.«* (Kaplan/Norton, 2004, S. 9)

Darüber hinaus liefert die Balanced Scorecard die Möglichkeit, den Strategieprozess bis hin zu abteilungsspezifischen und persönlichen Zielen fortzuschreiben sowie die strategischen Ziele mit den langfristigen Zielen und den Jahresbudgets zu verknüpfen. Letztlich führen Strategy Map und Balanced Scorecard zu strategischen Initiativen, die in einem Aktionsplan zusammengefasst sind.

Abbildung 85: Beispiel einer Strategy Map

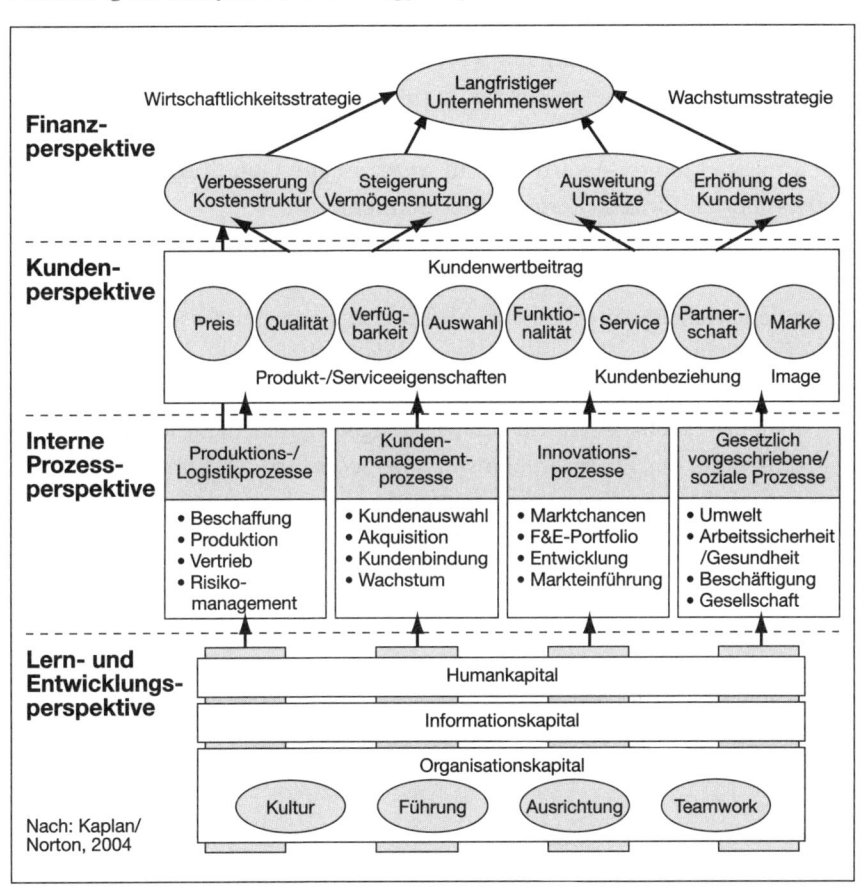

Welche Performance Measurement-Ansätze werden unterschieden?

Neben der Balanced Scorecard können zunächst eine Reihe weiterer Scorecard-Ansätze betrachtet werden:

- *Trotter:* Die von *General Electric* im Rahmen der »Six Sigma«-Methode verwendete Scorecard wird nach ihrem Erfinder als »Trotter« bezeichnet. Hier ergibt sich die Gesamtleistung aus Aktivitäten in den Bereichen Führung, Prozess-Management, Kunden und Mitarbeiter.
- *Intellectual Capital Navigator:* Dieser Ansatz von Leif Edvinsson und Michael S. Malone entwickelte Ansatz hebt noch konsequenter auf die Zukunftspotenziale eines Unternehmens ab. Hier wird der Marktwert eines Unternehmens neben dem Finanzkapital auch nach dem Wissenskapital bemessen. Die entsprechenden Zielgrößen richten sich dabei nach ähnlichen Perspektiven wie bei der Balanced Scorecard.
- *EFQM-Modell:* Dieser Ansatz beruht auf den Qualitätsmanagement-Konzepten des Malcolm Baldridge National Quality Awards und des European Quality Awards. Darin werden neun Gestaltungsbereiche mit detaillierten Einzelkriterien näher betrachtet.
- *Performance Prism:* Dieser vom Centre for Business Performance an der Cranfield School of Management in Kooperation mit *Andersen Consulting* entwickelte Ansatz stellt die Zufriedenheit der Anspruchsgruppen in Form eines »Stakeholder Value« in den Mittelpunkt der Betrachtung.
- *St. Galler Management-Navigator:* Auch im St. Galler Management-Navigator ist eine Performance-Messung vorgesehen. Sie kombiniert ein Controlling der Finanzergebnisse, eine Scorecard der Umsetzung sowie ein Audit der Konzepte. Die letzten beiden Ebenen beinhalten jeweils die vier Perspektiven Initiierung, Positionierung, Wertschöpfung und Veränderung.

Weitere Ansätze wie »Return of Management« oder »Boardroom Performance« konzentrieren sich weniger auf Strategie und deren Umsetzung, sondern mehr auf die Qualität der Gremien und des Managements.

Vorgehen

Die Nutzung einer Balanced Scorecard ist eng mit dem Strategieprozess verzahnt, denn auch hier ist zunächst festzulegen, für welche organisatorische Einheit eine BSC angemessen ist. Dies kann das gesamte Unternehmen, eine Geschäftseinheit oder aber auch eine Organisationseinheit sein, die einen eigenständigen Strategieprozess betreiben.

Für die Einführung einer Balanced Scorecard werden in der Literatur verschiedene Ansätze beschrieben, deren zentrale Elemente wir nachfolgend zu einem Vorgehensmodell verknüpft haben. Die eigentliche Visions- und Strategiefindung, die Grundlage einer Balanced Scorecard ist, haben wir bei der Beschreibung des Vorgehens nicht weiter betrachtet.

Ableitung und Formulierung strategischer Ziele (Schritt 1)

Hier werden die Visionen und Leitbilder des Unternehmens oder der Geschäftseinheit in spezifische Ziele für jede der vier Perspektiven heruntergebrochen. Dies ist Aufgabe des Top-Managements, das auf diese Weise zudem einen Konsens über die Prioritäten bei der Strategieumsetzung herstellt. Bei der Zieldefinition kann gefragt werden: »Wenn die unternehmerische Vision Erfolg hat, wie wird dann die Leistung für Aktionäre und Kunden, die interne Prozessperspektive sowie die Entwicklungsperspektive aussehen?« Bei der Zielfindung können mehrere Teilschritte betrachtet werden (Kaplan/Norton, 2004, S. 343 ff.):

1. *Die Shareholder/Stakeholder-Wertlücke definieren:* Hier werden herausfordernde Vorgaben für die Steigerung des Unternehmenswerts definiert. Dies beinhaltet sowohl eine Komponente des langfristigen Wachstums als auch eine kurzfristige Komponente der Wirtschaftlichkeitsverbesserung. Die Zieldefinition schafft eine »Wertlücke« – die Differenz zwischen dem zukünftigen Ziel und der momentanen Realität. Sie verdeutlicht der Organisation den Veränderungsbedarf und ist vom Top-Management sorgfältig zu planen und festzulegen.
2. *Den Kundenwertbeitrag identifizieren:* In diesem Schritt müssen zunächst die Zielkundensegmente identifiziert werden. Daraufhin ist der Wertbeitrag festzulegen, den das Unternehmen seinen dortigen Kunden anbieten will und der letztlich zur Realisierung des zuvor festgelegten Wachstumsziels führt.
3. *Den Zeithorizont für nachhaltige Ergebnisse festlegen:* Hier wird festgelegt, welchen Wert die vier unterschiedlichen Kernprozesse (Produktion und Logistik, Kunden-Management, Innovation und Gesetzliche Vorgaben) über einen zu definierenden Werte-Zeithorizont schaffen –

und damit welchen Beitrag sie zur Schließung der Wertlücke leisten sollen.
4. *Die strategischen Themen (das heißt die kritischen Prozesse) identifizieren:* Diese Beiträge zur Schließung der Wertlücke werden anschließend konkreten strategischen Themen zugeordnet. Dabei handelt es sich um die kritischen, internen Wertschöpfungsprozesse – also diejenigen mit der größten Hebelkraft im Bezug auf die Wertschaffung.
5. *Immaterielle Vermögenswerte identifizieren und ausrichten:* In diesem Schritt werden Vorgaben für die Lern- und Entwicklungsperspektive gesetzt. Dabei geht es darum, eine strategiegerechte Entwicklung des Human-, Informations- und Organisationskapitals vorauszudenken.

Abbildung der Ziele in einer Strategy Map (Schritt 2)

Eng verzahnt mit dem ersten Schritt ist die Untersuchung der Wirkbeziehungen zwischen den Einzelzielen. Nur so kann das aufgespannte, mehrdimensionale Zielsystem eine Strategie wirklich abbilden. In der Regel erfolgt diese Analyse durch intensive Diskussion innerhalb des Strategieteams. Es ist aber auch möglich, die identifizierten Strategieziele im Rahmen einer Vernetzungsanalyse (→ *Szenariotechnik*) zu verknüpfen.

Kaplan und Norton schlagen für die Darstellung der strategischen Ziele und ihrer Zusammenhänge den Aufbau von Strategy Maps vor. Dabei sollte neben den einzelnen Wirkzusammenhängen vor allem Wert auf die Gesamtkomposition des Zielsystems gelegt werden, wie Michael Porter in seinem Modell des »Kernzielnetzes« betont.

Festlegung der operativen Ziele und Maßnahmen (Schritt 3)

In diesem Schritt erfolgt die Operationalisierung der strategischen Ziele. Es sind konkrete Zielgrößen zu bestimmen und in der Balanced Scorecard auszuweisen. Das dazu notwendige Vorgehen beschreiben Kaplan/Norton mit folgenden vier Schritten (Kaplan/Norton 1997, S. 295):

1. Verbale Beschreibung der strategischen Ziele;
2. Identifizierung der Ziel- beziehungsweise Messgrößen, welche die Erreichung der einzelnen strategischen Ziele am besten operationalisieren;
3. Identifizierung der Quellen, welche die notwendigen Informationen liefern, an denen die Zielerreichung gemessen werden kann. Bei Bedarf

sind Maßnahmen zu definieren, um diese Informationen verfügbar zu machen;
4. Identifizierung der Zusammenhänge und Beeinflussungen zwischen den Ziel- beziehungsweise Messgrößen innerhalb einer Perspektive sowie gegebenenfalls zwischen den einzelnen Perspektiven.

Die Berücksichtigung aller oben genannten vier Schritte führt letztendlich zu einer quantifizierten Vorgabe für die einzelnen Messgrößen. Wichtig ist im Rahmen einer BSC die Unterscheidung zwischen Kernergebnissen (auch strategische Ergebnisse, Spätindikatoren), die vornehmlich das Unternehmen in seinem gegenwärtigen Zustand beschreiben, und Leistungstreibern, die im Sinne von Frühindikatoren Auskunft darüber geben, wie sich das Unternehmen in der Zukunft verändern könnte.

Abbildung 86: Beispiel für Strategy Map, Scorecard und Initiativen

Strategy Map	Balanced Scorecard		Aktionsplan	
Strategische Ziele	Messgröße	Vorgabe	Initiative	Budget
Dramatische Steigerung des Gewinns pro Aktie	• Wachstum des Nettogewinns	+ 80 Mill.	• Kundenprofitabilitäts-Datenbank	x Euro
Hochwertige Kunden gewinnen und binden	• Umsatzstruktur	70%	• Segmentierungs-Initiative	x Euro
Vertrauenswürdiger Finanz-Berater / One-Stop-Shopping	• Kundenzufriedenheit	90%		
	• Anteil am Kundenbudget	50%	• Verbesserte Kundenumfragen	x Euro
Kunden zum angemessenen Vertriebskanal lenken	• Veränderung des Vertriebskanal-Mix	40%	• Telemarketing-Kampagne	x Euro
			• Kauf von Listen	x Euro
			• Direkt-Mailing	x Euro
Strategische Jobs: Telemarketing-Mitarbeiter	• Strategische Jobbereitschaft	100%	• Trainingsprogramm für Telemarketing-Kompetenz	x Euro
Strategische Systeme: CRM Lead Management	• Verfügbarkeit der Informationssysteme	100%	• Rollout des CRM-Systems	x Euro
	• Kundenfokussierte Kultur	100%	• Interne Weiterbildung	x Euro
Organisationale Bereitschaft schaffen	• Führungsumfrage	70%	• FK-Entwicklungsprogramm	x Euro
	• Best-Practice-Teilung	100%	• Wöchentliche Team-Meet.	x Euro

Nach: Kaplan/Norton 2004

Festlegung von strategischen Initiativen (Schritt 4)

Nach Verabschiedung der Balanced Scorecard müssen konkrete Aktionen definiert werden, die die Erreichung der Vorgaben für alle Messgrößen möglich machen. Diese Aktionsprogramme werden auch als »strategische Initiativen« bezeichnet. Abbildung 86 verdeutlicht exemplarisch das Zusammenspiel von Strategy Map, Balanced Scorecard und strategischen Initiativen. Über die Führung einzelner Initiativen hinaus schlagen Kaplan und Norton die Einrichtung von *Strategiebüros* (»Office of Strategy Management«) vor, in denen der gesamte Strategieprozess von der Strategieformulierung über die Strategieumsetzung bis zum Strategielernen geführt wird.

Produkt- und Technologie-Roadmapping

In einer Roadmap werden Entwicklungsschritte von der Gegenwart in die Zukunft verknüpft und visualisiert. Im Rahmen der strategischen Produktplanung sowie im Technologie-Management werden solche Roadmaps für Technologien (Technologie-Roadmaps), für Produkte und Services (Produkt-Roadmaps) sowie für Verfahren (Verfahrens-Roadmaps) entwickelt. Daneben gibt es auch branchenweite Industrie-Roadmaps oder politische Roadmaps.

Die Halbleiterbranche ist eine Schlüsseltechnologie für moderne Industriegesellschaften. Sie öffnet die Türen zu neuen Technologien und trägt mit einem F&E-Anteil von bis zu 20 Prozent und einem erforderlichen Kapitalaufwand von bis zu 25 Prozent des Jahreserlöses maßgeblich zu Innovation und Forschungsinfrastruktur bei. Gleichzeitig ist sie aufgrund ihrer nahezu vollständigen globalen Integration ein wichtiger wirtschaftlicher Frühindikator.

Um angesichts der hohen Kapital- und Innovationsaufwände die notwendigen Leistungsfortschritte bei integrierten Schaltungen sicherzustellen, verabreden die fünf großen Industrieverbände aus Europa, Japan, Korea, Taiwan und den USA alljährlich eine »International Technology Roadmap for Semiconductors« (ITRS). Innerhalb des dazugehörigen Roadmapping-Prozesses werden Diskussionen über die Erfolgsfaktoren, die Anforderungen und die zeitlichen Entwicklungslinien der Industrie geführt.

Die eigentliche Roadmap entsteht in verschiedenen »Technology Working Groups« (TWGs), die sich um spezifische Themen wie Systemtreiber,

Design, Test-Equipment, Lithografie oder Front-End-Prozesse kümmern. Dort sitzen die Technologieexperten der Chiphersteller, der Zulieferer, der Universitäten und Technologielaboratorien sowie der Halbleiter-Verbände zusammen. Abbildung 87 zeigt exemplarisch die Produkt- und Technologietrends der ITRS-Roadmap von 2005.

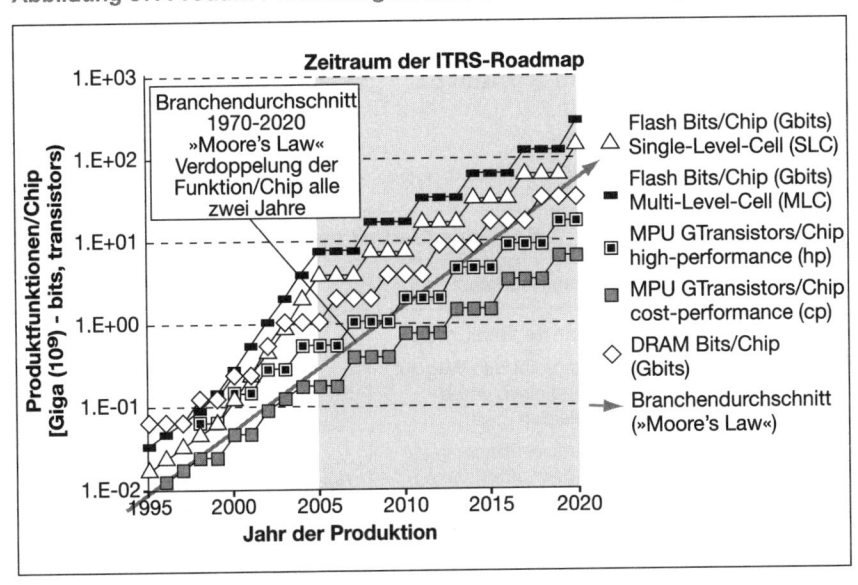

Abbildung 87: Produkt-/Technologietrends der ITRS-Roadmap 2005

Inhalt

Das Konzept der Roadmaps wurde in den achtziger Jahren in den USA, allen voran von Motorola, entwickelt und seitdem vermehrt als strategisches Instrument eingesetzt. Allgemein kann eine Roadmap als Skizze von existierenden (oder möglichen) Wegen in die Zukunft verstanden werden. Dabei dient sie als »Straßenkarte«, die mit Hilfe einer leicht verständlichen, übersichtlichen grafischen Darstellung ein grundsätzliches Verständnis vom eigenen Standort und der gewünschten (oder möglichen) Bewegungsrichtung vermittelt. Praktisch heißt dies, dass verschiedene Betrachtungsobjekte und ihre Verknüpfungen über einen Zeitstrahl aufgelistet und so abgebildet werden, dass ein (oder mehrere) Entwicklungspfade erkennbar werden.

In der Praxis können Roadmaps anhand von insgesamt zwei Kriterien unterschieden werden: Zum einen beschreiben *endpunktgesteuerte Roadmaps* einen oder mehrere Wege aus der aktuellen Gegenwart zu einem definierten Zustand in der Zukunft, während *startpunktgesteuerte* oder *offene Roadmaps* mehrere Wege, wie sich eine oder mehrere Zukünfte aus der Gegenwart heraus entwickeln könnten, skizzieren. Zum anderen können nicht oder nur unwesentlich beeinflussbare *Umfeld-Roadmaps* und *lenkbare Roadmaps* voneinander abgegrenzt werden. Daraus ergeben sich die in Abbildung 88 dargestellten vier Formen von Roadmaps.

Abbildung 88: Vier Formen von Roadmaps

		Beeinflussbarkeit der Roadmap	
		Lenkbare Roadmap	Umfeld-Roadmap
Richtung der Roadmap	endpunktgesteuerte Roadmap	**Zielfokussierte Roadmap** Roadmap beschreibt den Weg zur Umsetzung eines vorab festgelegten Ziels. Beispiel: Strategie-Roadmap zur Umsetzung einer unternehmerischen Vision	**Ereignisfokussierte Umfeld-Roadmap** Roadmap beschreibt den Weg, den das Umfeld zu einem zukünftigen Ereignis nehmen kann. Beispiel: Roadmap zum Frieden im Nahen Osten
	startpunktgesteuerte Roadmap	**Optionen-Roadmap** Roadmap beschreibt (im Sinne des Mappings von Strategieoptionen) mehrere Wege für das eigene Handeln Beispiel: Produkt-Roadmap auf Basis einer Plattformstrategie mit verschiedenen Umstiegsoptionen	**Umfeld-Entwicklungs-Roadmap** Roadmap beschreibt (im Sinne von Prozessszenarien oder Entwicklungspfaden) mehrere Wege, wie sich ein Umfeld entwickeln kann. Beispiel: Roadmap zur Entwicklung von Antriebssystemen im Fahrzeugbau

- *Zielfokussierte Roadmaps* gehen von einem vorab festgelegten Ziel aus und beschreiben einen oder mehrere Wege, wie dieses Ziel erreicht werden kann. Insofern werden sie auch als »Umsetzungs-Roadmaps« bezeichnet.
- *Ereignisfokussierte Umfeld-Roadmaps* beschreiben einen oder mehrere Wege zu einem zukünftigen Ereignis. Dies kann ein übergeordnetes Ziel (»Frieden im Nahen Osten«) oder ein mögliches Ereignis (»Computer-Umstellung zum Jahr 2000«) sein.

- *Optionen-Roadmaps* gehen vom Heute aus und beschreiben mehrere Wege, die ein Unternehmen oder eine Organisation in die Zukunft gehen kann. Sie stellen daher häufig eine Interpretation der zeitlichen Entwicklungsmöglichkeiten verschiedener *Strategieoptionen* (→) dar.
- *Umfeld-Entwicklungs-Roadmaps* gehen vom heutigen Zustand des Umfelds aus und beschreiben verschiedene Entwicklungspfade. Sie weisen Ähnlichkeiten zu Trendradars (→ *Trend-Management*) auf und können auch wie zeitlich präzisierte »Prozessszenarien« (→ *Szenariotechnik*) verstanden werden.

In Anlehnung an Stefan Behrens und Dieter Specht verstehen wir unter *Roadmapping* eine systematisierte Erfassung und Bündelung von Expertenwissen sowie die Abstimmung divergierender Meinungen und Erwartungen in gruppendynamischen Prozessen, mit dem Ziel, die zukünftigen Entwicklungen im Entscheidungsfeld und gegebenenfalls auch im Umfeld vorauszudenken und zu bewerten. Insofern zeigt sich, dass Roadmapping eine Kombination von methodischen Vorgehen und kreativen Prozessen ist, bei dem möglichst viele beteiligte Institutionen, Abteilungen und Personen einbezogen werden. Dabei haben offene Roadmaps eine stärkere Expertenorientierung, während zielfokussierte Roadmaps eher den für die spätere Umsetzung wichtigen Gruppenprozess betonen. Keimzelle des Roadmapping ist das »*Technology Roadmapping*«, das noch heute häufig als Synonym für »Roadmapping« oder zur Erläuterung der Methode verwendet wird. Insgesamt lassen sich mehrere Formen von Roadmaps unterscheiden:

- Interne *Produkt-Roadmaps* stellen ausgehend vom aktuellen Produktprogramm eines Unternehmens oder eines Geschäftsbereichs die geplante Entwicklung des Produktportfolios in der Zukunft dar. Übergreifende Produkt-Roadmaps beschreiben demgegenüber die Entwicklung des gesamten Produktspektrums einer Branche unabhängig von der Realisierung durch einzelne Anbieter.
- *Technologie-Roadmaps* beschreiben die Entwicklungspfade eines Technologiefelds oder eines Anwendungsfelds. Dabei setzen interne Roadmaps auf den im Unternehmen verwendeten Technologien oder den Anwendungen der bestehenden Kundengruppen auf. Übergreifende oder externe Technologie-Roadmaps decken demgegenüber das gesamte Technologiespektrum oder die gesamten Anwendungsmöglichkeiten ab. Solche Roadmaps werden häufig von externen Instituten erstellt und angeboten.

- *Markt- und Umwelt-Roadmaps* bringen verschiedene Entwicklungen in den Unternehmensumfeldern auf einen Zeitstrahl. Sie weisen daher eine enge Verbindung zum *Trend-Management* (→) auf.
- *Branchen-Roadmaps* entstehen, wenn mehrere Unternehmen die geplante Entwicklung ihrer Branche gemeinsam vorausdenken und in einer Roadmap visualisieren. Dabei handelt es sich häufig um übergreifende Technologie- oder Projekt-Roadmaps, die hier aufgrund ihrer Bekanntheit als eigene Gruppe dargestellt werden.
- *Wissens-Roadmaps* beschreiben den Weg der Erkenntnisfindung bis hin zu einer Innovation oder einem Produkt. Sie können rückwärtsblickend genutzt werden, um bisherige Erfolge zu erklären. Wichtiger ist allerdings die Frage, welches Wissen für eine gewünschte Innovation notwendig ist und daher im Unternehmen vorgehalten oder aufgebaut werden muss.

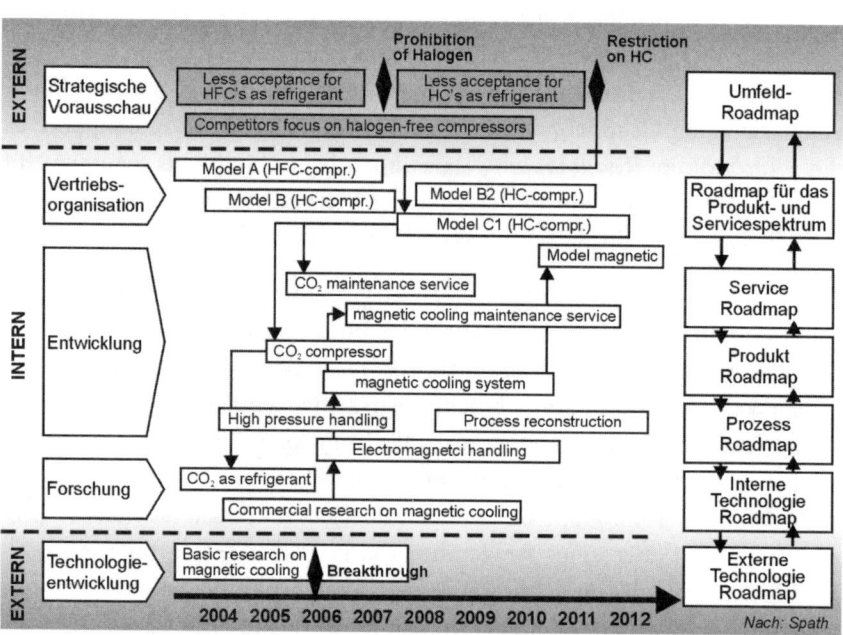

Abbildung 89: Integrierte Innovations-Roadmap nach Spath

Daneben gibt es *Projekt-Roadmaps*, die auf verschiedenen Ebenen im Unternehmen interne Aktivitäten strukturieren. Michael Mirow beschreibt den Zusammenhang von Produkt- und Technologie-Roadmaps wie folgt:

»*Die Produkt-Roadmap ist eine zeitlich gereihte Darstellung zukünftiger Generationen von Produkten beziehungsweise Produktgruppen ... Ihr Zeithorizont richtet sich nach den branchenüblichen Produktlebenszyklen sowie auch der voraussichtlichen Dauer einer Entwicklung bis zur Produkteinführung. Er kann von vielleicht zwei oder drei Jahren im Bereich elektronischer Konsumprodukte [...] bis zu 10 Jahren und mehr für eine neue Generation von Dampf- oder Gasturbinen im Kraftwerksbau reichen. [...] Die Technologie-Roadmap ergänzt die Produkt-Roadmap. Sie zeigt [...] die Technologien auf, die zur Realisierung der zukünftigen Produkte erforderlich sind. Dabei sind rechtzeitig Technologien zu identifizieren, die für mehrere Produkte des Portfolios angewendet werden können.*« *(Mirow 2003, S. 337)*

Insofern besteht eine enge Verbindung der Produkt- und Technologie-Roadmaps zur *Produktplattform* eines Unternehmens. Sie basiert auf einer Gruppe von Modulen, die in der Regel vom Unternehmen selbst produziert werden und die den langfristigen Unternehmenserfolg signifikant beeinflussen. Die Produktplattform stellt quasi das Bindeglied zwischen der eher langfristig ausgerichteten *Produktvision (→)* und der eher kurzfristig orientierten Planung von Produkten und Produktfamilien dar *(→ Produktplanung)*.

Die bekanntesten Beispiele für Produktplattformen sind in der Automobilindustrie zu finden, wo auf Basis weniger Entwicklungsplattformen eine große Zahl an Modellvarianten erzeugt wird. Eine intelligente Produktplattformstrategie ist die notwendige Voraussetzung dafür, einerseits eine Vielzahl an Marksegmenten zu bedienen und andererseits die notwendigen Technologien und Kompetenzen weiterzuentwickeln.

Mit zunehmender Komplexität der Produkte reicht eine Plattform oftmals trotzdem nicht mehr aus, um alle zu bedienenden Marktsegmente eines Unternehmens abzudecken. In der Automobilindustrie werden dazu beispielsweise Plattformen als *Baureihen* gestaltet, um unterschiedliche Leistungsklassen zu realisieren. Dann müssen *verschiedene Plattformen* oder *Plattformvarianten* geplant werden. So könnte beispielsweise eine Plattform mit Technologien für einen besonders energiesparenden Einsatz ausgelegt werden (zum Beispiel Leichtbaukonzepte zur Gewichtsreduzierung und Benzinersparnis) und eine andere mit Technologien für eine besonders große Leistung.

In der Praxis finden sich verschiedene Ansätze zur Kombination von Roadmaps. So schlägt Dieter Spath vom Fraunhofer-IAO ein »*integriertes*

Innovations-Roadmapping« vor, bei dem sieben unterschiedliche Roadmaps erstellt und zu einer Innovations-Roadmap verknüpft werden.

Vorgehen

Auch wenn sich die Roadmapping-Prozesse in Abhängigkeit der Anwendungsfelder deutlich unterscheiden können, so lassen sich doch übergreifende Schritte erkennen, die in dem nachfolgend beschriebenen Ablaufmodell dargestellt werden.

Definition von Roadmap-Architektur und Betrachtungsobjekten (Schritt 1)

Die *Architektur* einer Roadmap legt den Zeitrahmen sowie die Struktur aus Schichten und Teilschichten fest. Robert Phaal et al. definieren dies als »Bezugsrahmen dynamischer Systeme«, mit dessen Hilfe die Entwicklung des jeweiligen Systems strukturiert dargestellt werden kann.

Die Festlegung der Architektur führt unmittelbar zur Ebene der *Betrachtungsobjekte*. Darunter werden die Objekte verstanden, deren zeitliche Entwicklung und Zusammenspiel in der Roadmap dargestellt werden soll. Solche Betrachtungsobjekte sind beispielsweise Technologien, Produkte, Verfahren oder Prozesse. In der ersten Phase geht es in der Regel darum, diese Betrachtungsobjekte zu identifizieren. In vielen Fällen kann dabei auf bestehende Informationen wie Produktportfolios, Technologiestrategien oder Projektpläne zurückgegriffen werden. Bei übergreifenden, externen Roadmaps kann zusätzlich eine Umfeldanalyse durchgeführt werden, sodass der gesamte Betrachtungsbereich abgedeckt ist.

Vorausschau (Schritt 2)

In der zweiten Phase geht es darum, die Zukunft der einzelnen Betrachtungsobjekte vorauszudenken. Dies kann direkt – also durch Fortschreibung der Entwicklung der einzelnen Objekte – oder indirekt durch eine Vorausschau des Umfelds erfolgen. In diesem Fall kommt häufig das *Szenario-Management* (→) zum Einsatz, wobei aus den Szenarien die Entwicklungsmöglichkeiten der Betrachtungsobjekte abgeleitet werden. Bei der internen Betrachtung der eigenen Entwicklungspotenziale können *Strategieoptionen* (→) eingesetzt werden.

Roadmap-Generierung (Schritt 3)

Die Roadmap-Generierung erfolgt in der Regel in einem oder mehreren Workshops, an denen neben den Planern auch Entscheider und Umsetzungsverantwortliche teilnehmen sollten. Bei solchen Workshops werden häufig Vorarbeiten aus den ersten Phasen sowie von einem kleineren Team erstellte zusätzliche Informationen wie *Vernetzungsanalysen* (→), *Expertenbefragungen* (→) oder die Ergebnisse der *Delphi-Technik* (→) eingebracht.

Ein wesentlicher Schritt der Roadmap-Generierung ist die Visualisierung. Sie erfolgt in der Regel zweidimensional, wobei die x-Achse als zeitliche Dimension verwendet wird. Der darauf abgebildete Zeithorizont hängt sowohl von der Art der Roadmap als auch von der Branche ab. Besonderes Augenmerk ist darauf zu werfen, ob auf der y-Achse eine spezifische Dimension aufgetragen wird – und wenn ja, welche. In der Praxis finden sich hier häufig Untergruppen des Betrachtungsbereichs. Weitere Kriterien wie Bedeutung, Kompetenzen, Zuständigkeiten, Risikoklassen oder Unsicherheiten können zusätzlich über die Farb- und Formgebungen unterschieden werden. Einige startpunktgesteuerte Roadmap-Darstellungen greifen auf die aus der *Szenariotechnik* (→) bekannte Trichterdarstellung zurück.

Vollständigkeits- und Konsistenzanalyse (Schritt 4)

Nachdem eine erste Roadmap vorliegt, erfolgt eine Prüfung auf Vollständigkeit und Konsistenz. Diese kann sowohl durch einen größeren Expertenkreis als auch durch das verantwortliche Kernteam erfolgen. Ziel ist die Klärung,

- ob alle Entwicklungspfade im Betrachtungsbereich beschrieben wurden,
- ob die Verknüpfung der Betrachtungsobjekte plausibel ist,
- ob sich aus der Gesamtdarstellung der Roadmap heraus weitere Betrachtungsobjekte ergeben, die bisher unberücksichtigt geblieben sind und
- ob sich neue Entwicklungsoptionen für einzelne Betrachtungsobjekte ergeben.

Eine weitere Möglichkeit zur Vollständigkeits- und Konsistenzprüfung ergibt sich, wenn mehrere Roadmaps synchronisiert werden.

Bewertung der Roadmap und Fortschreibung (Schritt 5)

Wenn die Roadmaps keine direkten Maßnahmen oder Projekte enthalten, dann schließt sich die Ermittlung von Handlungsoptionen an. Im Sinne eines Prozesses können Roadmaps in regelmäßigen Abständen überprüft und fortgeschrieben werden.

Anwendung: Die kanadische Aluminiumindustrie

Als ein bekanntes Beispiel für das Branchen-Roadmapping gilt der einjährige Roadmapping-Prozess der kanadischen Aluminiumindustrie, der die folgenden vier Schritte umfasste:

- *Branchenanalyse* (Schritt 1): Um ein Porträt der kanadischen Aluminiumindustrie aufzunehmen, wurden zunächst alle verfügbaren Quellen gesichtet und ausgewertet. Dazu zählten andere verfügbare Roadmaps, Branchenreporte, Marktanalysen, weltweite Datenbanken, Geschäftsberichte und Internetauftritte sowie Kooperationen mit Forschungseinrichtungen und Universitäten auf diesem Gebiet. Außerdem wurden Interviews mit Experten geführt. Daraus ergaben sich Stärken und Schwächen sowie als spezifische Ergebnisse die Beschreibungen der Aluminiumproduktion sowie der ersten und zweiten Transformationsstufe, eine Analyse von Endprodukten und entsprechenden Kundengruppen sowie der Forschungs- und Technologieaktivitäten in Kanada.
- *Umfrage unter Branchenexperten* (Schritt 2): Abschließend wurden in einer Umfrage unter 150 Branchenexperten Fragen zur allgemeinen Umfeldentwicklung, zu zukünftigen Kundenbedürfnissen und Markttrends sowie zu technologischen Anforderungen erhoben.
- *Roadmap Design Workshops* (Schritt 3): Als Ergebnis aus Analyse und Expertenbefragung lagen 116 Projekte vor, die grob den Bereichen Aluminiumproduktion und -ausrüstung, Transportindustrie sowie Bau und Energie zugeordnet wurden. In mehreren Workshops mit 60 Experten und begleitet durch einen Lenkungsausschuss wurden 47 segmentübergreifende Projekte ausgewählt. Kriterien für die Auswahl waren ihre Relevanz für die technologische Branchenentwicklung, die Zeitplanung, die mit den Projekten verbundenen Risiken sowie ihr Einfluss auf die Marktentwicklung.

- *Erstellung des Technology Roadmap Reports* (Schritt 4): Abschließend wurde ein Arbeitskreis gebildet, der die bisherigen Ergebnisse zusammenführte und mit einem Lenkungsausschuss abstimmte. Dabei entstanden auch die visuellen Roadmaps für die Produktion sowie für die Transformationsstufen. In diesen Roadmaps wurden die einzelnen Projekte neben der zeitlichen Dimension anhand ihrer Risiken eingestuft (siehe Abbildung 90).

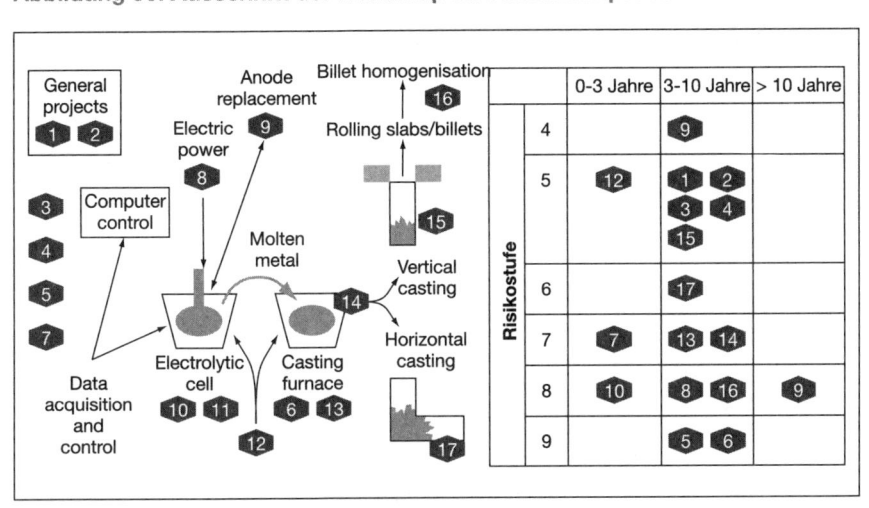

Abbildung 90: Ausschnitt der Roadmap für Aluminiumproduktion

Strategie-Roadmapping

Beim Strategie-Roadmapping geht es – im Gegensatz zum eher controllingorientierten Ansatz der *Balanced Scorecard* (→) und der damit verbundenen Strategy Map – um die zeitliche Planung von strategischen Aktivitäten und Elementen. Folglich ist der Zeithorizont länger als bei der Balanced Scorecard, jedoch mit drei bis fünf Jahren kürzer als beim traditionellen *Technologie-Roadmapping* (→).

Die *Linde AG* ist ein traditioneller Hersteller von Industriegasen und weiteren Industriegütern. Eckpfeiler ihres unternehmerischen Handelns waren seit jeher technologische Kompetenz, die Lust an der Innovation, Kundenorientierung sowie Zuverlässigkeit. Auf diesem Fundament hat *Linde* 2004 begonnen, ihre unternehmerische Verantwortung – die sogenannte »Corporate Responsibility« – noch zielgerichteter in die Unternehmensführung zu integrieren. Dazu wurden in einer »Corporate Responsibility Policy« der *Linde AG*, einer vom Vorstand verabschiedeten Selbstverpflichtungserklärung, konzernweit verbindliche Leitlinien für ein verantwortliches Handeln gegenüber den Stakeholdern festgelegt. In einem ersten »Corporate Responsibility Report« wurde zudem beschrieben wie das Thema strategisch in der Unternehmensorganisation verankert wurde.

Damit auch wirklich ein Veränderungsprozess in Gang gesetzt wird, wurde gleichzeitig eine *Corporate Responsibility-Roadmap* aufgestellt, die den Zeitrahmen für die Umsetzung vorgibt (siehe Abbildung 91). Diese Roadmap dient zudem der Orientierung der Mitarbeiter, die in regelmäßigen Abständen über die Ziele sowie die Umsetzung der Maßnahmen informiert werden.

Abbildung 91: Corporate Responsibility Roadmap der Linde AG

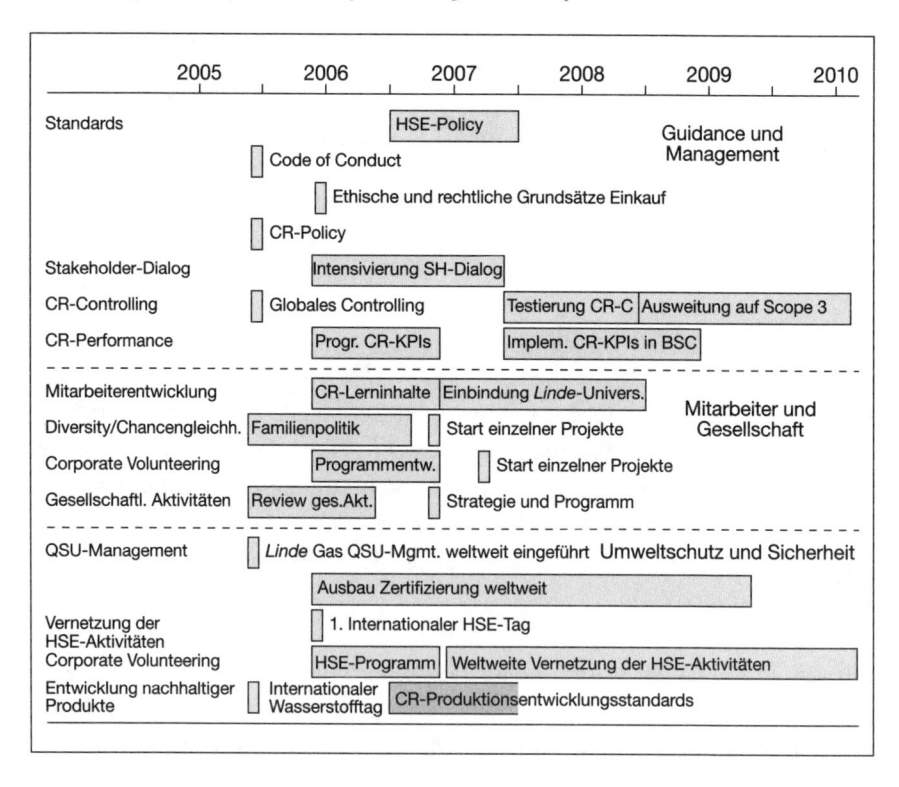

Inhalt

Viele Strategieumsetzungsprozesse haben nicht den gewünschten Erfolg, da versucht wird, die Strategie bereits in den ersten beiden Jahren vollständig zu implementieren. Eine *Strategie-Roadmap* hilft, die notwendigen Umsetzungsschritte der Strategie vorauszudenken und langfristig so zu planen, dass die verfügbaren Ressourcen auf den gesamten Umsetzungszeitraum verteilt werden. Gleichzeitig gibt sie den an der Umsetzung beteiligten Personen und Einheiten eine Orientierung über die geplanten Umsetzungsaktivitäten und Veränderungsbedarfe.

Der entsprechende Prozess des *Strategie-Roadmappings* basiert auf den Grundlagen des herkömmlichen Roadmappings und ist ein spezifisches Instrument zur Verbindung von Visionen und deren Umsetzung im Rahmen strategischer Planungsprozesse. Es hat zum Ziel, Strategien zu operationalisieren. Folglich lässt es sich als Bindeglied zwischen der Vision und der unternehmensinternen Prozessgestaltung verstehen.

Aus strategischer Sicht ist das Strategie-Roadmapping das planerische Gegenstück zur controlling-orientierten Balanced Scorecard und der eher umsetzungszentrierten Strategy-Map. Von der *Balanced Scorecard* (→) unterscheidet es sich also vor allem durch seine zeitliche Dimension: Bei der Balanced Scorecard geht es in erster Linie um das Messen vordefinierter Kennzahlen, die einen konkreten Gegenwartsbezug haben und im Sinne einer kontinuierlichen Fortschreibung (monatlich, jährlich) überwacht werden. Als beliebter Begriff für die damit verbundenen Kennzahlen hat sich in der Praxis auch der Begriff »key performance indicators« (KPIs) durchgesetzt. Demgegenüber ist das Strategie-Roadmapping eher als planungsorientierter Ansatz anzusehen. Es ist in seiner Anwendung eher wie die Future Scorecard zu verstehen.

Methodisch gesehen ist das Strategie-Roadmapping eine Systematik, die bei kontinuierlicher Anwendung die Transparenz des Planungsprozesses erhöht. Aus gruppendynamischer Sicht ist es zudem ein strukturiertes Kommunikationswerkzeug, das hilft, die ausgetretenen Denkpfade des Tagesgeschäfts zu verlassen und eine inkrementale Fortschreibung des Status quo bei der Strategieumsetzung zu vermeiden. *Micic* beschreibt den Nutzen von Roadmaps mit der zeitlichen Koordinierung von Umfeldentwicklungen, Plausibilitätssteigerung durch Chronologie, Positionsbestimmung und Orientierung, Kommunikationsunterstützung zu Mitarbeitern und Partnern, Konsensbildung sowie der Ressourcenkonzentration.

Vorgehen

Die einfachste Form der Strategie-Roadmap-Entwicklung ist die Beschreibung der Abhängigkeiten und zeitlichen Entwicklungsschritte zwischen verschiedenen Strategiealternativen, wie sie beispielsweise bei *Strategieszenarien* (→) vorliegen. Dazu werden mögliche Umsetzungspfade in die Strategielandkarte eingezeichnet. Um einen Umsetzungsprozess wirkungsvoll zu unterstützen, müssen solche einfachen Roadmaps erweitert und konkretisiert werden.

Dem Strategie-Roadmapping geht in der Regel die Festlegung einer Vision (im Rahmen eines Strategieprozesses) und die Definition von inhaltlichen Zielen (im Rahmen einer Leitbildentwicklung) voraus. Daher kann auf gesonderte Vorausschauaktivitäten meist verzichtet werden, und es lassen sich fünf Phasen der Entwicklung von Strategie-Roadmaps unterscheiden, denen sich eine kontinuierliche Fortschreibung anschließt.

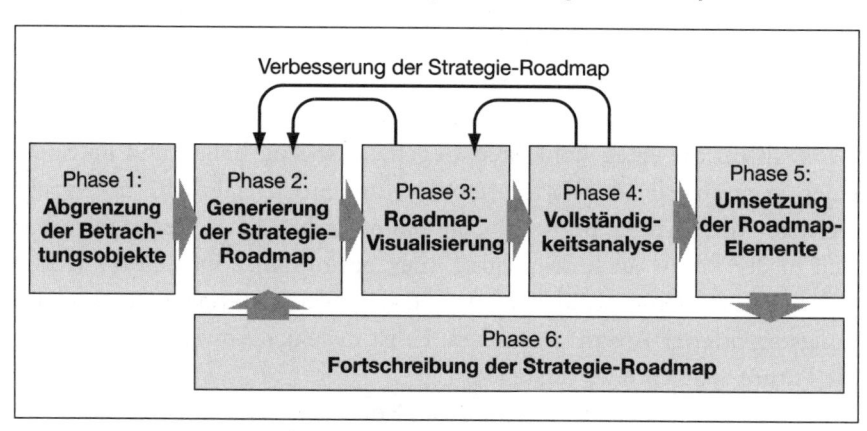

Abbildung 92: Phasen der Entwicklung von Strategie-Roadmaps

```
                  Verbesserung der Strategie-Roadmap
   ┌───────────┐ ┌───────────┐ ┌───────────┐ ┌───────────┐ ┌───────────┐
   │ Phase 1:  │ │ Phase 2:  │ │ Phase 3:  │ │ Phase 4:  │ │ Phase 5:  │
   │ Abgrenzung│ │ Generierung│ │ Roadmap-  │ │ Vollständig-│ │ Umsetzung │
   │ der Betrach-│ │ der Strategie-│ │ Visualisierung│ │ keitsanalyse│ │ der Roadmap-│
   │ tungsobjekte│ │ Roadmap   │ │           │ │           │ │ Elemente  │
   └───────────┘ └───────────┘ └───────────┘ └───────────┘ └───────────┘
                         Phase 6:
                  Fortschreibung der Strategie-Roadmap
```

Abgrenzung der Betrachtungsobjekte (Phase 1)

Die Objekte einer Strategie-Roadmap sind in der Regel die wichtigsten, strategischen Gestaltungsfaktoren (Stellhebel) für das Geschäft. Dies unterstreicht den planerischen Ansatz des Roadmappings. Die Betrachtungsobjekte können in vielen Fällen direkt aus einem (Geschäfts-)*Leitbild* (→) abgeleitet werden. Als weitere Objekte neben den Gestaltungsfaktoren sind je nach Anwendungsfall auch Ziele, Handlungsoptionen und Maßnahmen denkbar. Orientiert sich die Strategie-Roadmap stärker an Organisationseinheiten und Querschnittsthemen, so können die Betrachtungsobjekte stark den Elementen der *Balanced Scorecard* (→) oder der Strategy Maps entsprechen. Die Zahl der Betrachtungsobjekte ist durch die kognitiven Fähigkeiten des Menschen begrenzt. Die Anzahl sollte so gewählt werden, dass sie einerseits alle wesentlichen strategischen Handlungsfelder erfasst, andererseits die Strategieumsetzung durch ihre Komplexität nicht erschwert oder sogar verhindert.

Abbildung 93: Verknüpfung von Roadmaps im Rahmen der SET-Planung

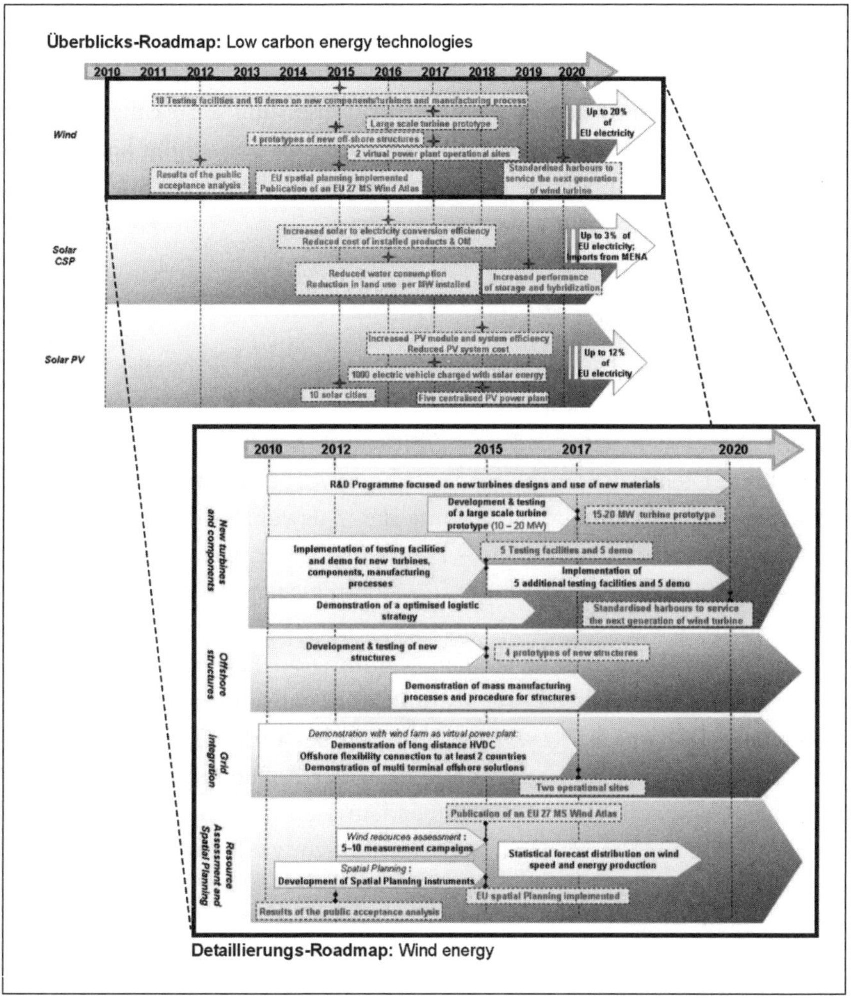

Generierung der Strategie-Roadmap (Phase 2)

Nachdem die Betrachtungsobjekte – Stellhebel, Ziele oder Handlungsoptionen – festgelegt worden sind, werden diese im Rahmen der Roadmap-Generierung miteinander verknüpft. Dazu werden sie bezüglich ihrer Wechselwirkungen und Abhängigkeiten analysiert. Bei sehr komplexen Handlungsfeldern können mehrere Roadmaps auf verschiedenen Ebenen miteinander verknüpft werden. Abbildung 93 zeigt dies am Beispiel der strategischen Energietechnologieplanung (SET) der Europäischen Union.

In den meisten Fällen erfolgt die Generierung der Strategie-Roadmap in einem moderierten Workshop. An einem Roadmapping-Workshop sollten neben den Führungsverantwortlichen insbesondere auch Umsetzungsverantwortliche teilnehmen, um durch die Heterogenität der Gruppe möglichst viele Sichten in den Prozess zu integrieren und die Realisierbarkeit sicherzustellen. Im Gegensatz zum klassischen Roadmapping kann durch die interne Sicht beim Strategie-Roadmapping auf die Unterstützung durch externe Experten verzichtet werden.

Roadmap-Visualisierung (Phase 3)

Eine Roadmap wird in der Regel zweidimensional dargestellt. Die vertikale Achse beschreibt dabei stets den zeitlichen Verlauf, während die horizontale Achse den verschiedenen Objekten (zum Beispiel Technologien, Produkten, Dienstleistungen und ähnlichem) vorbehalten ist. Insbesondere beim Strategie-Roadmapping kommt der Auswahl und Gestaltung der Roadmap-Beschreibungsobjekte – Handlungsfelder und Handlungsoptionen – eine besondere Bedeutung zu und kann als kreativer Prozess angesehen werden.

Der auf der Zeitachse abgebildete Zeithorizont beträgt beim Strategie-Roadmapping in der Regel drei bis fünf Jahre – also kürzer als in anderen Roadmaps. Die aus der *Szenariotechnik* (→) bekannte Trichterdarstellung ist beim Strategie-Roadmapping aufgrund der hohen Handlungsorientierung nicht sinnvoll, da mit zunehmendem Zeithorizont die notwendige Realitätsnähe zur Umsetzung abnimmt. Ähnlich wie Entwicklungsfolgebeziehungen beim Technologie-Roadmapping werden Abhängigkeiten zwischen den einzelnen Objekten einer Strategie-Roadmap durch Pfeile visualisiert.

Vollständigkeitsanalyse und Umsetzung (Phasen 4 und 5)

Ziel der Vollständigkeitsanalyse ist die Qualitätsprüfung, ob alle wichtigen Objekte und Abhängigkeiten in der Roadmap erfasst worden sind. Dabei sind unter anderem folgende Fragen zu stellen:

- Haben wir alle Aspekte berücksichtigt?
- Sind die Abhängigkeiten (richtig) erfasst?
- Sind alle wesentlichen Bereiche und Abteilungen integriert?
- Wer ist wofür verantwortlich?
- Was tun wir bezüglich bestimmter externer Einflüsse?

Für diese Phase gibt es nur wenig unterstützende Hilfsmittel. Sie ist oftmals Bestandteil des Roadmapping-Workshops und somit von der Heterogenität der Gruppe abhängig. Als hilfreich hat sich aus unserer Sicht erwiesen, in eine Strategie-Roadmap zeitlich die wichtigsten (Markt-)Umfeldveränderungen einzuarbeiten. Ähnlich dem Technologie-Roadmapping, bei dem die Verfügbarkeit bestimmter Technologien zu berücksichtigen ist, sind hier die wichtigsten Umfeldveränderungen einzuplanen.

Der oftmals eingeschlagene aber auch einfachste Weg ist die Kopplung der Betrachtungsobjekte (Stellhebel, Projekte et cetera) in der Umsetzung an organisatorische, schon vorhandene Verantwortlichkeiten. Dieses führt in vielen Fällen allerdings zur Verwässerung der Strategieumsetzung, da keine funktions- oder bereichsübergreifende Kontrolle mehr erfolgt. Wir empfehlen, die Verantwortlichkeiten beim Roadmapping möglichst inhaltlich auszurichten – beispielsweise an strategischen Geschäftsfeldern. Ein weiterer Erfolgsfaktor beim Roadmapping ist der Einsatz eines guten Organisators und Moderators, der das Roadmapping im Sinne einer Diskussionsplattform sowie zum Abgleich unterschiedlicher Meinungen ausgestaltet.

Fortschreibung der Strategie-Roadmap (Phase 6)

Ein zentraler Vorteil der Strategie-Roadmap ist darin zu sehen, dass sich so der konsistente Projekt- und Maßnahmenkatalog im Rahmen der bestehenden Strategie an sich wandelnde Marktentwicklungen und Umsetzungsstände anpassen lässt. Dazu wird in regelmäßigen Abständen – häufig auch mehrfach innerhalb der bestehenden Strategiezyklen – die Strategie-Roadmap fortgeschrieben.

Anwendung/Erweiterung zur Future Scorecard

Mit der von der *ScMI AG* zusammen mit der Cranfield School of Management entwickelten *Future Scorecard* wird das Strategie-Roadmapping mit Performance-Measurement-Systemen wie der *Balanced Scorecard* (→) verknüpft. Ihre vollständige Implementierung umfasst fünf Schritte:

- *Szenarioentwicklung* (Schritt 1): Im ersten Schritt werden Umfeldszenarien und Strategieszenarien entwickelt.
- *Szenariogestützte Strategieentwicklung* (Schritt 2): Anschließend werden diese Szenarien in einer Szenariomatrix miteinander kombiniert und es wird eine strategische Ausrichtung abgeleitet (siehe *Szenario-Management*, →). Diese Strategie ist der Ausgangspunkt für ein herkömmliches Performance-Measurement-System, wie es in Abbildung 94 in dunkelgrau gekennzeichnet ist. Jetzt werden der Erfolg durch Performance-Kennwerte und die Umfeldentwicklung durch Strategie-Prämissen (also Voraussetzungen für die Strategieeignung) beobachtet. Die Zusammenführung der zwei Perspektiven erfolgt in einer Balanced Scorecard.
- *Szenario-Scanning* (Schritt 3): Parallel zu Schritt 2 werden Indikatoren ermittelt, anhand derer das frühzeitige Eintreten der Umfeldszenarien (Umfeld-Indikatoren) oder die operative Entwicklung hin zu einzelnen Strategieszenarien (Options-Indikatoren) erkannt werden kann.
- *Szenario-Monitoring* (Schritt 4): Im vierten Schritt werden die Ergebnisse der beiden vorherigen Schritte zusammengeführt. Jetzt erfolgt auf der externen Seite durch Nutzung der Szenariomatrix eine Bewertung der Umfeld-Indikatoren. Dabei werden vor allem strategiekritische Umfeld-Indikatoren in eine externe *Future Scorecard* übernommen. Gleichzeitig werden auf der internen Seite die Options-Indikatoren dahingehend interpretiert, dass vor allem von der bisherigen Strategie nicht abgedeckte Optionen in einer internen Future Scorecard zusammengefasst werden.
- *Integration der Future Scorecard* (Schritt 5): Abschließend können die externe sowie die interne Future Scorecard zusammengefasst werden. Diese integrierte Future Scorecard kann als Ergänzung einer Balanced Scorecard verstanden werden, da sie genau die Größen zur Beobachtung heranzieht, die im klassischen BSC-Ansatz aufgrund der Zielorientierung nicht betrachtet werden.

Abbildung 94: Prinzip der Future Scorecard

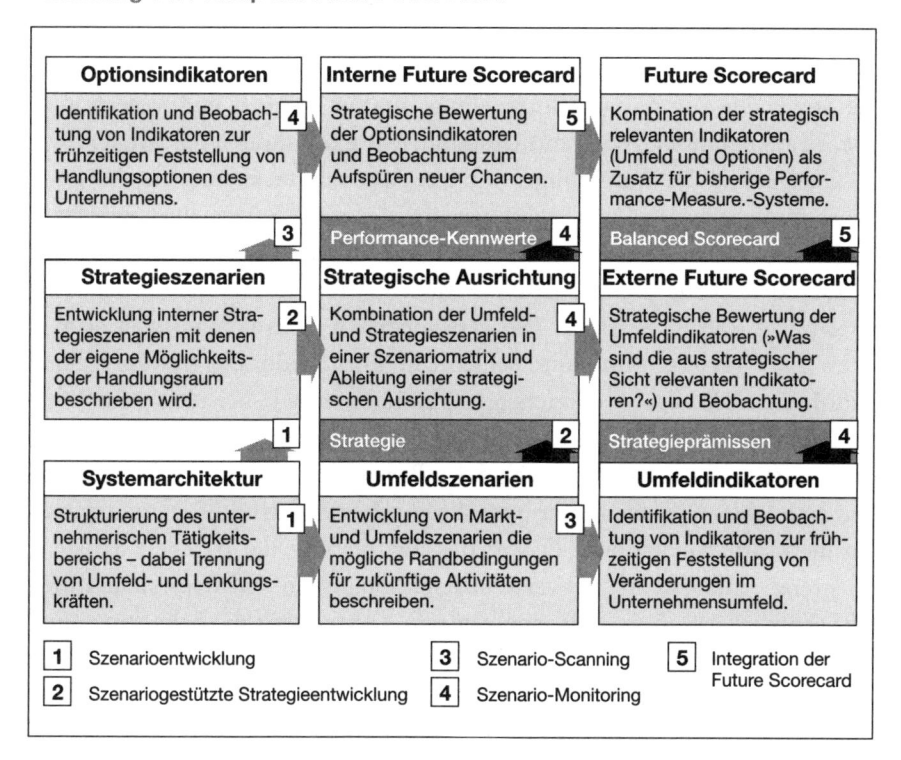

Optionsindikatoren	Interne Future Scorecard	Future Scorecard
Identifikation und Beobachtung von Indikatoren zur frühzeitigen Feststellung von Handlungsoptionen des Unternehmens. [4]	Strategische Bewertung der Optionsindikatoren und Beobachtung zum Aufspüren neuer Chancen. [5]	Kombination der strategisch relevanten Indikatoren (Umfeld und Optionen) als Zusatz für bisherige Performance-Measure.-Systeme.
[3]	Performance-Kennwerte [4]	Balanced Scorecard [5]
Strategieszenarien	**Strategische Ausrichtung**	**Externe Future Scorecard**
Entwicklung interner Strategieszenarien mit denen der eigene Möglichkeits- oder Handlungsraum beschrieben wird. [2]	Kombination der Umfeld- und Strategieszenarien in einer Szenariomatrix und Ableitung einer strategischen Ausrichtung. [4]	Strategische Bewertung der Umfeldindikatoren (»Was sind die aus strategischer Sicht relevanten Indikatoren?«) und Beobachtung.
[1]	Strategie [2]	Strategieprämissen [4]
Systemarchitektur	**Umfeldszenarien**	**Umfeldindikatoren**
Strukturierung des unternehmerischen Tätigkeitsbereichs – dabei Trennung von Umfeld- und Lenkungskräften. [1]	Entwicklung von Markt- und Umfeldszenarien die mögliche Randbedingungen für zukünftige Aktivitäten beschreiben. [3]	Identifikation und Beobachtung von Indikatoren zur frühzeitigen Feststellung von Veränderungen im Unternehmensumfeld.

[1] Szenarioentwicklung
[2] Szenariogestützte Strategieentwicklung
[3] Szenario-Scanning
[4] Szenario-Monitoring
[5] Integration der Future Scorecard

Wargaming/Spieltheorie

Beim Wargaming handelt es sich um eine dynamische strategische Simulation, bei der eigene und gegnerische Aktionen sowie deren Interaktion vorausgedacht werden. Typischerweise wird über mehrere Spielrunden ein Zeitraum von mehreren Jahren simuliert. Ziel ist einerseits die Gewinnung von Erkenntnissen für die Umsetzung eigener Strategien oder Aktionen und andererseits die Förderung des Verständnisses für die Reaktionen des Wettbewerbs.

Kurz nach den Anschlägen vom 11. September 2001 und den sich anschließenden Anthraxattacken wurde die Strategieberatungsfirma *Booz Allen Hamilton* beauftragt, auf US-Ebene Vorschläge für die Verbesserung der Reaktionsfähigkeit gegen Bioterrorismusattacken zu erarbeiten. Dazu wurde ein Wargaming »Bioterrorismus« durchgeführt, an dem 75 hochrangige Vertreter aus dem Department of Health and Human Services, der Federal Emergency Management Agency, dem Department of Defense, dem Department of Veteran Affairs, Regierungsvertreter des Bundes, der Staaten sowie der Kommunen, Unternehmer aus der Pharma- und Biotechnologie, Krankenhäuser, Ärzte und Gesundheitsorganisationen teilnahmen.

Gegenstand des Wargamings war eine Aerosolattacke mit einer Variante eines waffenfähigen Lungenpesterregers, der ohne Behandlung innerhalb der ersten 18 bis 24 Stunden nahezu 100 Prozent tödlich wirkt und hochgradig ansteckend ist. Die angenommenen Attacken erfolgten gleichzeitig in Detroit und in Norfolk. Die verschiedenen Vertreter mussten sich in diese Lage versetzen und unterschiedliche Entscheidungen treffen. Schnell wurde deutlich, dass weitreichende Maßnahmen wie beispielsweise Massenimpfungen und strikte Quarantäne notwendig wären, um eine weitere Ausbreitung der Seuche zu verhindern. Bereits hier machte das Wargaming auf eine fehlende gemeinsame Sprache von Regierung und Privatwirtschaft aufmerksam. Gleichzeitig deckte das Wargaming die parallele Existenz mehrerer Anlaufstellen bei verschiedenen Behörden und Regierungsstufen auf. Folglich ergab sich als eine zentrale Konsequenz die Schaffung *einer* klar definierten Kontaktstelle zwischen allen beteiligten Regierungsstellen und der Privatwirtschaft.

Eine weitere Konsequenz aus dem Wargaming war der Aufbau und das Teilen von Wissen über mögliche terroristische Aktionen als Grundlage für die Entscheidungsfindung. Hinzu kam der Aufbau eines nationalen Inventars medizinischer Vorräte sowie der Aufbau von Aktionsplänen auf der Stufe einzelner Organisationen, die in die nationalen Aktionspläne integriert werden.

Inhalt

Wargaming ist ungefähr so alt wie systematische, kriegerische Auseinandersetzungen. Seine Wurzeln reichen fünftausend Jahre zurück, als Sun Tzu, der chinesische General und Philosoph, mit »Wie Hai« (deutsch: »Einkesselung«) ein Strategiespiel erfand, das durchaus die Grundlage für das japanische »Go«-Spiel gewesen sein könnte. Zur etwa gleichen Zeit entstand in Indien mit dem »Chaturanga« ein ähnliches Spiel. In Europa kann das 1664 von Christopher Weikhmann aus dem Schach heraus entwickelte »Königsspiel« als weitere Grundlage genannt werden.

Eine der ersten bekannten Anwendungen mit dem Ziel der Ergebnisübertragung auf die reale Welt ist das sogenannte »Kriegsspiel« – eine von preußischen Offizieren verwendete strategische Vorbereitung, die unter anderem zu den Siegen des Deutschen Reichs im Deutsch-Französischen Krieg von 1870–71 beigetragen haben soll.

Auch nichtmilitärische Anwendungen sind hinreichend bekannt – schließlich lässt sich auch das Schachspiel als die Simulation einer Schlacht zwischen zwei Gegnern verstehen, die nur durch strategisches Vorausdenken zu gewinnen ist. Die erste dem heutigen Wargaming verwandte Form der nicht-militärischen Anwendung kam im Laufe des neunzehnten Jahrhunderts in Oxford auf. Mit dem Erscheinen von H.G. Wells' Buch *Little Wars* 1915 existierte das erste Regelbuch zur Durchführung von Wargames mit Hilfe von Miniaturen. Das erste weltweit vermarktete Brettspiel wurde 1952 von Charles S. Roberts erfunden.

Als theoretische Grundlage des Wargamings kann die *Spieltheorie* (»gaming theory«) angesehen werden. Sie entstand zu Beginn des 20. Jahrhunderts. Ein Meilenstein war Ernst Zermelos 1915 erschienenes Buch »Über eine Anwendung der Mengenlehre auf die Theorie des Schachspiels«. Primär wird die Spieltheorie als Teilgebiet der Mathematik gesehen. Heute findet sie sich jedoch zunehmend auch in den Wirtschaftswissenschaften – vor allem im Bereich des Operations Research, in der Volkswirtschaftslehre sowie bei strategischer Planung und Finanzwissenschaften wieder. Die erste betriebswirtschaftliche Anwendung von »Spielen« findet sich in dem 1956 durch die American Management Association entwickelten »Top Management Decision Simulation«. Die Weiterentwicklung derartiger Planspiele wird heute auch als »Business Wargames« bezeichnet.

Die Namensverwandtschaft zu den militärischen Anwendungen wird häufig kritisch gesehen. Ben Gilad erläutert daher gerne, dass es sich beim Wargaming weder um einen Krieg (War), noch um ein Spiel (Game) handelt. Könnte er den Namen frei wählen, würde das Instrument eher »Wettbewerbliches Rollenspiel« (Competitive role-playing exercise) oder »Wettbewerbliche Simulation« (Competitive simulation) heißen.

Als eine Weiterentwicklung des Wargamings ist der *War Room* beziehungsweise das *War College* anzusehen. War Rooms sind im Gegensatz zum Wargaming nicht »event«-bezogen, sondern werden kontinuierlich eingesetzt. Eng verwandt mit dem Wargaming ist auch der immer populärere Ansatz der *Competitive Intelligence* (CI). Dies bezeichnet die systematische, andauernde und legale Sammlung und Auswertung von Informationen über Konkurrenzunternehmen, Wettbewerbsprodukte, Marktentwicklungen, Branchen, neue Patente und neue Technologien.

Welche Wargaming-Ansätze werden unterschieden?

Zunächst können Wargaming-Ansätze hinsichtlich der am Wargame beteiligten Personen unterschieden werden. Bei *gruppenorientiertem Wargaming* nehmen mehrere Gruppen die Rolle unterschiedlicher Akteure ein und treten quasi gegeneinander an. Demgegenüber wird beim *sachorientierten Wargaming* der gesamte Spielablauf nur von einer Gruppe begleitet.

Ein weiteres Unterscheidungsmerkmal der Wargaming-Ansätze ist der Software-Einsatz. Bei einem *qualitativen Wargaming* werden die Ergebnisse der einzelnen Runden oftmals ohne Software-Unterstützung oder nur mit einfachen Instrumenten wie Excel durch ein Kontroll- und Marktteam ermittelt. Das Marktteam simuliert hierbei das Verhalten der Kunden, das Kontrollteam hat eine Aufsichtsfunktion. Beim *modellbasierten Wargaming* werden aufgrund einer höheren Quantifizierung der betrachteten Parameter die Ergebnisse der einzelnen Spielrunden eher rechnergestützt und durch spezielle Software-Systeme ermittelt.

Außerdem kann beim Wargame über die Zahl der betrachteten Akteure unterschieden werden. Eine Sonderform stellt der *Albtraum-Wettbewerber* dar, bei dem aus verschiedenen Wettbewerbern ein neuer Wettbewerber geformt wird, dessen Verhalten zunächst simuliert und anschließend begegnet wird.

Hinsichtlich der Anwendung von Wargames unterscheidet Gilad zwei Varianten: Das *Wettbewerber-Antwort-Wargaming* wird dann eingesetzt, wenn eine grundlegende Entscheidung bereits auf dem Tisch liegt. Ziel des Wargames ist es dann, die Qualität dieser Entscheidung zu überprüfen sowie Kontingenzpläne für bestimmte Wettbewerberreaktionen zu erarbeiten. Das *Strategie-Wargaming* zielt demgegenüber auf die Identifikation und Ausarbeitung eigener strategischer Optionen ab.

Vorgehen

Wir beschreiben im Folgenden den Ablauf eines gruppenorientierten Wargames. Dies umfasst grundsätzlich die in Abbildung 95 dargestellten vier Phasen.

Wargame-Design (Phase 1)

Die Ausgangslage beziehungsweise die Randparameter für ein Wargame werden in Vorfeld sorgfältig definiert. Sie sind eng mit den Ausgangsfragen des Managements verknüpft. Typische Ausgangslagen sind:

Abbildung 95: Ablauf eines Wargames

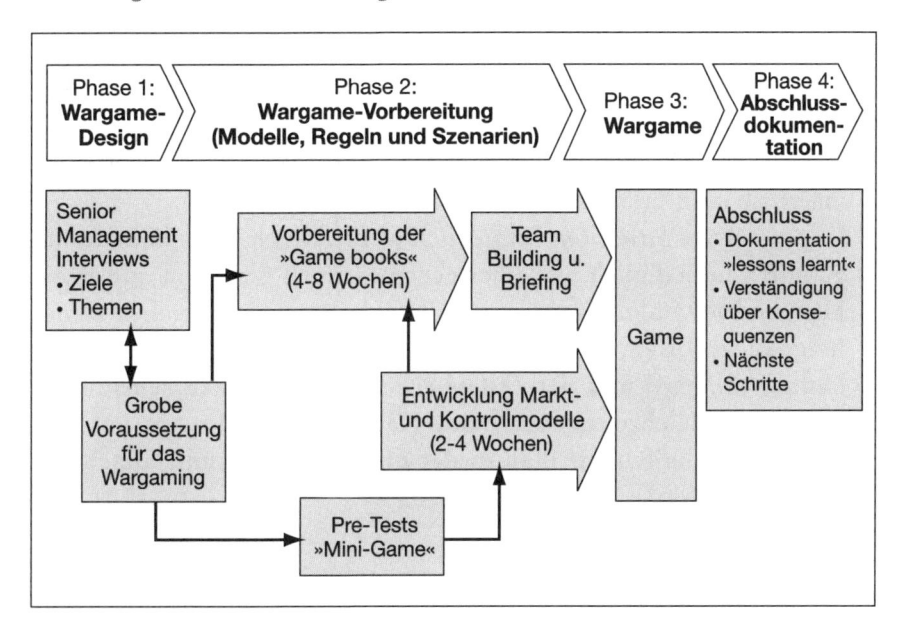

```
Phase 1:                Phase 2:                        Phase 3:      Phase 4:
Wargame-    →   Wargame-Vorbereitung          →   Wargame    →   Abschluss-
Design          (Modelle, Regeln und Szenarien)                    dokumen-
                                                                   tation
```

- Senior Management Interviews
  - Ziele
  - Themen
- Grobe Voraussetzung für das Wargaming
- Vorbereitung der »Game books« (4-8 Wochen)
- Pre-Tests »Mini-Game«
- Entwicklung Markt- und Kontrollmodelle (2-4 Wochen)
- Team Building u. Briefing
- Game
- Abschluss
  - Dokumentation »lessons learnt«
  - Verständigung über Konsequenzen
  - Nächste Schritte

- *Zukünftige Umfeldentwicklung:* Das Unternehmen beschäftigt sich mit einer möglichen Umfeld- oder Marktentwicklung. Dies können einzelne Trendentwicklungen (beispielsweise: demografische Veränderung) oder komplexere Zukunftsbeschreibungen sein. An dieser Stelle werden häufig Szenarien eingesetzt, die entweder eine erwartete Zukunft oder eine strategisch relevante, kritische Zukunftsentwicklung beschreiben. Solche Szenarien sollten sich auf Markt- und Umfeldgrößen konzentrieren und möglichst wenig Branchenfaktoren beinhalten. Die Reaktion des eigenen Unternehmens auf diese zukünftige Umfeldentwicklung ist offen. Daher lautet die Frage hier: Wie reagiert die Branche auf eine bestimmte Umfeldentwicklung? Eine solche Ausgangslage führt nach Ben Gilad und Markus Götz Junginer zu sogenannten »Landscape Games«.

- *Zukünftige Strategien oder Entscheidungen des Unternehmens:* In diesem Fall liegt lediglich eine mögliche oder ins Auge gefasste Strategie beziehungsweise Entscheidung des Unternehmens vor. Die zukünftige Umfeldentwicklung ist offen. Daher wird hier gefragt: Welche Konsequenzen würde unsere Entscheidung nach sich ziehen? Hier sprechen Gilad und Junginer von »Test Games«.
- *Zukünftige Umfeldentwicklung und zukünftige Strategie des Unternehmens:* In einem solchen Fall liegen sowohl die Umfeldparameter als auch die erste, geplante Reaktion des Unternehmens darauf vor. Dies ist beispielsweise dann der Fall, wenn ein Unternehmen mit Hilfe von Szenarien eine strategische Stoßrichtung ins Auge gefasst hat. Die Frage lautet dann: Welche Konsequenzen hätte unsere strategische Festlegung innerhalb eines bestimmten Umfeldszenarios?
- *Gegenwärtige Situation:* Schließlich werden auch Wargames durchgeführt, die lediglich auf einer gegenwärtigen Situation aufsetzen. Hier sind sowohl das zukünftige Umfeld als auch die eigenen Handlungsweisen offen. Der Vorteil ist vor allem in den geringeren »Anlaufaufwänden« und der Offenheit des Prozesses zu sehen. Dies kann aber gleichzeitig auch einen Nachteil darstellen, da mit dem Wargame lediglich ein Pfad in der unsicheren Zukunft abgebildet wird.

Abbildung 96: Ausgangslagen für ein Wargame

		Zukünftige Umfeldentwicklung	
		Nicht bekannt	Bekannt
Eigene Strategie	Bekannt/ Vorgegeben	**Zukünftige Strategie oder Entscheidung** Welche Konsequenzen würde unsere Strategie/unsere Entscheidung nach sich ziehen? Auf welche Reaktionen müssen wir uns vorbereiten?	**Zukünftiges Umfeld und zukünftige Strategie** Welche Konsequenzen hätte unsere Strategie/unsere Entscheidung innerhalb des betrachteten Umfeldszenarios?
	Nicht bekannt/ Zu ermitteln	**Gegenwärtige Situation** Wie könnte sich die Zukunft ausgehend von der derzeitigen Ausgangssituation im Wechselspiel der Akteure weiterentwickeln?	**Zukünftige Umfeldentwicklung** Wie reagiert die Branche/wie reagieren wir innerhalb eines zukünftigen Umfeldszenarios?

Beim gruppenorientierten Wargaming werden nach Klärung der Rahmenbedingungen alle direkt am Spiel teilnehmenden Personen in Teams eingeteilt. An einem Wargame sind üblicherweise zwischen drei und acht verschiedene Teams beteiligt. Sie repräsentieren die verschiedenen, in der Zukunft relevanten Akteure oder Akteursgruppen. Den Kern bilden dabei mehrere *Wettbewerberteams*, die jeweils einen konkreten Wettbewerber oder eine klar definierte Wettbewerber-Gruppe (beispielsweise »neue Anbieter aus China«) repräsentieren. Dazu gehört auch ein Team, welches das eigene Unternehmen darstellt. Zusätzlich kann ein sogenanntes *Wildcardteam* eingerichtet werden, dass mögliche neue Wettbewerber umfasst, die es heute noch gar nicht geben muss – deren Auftreten in einigen Jahren aber für den Branchenwettbewerb von großer Bedeutung sein könnte.

Ergänzt wird das Wettbewerberfeld durch weitere Teams, die branchenexterne Akteure umfassen. Besondere Bedeutung kommt dabei dem *Marktteam* zu, das die Kundenseite verkörpert. Es kann in besonderen Situationen auch in mehrere *Segmentteams* oder *Vertriebskanalteams* geteilt werden. Häufig kommt diesem Team zusätzlich zur Akteursrolle auch noch die Aufgabe zu, Zwischenergebnisse wie beispielsweise Marktanteile festzulegen. Die allgemeinen Entwicklungen in den politisch-gesellschaftlichen, wirtschaftlichen und technologischen Umfeldern werden durch ein *globales Team* abgedeckt. Es kann je nach Wettbewerbssituation wiederum durch spezifische Akteursteams wie Kartell- und Regulierungsbehörden, spezifische Interessengruppen, Medien und Öffentlichkeit oder einzelne Regierungen ergänzt oder ersetzt werden.

Zur Sicherstellung des regelgerechten Ablaufs wird zusätzlich ein *Schiedsrichterteam* eingesetzt. Es regelt Konflikte zwischen den einzelnen Akteuren – beispielsweise die Eignung vorgeschlagener Strategien einzelner Wettbewerber sowie Zusammenschlüsse und Käufe. In extremen Fällen kann dieses Team auch über personelle Veränderungen in den einzelnen Teams entscheiden.

Zusätzlich gibt es eine Spielleitung, die durch interne oder externe Berater beziehungsweise Projektleiter gebildet wird und die sich im *Administrationsteam* wiederfindet. Beim modellbasierten Wargaming stellen die Entwickler der Systeme, welche das Administrationsteam bei der Auswertung von Entscheidungen unterstützen, eine weitere, indirekt beteiligte Partei dar. Auch die Teilnahme weiterer, unabhängiger Beobachter am

Spiel ist denkbar, um eine spätere Analyse in der Abschlussphase zu unterstützen.

Wargame-Vorbereitung (Phase 2)

Ähnlich wie bei anderen Zukunftsinstrumenten werden auch beim Wargaming heterogene Teams zusammengestellt. Während die Einbindung der Führungsebene für die spätere Nutzung der Ergebnisse von besonderer Bedeutung ist, wird das mittlere Management vor allem wegen seines Wissens und seiner Kreativität in den Prozess einbezogen.

Eine besondere Spielart stellt das sogenannte *Blindspot Wargaming* dar. Hier ist es das Ziel, beim Management vorhandene »blinde Flecken« durch eine gezielte Beschränkung der Teilnehmer auf das mittlere Management aufzudecken. Ben Gilad formuliert diese Möglichkeit sehr klar:

»In meiner zwanzigjährigen Erfahrung der Methoden zum Erkennen von Blindspots ist es noch nie vorgekommen, dass das mittlere Management nicht innerhalb der ersten zwanzig Minuten in der Lage gewesen wäre, die blinden Flecken ihres Top-Managements zu erkennen – und zwar unabhängig von der Branche. Das einzige, was dies verhindern konnte, war die Anwesenheit des Top-Managements im Raum.«

Dabei können die Sichtweisen des mittleren Managements und des Top-Managements auf das eigene Unternehmen ebenso einbezogen werden wie deren Sichtweisen auf die Fähigkeiten und Verhaltensweisen des Wettbewerbs.

Wesentliche Vorbedingung für ein erfolgreiches Wargame ist eine ausreichende Kenntnis der betrachteten Wettbewerber beziehungsweise der externen Umfeldentwicklungen. Hinsichtlich des Wissens über das Marktumfeld können verschiedene Instrumente wie *Trend-Management* (→) oder Szenarien eingesetzt werden. Zur Erlangung des Wissens über die Wettbewerber gibt es drei Möglichkeiten:

- *Nutzung der internen Wettbewerberbeobachtung:* Dazu sollten Informationen in ausreichendem Maße vorliegen und vor allem auch langfristige Perspektiven beinhalten.
- *Externe Erstellung von Game Books:* In diesem Fall werden die für ein Wargame notwendigen Informationen »zugekauft« beziehungsweise von externer Seite maßgeblich zusammengestellt.

- *Integration externer Akteure:* Werden im Wargame auch »freundliche« Akteure berücksichtigt, so können diese mitsamt ihres Wissens auch direkt in die Simulation einbezogen werden.

Bezüglich der Integration externer Beratungskompetenz werden sehr unterschiedliche Meinungen vertreten. Grundsätzlich gilt jedoch, dass externe Unterstützung – ähnlich wie bei der Szenarioentwicklung – eher von erfahrenen Prozessgestaltern als von branchennahen Beratern erfolgen sollte.

Als weitere mögliche Vorbereitungsmaßnahme kann eine Liste mit externen Schocks aufgestellt werden, die später in den Spielverlauf eingestreut werden können, um die Komplexität des Marktverhaltens zu unterstützen. Es ist ratsam, nicht mehr als ein bis zwei Schocks durch das Administrationsteam einführen zu lassen, um die Situation nicht vollkommen unberechenbar zu machen. Außerdem kann es von unschätzbarem Vorteil sein, die geplanten Prozesse und Werkzeuge einige Tage vor dem eigentlichen Wargame zu proben.

Wargame (Phase 3)

Ein *Wargame* bezeichnet den Kern des Wargaming-Prozesses, nämlich den Teil, in dem die Interaktion der Akteure durch die Teilnehmer simuliert wird. Dies ist üblicherweise ein zwei- oder dreitägiger Workshop. Die meisten professionellen Anbieter bieten zwar auch kürzere, eintägige Workshops an, die sie als »Wargaming Briefing« oder einfach als »one long day« bezeichnen. Dabei handelt es sich allerdings jeweils um eine Einführungsvariante mit primärem Schulungscharakter. Umfangreiche Prozesse können auch eine Kombination mehrerer Workshops im Sinne eines intensiven, gemeinsamen Wargames vorsehen.

Ein Wargame beginnt mit einer *Einführungsphase*, in der die Spieler mit dem Ablauf, der Funktionsweise sowie der Problemstellung vertraut gemacht werden. Diese Einführung kann auch durch einen Einführungs-Workshop erfolgen, der etwa drei Wochen vor dem eigentlichen Wargame abgehalten wird.

Die *Spielphase* umfasst üblicherweise zwischen drei und fünf Durchgänge (Perioden, auch: Mikrozyklen). Je mehr Runden gespielt werden, desto mehr können kurzfristige Effekte ausgeschlossen und langfristiges, strategisches Denken unterstützt werden. Jede Periode ist in einen Aktions- und einen Reaktionsbereich aufgeteilt.

- Im Verlauf des *Aktionsbereichs* handeln die Mitspieler in ihrer zugeordneten Funktion und treffen Entscheidungen auf der Grundlage der ihnen zur Verfügung gestellten Informationen. Zu Beginn einer Periode wird die aktuelle Situation von den Mitspielenden analysiert. Anschließend müssen bestimmte Entscheidungen getroffen werden, die den weiteren Ablauf beeinflussen können. In diesen Entscheidungen müssen Einschätzungen des Verhaltens der Mitspieler, die Entwicklung der eigenen Strategie sowie die Investition der begrenzten Ressourcen beachtet werden.
- Nach Abgabe der Entscheidungen aller Teams wird mit dem Verarbeitungsprozess der *Reaktionsbereich* betreten. Jetzt müssen die zuständigen Teams – beispielsweise das Marktteam oder das Administratorenteam – die Ergebnisse ermitteln und konsolidieren. Dies kann beispielsweise in einer *Markt- und Wettbewerberkarte* erfolgen, in der die Veränderungen der Marktanteile der einzelnen Wettbewerber oder andere Marktdaten festgehalten werden. Im Rahmen des modellbasierten Wargamings kommen hier rechnerunterstützte Modelle zum Einsatz. Diese konsolidierten Ergebnisse bilden gleichzeitig die Ausgangssituation für die nächste Periode.

Es ist hilfreich, am Ende jeder Runde eine Diskussion der Ergebnisse sowie der daraus gezogenen Schlussfolgerungen abzuhalten.

Abschluss und Dokumentation (Phase 4)

Mit dem Ende der letzten Runde beginnt bereits während des Wargames die Abschlussphase. Dazu ermittelt jedes Team die wesentlichen Erkenntnisse aus dem Gesamtprozess. Dazu gehört auch eine Einschätzung, in wie weit es die im Laufe des Spiels durchgeführten Aktionen für realistisch und erwartbar hält. Die Einschätzungen der einzelnen Teams werden im Plenum vorgestellt und diskutiert.

Anwendungen/Verwandtschaft zur Spieltheorie

Wargaming ist besonders dann sinnvoll, wenn es eine hohe Wechselwirkung zwischen den Markt- und Umfeldentwicklungen einerseits und den Aktionen einzelner Wettbewerber andererseits gibt. Außerdem wird es dann angewendet, wenn ein Unternehmen neben den Fähigkeiten seiner Wettbewerber auch deren Beweggründe und Handlungsweisen verstehen möchte.

Spieltheorie nach dem PARTS-System

Nach Barry Nalebuff und Adam Brandenburger werden geschäftliche Aktivitäten neben Konkurrenzverhältnissen zunehmend durch Kooperationen geprägt. Dies drücken sie in dem Begriff »Coopetition« aus. Grundlage ihres Modells ist die Analyse der Beziehungen des Unternehmens zu den vier in einem »Wertenetz« dargestellten Gruppen Kunden, Lieferanten, Konkurrenten und sog. Komplementoren. In ihrem PARTS-Modell konzentrieren sie sich auf fünf Grundelemente:

- *Spieler* (P=Player): Hier geht es um die grundlegende Analyse der an einem Spiel beteiligten Gruppen. Im Mittelpunkt stehen der eigene Spieleintritt oder die Beeinflussung der Spielteilnahme anderer Gruppen (»andere Spieler ins Spiel bringen«).
- *Mehrwerte* (A=Added Values): Unter Mehrwerten wird die Differenz zwischen den Geschäftspotenzialen bei Spielbeteiligung und Spielenthaltung verstanden. Grundsätzlich sind Unternehmen bestrebt, den eigenen Mehrwert zu erhöhen.
- *Regeln* (R=Rules): Die Strategieentwicklung sollte zusätzlich die Gestaltung von Wettbewerbsregeln beinhalten. Darunter werden hier Verträge mit Kunden (zum Beispiel Kundenmeistbegünstigungsklauseln), Verträge mit Lieferanten (zum Beispiel Mindestabnahmeverträge) sowie Regeln für Massenmärkte (zum Beispiel Rabattprogramme) verstanden.
- *Taktiken* (T=Tactics): Bei der Gestaltung von Taktiken ist zu entscheiden, ob bestehender »Nebel« gelüftet oder aufrechterhalten beziehungsweise ob neuer »Nebel« geworfen werden soll.
- *Spielraum* (S=Scope): Im letzten Teil des Modells gilt es zu klären, wo die Grenzen des Spiels liegen beziehungsweise welche Verbindung zwischen einzelnen Spielen bestehen.

Die Bedeutung des PARTS-Modells ist weniger in der Entwicklung eines konkreten Vorgehens in der strategischen Unternehmensführung zu sehen, sondern vielmehr in einer systematischen Erweiterung bestehender Strategiekonzepte. Die Überlegungen von Nalebuff und Brandenburger lassen sich daher gut in bestehende Konzeptionen integrieren.

Albtraum-Wettbewerber-Workshop

Die Albtraum-Wettbewerber-Methode (auch: »Erfundener Wettbewerber«) soll – ganz im Gegensatz zur Namensgebung – am Ende dafür sorgen, dass man ruhiger schlafen kann. Dazu wird aus eigener Sicht ein Wettbewerber erfunden, der alle denkbaren Stärken in sich vereinigt. In einem Albtraum-Wettbewerber-Workshop werden nach *Scott-Morgan et al.* folgende Schritte durchlaufen:

- Zunächst wird ein fiktives Konsortium entworfen, in dem alle Wettbewerber zusammengefasst werden, die man braucht, um einen »Best-in-class«-Spieler zu erschaffen.
- Nun versetzt man sich in dieses Konsortium hinein und entwirft eine Strategie, wie man aus dessen Sicht das eigene Unternehmen bekämpfen würde.
- Anschließend wird wiederum die Perspektive des eigenen Unternehmens eingenommen und gefragt, welche Reaktionen möglich sind. Dies beinhaltet auch folgende Fragen: Wie können wir das Entstehen eines Albtraum-Wettbewerbers verhindern? Können wir selbst zu einem Albtraum-Wettbewerber für andere werden?
- Schließlich sollte der Albtraum-Wettbewerber – und damit die Erinnerung an die eigenen Schwächen – wachgehalten werden, damit auch folgende Entscheidungen auf ihre »offenen Flanken« hin überprüft werden können.

Kapitel 5
Prognosen

Der Begriff »Prognose« stammt aus dem Griechischen – von »prognosis«, das »Vorwissen« oder die »Voraus-Kenntnis«. Im allgemeinen Sprachgebrauch bezeichnet er die Beschreibung einer Situation, eines Ereignisses oder eines Zustands in der Zukunft beziehungsweise einer Entwicklung, die aus der Gegenwart in diese Zukunft weist. Grundsätzlich lassen sich zwei verschiedene Zukunftssituationen unterscheiden:

Bei *Sicherheit* kann das Eintreten oder Nichteintreten einer zukünftigen Situation mit der Wahrscheinlichkeit 1 oder 0 prognostiziert werden. Beispiel: »Die Sonne geht um 7:14 Uhr auf.« Bei *Ungewissheit* ist die Wahrscheinlichkeit für das Eintreten einer Situation weder 1 noch 0. Beispiel: »Morgen früh wird die Sonne scheinen.« Die Analyse von Ungewissheiten ist Gegenstand der Wahrscheinlichkeitstheorie. Sie ermittelt die Eintrittswahrscheinlichkeiten für zukünftige Situationen und Ereignisse. Dabei können insgesamt drei Typen ungewisser Situationen unterschieden werden:

- *Unsicherheit* (Ungewissheit Typ I): Bei dieser »wirklichen Ungewissheit« können den zukünftigen Situationen keine Eintrittswahrscheinlichkeiten zugeordnet werden.
- *Subjektives Risiko* (Ungewissheit Typ II): Hier können den zukünftigen Situationen lediglich subjektive Wahrscheinlichkeiten (auch »Plausibilitäten« oder »Glaubwürdigkeiten«) zugeordnet werden. Obwohl diese nicht im eigentlichen Sinne »berechnet« werden können, lassen sich subjektive Wahrscheinlichkeiten doch zahlenmäßig darstellen.
- *Objektives Risiko* (Ungewissheit Typ III): In diesem Fall lassen sich den zukünftigen Situationen objektive Wahrscheinlichkeiten zuordnen.

Wenn wir nunmehr unser begriffliches Verständnis schärfen, dann lassen sich mit Prognosen, Vorhersagen und Projektionen drei Begriffe voneinander abgrenzen:

- Eine *Prognose* – im Englischen »prediction« – ist eine Aussage, von deren Eintreten wir aufgrund wissenschaftlicher Erfahrungen mit einer so hohen Wahrscheinlichkeit ausgehen, dass wir mögliche alternative Zukunftsbilder als vernachlässigbar ansehen: »Ich bin mir sicher, dass im Jahre 2020 fünfzehn Prozent der Fahrzeuge alternative Antriebe besitzen werden.«
- Eine *Vorhersage* – im Englischen »forecast« – ist demgegenüber eine mit einer Wahrscheinlichkeit versehene Aussage, die nicht voraussetzt, dass wir an deren Eintreten glauben. Daher können hier auch mehrere Möglichkeiten in Betracht gezogen werden: »Die Wettervorhersage für morgen nennt eine 50-Prozent-Wahrscheinlichkeit für Regen.«
- Eine *Projektion* – im Englischen »projection« – ist schließlich die allgemeinste Form von Zukunftsbildern. Da ihnen keine Eintrittswahrscheinlichkeiten zugeordnet werden, schließen sie auch unsichere (und aus gegenwärtiger Sicht vielfach unwahrscheinlichere) Zukunftssituationen ein.

Abbildung 97: Zukunftssituationen und Prognosemethoden

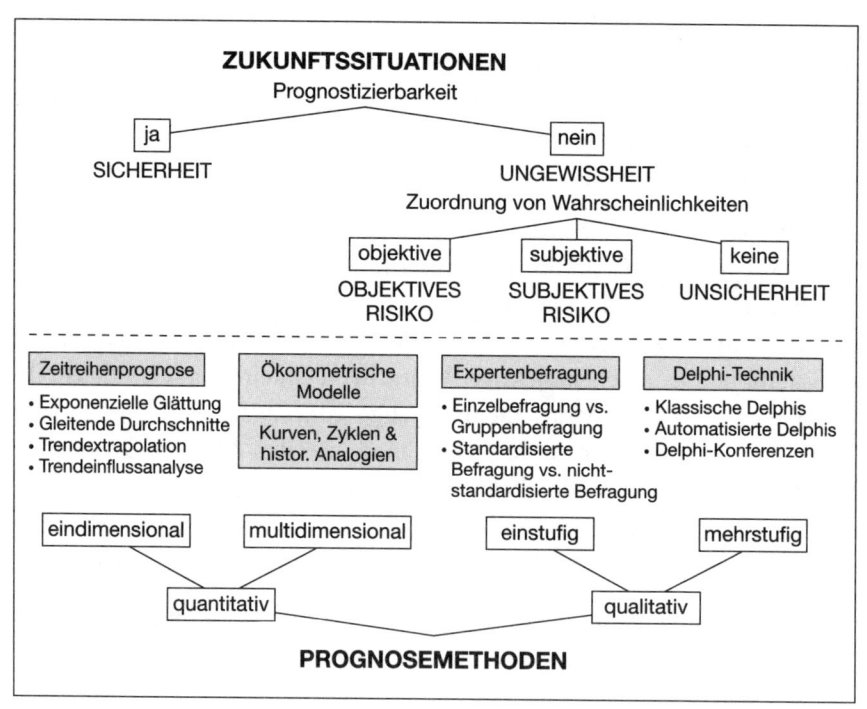

Im Zukunftsmanagement wollen wir den Begriff »Prognose« entsprechend für Zukunftsbilder verwenden, deren Ziel die Beschreibung einer eindeutigen und erwarteten Zukunft ist. Geht es demgegenüber stärker um die Darstellung von Veränderungen, so befinden wir uns eher auf der Ebene der Trends.

Prognosen über die zukünftige Entwicklung eines bestimmten Betrachtungsbereichs können mittels quantitativer Verfahren oder qualitativer Verfahren erstellt werden. Quantitative Verfahren werden dabei tendenziell bei Sicherheitssituationen angewandt. Hier können eindimensionale und multidimensionale Verfahren unterschieden werden:

- *Eindimensionale Prognoseverfahren* werden auch als *Zeitreihenprognose* (→) bezeichnet. Sie sind in der Regel leicht verständlich, benötigen aber eine große Datenmenge und sind vor allem bei langfristigen Betrachtungen häufig fehlerbehaftet. Bekannte eindimensionale Verfahren sind exponentielle Glättung, gleitende Durchschnitte oder Trendprognosen. Hierzu zählen auch noch »Naive Prognosen«, bei denen der aktuelle Wert oder Trend mit elementaren Rechenarten in die Zukunft fortgeschrieben wird. Bei der »No-Change-Prognose« (Typ 1) wird der aktuelle Wert als Prognosewert verwendet. Bei der »Same-Change-Prognose« (Typ 2) wird der letzte Trend für die Prognose verwendet. Verwendet wird die Naive Prognose vor allem, um die Qualität anderer, aufwändigerer Prognoseberechnungen zu beurteilen.
- *Multidimensionale Prognoseverfahren* basieren auf der Verknüpfung verschiedener Größen. Bekannteste Verfahren hierfür sind *ökonometrische Modelle* (→) sowie die Analyse von *Kurven, Zyklen und historischen Analogien* (→).

Qualitative Verfahren (auch: intuitive Verfahren) basieren auf subjektiven Einschätzungen, die von Experten mit einem gereiften Fachwissen erstellt werden. Sie kommen tendenziell dort zum Einsatz, wo die Entwicklung des Betrachtungsbereichs »unsicher« ist – also je weniger theoretisch und empirisch fundierte Daten vorliegen beziehungsweise je komplexer der Betrachtungsbereich ist. Innerhalb dieser Gruppe können einstufige und mehrstufige Verfahren unterschieden werden.

- *Einstufige qualitative Prognoseverfahren* werden auch als *Expertenbefragungen* (→) bezeichnet. Sie können in standardisierter oder nicht-

standardisierter Form sowie in Einzel- und Gruppenbefragungen durchgeführt werden.
- *Mehrstufige qualitative Prognoseverfahren* werden unter dem Oberbegriff *Delphi-Technik* (→) zusammengefasst. Dabei können wiederum klassische Delphis, automatisierte Delphis und Delphi-Konferenzen unterschieden werden.

Wir werden bei der Darstellung der Prognosemethoden

- die eindimensionalen, quantitativen Verfahren unter dem Oberbegriff der *Zeitreihenprognose* (→) zusammenfassen;
- bei den mehrdimensionalen, quantitativen Verfahren die *ökonometrischen Modelle* (→) sowie die Analyse von *Kurven, Zyklen und historischen Analogien* (→) unterscheiden;
- die einstufigen, qualitativen Verfahren unter dem Oberbegriff der *Expertenbefragungen* (→) zusammenfassen und
- die mehrstufigen, qualitativen Verfahren unter dem Oberbegriff der *Delphi-Technik* (→) zusammenfassen.

Zeitreihenprognose/Trendextrapolation

Zeitreihen bestehen aus einer Reihe von Werten nach einer zeitlichen Ordnung – sie beschreiben also eine Entwicklung aus der Vergangenheit bis zur Gegenwart. Diese Entwicklung wird analysiert und durch ein mathematisch-statistisches Modell abgebildet. In Zeitreihenprognosen wird diese bisherige Entwicklung in die Zukunft fortgeschrieben. Dabei können im Rahmen einer Trendeinflussanalyse auch zusätzliche, zukünftige Ereignisse berücksichtigt werden.

Am 19. April 1965 – wenige Jahre nach der Erfindung der Integrierten Schaltung – machte Gordon Moore in einem Artikel für die Zeitschrift »Electronics« zwei mutige und damals vielfach bezweifelte Prognosen. Die erste Prognose lautete, dass sich die Transistorendichte in einer Schaltung in regelmäßigen Abständen verdoppelt. Ursprünglich hatte er dafür 12 Monate angenommen, sich aber 1975 auf einer internationalen Konferenz auf 24 Monate verbessert. In seiner zweiten Prognose sagte Moore voraus, dass sich auch die Rechenleistung der Schaltungen im gleichen Zeitraum verdoppelt. Diese beiden Behauptungen wurden von der Presse aufgegriffen und als »Moores Gesetz« bezeichnet.

In der Tat haben sich die Transistorendichte sowie die Rechenleistung in den vergangenen 40 Jahren etwa zwanzigmal verdoppelt. Moores Gesetz hat sich damit über einen erstaunlich langen Zeitraum als richtig und wegweisend für eine erheblichen Wandlungen ausgesetzte Industrie erwiesen. Wer sich also im Jahre 1985 langfristig ausrichten wollte, der wäre mit einer Fortschreibung der seinerzeit aktuellen Entwicklung im Sinne einer Trendextrapolation sehr gut gefahren.

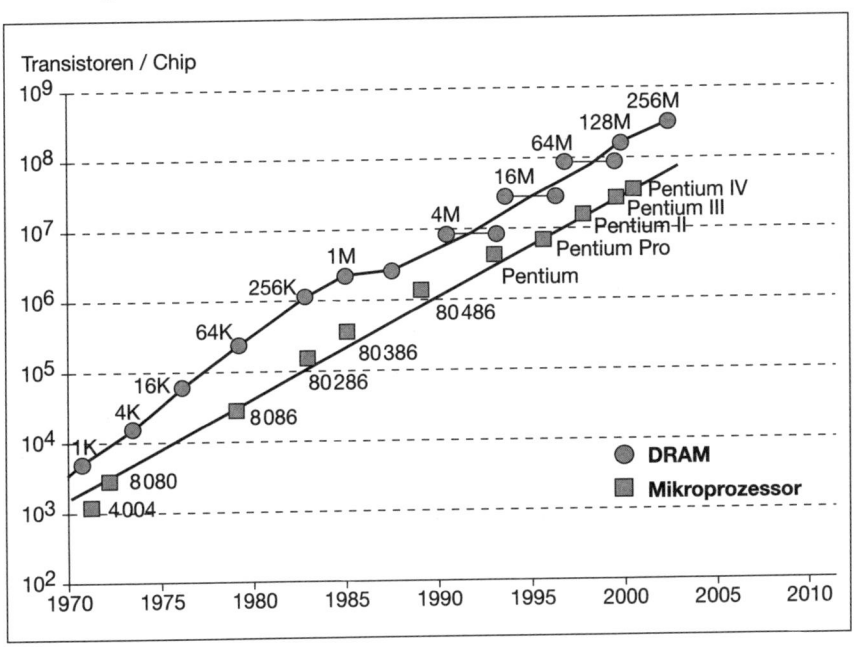

Abbildung 98: Moores Gesetz als Zeitreihe

Wie lange aber gilt Moores Gesetz noch? Spätestens im Jahr 2085 gibt es eine harte Grenze. Dann würde nämlich – bei entsprechender Fortschreibung – ein Bauelement nur noch aus einem halben Atom bestehen. Andererseits werden seit Jahrzehnten »unüberwindbare Barrieren« beschrieben, die ein Ende der möglichen Verkleinerung von Chips vorhersehen.

Prognosen | **269**

Inhalt

Eine *Zeitreihe* wird als eine zeitabhängige Folge von Datenpunkten definiert. Dabei fallen die Daten nicht kontinuierlich, sondern *diskret* beziehungsweise in endlichen zeitlichen Abständen an. Die Zeitpunkte, denen Datenpunkte zugeordnet werden, können *äquidistant*, also in konstanten Abständen (beispielsweise jeden Monat), in anderer Regelmäßigkeit (beispielsweise bei Einführung einer neuen Produktgeneration) oder unregelmäßig angeordnet sein. Bekannte Beispiele für Zeitreihen sind Arbeitslosenzahlen, Bevölkerungsentwicklungen, Börsenkurse, Kriminalstatistik oder Wetterbeobachtungen.

Unter *Zeitreihenanalyse* wird eine Disziplin zusammengefasst, die sich mit der mathematisch-statistischen Analyse solcher Daten befasst. Da dies im Zukunftsmanagement vor allem mit dem Ziel der Vorhersage ihrer zukünftigen Entwicklung erfolgt, verwenden wir als Oberbegriff *Zeitreihenprognose*, was die Analyse der Zeitreihen als notwendigen Schritt einschließt.

Die Zeitreihenprognose wird als *eindimensionale, quantitative Prognose* definiert, da es lediglich darum geht, die zukünftige Entwicklung einer zeitabhängigen Variablen vorherzusagen. Dieser Datenpunkt kann aus einer einzelnen Zahl *(univariante Zeitreihe)* oder aus einer Mehrzahl von Werten *(multivariante Zeitreihe)* bestehen.

Zeitreihen lassen sich gut systematisieren und sind aufgrund ihrer grafischen Darstellung in einem *Diagramm* oder *Plot* leicht verständlich. Eine Zeitreihe hat gewöhnlich einen in der Vergangenheit liegenden Anfang und ein zunächst in der Gegenwart liegendes Ende. Dazwischen zeigt sie einen *Verlauf*, dessen Regeln und Gesetzmäßigkeiten – man spricht auch von Mustern – im Rahmen der Zeitreihenanalyse erkannt und dazu genutzt werden, den Verlauf fortzuschreiben. Für die Analyse und Interpretation von Zeitreihen hat sich ein umfangreiches Vokabular entwickelt, von dem wir lediglich auf die wichtigsten Begriffe eingehen wollen:

- *Perioden* sind wiederkehrende Verläufe in Zeitreihen. *Gipfel* und *Täler* bezeichnen signifikant hohe oder tiefe Bereiche in einer Zeitreihe.
- *Plateaus* sind waagrechte Abschnitte in einer Zeitreihe. *Anstiege* und *Abstiege* sind demgegenüber senkrechte Abschnitte in einer Zeitreihe.
- *Wendepunkte* sind Punkte, an welchen eine Zeitreihe ihr Krümmungsverhalten ändert. Hier wechselt sie entweder von einer Rechts- in eine Linkskurve oder umgekehrt.

- *Trendkanäle* entstehen, wenn sich eine Zeitreihe innerhalb von zwei parallel zueinander verlaufenden Linien bewegt.
- Ein *Zyklus* beschreibt eine wiederholte Aufeinanderfolge gleichartiger oder ähnlicher Verlaufsabschnitte.
- Mit *Frequenz* wird die Anzahl von Ereignissen oder Perioden innerhalb eines bestimmten Zeitraums bezeichnet.

Welche Ansätze zur Zeitreihenanalyse werden unterschieden?

Wird eine Zeitreihe zur Erklärung einer Entwicklung herangezogen, so muss für den betrachteten Zeitraum die Voraussetzung der *Invarianz* gelten, wonach sich die wichtigsten Randparameter nicht verändern. Eine solche Annahme ist schwierig und erklärt die Kritik, die Zeitreihenanalyse insbesondere in der Wissenschaft erfährt. Das gleiche Problem tritt bei der Zeitreihenprognose für den Vorhersagezeitraum auf. Daher sind Zeitreihen bei langfristigen Betrachtungen besonders fehleranfällig. Insgesamt werden folgende Formen von Zeitreihenprognosen unterschieden:

- Bei der *Trendextrapolation* erfolgt die Prognose einzig und allein auf Grundlage der statistischen Analyse der vergangenen Zeitreihe.
- Bei der *kausalen Zeitreihenanalyse* werden rückblickend Einflüsse auf den Zeitreihenverlauf ermittelt und unverändert in die Zukunft fortgeschrieben.
- Bei der *Trendeinflussanalyse* (Trend Impact Analysis) werden die wichtigsten zukünftigen Einflussgrößen ermittelt und ihre Wirkung auf einen überraschungsfreien Zeitreihenverlauf untersucht. Dieser überraschungsfreie Trendverlauf kann sowohl durch Trendextrapolation als auch durch kausale Zeitreihenanalysen ermittelt werden.

Trendextrapolation

Eine Extrapolation liefert eine Aussage nach dem Muster: »Wie entwickelt sich das Untersuchungsobjekt, wenn alle Rahmenbedingungen so wie bisher weiterverlaufen?« Dabei stellt das Untersuchungsobjekt die abhängige Variable und die Rahmenbedingungen die unabhängigen Variablen dar. Für die Durchführung einer Extrapolation müssen die Art und die Stärke der Beziehung zwischen den unabhängigen und der abhängigen Variablen und die Entwicklung der unabhängigen Variablen bekannt sein. Zusätzlich müssen die weiteren Rahmenbedingungen betrachtet werden.

Abbildung 99: Verfahren der Zeitreihenprognose

		Berücksichtigung zukünftiger Einflüsse bei der Zeitreihenprognose	
		Nein	Ja
Erklärende Variablen im Rahmen der Zeitreihenanalyse	Ja	**Kausale Zeitreihenanalyse** Ermittlung von Einflussgrößen auf eine Zeitreihe und Fortschreibung in die Zukunft.	**Kausale Trendeinflussanalyse** Ermittlung von Einflussgrößen auf eine Zeitreihe und Einbeziehung zukünftiger Ereignisse in die Prognose.
	Nein	**Trendextrapolation** Statistische Ermittlung eines Entwicklungstrends und Fortschreibung in die Zukunft.	**Einfache Trendeinflussanalyse** Statistische Ermittlung einer überraschungsfreien Extrapolation und Einbeziehung zukünftiger Ereignisse.

Die am häufigsten eingesetzte Extrapolation ist die *Trendextrapolation*. Sie kommt zum Einsatz, wenn die bisherige Entwicklung einer Größe eine mathematisch definierbare Gesetzmäßigkeit zeigt. Der beobachtete Trend wird dann in die Zukunft verlängert. Voraussetzung für die Anwendung einer Trendextrapolation ist nur das Vorhandensein einer mathematisch definierbaren Gesetzmäßigkeit. Dabei spielt es keine Rolle, ob es sich um eine theoretisch begründbare Gesetzmäßigkeit (die auch mathematisch beschreibbar ist) oder nur um eine formale Regelhaftigkeit handelt.

Einfachste Techniken, wie die Nutzung des *Gesamtmittels* oder des Werts der *Vorperiode* als Prognose, sind in den meisten Fällen ungeeignet, da so kurzfristige Einflüsse zu stark in die Prognose einfließen oder saisonale Schwankungen überhaupt nicht einbezogen werden. Als weitere Methoden stehen im Rahmen der explorativen Verfahren zur Verfügung:

- *Gleitende Durchschnitte:* Dabei werden die letzten Werte einer Zeitreihe betrachtet und deren arithmetisches Mittel wird als Prognose für die nächste Periode verwendet. Gleitende Durchschnitte »funktionieren« gut bei Zeitreihen mit zufälligen Schwankungen um eine bestimmte Basis oder Trendentwicklung.
- Bei der *exponentiellen Glättung* wird die Alterung der Messwerte einer Zeitreihe dadurch ausgeglichen, dass Werte mit zunehmender Aktuali-

tät eine höhere Gewichtung erhalten. Dieses Verfahren wird vor allem dann verwendet, wenn die Zeitreihe keinerlei systematisches Muster wie beispielsweise lineare Anstiege erkennen lässt.

Kausale Zeitreihenanalyse

Bei den kausalen Zeitreihenanalysen werden inhaltliche Gründe für den Verlauf der Zeitreihe untersucht. Eine bekannte Form sind *saisonale Zeitreihen*. Hier wird davon ausgegangen, dass es in der Zeitreihe periodische Abweichungen vom Trendwert gibt. Ein Beispiel hierfür sind die Arbeitslosenzahlen, die insbesondere durch Entlassungen im Bau- und Gaststättengewerbe sowie in der Landwirtschaft saisonal stark schwanken. Daher gibt die Bundesagentur für Arbeit neben der absoluten Zahl der Arbeitslosen noch eine saisonbereinigte Arbeitslosenzahl bekannt, um so jahreszeitlich unabhängige Trends analysieren zu können.

In der Praxis ist die Identifikation von Variablen, die den Verlauf einer Zeitreihe erklären, eine schwierige Aufgabe. Ein markantes Beispiel liefert die amerikanische Kriminalstatistik. Darin zeigte sich bis zur Mitte der neunziger Jahre ein nahezu kontinuierlicher Anstieg. Im Sinne einer Trendextrapolation wurden seinerzeit düstere Zukunftsprognosen entworfen. Dann aber brach der bisherige Trend ab und die Kriminalität sank deutlich. Die Mordrate bei Teenagern ging beispielsweise um mehr als 50 Prozent zurück – die Gesamtrate der Morde sank im Jahr 2000 auf das niedrigste Niveau seit 35 Jahren.

Erklärungen für die unerwartete Entwicklung waren schnell zur Hand: der wirtschaftliche Aufschwung der neunziger Jahre, die Kontrolle des Waffenbesitzes und die repressive Polizeipraxis in den USA. Nur zu gerne wurden diese als erklärende Variablen aufgegriffen. Tatsächlich war es ein ganz anderer, weit zurückliegender Faktor, der maßgeblich zum Rückgang der Kriminalität geführt hatte: Am 22. Januar 1973 legalisierte der Oberste Gerichtshof die Abtreibung in den USA. Damit wurden – so haben Steven D. Levitt und Stephen J. Dubner gezeigt – jährlich über 1,6 Millionen Babys nicht mehr in soziale Verhältnisse hineingeboren, die weit überproportional als kriminalitätsfördernd angesehen werden können. Genauere Untersuchungen zeigen, dass es sich beim Zusammenhang zwischen Abtreibung und Kriminalität nicht bloß um eine Korrelation, sondern um eine Kausalität handelt. So geht der Rückgang der Kriminalität fast ausschließlich auf die entsprechende Altersgruppe zurück. Auch begann der

Rückgang der Kriminalität in den fünf Bundesstaaten, die die Abtreibung vor 1973 legalisiert hatten, entsprechend früher – und er fiel am stärksten in den Staaten aus, die in den siebziger Jahren die höchsten Abtreibungsraten hatten.

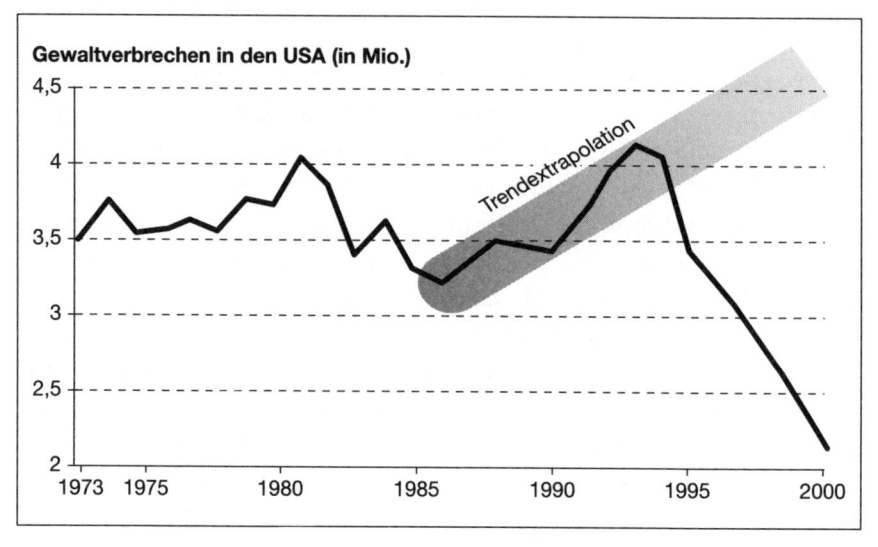

Abbildung 100: Kriminalitätsentwicklung in den USA

Trendeinflussanalyse (Trend Impact Analysis)

Die Trendeinflussanalyse (*Trend Impact Analysis*, TIA) entstand in den späten siebziger Jahren als Weiterentwicklung der klassischen Trendextrapolation. Mit ihr wurde es möglich, eine bestimmte Trendentwicklung mit weiteren, als relevant erachteten Ereignissen in der Zukunft zu kombinieren. Dabei setzt die Trendeinflussanalyse auf die Trendextrapolation auf und korrigiert deren »überraschungsfreie Prognose« um die Einflüsse entsprechender zukünftiger Ereignisse.

Vorgehen

Um die verschiedenen Verfahren der Zeitreihenprognose darstellen zu können, haben wir diese in einem zusammenfassenden Phasenmodell integriert (siehe Abbildung 101). Die darin gezeigten Schritte 1, 2, 4 und 8 stellen die traditionelle Trendextrapolation dar. Durch die Einbeziehung des Schritts 3 wird daraus eine kausale Zeitreihenanalyse. Die Schritte 5 bis 7 stellen den Kern der Trendeinflussanalyse dar und werden entsprechend der Darstellung in die Zeitreihenprognose integriert.

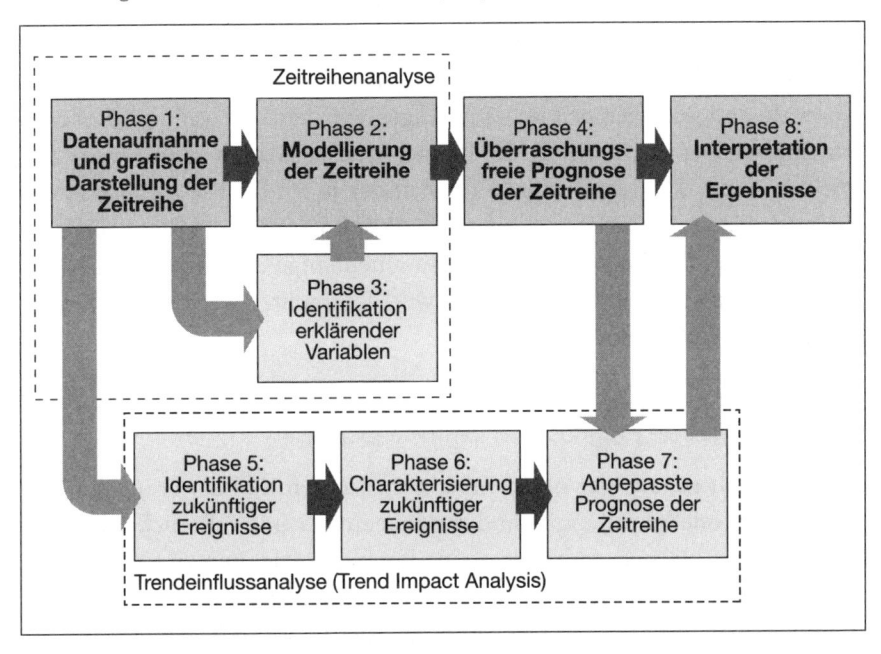

Abbildung 101: Schritte der Zeitreihenprognose

```
Zeitreihenanalyse
┌──────────────┐   ┌──────────────┐   ┌──────────────┐   ┌──────────────┐
│ Phase 1:     │   │ Phase 2:     │   │ Phase 4:     │   │ Phase 8:     │
│ Datenaufnahme│──▶│ Modellierung │──▶│ Überraschungs│──▶│ Interpretation│
│ und grafische│   │ der Zeitreihe│   │ freie Prognose│  │ der          │
│ Darstellung der│ │              │   │ der Zeitreihe│   │ Ergebnisse   │
│ Zeitreihe    │   │              │   │              │   │              │
└──────────────┘   └──────────────┘   └──────────────┘   └──────────────┘
                          ▲
                   ┌──────────────┐
                   │ Phase 3:     │
                   │ Identifikation│
                   │ erklärender  │
                   │ Variablen    │
                   └──────────────┘

   ┌──────────────┐   ┌──────────────┐   ┌──────────────┐
   │ Phase 5:     │   │ Phase 6:     │   │ Phase 7:     │
   │ Identifikation│─▶│ Charakterisierung│▶│ Angepasste  │
   │ zukünftiger  │   │ zukünftiger  │   │ Prognose der │
   │ Ereignisse   │   │ Ereignisse   │   │ Zeitreihe    │
   └──────────────┘   └──────────────┘   └──────────────┘
Trendeinflussanalyse (Trend Impact Analysis)
```

Datenaufnahme und grafische Darstellung der Zeitreihe (Schritt 1)

Zunächst wird die empirische Zeitreihe grafisch dargestellt. Durch diese »grafische Analyse« lassen sich auf einfache und intuitive Weise erste Schlüsse über das Vorliegen von Trends, Saisonalitäten oder Ausreißern ziehen.

Modellierung der Zeitreihe (Schritte 2 und 3)

Hier wird zunächst festgelegt, ob die Zeitreihe in einem *deterministischen Modell* (Trendmodell) oder einem *stochastischen Modell* abgebildet werden soll. Beim Trendmodell erfolgt die Trendbereinigung mittels einer Regressionsschätzung, beim stochastischen Modell mittels Bildung von Differenzen. In der anschließenden Schätzphase werden die Modellparameter mit Hilfe unterschiedlicher Techniken geschätzt. Dabei können auch mehrere Modelle entwickelt werden, die in der Diagnosephase anhand ihrer geschätzten Parameter beurteilt werden.

Für den Fall, dass sich die Zeitreihe nicht allein aus statistischer Regelhaftigkeit heraus erklären lässt, müssen erklärende Variablen identifiziert werden. Ein Beispiel hierfür liefert die Analyse der Anzahl gefangener Luchse in einem Gebiet Kanadas in der Zeit von 1820 bis 1935 (siehe Abbildung 102). Darin erkennt man, dass rund alle zehn Jahre abwechselnd sehr viele und sehr wenige Luchse gefangen wurden. Notwendig zur weiteren Analyse der Zeitreihe ist die Betrachtung zusätzlicher Faktoren, beispielsweise der Motivation und Fähigkeit der Jäger, Luchse zu fangen, der Fähigkeit der Luchse, den Jägern zu entkommen und der Vermehrungsmöglichkeiten der Luchse. Solche Zusammenhänge der einzelnen Größen können beispielsweise in einem Netzwerk betrachtet werden (→ *Vernetzungsanalyse* und *System Dynamics*).

Überraschungsfreie Prognose der Zeitreihe (Schritt 4)

Nunmehr gilt es, aus der in Schritt 2 aufgestellten und als brauchbar befundenen Modellgleichung – und gegebenenfalls unter Berücksichtigung zusätzlicher erklärender Größen – eine Prognosegleichung zu formulieren. Damit wird die Zeitreihe in die Zukunft fortgeschrieben.

Im Rahmen der Trendextrapolation und der kausalen Zeitreihenanalyse stellt dieser Schritt das Ergebnis der Zeitreihenprognose dar. Bei der Trendeinflussanalyse wird das Ergebnis als »überraschungsfreie Prognose« bezeichnet und dient lediglich als Zwischenschritt.

Identifikation und Charakterisierung der zukünftigen Ereignisse (Schritte 5 und 6)

Die spezifischen Schritte der Trendeinflussanalyse beginnen mit der Identifikation möglicher zukünftiger Ereignisse. Dazu werden üblicherweise Literaturrecherchen, *Expertenbefragungen* (→) oder *Vernetzungsanalysen* (→) eingesetzt und schließlich informell im Prognoseteam bewertet. Dies führt zu einer Liste von relevanten, zukünftigen Ereignissen.

Für jedes identifizierte Zukunftsereignis müssen anschließend mehrere Festlegungen getroffen werden. Erstens ist die *Eintrittswahrscheinlichkeit* jedes Ereignisses als eine Funktion über die Zeit abzuschätzen. Im einfachen Ansatz werden die einzelnen Ereignisse als voneinander unabhängig angesehen, sodass mit den ermittelten Ausgangswahrscheinlichkeiten weitergearbeitet wird. Bestehen Zusammenhänge zwischen den Ereignissen, so kommt an dieser Stelle eine Cross-Impact-Analyse (siehe *Wechselwirkungsszenarien*, →) ins Spiel. Zweitens ist die *Auswirkung* jedes Ereignisses auf den Ausgangstrend zu bewerten. Dazu stehen wiederum verschiedene mathematisch-statistische Verfahren zur Verfügung.

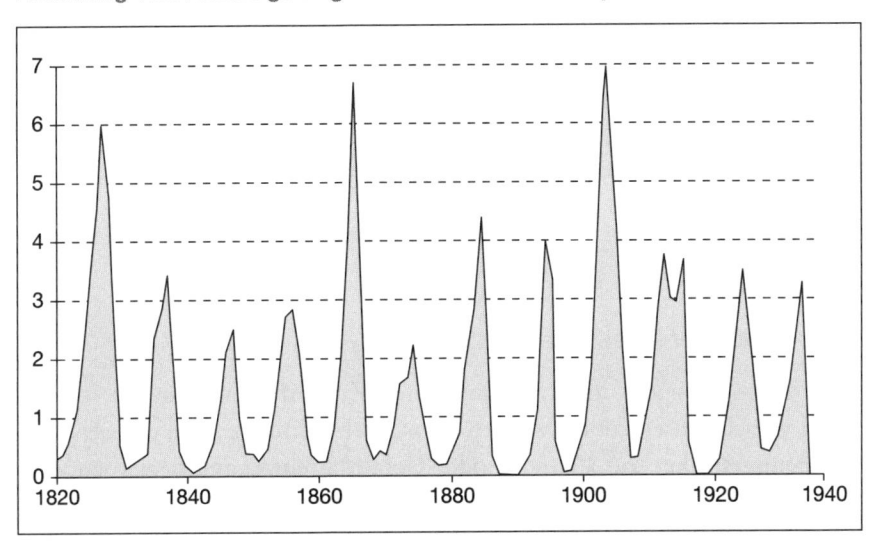

Abbildung 102: Anzahl gefangener Luchse nach Campbell/Walker

Angepasste Prognose der Zeitreihe (Schritt 7)

Mit Hilfe einer Trend-Impact-Analysis-Software werden dann die Eintrittswahrscheinlichkeiten und Auswirkungen mit der überraschungsfreien Prognose zusammengeführt. Dies führt zunächst zu einer Durchschnitts-Vorhersage, die auch als »angepasste Projektion« bezeichnet wird. In Abbildung 103 ist anhand des von Theodore J. Gordon genannten Beispiels der Chlor-Produktion in den USA dargestellt, wie eine angepasste Projektion zu geringeren Werten führt als die überraschungsfreie Extrapolation. Üblicherweise werden zusätzlich die oberen und unteren Quartile (Viertel) beziehungsweise die weiteren Grenzen wie das 5. oder das 95. Percentil (Wahrscheinlichkeit von 5 Prozent beziehungsweise 95 Prozent) genannt.

Abbildung 103: Trend Impact Analysis der Chlor-Produktion

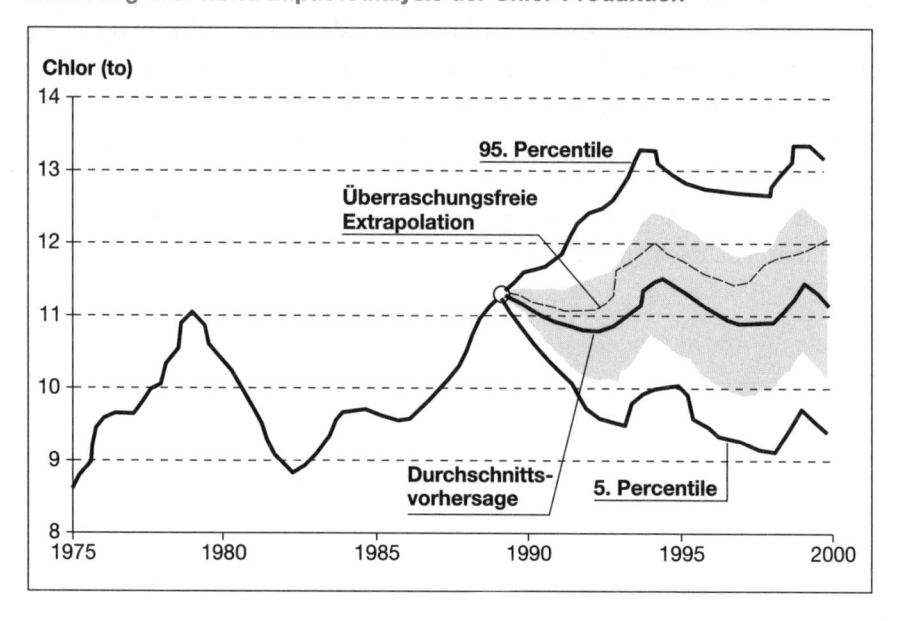

Interpretation der Ergebnisse (Schritt 8)

Jetzt liegt neben der überraschungsfreien Zukunftsannahme ein Risikoprofil vor, das interpretiert werden muss. Dabei kann je nach eigener Risikoneigung stärker auf Chancen oder Gefahren eingegangen werden. Außerdem kann natürlich hinterfragt werden, aufgrund welcher Ereignisse sich bestimmte Abweichungen ergeben, sodass diese Ereignisse als Indikatoren in einen Früherkennungsprozess einfließen können.

Anwendungen

Zeitreihenanalysen sind vielfältig und werden von uns häufig als solche gar nicht mehr wahrgenommen. Dies verdeutlichen die folgenden Beispiele aus unserem Alltag:

- Viele *Bevölkerungsprognosen* sind Formen von Zeitreihen, da hier die Entwicklung einer Personengruppe über die Zeit betrachtet wird.
- Der Verlauf einer *Aktie* oder eines *Aktienindex* ist eine Zeitreihe.
- Die *Arbeitslosenzahlen* sind eine Zeitreihe, wobei diese eine wesentlich

höhere Aussagekraft bekommt, wenn sie saisonbereinigt betrachtet wird.
- Auch der Verlauf des *Wirtschaftswachstums* wird häufig in Form einer Zeitreihe dargestellt.

Zeitreihen bei der Zielgruppenprognose einer Krankenkasse

Eine große deutsche Krankenkasse wollte in einem Projekt die zukünftigen Entwicklungen ihrer wichtigsten Zielgruppen im Umfeld der demografischen Veränderung untersuchen. Dazu wurden zunächst drei Sätze von Szenarien entwickelt (→ *Szenariotechnik*) mit denen alternative Entwicklungsmöglichkeiten der einzelnen Zielgruppen aufgezeigt wurden. Parallel dazu entstand ein Trendkatalog, in dem konkrete Umfeldtrends (→ *Trend-Management*) für die einzelnen Zielgruppen sowie weitere Trends übergreifender Natur beschrieben und bewertet wurden. Aus dieser Analyse heraus wurden drei zentrale Langfristtrends identifiziert, deren Einfluss auf die Zielgruppenentwicklung näher betrachtet werden sollte.

Dazu wurde zunächst der Gesamtmarkt der Krankenversicherten in einem Modell abgebildet. Dieses Modell wurde so gestaltet, dass sich einzelne Zielgruppen abgrenzen und quantifizieren ließen. Dann wurde das Modell mit vorliegenden Bevölkerungsdaten zu einer »überraschungsfreien Prognose« weiterentwickelt.

Anschließend wurden die Konsequenzen einzelner Langfristtrends auf die überraschungsfreie Prognose ermittelt. Schließlich wurden mehrere Langfristtrends miteinander kombiniert, sodass eine Reihe denkbarer Prognoseverläufe entstand, mit denen der Möglichkeitsraum beschrieben werden konnte.

Chart-Analyse

Eine spezifische Form der Zeitreihenprognose ist die Chart-Analyse (auch: technische Analyse), die auf den Amerikaner Charles Dow zurückgeht, der sie 1884 in einer Reihe von Artikeln im *Wall Street Journal* erstmals beschrieb. Die Chart-Analyse umfasst eine Vielzahl von Techniken, die eine Prognose zukünftiger Kurse anhand historischer Kursentwicklungen anstreben. Ihr primäres Ziel ist es, geeignete Zeitpunkte für den Kauf- und Verkauf von Finanzwerten zu identifizieren. Dabei bleiben makroökonomische Kennzahlen sowie Branchen- und Unternehmensanalysen unberücksichtigt. Vielmehr wird angenommen, dass sämtliche entscheidungsrelevante Informationen über Vergangenheit und Zukunft bereits in der sichtbaren Kursentwicklung enthalten sind.

Dargestellt wird der Kursverlauf eines Finanzwerts über einen bestimmten Zeitraum in einem »Chart«. Die bekanntesten Formen sind Linien-Charts, in denen die Schlusskurse eines jeweiligen Intervalls dargestellt werden, sowie Balken-Charts, die die Höchst- und Tiefstkurse als senkrechte Linien aufzeigen. Um Entwicklungstendenzen zu ermitteln, werden in einem Chart »Trendlinien« eingezeichnet. Zwischen zwei Trendlinien ergeben sich sogenannte »Trendkanäle«, aus denen verschiedene Informationen abgelesen werden.

Allen chart-technischen Modellen ist die Annahme gemeinsam, dass es wiederkehrende, beobachtbare Ereignisse mit jeweils ähnlichen, wahrscheinlichen Zukunftsverläufen gibt. Dabei wird entweder auf geometrische Muster oder rein statistische, quantitative Indikatoren zurückgegriffen. Ob man mit Hilfe der Chart-Analyse tatsächlich Prognosen über den Kursverlauf eines Wertpapiers machen kann, ist wissenschaftlich nicht erwiesen und umstritten.

Ökonometrische Modelle

Ökonometrische Modelle werden entwickelt, um mehrdimensionale quantitative Prognosen zu erstellen. Sie beinhalten die Problemdefinition in einem verbalen Modell, dessen Übertragung in ein formales Modell, die Modellrechnung sowie die Interpretation der Modellergebnisse.

Unternehmen, Anleger, Volkswirte und Politiker suchen immer wieder nach Wachstumsprognosen, die über einen kurzlebigen Konjunkturzyklus hinausgehen. Daher hat die *Deutsche Bank Research* ein *Foresight Model for Evaluating Long-term Growth* – kurz: Formel-G – entwickelt, mit dem sich Wachstumsprognosen für 32 Volkswirtschaften erstellen lassen.

Im ersten Schritt wurden 42 Wachstumstheorien ausgewertet und 102 Variablen identifiziert. Durch ein modernes Panelverfahren wurden schließlich vier Einflussfaktoren herausgefiltert, mit denen sich die Entwicklung des Bruttoinlandsprodukts pro Kopf in den Jahren 1970 bis 1998 hinreichend erklären ließ. Diese vier Faktoren des *ökonometrischen*

Modells waren das Bevölkerungswachstum, die Investitionsquote, das Humankapital und die Handelsoffenheit.

Im zweiten Schritt wurden Prognosen für diese vier Einflussfaktoren erarbeitet. Dazu wurden zunächst die historischen Daten im Rahmen einer »überraschungsfreien Prognose« extrapoliert. Anschließend wurden die historischen und zukünftigen Entwicklungen in anderen Ländern einbezogen.

Abbildung 104: Wachstumsprognosen der Deutsche Bank Research auf Basis des ökonometrischen Modells »Formel-G«

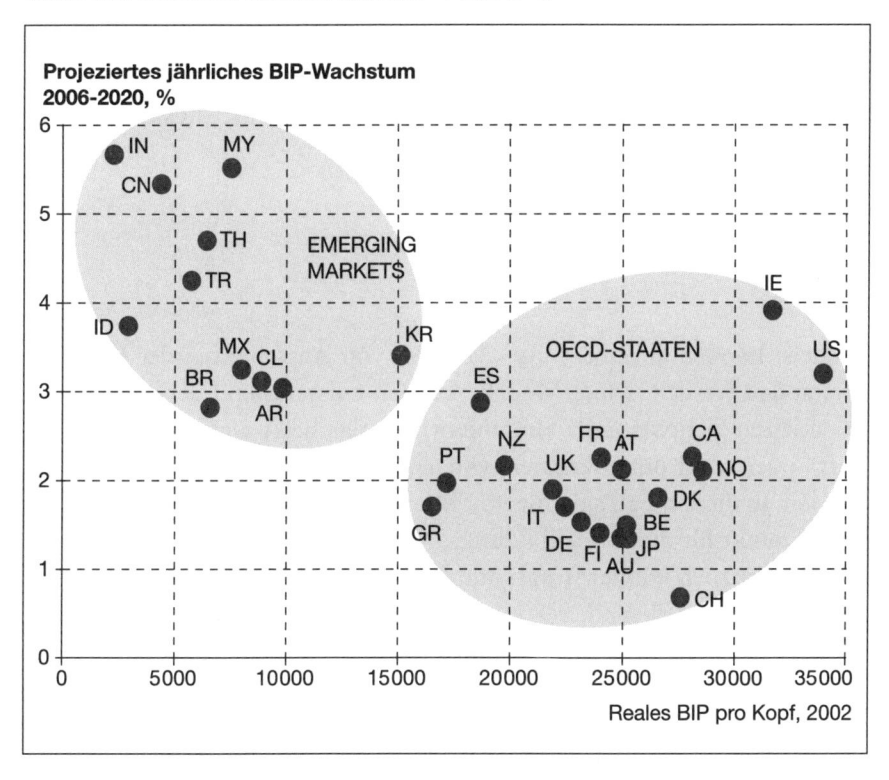

Den umfangreichsten Schritt bildete eine Trendanalyse, in deren Verlauf zunächst 40 Trends identifiziert wurden, aus denen dann die 21 für Wachstum besonders wichtigen Trends ausgewählt wurden. Dann wurde mit Hilfe einer Cross-Impact-Analyse (→ *Wechselwirkungsszenarien*) der Zusammenhang zwischen diesen 21 Trends untersucht. So entstanden sechs Trendcluster: Beschränkung des Wachstums, Öffnung von Arbeit und Gesellschaft, Prozessvirtualisierung, globale Vernetzung von Wirtschaft und Politik, die Eroberung kleinster Strukturen sowie die Ausdehnung des Lebens.

Nun wurde untersucht, mit welcher Geschwindigkeit sich diese Trendcluster in den vergangenen 10 bis 15 Jahren in den einzelnen Ländern entwickelt haben. Mit Hilfe des Länderwissens der *Deutsche Bank Research* wurde dann eine Aussage über die zukünftige Trendgeschwindigkeit getroffen. Veränderungen der Trendgeschwindigkeiten führen zu Änderungen der Prognosen der vier Einflussfaktoren. Im letzten Schritt wurden die Prognosen für die vier Einflussfaktoren in das ökonometrische Modell eingespeist. Dies errechnete dann die jährlichen Wachstumsraten für das BIP pro Kopf der 15- bis 64-Jährigen bis 2020. Kombiniert mit einer Bevölkerungsprognose konnten nun auch die Wachstumsraten des BIP vorhergesagt werden. Abbildung 104 zeigt das Ergebnis der Prognose für die 32 wichtigsten Staaten.

Inhalt

Modelle können allgemein als »Abbilder von Ausschnitten der Realität« verstanden werden. Diese Modelle können entsprechend der abbildungsorientierten Sichtweise als »homomorph« (das heißt algebraisch strukturiert) oder als Konstruktionen von empirischen Originalen verstanden werden. In diesem Fall sind die von Menschen empfundenen Probleme der Bezugspunkt für die Modellbildung.

Grundsätzlich können Total- und Partialmodelle unterschieden werden. Da bei Totalmodellen alle relevanten Elemente und Beziehungen des empirischen Originals in sachlicher und zeitlicher Hinsicht repräsentiert sein müssen, handelt es sich bei den meisten ökonometrischen Modellen um Partialmodelle. Zudem werden Modelle nach der Art ihrer Aussage unterschieden (Berens et al. 2004, S. 25f.):

- *Beschreibungsmodelle* repräsentieren das reale Problem, indem sie eine geordnete Anzahl faktischer Aussagen über das Original machen. Eine Erklärung, warum sich das Original so verhält, wird nicht gegeben.
- *Erklärungsmodelle* untersuchen demgegenüber Ursache-Wirkungs-Beziehungen sowie Maßnahmen zum Erreichen fixierter Ziele. Sie werden daher auch als Orientierungsmodelle bezeichnet.

- *Entscheidungsmodelle* beinhalten zusätzlich instrumentelle Eingriffe. Hier führt eine Lösung des Modells zu einer Handlungsempfehlung für die Lösung des realen Problems.

Wir konzentrieren uns im Folgenden auf Erklärungsmodelle, da es bei der Prognose in der Regel über die reine Beschreibung hinausgeht und Entscheidungsmodelle im Rahmen des Hauptkapitels »Planungen« betrachtet werden.

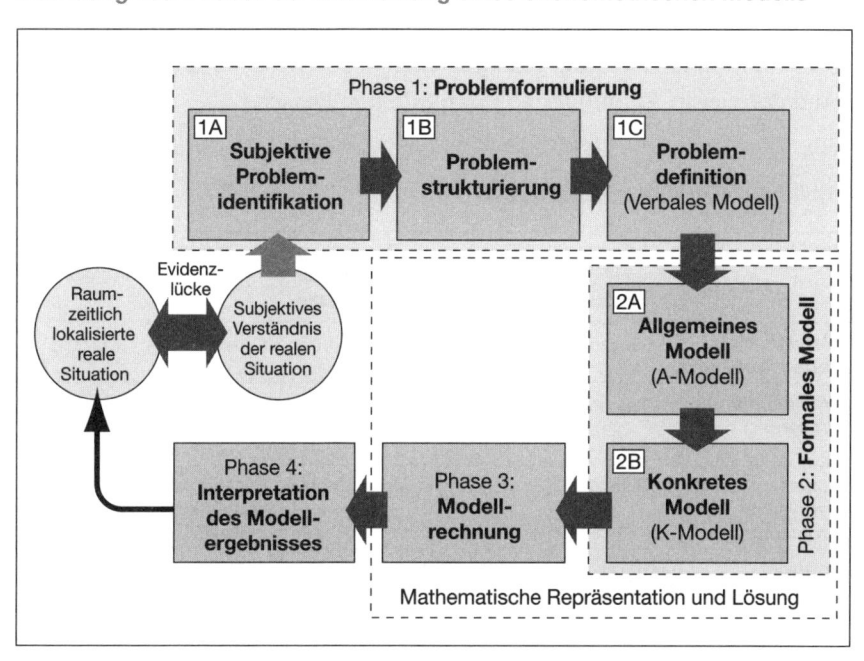

Abbildung 105: Phasen der Entwicklung eines ökonometrischen Modells

Eine grundsätzliche Unterscheidung erfolgt nach dem Grad der Berücksichtigung von Zufallseffekten. *Deterministische Prognosemodelle* bilden Ursache-Wirkungs-Zusammenhänge möglichst durchsichtig ab (»whitebox«). Ihre Entwicklung ist in der Regel sehr aufwändig, dafür aber auch gut nachvollziehbar. *Stochastische Prognosemodelle* berücksichtigen Zufallseffekte, mit denen man das »Nichtwissen« modellieren kann (»blackbox«). Solche Modelle sind meist relativ einfach zu entwickeln.

Ein weiteres Klassifikationskriterium für Prognosemodelle ist der Ausgangspunkt der Prognose. So gehen *Ex-ante-Prognosen* vom gegenwärtigen Status quo aus und prognostizieren die Entwicklung in die Zukunft. Dabei werden vergangene Prozesszustände lediglich zur Kalibrierung des Prognosemodells verwendet. *Ex-post-Prognosen* sagen schon bekannte Werte nachträglich voraus. Solche »post diction«-Methoden werden vor allem zur Qualitätskontrolle von Prognosemodellen verwendet.

Vorgehen

Die Entwicklung eines ökonometrischen Modells wird durch eine sogenannte »Evidenzlücke« angestoßen – das heißt durch eine unzureichende Erklärungsmöglichkeit der realen Situation. Die Modellbildung erfolgt anhand der vier in Abbildung 105 dargestellten Phasen.

Abbildung 106: Vier Problemtypen

Problemtypen	Art und Anzahl der Variablen	Wirkungs-zusammen-hänge	Bewertung Handlungs-ergebnisse	Ziel-funktion	Lösungs-verfahren
Wohlstruktu-riertes Problem	Bekannt	Bekannt	Durchführbar	Operational	Effizient
Wohldefiniertes Problem	Bekannt	Bekannt	Durchführbar	Operational	Nicht Effizient Lösungs-defekt
Scharf definiertes Problem	Bekannt	Bekannt	Durchführbar	Nicht Operat. Zielsetzungs-defekt	Nicht Effizient Lösungs-defekt
Schlecht strukturiertes Problem	Nicht Bekannt Abgrenzungs-defekt	Nicht Bekannt Wirkungs-defekt	Nicht durchf. Bewertungs-defekt	Nicht Operat. Zielsetzungs-defekt	Nicht Effizient Lösungs-defekt

Problemformulierung (Phase 1)

Nachdem ein Problem als solches wahrgenommen ist, muss es strukturiert werden. Dabei ist zu klären, welcher Problemtyp vorliegt. Dies erfolgt anhand des klassischen Planungsschemas, das aus drei Elementen besteht (Berens et al. 2004, S. 16ff.): dem Entscheidungsfeld, das den Wirkungszusammenhang zwischen den Variablen (Handlungsalternativen) und deren Merkmalsausprägungen (Handlungsergebnissen) beschreibt, den *Bewertungsaspekten* zur Erfassung des Nutzens der Handlungsalternativen sowie der eindimensionalen *Zielfunktion* als Auswahlkriterium für die Handlungsalternativen. Daraus ergeben sich die in Abbildung 106 dargestellten vier Problemtypen:

- Ein *wohlstrukturiertes Problem* liegt vor, wenn keinerlei Strukturmängel oder Defekte existieren. In diesem Fall ist das Problem scharf definiert und es gibt eine eindeutige, operationale Zielfunktion sowie ein effizientes Lösungsverfahren. Wohlstrukturierte Probleme lassen sich vollständig formalisieren und die Berechnung der Lösung degeneriert zu einer reinen Rechenaufgabe.
- *Wohldefinierte Probleme* sind ebenfalls scharf definiert und verfügen über eine operationale Zielfunktion. Allerdings besteht hier ein Lösungsdefekt – das heißt es fehlt ein effizientes Lösungsverfahren.
- *Scharf definierte Probleme* verfügen zwar über ein geschlossenes Entscheidungsfeld – allerdings fehlen neben dem Lösungsverfahren auch die Zielfunktion und die Bewertungsverfahren. Daher bedarf es hier nicht nur eines formalen, sondern auch eines argumentativen Begründungsprozesses für die Lösung.
- *Schlechtstrukturierte Probleme* liegen vor, wenn alle Defekte gleichzeitig auftreten.

Im Fall schlechtstrukturierter Probleme sind zunächst die Variablen und Wirkzusammenhänge zu ermitteln. Man spricht hier auch von »Entscheidungsfeldbildung«.

Der letzte Schritt der Problemformulierung ist die Problemdefinition, das heißt die Entwicklung eines »verbalen Modells«. Dies ist quasi eine Zusammenfassung der bis dahin ermittelten Variablen und Wirkzusammenhänge sowie der Ziel- und Bewertungsprämissen.

Übertragung in ein formales Modell (Phase 2)

Mit der zweiten Phase beginnt die mathematische Repräsentation des Problems – zunächst durch ein *allgemeines Modell* (A-Modell). Darin werden zwar die Parameter und ihre Beziehungen festgelegt, nicht aber deren numerische Werte. Erst im anschließenden *konkreten Modell* (K-Modell) erfolgt der Bezug auf die raum-zeitlich spezifizierte Handlungssituation. In einem A-Modell wird folglich eine algebraische Struktur durch Formeln ausgedrückt, während im K-Modell die einzelnen Parameter numerisch bestimmt werden.

Modellrechnung (Phase 3)

Nachdem das formale Modell vorliegt, werden mathematische Methoden zur Modellanalyse eingesetzt. Dabei kommen drei Methoden zum Einsatz:

- Bei wohlstrukturierten Formalproblemen wird eine *Optimalplanungsmethodik* eingesetzt. Sie garantiert die Zuverlässigkeit und Optimalität der Lösung nach endlich vielen Rechenschritten.
- Bei wohldefinierten Formalproblemen – also bei Vorliegen von Lösungsdefekten – wird eine *heuristische Programmierung* eingesetzt. Dabei wird mit Hilfe exakter Regeln der Lösungsraum eingegrenzt und aus der dann vorliegenden Untermenge denkbarer Lösungen eine präferierte Lösung ermittelt.
- Bei zumindest scharf definierten Formalproblemen wird das Modell im Sinne der *Simulation* als Experimentiermodell eingesetzt. Hier liefert die Modellrechnung Beobachtungswerte des Modellverhaltens – also streng genommen gar keine Lösung des Formalmodells.

Interpretation der Modellergebnisse (Phase 4)

In dieser Phase wird vor allem die Frage gestellt, ob die formal ermittelte Lösung auch unmittelbar eine Lösung der ursprünglichen Problemstellung ist. In diesem Fall kann das Erklärungsmodell auch als Entscheidungsmodell genutzt werden. Dabei werden drei Formen der Deutung unterschieden:

- Bei zumindest wohldefinierten Problemen kann eine *mathematische Deutung des Modells* vorgenommen werden. In diesem Fall entspricht das mathematische Modell dem gestellten Problem, sodass die Lösung des Modells unmittelbar auf das Problem angewendet werden kann.
- Bei schlechtstrukturierten Problemen kann es zu einer *empirischen Deutung des Modells* kommen. Dabei wird das Modell als spekulativer Entwurf des Planenden aufgefasst, der zu Hypothesen führt, die einer empirischen Überprüfung standhalten müssen.
- Außerdem ist bei schlechtstrukturierten Problemen auch eine *heuristische Deutung des Modells* möglich. Dabei erfüllt das Modell nicht die strengen Kriterien einer empirischen Interpretation. Nun ist zu klären, ob es trotzdem für Planungszwecke geeignet ist.

Anwendung/Neuronale Netze

In der Praxis finden sich vielfältige ökonometrische Modelle. Dazu zählen seit Mitte der achtziger Jahre verstärkt sogenannte »neuronale Netze«. Dabei wird das Neuronennetz des menschlichen Gehirns als Analogie verwendet, um reale Systeme zu modellieren. Künstliche neuronale Netze wurden zunächst entwickelt, um Abläufe im Gehirn besser zu verstehen. Mittlerweile werden sie in sehr unterschiedlichen Bereichen zur Modellierung und Prognose eingesetzt. Typische Anwendungsbereiche sind die Prognose von Wirtschaftsdaten, die Kontrolle von Fertigungsprozessen, die Vorhersage von Devisenkursen sowie die medizinische Diagnostik. Die Entwicklung und Nutzung eines künstlichen neuronalen Netzes erfolgt in sechs Schritten:

- *Projektplanung* (Schritt 1): Nachdem im Sinne einer Machbarkeitsstudie die Einsatzmöglichkeit eines neuronalen Netzes (gegenüber anderen Verfahren) bestätigt wurde, werden Ziele, Ressourcen, Personal und Kosten für die Modellierung geplant.
- *Datenanalyse* (Schritt 2): Anschließend geht es darum, Standards für die Datenbeschaffung und -kodierung festzulegen. Hier sind sowohl die Quantität als auch die Qualität der zur Verfügung stehenden Input-Daten sowie der gewünschten Output-Daten zu überprüfen.
- *Entwurf des Netzwerks* (Schritt 3): Nun werden Input- und Outputdaten in einem sogenannten »Mehr-Schicht-Perceptrons« (oder einer anderen Netzform) miteinander verbunden. Dabei werden verschiedene Vorentwürfe getestet und mittels Lernalgorithmen verbessert. Dieser Prozess wird auch als »Trainieren des Netzes« bezeichnet.
- *Ermittlung von Fehlerschranken* (Schritt 4): Nach dem Netzentwurf ist die Fehlerhaftigkeit des erzeugten Outputs – und damit letztendlich der Prognosefähigkeit des Netzes – zu untersuchen.
- *Entwicklung von Regeln* (Schritt 5): Eine weitere optionale Funktion neuronaler Netze ist die Ableitung von Regeln, die das Verhalten des simulierten Systems erklären.
- *Nutzung des Netzwerks* (Schritt 6): Schließlich lässt sich das neuronale Netz einsetzen, um für neue Input-Daten deren Output vorherzusagen. Dabei ist es notwendig, dass neuronale Netze im laufenden Betrieb kontrolliert und weiter optimiert werden.

Kurven, Zyklen und historische Analogien

Entwicklungsmodelle beschreiben anhand von Lebenskurven oder Lebenszyklen die grundsätzliche Entwicklung eines Betrachtungsbereichs – beispielsweise einer Technologie, einer Branche oder eines Gemeinwesens. Solche Kurven und Zyklen werden – ebenso wie historische Analogien – als Zukunftsinstrumente eingesetzt, in dem sie Entwicklungsschritte vorausnehmen und so eine Prognose ermöglichen.

Im Jahre 1926 veröffentlichte der russische Ökonom Nikolai Dmitrijewitsch Kondratieff in der Berliner Zeitschrift *Archiv für Sozialwissenschaft und Sozialpolitik* einen Aufsatz mit dem Titel »Die langen Wellen der Konjunktur«. Darin stellte er gestützt auf empirische Analysen aus Deutschland, Frankreich, England und den USA fest, dass die kurzen Konjunkturzyklen von langen, etwa 40 bis 60 Jahre dauernden Konjunkturwellen überlagert werden. Zwei Talsohlen konnte er terminieren und eine dritte sagte er für das Ende der zwanziger Jahre voraus, was mit Börsencrash und Weltwirtschaftskrise auch eintraf.

Der heute gebräuchliche Begriff der »*Kondratieff-Zyklen*« wurde 1939 von Joseph Schumpeter geprägt. Er führte diese langen Wellen auf grundlegende technische Innovationen zurück, die zu einer Umwälzung in Produktion und Organisation des Wirtschaftslebens führen. Dies waren der Dampfmaschinen-Kondratieff (1780–1848), der Eisenbahn-Kondratieff (1848–1890), der Elektrotechnik- und Schwermaschinen-Kondratieff (1890–1940) sowie der Einzweck-Automatisierungs-Kondratieff (1940–1970). Seit den siebziger Jahren befinden wir uns im fünften Kondratieff, der sich vor allem auf Informations- und Kommunikationstechnologien stützt. Dieser Zyklus befindet sich inzwischen bereits in der Abschwungphase, da er seine Funktion als zentraler Wachstumstreiber verloren hat.

Leo A. Nefiodow hat in den neunziger Jahren das Modell der Langen Wellen als Prognoseinstrument genutzt und in seinem Buch *Der Sechste Kondratieff* für das 21. Jahrhundert das Aufkommen eines »psycho-sozialen Sektors« beschrieben:

»*Addiert man die quantitativ erfassbaren krankhaften Erscheinungsweisen der modernen Gesellschaften, so erhält man den erstaunlichen Wert von 10 000 Milliarden US-Dollar. Nimmt man die Kosten des derzeitigen*

Gesundheitswesens hinzu, dann erreicht man die Hälfte des Weltsozialproduktes. Mit anderen Worten: Körperliche, seelische und soziale Störungen und Erkrankungen sind mit Abstand der größte Einzelmarkt und – wegen der noch unerschlossenen Produktivitätspotenziale – die größte Wachstumsreserve der Welt.«

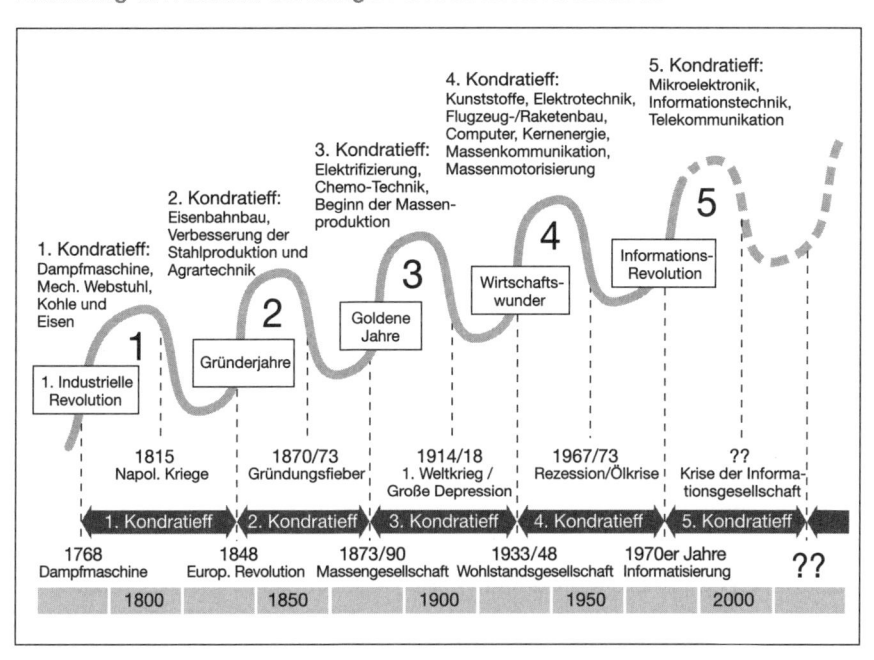

Abbildung 107: Modell der Langen Wellen nach Kondratieff

[Diagramm: Modell der Langen Wellen nach Kondratieff]

1. Kondratieff: Dampfmaschine, Mech. Webstuhl, Kohle und Eisen
2. Kondratieff: Eisenbahnbau, Verbesserung der Stahlproduktion und Agrartechnik
3. Kondratieff: Elektrifizierung, Chemo-Technik, Beginn der Massenproduktion
4. Kondratieff: Kunststoffe, Elektrotechnik, Flugzeug-/Raketenbau, Computer, Kernenergie, Massenkommunikation, Massenmotorisierung
5. Kondratieff: Mikroelektronik, Informationstechnik, Telekommunikation

1. Industrielle Revolution — Gründerjahre — Goldene Jahre — Wirtschaftswunder — Informations-Revolution

1815 Napol. Kriege | 1870/73 Gründungsfieber | 1914/18 1. Weltkrieg / Große Depression | 1967/73 Rezession/Ölkrise | ?? Krise der Informationsgesellschaft

1768 Dampfmaschine | 1848 Europ. Revolution | 1873/90 Massengesellschaft | 1933/48 Wohlstandsgesellschaft | 1970er Jahre Informatisierung | ??

Inhalt

Viele Zukunftsmanager lehnen den Blick in die Vergangenheit nahezu dogmatisch ab und berufen sich dabei auf den Medientheoretiker Marshall McLuhan, der einmal feststellte, dass wir bei der Vorausschau zu oft in den Rückspiegel blicken, da die Vergangenheit tröstlicher ist als die Gegenwart. Der amerikanische Zukunftsforscher Paul Saffo bemerkt dazu:

»McLuhan hatte recht, doch unser historischer Rückspiegel kann ein außerordentlich effektives Prognosehilfsmittel sein, wenn er richtig eingesetzt

wird. Anhand der Struktur vergangener Ereignisse kann man die einzelnen Punkte der gegenwärtigen Indikatoren miteinander verbinden. Dadurch lässt sich der zukünftige Verlauf zuverlässig darstellen – vorausgesetzt, man blickt weit genug zurück.« (Saffo 2007, S. 52)

Daher empfiehlt er, auf der Suche nach Parallelen mindestens doppelt so weit zurückzublicken wie nach vorn. Die Suche und Nutzung von *Entwicklungsmustern*, die dann aus der Vergangenheit in die Zukunft fortgeschrieben werden, geschieht vor allem in drei Formen:

- *Historische Analogien* – Analogie bedeutet »Sich-ähnlich-sein« – vergleichen die gegenwärtige Situation mit vergangenen Ausgangssituationen und schließen so auf die zukünftige Entwicklung.
- *Lebenskurven* beschreiben die typische Entwicklung einer Gruppe von Beobachtungsobjekten von einem Anfangs- und einem Endpunkt und schlussfolgern anhand der Position eines konkreten Objekts auf dieser Kurve auf seine zukünftige Entwicklung.
- *Zyklen und Wellen* funktionieren prinzipiell auf die gleiche Weise. Allerdings gibt es hier keinen Anfangs- oder Endpunkt, sondern es kommt im Lauf der Zeit zu einer Wiederholung der Positionen der Beobachtungsobjekte.

Solche Analogien, Lebenskurven sowie Zyklen und Wellen können prinzipiell auf sehr unterschiedlichen Ebenen auftreten. Matthias Horx nennt sechs Schichten, in denen Lebenskurven, Zyklen oder Wellen in der Regel ablaufen. Sie reichen von der Natur über Zivilisation und Technologie sowie Konjunktur und Zeitgeist (Märkte) bis hin zu Moden (Produkte). Spyros Makridakis unterscheidet drei Typen von ökonomischen Zyklen:

- *Konjunkturzyklen* dauern etwa fünf Jahre. Ihre Hoch- und Tiefpunkte werden als »Boom« beziehungsweise »Rezession« bezeichnet.
- *Jugular-Zyklen* dauern demgegenüber durchschnittlich neun bis elf Jahre. Ihre Existenz wird kontrovers diskutiert. Anwendung finden sie vor allem in kapital- und investitionsnahen Bereichen.
- *Kondratieff-Zyklen* sind die bereits beschriebenen langen Wellen mit einer Dauer von 50 bis 60 Jahren. Ihre Existenz ist weithin akzeptiert – ihre Ausprägung hinsichtlich Dauer, Bedeutung und Klassifizierung ist allerdings umstritten.

Vorgehen und Methoden

Die Vielzahl bestehender, genutzter und womöglich neu entdeckter Analogien, Kurven und Zyklen lässt sich an dieser Stelle nicht vollständig abdecken. Wir wollen daher exemplarisch auf den Technologielebenszyklus und die »S-Kurve« sowie auf die gesellschaftlichen Zyklen nach Howe/Strauss eingehen.

Technologielebenskurve und das S-Kurven-Konzept

Eine häufig verwendete Form der Lebenskurve ist das von Arthur D. Little entwickelte Modell der Technologielebenskurve. Dies enthält die vier *Entwicklungsphasen* Entstehung, Wachstum, Reife und Alter, die sich in fünf *Technologietypen* umsetzen lassen:

- *Neue Technologien* stehen am Beginn ihres Lebenszyklus und haben noch keinerlei wirtschaftliche Anwendung gefunden. Sie werden von Visionären vorangetrieben und erreichen nach Geoffrey A. Moore früher oder später einen kritischen Punkt (»Abgrund«), an dem das Interesse der Innovatoren nachlassen kann, obwohl der Massenmarkt noch nicht reif ist.
- Einige dieser neuen Technologien passieren den Abgrund und werden zu *Schrittmachertechnologien*. Sie befinden sich zwar noch immer in einem frühen Entwicklungsstadium, haben aber in einigen Nischen bereits Verbreitung gefunden. Moore spricht aufgrund der Wechselwirkung zwischen den einzelnen Technologien von einer »Bowlingbahn«.
- Fallen bestimmte Schrittmachertechnologien um, so können sie zu *Schlüsseltechnologien* werden. Darunter werden Technologien verstanden, die den Wettbewerb in einer Branche entscheidend beeinflussen. Eine solche Adaption einer Technologie durch den Massenmarkt beschreibt Moore als »Tornado«, in dem ungeheure Wettbewerbskräfte wirken.
- Wird eine Technologie von allen Wettbewerbern beherrscht und entsprechend in vielen Produkten und Verfahren eingesetzt, so werden sie als *Basistechnologien* bezeichnet. Moore verwendet hier die Metapher der Hauptstraße (»Main Street«) – in der Praxis wird gern von »Commodity« gesprochen.

- Bestimmte Basistechnologien werden schließlich zu einer *verdrängten Technologie*, die am Ende ihres Lebenszyklus durch andere Technologien ersetzt wird.

Wie bei anderen Lebenskurven ist neben dem Kurvenverlauf der Übergang von einer zur anderen Technologie (und damit von einer zur anderen Kurve) ein entscheidender Prozess. Er wird heute durch das *Substitutionspotenzial-Konzept* ausgedrückt, wie es Anfang der achtziger Jahre von McKinsey beschrieben wurde. Dabei wird die Leistungsfähigkeit einer Technologie über dem kumulierten F&E-Aufwand aufgetragen. Der Verlauf dieser »S-Kurve« drückt aus, dass sich die Leistungsfähigkeit reifer Basistechnologien durch zusätzliche F&E-Investitionen nicht mehr signifikant erhöhen lässt. Daher stellt sich die Frage des Wechsels zu einer alternativen *Substitutionstechnologie*, für den es zwei Varianten gibt (Abbildung 108):

Abbildung 108: Zwei Formen von Substitution

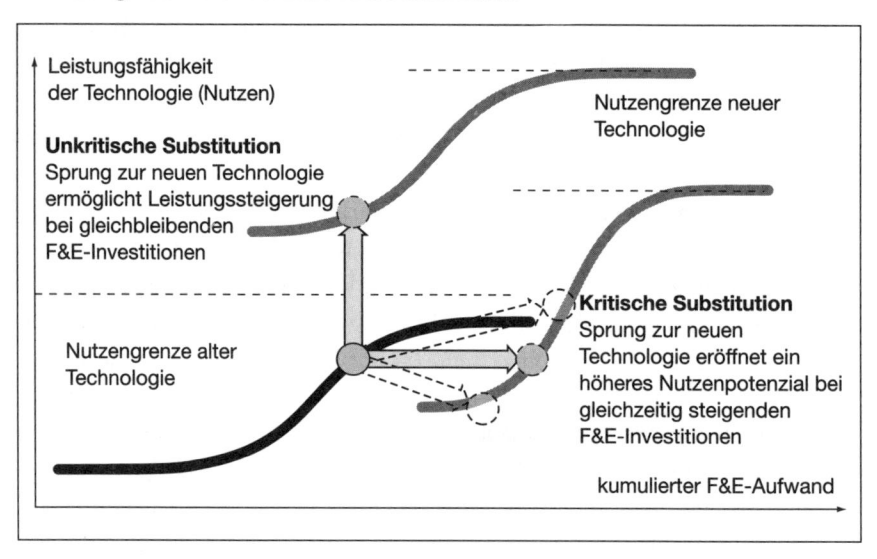

- *Unkritische Substitution:* Dabei steht die mit der neuen Technologie unmittelbar verbundene Leistungssteigerung im Mittelpunkt. Im Idealfall kann diese Leistungssteigerung sogar ohne zusätzliche F&E-Investitionen realisiert werden.
- *Kritische Substitution:* In diesem Fall basiert die Substitution auf der Erschließung zusätzlicher Nutzenpotenziale in der Zukunft. Dabei

kommt es zu einer Steigerung der F&E-Investitionen, und gegebenenfalls wird sogar ein vorübergehender Rückgang der Leistungsfähigkeit in Kauf genommen.

Abbildung 109: Gesellschaftliche Zyklen nach Strauss/Howe

	Ära der Krise	Außenorientierte Ära	Ära des Erwachens	Innenorientierte Ära
Alter: 88	Idealisten	Reaktive	Bürgerliche	Angepasste
Alter: 66	Reaktive	Bürgerliche	Angepasste	Idealisten
Alter: 44	Bürgerliche	Angepasste	Idealisten	Reaktive
Alter: 22	Angepasste	Idealisten	Reaktive	Bürgerliche
Alter: 0				
Umgang mit Kindern	Sehr geringer Schutz	Zunehmender Schutz	Sehr starker Schutz	Abnehmender Schutz
Persönliche Risikobereitschaft	Steigend	Hoch	Fallend	Gering
Individuum vs. Gemeinschaft	Zunehmender Individualismus	Maximaler Individualismus	Zunehmender Gemeinsinn	Maximaler Gemeinsinn
Umgang mit Idealen	Entdeckung von Idealen	Kultivierung von Idealen	Eintreten für Ideale	Realisierung von Idealen
Umgang mit Institutionen	Angriff auf Institutionen	Neudefinition von Institutionen	Etablierung von Institutionen	Herausbildung von Institutionen
Größtes Bedürfnis	Innere Welt zusammenhalten	Tun, was sich gut anfühlt	Äußere Welt in Ordnung bringen	Tun, was funktioniert
Vorstellung der Zukunft	Euphorisch	Sich verdunkelnd	Dringend	Sich erhellend

Gesellschaftliche Zyklen nach Strauss/Howe

Insbesondere in den USA ist eine Theorie populär, nach der sich die gesellschaftliche Entwicklung in einem wiederkehrenden Zyklus von spirituellem Erwachen und weltlicher Krise abspielt. Dabei werden vier Phasen dieses gesellschaftlichen Zyklus unterschieden (siehe Abbildung 109):

- *Ära der Krise:* Hier dominiert eine intensive und verbissene Beschäftigung mit externen Gefahren. Dabei nimmt die Gefahr kriegerischer Auseinandersetzungen zu und das Interesse an geistig-spirituellen Themen geht zurück. Die meisten Menschen orientieren sich an Sicherheitsbedürfnissen und traditionellen Ordnungsmustern.

- *Außenorientierte Ära:* Hier erreicht der Gemeinschaftssinn seinen Höhepunkt – die Ideale der Krisenzeit sind weitgehend institutionalisiert. Der Schwerpunkt liegt auf Planen, Handeln und Aufbauen. Parallel dazu nimmt das Interesse an geistigen Themen wieder zu.
- *Ära des Erwachens:* In dieser Zeit geht das Interesse an weltlichen Werten (am »Außen«) zurück und die Bedeutung innerer Werte nimmt zu. Dabei erreichen einerseits Kunst und Kultur eine Blüte, andererseits nehmen auch Kriminalität und Machtmissbrauch zu.
- *Innenorientierte Ära:* Hier geht das Vertrauen in die bestehenden Institutionen zurück, während die Zufriedenheit mit dem persönlichen und geistigen Leben eher groß ist. Der Individualismus ist hoch und es kommt zu starken Konflikten zwischen risikobereiten Veränderern und moralorientierten Bewahrern.

Verbunden mit jeder Ära sind ein gesellschaftliches Paradigma und eine entsprechende gesellschaftliche Stimmung. Diese entsteht durch das Zusammenspiel der vier Generationstypen (Idealisten, Reaktive, Bürgerliche, Angepasste):

- *Der Lebenszyklus der Idealisten:* Hier dominieren leidenschaftliche Idealisten, die ihre Jugend inmitten einer Zeit hohen Vertrauens in öffentliche Institutionen verbracht haben und die in der »Ära des Erwachens« erwachsen geworden sind. Als Senioren werden sie zu wichtigen Ratgebern in Krisenzeiten. Ein Beispiel für diesen »prophetischen Lebenszyklus« sind die heute in Entscheidungspositionen befindlichen »Boomers« der Geburtsjahrgänge 1943 bis 1960.
- *Der Lebenszyklus der Reaktiven:* Dieser Zyklus wird von Akteuren geprägt, die in einer an inneren Werten orientierten Zeit groß geworden sind. Sie sind Kinder einer Zeit, in der Angepasste zwischen weiterhin mächtigen bürgerlicher Senioren und moralgeprägten Idealisten zerrissen werden. Ihr Start ins Erwachsenenleben ist bereits von gesellschaftlichen Konflikten gekennzeichnet. Dieser »pikareske Lebenszyklus« zeigt sich in den USA exemplarisch in den zwischen 1961 und 1981 geborenen der 13. Generation (»Thirteener youth«)
- *Der Lebenszyklus der Bürgerlichen:* Getragen wird diese Phase von Menschen, die ihre Jugend inmitten innerlicher Zufriedenheit verbracht haben – in einer von wertorientierten Idealisten und sensiblen, angepassten Senioren geprägten, innenorientierten Ära. Diese Generation tritt in Krisenzeiten ins Erwerbsleben ein. Sie durchläuft einen »heroi-

schen Lebenszyklus« mit einer klaren gemeinsamen Mission und hohen Ansprüchen für eine Neugestaltung der äußeren Welt. In den USA ist dies die Generation der zwischen 1982 und 2004 geborenen »Millennial children«.
- *Der Lebenszyklus der Angepassten:* Dieser Zyklus startet mit einer Generation, die in Krisenzeiten aufwächst, die von strengen, idealistischen Senioren und pragmatischen, reaktiven Entscheidern geprägt wird. Ihr Erwachsenwerden ist von sich verbessernden, weltlichen Lebensbedingungen geprägt. Diese Generation erreicht die Entscheidungspositionen in der Ära des Erwachens und durchläuft damit quasi einen »vornehmen Lebenszyklus«.

Anwendungen

Historische Analogien sind in der Regel das Ergebnis empirischer Betrachtungen und bilden insofern häufig den Ausgangspunkt kontroverser gesellschaftlicher oder politischer Diskussionen.

Die Anwendung von Kurven und Zyklen hängt weitgehend davon ab, welche Modelle betrachtet werden. Ein geeignetes Hilfsmittel zum Umgang mit Kurven und Substitutionsprozessen ist das von Ian Morrison entwickelte *Zwei-Kurven-Modell*: Dabei bildet die erste Kurve die gegenwärtige Geschäftsgrundlage ab, deren langfristige Existenz allerdings hinterfragt wird. Daher entsteht irgendwann eine zweite Kurve, der sich das Unternehmen stellen muss. Nach Morrisson haben Unternehmen und Organisationen in Veränderungsprozessen drei Möglichkeiten:

- *Auf der ersten Kurve bleiben* (Option 1): Basierend auf gründlichem Wissen der zweiten Kurve entscheidet man sich bewusst für ein Verbleiben auf der ersten Kurve. Mögliche Umsetzungen sind die Erzeugung quasi-monopolartiger Strukturen, das Melken des bestehenden Erstkurven-Markts bei relativ geringen Neuinvestitionen, der Export des auslaufenden Geschäftsmodells in andere Regionen (bei gleichzeitiger Erfindung neuer Geschäfte auf den hoch entwickelten Heimatmärkten), die Umbenennung des Erstkurven-Markts oder die aktive Verhinderung eines Zweit-Kurven-Erfolgs.
- *Auf die zweite Kurve springen* (Option 2): Für den konsequenten Sprung auf eine zweite Kurve gibt es eine Reihe von markanten Beispielen: *No-*

kia wandelte sich vom Gummistiefel-Produzenten zum Elektronik-Konzern; der Stahlkonzern *Preussag* wurde als *TUI* zu Europas größtem Touristik-Unternehmen. Möglichkeiten für solche Veränderungsstrategien sind die geschickte Besetzung von Hebelpunkten (*Microsoft*), die breite Verfolgung vieler Zweitkurvenaktivitäten (*Venture Capitalist*) oder die Kombination von Umsetzungsstärke und Überraschungseffekt (*Dell*).

- *Zweikurvig fahren* (Option 3): Die beiden ersten Optionen beschreiben die eindeutige Entscheidung für die eine oder andere Geschäftsarchitektur. In der Praxis ist eine solche Festlegung häufig gar nicht möglich – ein Unternehmen kann weder sein Stammgeschäft verlassen, noch darf es auf innovative, neue Geschäftsaktivitäten verzichten. Morrison entwickelt daher vier elementare Schritte, die Unternehmen gehen müssen, wenn sie »zweikurvig fahren« wollen: (1) Die Wertkette neu bestimmen, (2) sich einen Zweikurven-Fundus schaffen, (3) die zweite Kurve zurechtstutzen und (4) eine vorausschauende Organisation für den Zweikurvenerfolg betreiben.

Expertenbefragung

Bei der Expertenbefragung geht es darum, das Wissen eines geeigneten Expertenkreises zu bündeln. Im Kontext des Zukunftsmanagements bedeutet dies vor allem, deren Ansichten (zur Zukunft) des Betrachtungsobjekts zu erfassen und zu analysieren. In diesem Kapitel konzentrieren wir uns auf einstufige Expertenbefragungen, während die Nutzung mehrerer Befragungswellen im Rahmen der Delphi-Technik erfolgt. Da dieser Technik das Idealbild eines Experten zugrunde liegt, wird im Englischen auch von »Genius Forecasting« gesprochen.

Das im März 1993 gegründete *WIRED-Magazin* versteht sich als Medium der Technikfreaks und wurde vor allem durch die New-Economy-Bewegung bekannt. Spötter bezeichneten es daher auch als »Zentralorgan der kalifornischen Ideologie«. 1996 bezogen über hundert Experten für *WIRED* Stellung zu einer Vielzahl verschiedener, denkbarer Zukunftstrends. Daraus entstand ein Kaleidoskop von Zukunftsannahmen, die von der kurzfristigen Realisierung am Ende der neunziger Jahre bis in das Jahr

2225 reichten – und teilweise aus Sicht der Experten auch gar nicht erreichbar waren.

Fast alle der für die neunziger Jahre erwarteten Trends prägen in der Tat seit mehreren Jahren unseren Alltag: erschwingliche CD-Recorder, Filme übers Netz, intelligente Agenten, Electronic Cash oder pauschale Telefongebühren. Kritischer ist das Ergebnis zu beurteilen, wenn die Prognosen über den Jahrtausendwechsel hinausgehen. Dann finden sich dort Solarautos (erwartet für 2001), ein Impfstoff gegen AIDS (2002), Gentechnik in fast allen Lebensmitteln (2004), das allgemeine Organspendetier – höchstwahrscheinlich ein Miniaturschwein (2005) sowie selbstreinigende Toiletten zu Hause (2006).

Viele Zukunftstrends, denen wir uns gegenwärtig gegenübersehen, wurden in der Expertenbefragung tatsächlich in unsere heutige Zeit gedacht: Online-Einzelhandel für den Massenbedarf (2007), Smart Drugs zur Steigerung der Intelligenz (2010), der Rückzug der Compact Disc (2010). Allerdings finden wir auch Vorhersagen, die sich in der vorliegenden Form aus heutiger Sicht bereits überholt haben. So sind Überschallflüge für alle (2014) nach dem Ende der Concorde eher unwahrscheinlich geworden. Und dass es das interaktive Fernsehen in jedem Haushalt niemals geben wird, wie in der Expertenbefragung vorhergesagt, kann aus heutiger Sicht wohl auch bezweifelt werden.

Damit scheinen die *WIRED*-Experten im Rahmen des Trefferkorridors zu liegen, den auch Herman Kahn und Anthony J. Wiener mit ihrem 1967 erschienenen Buch »The Year 2000. A Framework for Speculation on the Next Thirty-Three Years« (deutsch »Ihr werdet es erleben«) erreichen. Darin beschrieben sie einerseits sehr treffend den Boom der Geldautomaten, den Siegeszug der Videorekorder, die GPS-Ortungssysteme sowie Hochgeschwindigkeitszüge – andererseits prognostizierten sie auch »Winterschlaf« zu Erholungs- und Therapiezwecken, Riesenunterseeboote für Massenguttransporte und Privatflugzeuge für jedermann.

Inhalt

Ein Experte ist jemand, der sich durch seine berufliche Ausbildung oder Tätigkeit beziehungsweise durch sonstige Qualifikation ein umfangreiches Wissen innerhalb eines Sachgebiets erworben hat. Man bezeichnet ihn auch als »Fachmann« oder »Sachverständigen«. Solche Experten werden vielfach auch herangezogen, wenn die zukünftige Entwicklung eines Sachgebiets vorhergesagt werden soll.

Expertenbefragungen können grundsätzlich in standardisierter oder nichtstandardisierter Form durchgeführt werden. *Standardisierte Befragungen* sind durch überwiegend geschlossene Fragestellungen und Objektivität gekennzeichnet. Sie umfassen die Datensatzerstellung über *Face-to-face-Interviews, schriftliche Befragungen* und *Telefoninterviews* mit dem Ziel der Nutzung statistischer Auswertungsverfahren.

Die zweite und geläufigste Form von Expertenbefragungen sind *nichtstandardisierte Interviews,* die sich durch die Offenheit der Fragen, Antworten und Methoden sowie einen hohen Subjektivitätsgrad charakterisieren lassen. Formen der nichtstandardisierten Befragung sind das *Leitfaden-Interview* (fokussiertes Interview), das *narrative Interview* und das *problemzentrierte Interview.* Ein teilstandardisiertes, problemzentriertes Leitfaden-Interview hat den Vorteil, dass es keine Antwortmöglichkeiten gibt, der Interviewer aber nach Einschätzen des Prognosethemas klärende Fragen stellen und neue Gesichtspunkte aufgreifen kann. Durch diese flexible Durchführung können noch nicht bekannte Sachverhalte erörtert und die Bezugssysteme der Befragten ermittelt werden.

Eine weitere Form der Expertenbefragung ist die *Beobachtung.* Dabei lassen sich offene und verdeckte Beobachtung, strukturierte und unstrukturierte Beobachtung, Feld- und Laborbeobachtung, teilnehmende oder nichtteilnehmende Beobachtung sowie Fremd- und Selbstbeobachtung unterscheiden. Hinzu kommen als weitere Ansätze die *Inhaltsanalyse,* die *Gruppendiskussion* sowie die *Soziometrie und Netzwerkanalyse.*

Insgesamt kann festgestellt werden, dass es für Expertenbefragungen eine Vielzahl verschiedener Ansätze gibt, die angesichts fehlender theoretischer Fundierung nicht selten von eigenen (Forschungs-)Interessen geprägt sind.

Vorgehen

Vor der eigentlichen Durchführung einer Expertenbefragung müssen das Ziel sowie das Vorgehen beziehungsweise die Struktur der Befragung festgelegt werden. Dazu zählt auch die Definition des Prognosethemas sowie gegebenenfalls eine Vorab-Recherche.

Definition des Expertenkreises und Rekrutierung (Schritt 1)

Am Beginn einer Expertenbefragung steht die Entscheidung über die Zusammensetzung des *Expertenkreises*. Dabei ist die Frage zu stellen, in welchem Umfang spezifisches Fachwissen oder fachgebietsübergreifende Kompetenzen gefragt sind. Steht kein bestehendes Netzwerk zur Rekrutierung zur Verfügung, so bedarf es einer Recherche, bei der unter anderem die folgenden Quellen genutzt werden können:

- *Literatur- und Internetrecherchen* sind aufgrund der Aktualität und des Zugangs der gebräuchlichste und in vielen Fällen auch geeignete Weg, um Experten zu einem bestimmten Sachgebiet zu identifizieren.
- *Empfehlungen* von Instituten und Netzwerken können gut zur Expertenakquisition genutzt werden. Außerdem können Empfehlungen in der Form genutzt werden, dass zunächst nach Ansprechpartnern gefragt wird, die dann wiederum Experten empfehlen, bis eine entsprechende Expertenqualität erreicht ist.
- *Fachkonferenzen* und andere kreative Zirkel sind ebenfalls eine Quelle, bei der man häufig mit Experten ins Gespräch kommen und ihre Eignung sozusagen vor Ort überprüfen kann.
- *Science-Fiction-Autoren und Trendforscher* sind per se eine Gruppe, die sich als Experten für Zukunftsthemen anbietet. Sie verfügen darüber hinaus aber auch über entsprechende Netzwerke, die für eine weitere Expertenauswahl genutzt werden können.

Anschließend müssen die Experten für den Befragungsprozess rekrutiert werden. Hier kommen als Motivationen neben einer finanziellen Entlohnung die frühzeitige Bereitstellung der Ergebnisse, die Vernetzung mit anderen Experten – oder bei allgemeinen Themenstellungen auch die Beteiligung an einer »guten Sache« in Frage.

Design des Befragungsprozesses (Schritt 2)

Als Design kann bezeichnet werden, in welcher Art eine Untersuchung angelegt ist. Diese ist generell abhängig von dem Erkenntnisziel der Studie. Hierzu lassen sich drei Möglichkeiten unterscheiden:

- *Querschnittsdesign* (Ein Zeitpunkt, eine Befragung): Ziel ist hier die Verbindung eines Sachverhalts mit anderen Sachverhalten – beispiels-

weise die Beziehung zwischen Plattenbauwohnen und Ausländerfeindlichkeit.
- *Trenddesign* (Verschiedene Zeitpunkte, gleiche Fragen): Ziel ist dabei die Erfassung von Entwicklungstendenzen – beispielsweise die Entwicklung der Einstellung zu einer neuen Technologie.
- *Paneldesign* (Dieselben Personen zu verschiedenen Zeitpunkten): Ziel ist hier die Betrachtung individueller Veränderungen – beispielsweise die Einstellung zur Bundesregierung unter Berücksichtigung des Verlusts des Arbeitsplatzes.

Zudem ist an dieser Stelle zu klären, ob die Expertenbefragung schriftlich (also in Form eines Fragebogens) oder mündlich (in Form von Interviews) durchgeführt werden soll. In beiden Fällen ist zusätzlich der Standardisierungsgrad festzulegen. Bei *Fragebögen* äußert sich dieser in der Variabilität der Fragen sowie vor allem der Art und Zahl der Antwortkategorien. Sie reicht von reinen »Ja-Nein«-Antworten bis zu offenen Antworten. Bei Interviews werden drei Formen unterschieden:

- Beim *standardisierten Interview* sind die Formulierung der Fragen, ihre Reihenfolge sowie die Antwortmöglichkeiten und das Interviewverhalten genau festgelegt.
- Beim *halbstandardisierten Interview* – der häufigsten Form bei einer zukunftsorientierten Expertenbefragung – gibt es lediglich einen Fragenkatalog beziehungsweise einen Interview-Leitfaden, mit dem das Gespräch strukturiert werden soll. An definierten Stellen ist es dem Interviewer aber erlaubt, die Fragen zu verändern, Zusatzfragen zu stellen oder nachzuhaken.
- Beim *unstrukturierten oder narrativen Interview,* das auch als Tiefen- oder Intensivinterview bezeichnet wird, steht dem Interviewer – wenn überhaupt – nur ein Leitfaden zur Verfügung, der allerdings den freien Gesprächsverlauf nicht beeinträchtigt.

Grundsätzlich gilt, dass mit höherem Standardisierungsgrad die Vergleichbarkeit der Ergebnisse zunimmt, während bei geringerer Standardisierung umfassendere und tiefere Ergebnisse erreicht werden. Darüber hinaus ist zu klären, ob die Interviews bei den Experten oder zentral an einem Ort (mit oder ohne Austausch zwischen den Experten) durchgeführt werden. In jedem Fall muss spätestens jetzt auch ein Zeitplan für den Befragungsprozess aufgestellt werden.

Gestaltung der Struktur des Fragebogens oder des Leitfadens
für ein Interview (Schritt 3)

Für die Formulierung eines *Fragebogens* ergibt sich zunächst die Frage nach dem Standardisierungsgrad. Grundsätzlich sollten bei einem Fragebogen die folgenden Basisvoraussetzungen erfüllt sein:

- *Verständlichkeit:* Dies beinhaltet die Formulierung anhand der Sprachwelt der Zielgruppe, insbesondere die Vermeidung von Fremdwörtern.
- *Bedeutungsäquivalenz:* Hier sind Ungenauigkeiten und mangelnde Fragepräzision zu vermeiden. Zudem geht es um die gleiche Verständlichkeit für alle Befragten.
- *Zutreffende Voraussetzungen:* Es ist zu vermeiden, dass von falschen Voraussetzungen bezüglich des Wissens der Befragten ausgegangen wird.
- *Vermeidung von Suggestivformulierungen:* Dies bedeutet, dass mit der Frageform nicht bereits mögliche Antworten präjudiziert werden sollten.
- *Vollständigkeit und Überlappungsfreiheit der Antwortvorgaben:* Werden im Fragebogen Antworten vorgegeben, so müssen diese das gesamte Möglichkeitsspektrum abdecken. Außerdem sollten die Antworten gut voneinander abgegrenzt sein.
- *Berücksichtigung von Verfälschungstendenzen:* Danach sind Beeinflussungen durch die soziale Erwünschtheit bestimmter Antworten zu berücksichtigen und möglichst zu vermeiden.

Im Rahmen eines Fragebogens können unterschiedliche Typen von Fragen gestellt werden: *Einstellungsfragen und Meinungsfragen* beziehen sich auf den Aspekt der Wünschbarkeit oder der negativen beziehungsweise positiven Beurteilung, den Befragte mit bestimmten Statements verbinden. *Überzeugungsfragen* fragen danach, was Befragte für wahr oder falsch halten (Wissen und Normen/Ansichten). *Verhaltensfragen* fragen nach Handlungen und Verhalten beziehungsweise nach Überzeugungen der Gefragten hinsichtlich ihres eigenen Verhaltens (tatsächliches Verhalten oder Verhaltensbereitschaft). *Fragen nach Eigenschaften* beziehen sich auf die personalen und/oder demografischen Eigenschaften von Personen (zum Beispiel Alter, Bildung, Geschlecht, Beruf, Einkommen, Familienstand, ethnische Zugehörigkeit und ähnliches).

Auf *offene Fragen* wird eine Antwort in eigenen Worten des Befragten erwartet. *Geschlossene Fragen* verlangen vom Befragten, sich zwischen Antwortalternativen zu entscheiden. In solchen Fragen können Antwortalternativen vorgegeben werden. Dabei kann es sich um Ja-Nein-Fragen, Alternativfragen mit mehreren vorgegebenen Antwortmöglichkeiten, Alternativfragen mit Rangordnungen oder Mehrfachantworten handeln. *Filterfragen* werden Frageblöcken vorgeschaltet, die nur von einer Teilmenge der interviewten Personen sinnvoll beantwortet werden können.

Durchführung der Expertenbefragung (Schritt 4)

Beim Einsatz von Fragebögen ist neben der in Schritt 3 entwickelten Struktur des Fragebogens vor allem auf ein gutes und klares Layout zu achten. Zudem ist sorgfältig zu prüfen, ob der Fragebogen nicht zu lang ist, da dies vielfach abschreckend wirkt und die Rücklaufquote negativ beeinflusst. Auch sollte die Anzahl von Filterfragen begrenzt werden. Bei der mündlichen Expertenbefragung kommt dem eigentlichen Interview eine ungleich größere Bedeutung zu. Hier gilt es, eine Reihe von Aspekten zu beachten:

- Der Interviewer sollte eine *echte Gesprächssituation* erzeugen und sich dabei auf die spezifische Situation des Befragten einstellen.
- Möglichst bald sollte er ein *Vertrauensklima* zwischen sich und dem Befragten entstehen lassen. Dazu können am Anfang sogenannte »Eisbrecherfragen« eingesetzt werden.
- Ein gutes Interview zeichnet sich durch einen *Wechsel von Spannungen und Entspannungen* aus. Dazu werden Erholungspausen mit sogenannten »Pufferfragen« genutzt.
- Außerdem kann ein Interview durch einen *Wechsel der Fragetechniken* kurzweilig und interessant gestaltet werden.

Im Rahmen prognostischer Expertenbefragungen spielen zusätzliche Informationen eine große Rolle. Daher sollte im Rahmen offener oder halbstandardisierter Interviews ausreichend Freiraum für die Beschreibung weiterer Ideen und Aspekte gegeben werden. Hier können unterschiedliche Fragetechniken wie Provokationen, Einforderung von Berichten und Beispielen, Zusatzfragen, Wiederholungen oder Priorisierungen unterstützend wirken.

Auswertung der Ergebnisse (Schritt 5)

Bei diesem Schritt geht es im Kern um die Analyse des vorliegenden Datenmaterials unter der Nutzung statistischer Methoden. Die üblichen statistischen Datenanalyseprogramme sind SPSS (Statistical Package for Social Sciences) oder SAS. Um Fehler oder Fehlinterpretationen zu vermeiden sind zwei Eigenschaften notwendig: eine gewisse *Sicherheit in der Bewertung der statistischen Verfahren* und ihres Vorgehens sowie eine kritische Auseinandersetzung mit den Ergebnissen durch eine *Plausibilitätsprüfung*. Für die Datenauswertung können vier Unterschritte unterschieden werden:

1. *Aufbereitungsphase:* Diese beginnt bei der Verwendung von Primärdaten mit der Überführung der Fragebogenantworten in maschinenlesbare Daten. Anschließend erfolgt eine Fehlerkontrolle inklusive der Bereinigung der Fehler oder des Ausschlusses fehlender Angaben. Hierzu gehört auch die Umformung (Rekodierung) und die Neubildung von Variablen (Berechnung von Indizes) zu Analysezwecken.
2. *Phase der deskriptiven Datenanalyse:* Dieser Teilschritt umfasst die Berechnung univariater Häufigkeiten und Kennwerte (beispielsweise Mittelwerte) sowie erste bivariate Gegenüberstellungen. Sie dienen zur Beschreibung des Datensatzes und zur Gewinnung eines ersten Eindrucks. Über die Gesamtheit sagen sie aber nur etwas in Kombination mit dem nächsten Teilschritt aus.
3. *Phase der schließenden Datenanalyse:* An dieser Stelle wird nun versucht über Betrachtungen, die über den Datensatz hinausgehen, Schlüsse auf die Auswahlgesamtheit zu ziehen. Basis ist der Signifikanztest der Inferenzstatistik, der einem erlaubt, mit Wahrscheinlichkeiten Schlüsse auf die Verteilung der Grundgesamtheit zu ziehen.
4. *Phase der erweiterten Datenanalyse:* Hier erfolgt überwiegend der Einsatz multivariater Analyseverfahren, die über zwei Variablen hinaus komplexere Zusammenhänge und Muster erkennen sollen. Sie können kausal, typologisch oder dimensionsanalytisch orientiert sein.

Darstellung der Ergebnisse (Schritt 6)

Die Darstellung der Expertenurteile richtet sich nach der Zielgruppe, die diese Ergebnisse nutzen soll. Daher gibt es vielfältige Formen, die allerdings die Informationsaufnahme häufig nicht gerade erleichtern. Daher wollen wir an dieser Stelle lediglich einige allgemeine Hinweise geben:

- *Priorisierung:* Viele Expertenbefragungen werden in umfassenden Kompendien dokumentiert, ohne dass die Kernbotschaften erkennbar sind.

Dies fördert eine individuell-selektive Interpretation und erschwert die spätere, gemeinsame Nutzung der Ergebnisse.
- *Visualisierung:* Nach unserer Erfahrung prägen sich vor allem klar visualisierte Kernbotschaften ein. Daher sollte versucht werden, nicht nur einzelne Resultate, sondern vor allem die wesentlichen Ergebnisse grafisch darzustellen.
- *Illustrierung:* Die Ergebnisse können in die Lebenswelten der Zielgruppen übertragen werden. So können Trends in Form von »Geschichten aus der Zukunft« zum Leben erweckt werden. Hier ergibt sich häufig ein Übergang zu den *narrativen Szenarien* (→).

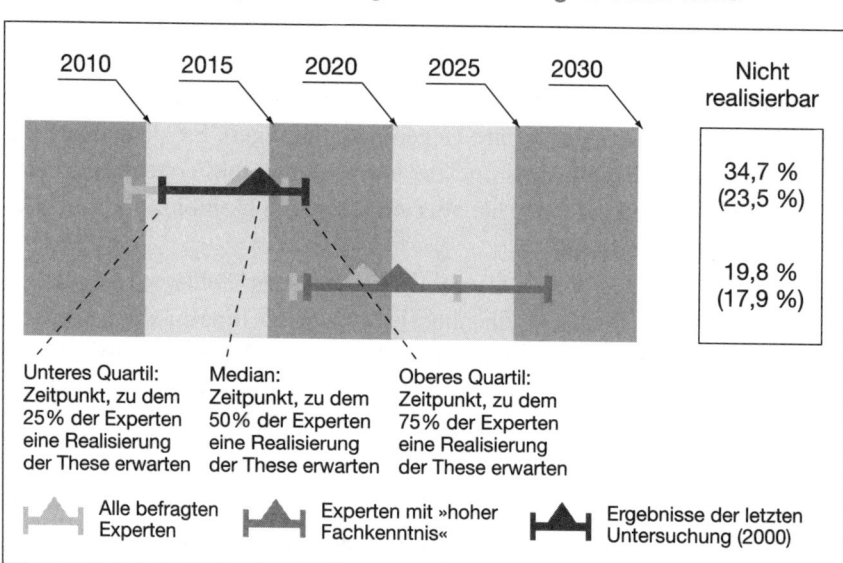

Abbildung 110: Exemplarische Ergebnisdarstellung für einen Trend

Delphi-Technik

Bei der Delphi-Technik handelt es sich um eine anonyme und rückkoppelnde Befragung von Experten zur zukünftigen Entwicklung eines bestimmten Themenbereichs. Das Expertenwissen wird in mehreren Befragungsrunden erörtert. In Rückkopplungsverfahren werden die ausgewerteten Gruppenmeinungen anonymisiert vorgelegt und von den Experten gegebenenfalls modifiziert, um eine von möglichst vielen Experten getragene Grundeinschätzung zu erhalten.

Delphi-Studien haben schon früh eine bedeutende Rolle in der japanischen Technologiepolitik gespielt. Dabei lag ihr Ziel weniger in der exakten Vorhersage künftiger Ereignisse als vielmehr in der Identifikation neuer, für die F & E-Politik des Landes relevanter Trends in Wissenschaft und Technik.

Diese Delphi-Studien zeichnen sich aufgrund ihrer methodischen Qualität durch eine hohe »Treffsicherheit« aus. Von den über 500 beurteilbaren Aussagen des japanischen Delphi-Berichts von 1971 waren 28 Prozent in vollem Umfang eingetreten und weitere 40 Prozent wurden immerhin teilweise in der betrachteten Zeitspanne realisiert. Dazu zählten vor allem Entwicklungen in der Medizin und Landwirtschaft, der Informationstechnik und der Werkstofftechnik. Lediglich 32 Prozent waren nach Ablauf des Betrachtungszeitraums nicht verwirklicht oder hatten sich in der Zwischenzeit als unrealistisch oder sinnlos herausgestellt. Dazu zählten insbesondere Aussagen zu Verkehrs- und Energiefragen, wodurch sich der erste Ölpreisschock 1973 trefflich erklären lässt.

Seit Anfang der neunziger Jahre folgt auch Deutschland dem japanischen Beispiel. Dazu wurden unter Federführung des Karlsruher Fraunhofer-Instituts für Systemtechnik und Innovationsforschung (ISI) insgesamt drei Studien durchgeführt. Während die erste Studie »Technologie am Beginn des 21. Jahrhunderts« lediglich auf die kommenden zehn Jahre ausgerichtet war, konzentrierte sich der »Deutsche Delphi-Bericht zur Entwicklung von Wissenschaft und Technik« bereits auf die nächsten dreißig Jahre.

Der Fragebogen dieser zweiten Delphi-Studie umfasste 1070 Thesen, für die jeweils mindestens 100 Antworten ermittelt werden sollten. Daher wurden rund 7000 Personen angeschrieben, von denen sich in der ersten Runde 2453 und in der zweiten Runde noch 1856 beteiligten. Ermittelt wurden auf dem Fragebogen sechs Aspekte:

- die Fachkenntnis des Antwortenden bezüglich des Themenfelds,
- die Wichtigkeit der abgefragten These,
- der Zeitraum ihrer Realisierung – von kurzfristig bis niemals,
- die Georegion mit dem höchsten F & E-Stand in diesem Feld,
- wichtigste Maßnahmen sowie
- Lebensbereiche, für die Folgeprobleme durch Innovationen drohen.

Abbildung 111: Wichtigste Innovationsgebiete gemäß Delphi-Studie

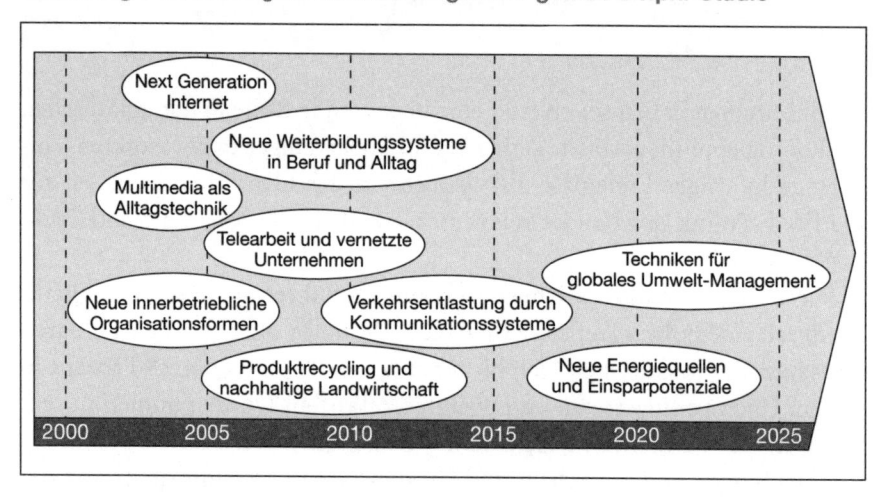

- Next Generation Internet
- Neue Weiterbildungssysteme in Beruf und Alltag
- Multimedia als Alltagstechnik
- Telearbeit und vernetzte Unternehmen
- Neue innerbetriebliche Organisationsformen
- Verkehrsentlastung durch Kommunikationssysteme
- Techniken für globales Umwelt-Management
- Produktrecycling und nachhaltige Landwirtschaft
- Neue Energiequellen und Einsparpotenziale

2000 2005 2010 2015 2020 2025

Im ersten Analyseteil wurden die Innovationsgebiete gesamthaft betrachtet und entsprechend des angenommenen Realisierungszeitraums auf einen Zeitstrahl aufgetragen (siehe Abbildung 111). Anschließend wurden Innovationen daraufhin überprüft, welche Bereiche sie stark beeinflussen:

- Zu den Innovationen, die die *wirtschaftliche Entwicklung* maßgeblich beeinflussen werden, zählten die Experten im Jahre 1998 neue Organisationsstrukturen zwischen Unternehmen, neue Qualitätsstandards in der Nahrungsmittelproduktion, satellitenunterstützte Verkehrskontrolle, elektronisches Geld als Zahlungsmittel in multimedialen Netzwerken, Photonik und neue Chip-Generationen, Satelliten-Technik, neue Materialien und Verfahren sowie Bio- und Lebensmitteltechnologie.
- Für *Arbeit und Beschäftigung* wurden vor allem die Flexibilisierung der Beschäftigungszeiten, neue Unternehmensorganisationen und arbeitsintensive Dienstleistungen angesehen.
- Eine hohe Bedeutung für die *gesellschaftliche Entwicklung* wurde der Abrüstungskontrolle durch moderne Satellitensysteme, dem Notfall-Management durch neue IT-Systeme, der Kennzeichnung von Lebensmitteln, kinder- und seniorenfreundlichen Bau- und Wohnstrukturen, einer behindertengerechten Umwelt sowie Fortschritten in der Medizin zugemessen.

- Zur *Lösung ökologischer Probleme* geht es zukünftig vor allem um Innovationen zum Schutz der Atmosphäre, der Meere und des Grundwassers, der Wälder und der Böden sowie um Recycling.
- Für die *Erweiterung des menschliches Wissens* steht die Erforschung des Alls und des Mikrokosmos im Vordergrund.

Inhalt

Die Delphi-Technik hat ihren namentlichen Ursprung in dem Orakel von Delphi, das im 5. und 6. Jahrhundert vor Christus seine Blütezeit erlebte. Das Orakel von Delphi war in der Antike eine der bedeutendsten Kultstätten und eine wichtige politische Entscheidungshilfe. Im Tempel von Delphi erteilte Pythia – die hohe Priesterin Apollos – ihre dunklen und geheimnisvollen Prophezeiungen. Der Sage nach wurden ihr diese im Zustand der Trance von Apollo selbst übermittelt. Da die Weissagungen der Pythia häufig recht vage waren, kamen die Ratsuchenden oft mehrfach, um das Orakel zu befragen.

Die Übertragung des Namens auf ein modernes Zukunftsinstrument erfolgte in den späten fünfziger Jahren, als die *RAND Corporation* im Rahmen der amerikanischen Landesverteidigungsforschung ein »Project Delphi« einsetzte, um mögliche Ziele sowjetischer Angriffe auf die USA zu schätzen.

Die erste öffentliche Delphi-Studie zu technologischen Durchbrüchen bis zum Jahr 2000 wurde 1964 von Theodore J. Gordon und Olaf Helmer publiziert. Darin wurden effektive Geburtenkontrolle durch orale Kontrazeptiva (etwa ab 1970), automatische Sprachübersetzung (für 1972) und zuverlässige Wettervorhersagen (um 1980) prognostiziert. Auch wenn eine große Anzahl der Prognosen relativ genau gewesen sind, so zeigen sich gleichermaßen auch völlig verfehlte Zukunftsannahmen – beispielsweise kontrollierte Kernfusion für 1986 (Schwankungsbreite 1980–2000).

Ein Vorteil der Delphi-Methode gegenüber einstufigen *Expertenbefragungen* (→) besteht in der gezielten Auslösung von kognitiven Prozessen. Dadurch wird die Validität der Expertenurteile erhöht. Nachteilig bei der Delphi-Methode ist allerdings der höhere Zeitbedarf, der für mehrere Befragungsrunden erforderlich ist. Gleichzeitig gelingt es mit der Delphi-Technik, einen größeren Kreis von Experten zu befragen, ohne dabei – wie bei Gruppendiskussionen – zu stark von Meinungsführern und Konformitätszwang beeinflusst zu werden.

Abbildung 112: Schritte einer Delphi-Befragung

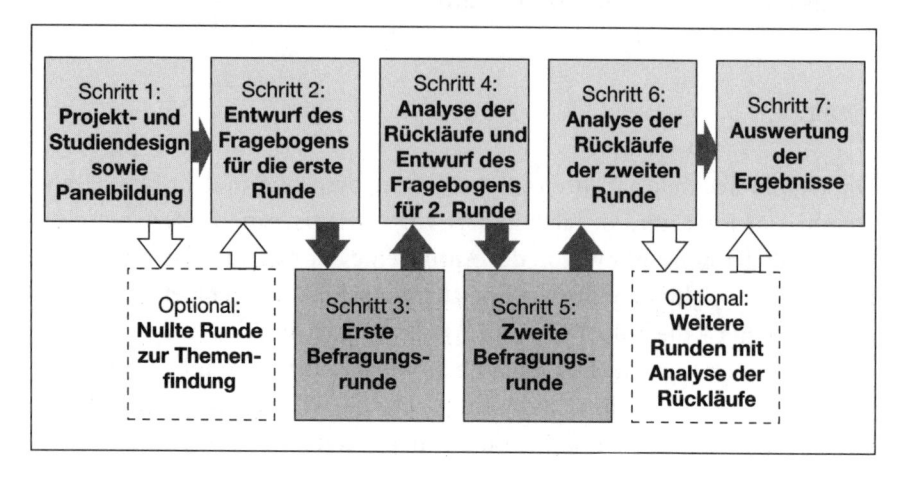

```
┌──────────────┐  ┌──────────────┐  ┌──────────────┐  ┌──────────────┐  ┌──────────────┐
│  Schritt 1:  │  │  Schritt 2:  │  │  Schritt 4:  │  │  Schritt 6:  │  │  Schritt 7:  │
│  Projekt- und│→ │  Entwurf des │→ │  Analyse der │→ │  Analyse der │→ │  Auswertung  │
│ Studiendesign│  │  Fragebogens │  │ Rückläufe und│  │  Rückläufe   │  │     der      │
│     sowie    │  │ für die erste│  │  Entwurf des │  │ der zweiten  │  │  Ergebnisse  │
│ Panelbildung │  │    Runde     │  │  Fragebogens │  │    Runde     │  │              │
│              │  │              │  │  für 2. Runde│  │              │  │              │
└──────┬───────┘  └──────┬───────┘  └──────┬───────┘  └──────┬───────┘  └──────┬───────┘
       ↓                 ↑                 ↑                 ↓                 ↑
┌──────────────┐  ┌──────────────┐  ┌──────────────┐  ┌──────────────┐
│  Optional:   │  │  Schritt 3:  │  │  Schritt 5:  │  │  Optional:   │
│ Nullte Runde │  │    Erste     │  │   Zweite     │  │   Weitere    │
│ zur Themen-  │  │ Befragungs-  │  │ Befragungs-  │  │ Runden mit   │
│   findung    │  │    runde     │  │    runde     │  │ Analyse der  │
│              │  │              │  │              │  │  Rückläufe   │
└──────────────┘  └──────────────┘  └──────────────┘  └──────────────┘
```

Welche Ansätze der Delphi-Technik werden unterschieden?

Charakteristisch für die *klassische Delphi-Technik* (auch: Paper-and-Pencil-Delphi) ist die Befragung von Experten und die Verwendung eines formalisierten Fragebogens. Dabei bleiben die einzelnen Antworten anonym. Aus allen Einzelantworten wird eine statistische Gruppenantwort ermittelt, die wiederum den Teilnehmern als Input zur eventuellen Modifikation ihrer Antworten bereitgestellt wird (Feedback). Kennzeichnend für diese klassische Variante ist ebenfalls die Möglichkeit zur mehrfachen Wiederholung der Befragungsrunden.

Davon unterschieden wird das *automatisierte Delphi* (auch: Echtzeit-Delphi). Dabei wird das Monitorteam durch einen Computer ersetzt, der die einzelnen Beiträge mit problemspezifischen Auswertungsprogrammen zusammenfasst. Der Vorteil ist, dass sie zu einer erheblichen Zeit- und Kostenersparnis führen kann, wenn die Computer der Teilnehmer mit dem »Leitcomputer« vernetzt sind. Voraussetzung ist allerdings, dass das zu bearbeitende Problem in hohem Maße formal strukturierbar und damit für die informationstechnische Bearbeitung zugänglich ist.

Eine weitere Variante sind *Delphi-Konferenzen* (auch: Mini-Delphis). Dabei treffen sich die Experten, sodass die Anonymität der bisherigen Ansätze zumindest teilweise aufgehoben wird. Innerhalb eines Raums werden – schriftlich und geheim – zwei Befragungsrunden mit zwischengeschalteter Auswertung der ersten Runde durchgeführt.

Vorgehen

Eine Anwendung der Delphi-Technik folgt im Wesentlichen den nachfolgend beschriebenen sieben Schritten, wobei bei komplexeren Studiendesigns weitere, optionale Schritte hinzukommen.

Projekt- und Studiendesign sowie Panelbildung (Schritt 1)

Am Beginn einer Delphi-Befragung steht die Festlegung des Projekt- oder Studiendesigns. Dazu sind zunächst der Grund und die Zielsetzung der Anwendung zu spezifizieren. Dazu können mehrere Leitfragen genutzt werden:

- Geht es primär um die Beschreibung der zukünftigen Entwicklung eines Betrachtungsbereichs?
- Geht es darum, einen Konsens oder Dissens unter Experten oder Fachleuten zu untersuchen?
- Geht es darum, einen gesellschaftlichen Interessenausgleich herzustellen?
- Geht es darum, die Zukunft aktiv zu beeinflussen und einer Entwicklung eine andere Richtung zu geben?
- Geht es darum, das Wissen beziehungsweise die Einstellung der Teilnehmer selbst zu verändern?

Eng verknüpft mit der Zieldefinition ist die Festlegung des Befragungswegs (klassisch, automatisiert oder auf einer Konferenz). Hinsichtlich der Anzahl der Befragungsrunden variieren die Empfehlungen in Literatur und Praxis sehr stark – zwischen zwei und zehn. Die meisten Anwender argumentieren allerdings, dass Verfahren mit mehr als zwei Bewertungsrunden nicht nur aufwändiger sind, sondern auch die Qualität der Ergebnisse wenig besser ist als bei zweistufigen Delphi-Ansätzen.

Der zentrale Schlüssel zu erfolgreichen Delphi-Studien liegt in der Auswahl der Expertengruppe (»panel«). Anders als bei demoskopischen oder anderen statistischen Umfragen ist das Ziel bei der Delphi-Technik keine repräsentative Auswahl von Experten, sondern eine möglichst hohe Einbindung von Fachkompetenz. Insofern werden Experten vielfach aufgrund von Empfehlungen oder aufgrund ihrer Publikationen ausgewählt und persönlich angesprochen. Je nach Themenstellung können auch »Außenseiterpositionen« in den Expertenkreis aufgenommen werden. Die meisten Delphi-Studien nutzen Expertengruppen zwischen 30 und 50 Personen. Bei der Entwicklung einer Vorschlagsliste kann – je nach Panelgröße und Bindung der Experten – von einer Beteiligungsrate zwischen 35 und 75 Prozent ausgegangen werden.

Bei umfangreichen Delphi-Studien (wie den japanischen und den deutschen Technologie-Delphis) werden mehrere, jeweils für ein Themenfeld zuständige Expertengruppen gebildet. Dies wird auch als »Lock-and-Key-Approach« bezeichnet. Alternativ ist es auch möglich, dass sich die Mitglieder eines größeren Expertenkreises die Fragen entsprechend ihrer Interessen selbst aussuchen. Dieses Verfahren trägt den Titel »Narrowing the Universe«.

Entwicklung des Fragebogens für die erste Runde (Schritt 2)

Die Entwicklung des Fragebogens erfolgt durch ein Projektteam, das von einem kleineren Kern-Expertenkreis unterstützt werden kann. Eine weitere Variante stellt das *Delphi* mit einer »nullten Runde« dar. Dabei werden die Experten zuvor danach befragt, welche Themen in die Fragebögen aufgenommen werden sollen. In einem Delphi-Fragebogen können verschiedene Arten von Informationen abgefragt werden:

- *Qualitätsangaben:* Was ist generell möglich?
- *Quantitätsangaben:* In welchem Maße werden Ergebnisse eintreten?
- *Wahrscheinlichkeitsangaben:* Welche Wahrscheinlichkeiten sind den Informationen zu Quantität, Qualität und Zeit zuzuordnen?
- *Zeitangaben:* Zu welchem Zeitpunkt treten Ereignisse ein oder werden neue Möglichkeiten realisiert?
- *Bewertungen:* Sind Entwicklungen oder neue Möglichkeiten unter Berücksichtigung der Auswirkungen generell wünschenswert? (Rating) oder: In welcher Reihenfolge stehen bestimmte Strategieziele? (Ranking)

Insbesondere bei umfangreichen Delphi-Studien wird der Fragebogen mit einem »Pretest« auf seine Eignung überprüft und gegebenenfalls vom Projektteam korrigiert.

Erste Befragungsrunde (Schritt 3)

Im dritten Schritt wird der Fragebogen an die teilnehmenden Experten gesandt. Dabei werden die Experten in einem zusätzlichen Anschreiben an die Ziele der Studie, den Zeitplan für die Beantwortung der Fragen sowie die möglichen Formen der Rücksendung erinnert. Im Rahmen der klassischen Delphis haben sich Brief, Fax und E-Mail als mögliche Kommunikationswege bewährt.

Verbunden mit der inhaltlichen Befragung kann die Erfragung von »self-ratings« der Experten über ihre Kompetenz sein. Dies führt dann anschließend zu einer entsprechenden Gewichtung der Urteile. Eine mögliche Skala für eine solche Selbsteinschätzung ist:

- Sind Sie ein Experte, der sich täglich mit diesem Feld beschäftigt?
- Arbeiten Sie gelegentlich in diesem Feld?
- Haben Sie durch gelegentliche Information Kenntnisse über dieses Feld erlangt?
- Würden Sie sich selbst als einen »informierten Laien« bezeichnen?
- Sind Sie bezüglich dieses Felds uninformiert?

Analyse der Rückläufe und Entwicklung des Fragebogens für die zweite Runde (Schritt 4)

Nach der ersten Umfragerunde werden die Rückläufe analysiert, insbesondere statistisch ausgewertet und für die zweite Runde aufbereitet.

Aus den Erfahrungen mit der Methode hat sich ergeben, dass es nicht sehr sinnvoll ist, bei geschätzten Zeiten bis zum Eintritt künftiger Ereignisse (etwa bis zu technologischen Durchbrüchen) Mittelwerte zu bilden – extreme Meinungsäußerungen beeinflussen Mittelwerte zu stark. In der Regel wird heute eine Darstellung mit Median, unterem und oberem Quartil bei der zweiten Runde in die Expertengruppe zurückgegeben.

Durchführung und Analyse der zweiten Befragungsrunde (Schritte 5 und 6)

In die zweite Befragungsrunde werden nur noch die Experten einbezogen, die bereits an der ersten Runde teilgenommen haben. Eine wesentlicher Aspekt bei der zweiten und etwaigen weiteren Runden ist die Zahl der *Aussteiger*. Bei einer Reihe von Delphi-Befragungen wird über relativ hohe Anteile an Ausfällen in der zweiten Befragungsrunde berichtet. Durch einen solchen systematischen Ausfall von Teilnehmern können die Ergebnisse beeinflusst werden. Hier lassen sich drei Annahmen verfolgen:

1. Die Aussteiger bewerten die Sachverhalte anders als die übrigen Experten. Diese kognitiven Dissonanzen sind ein Motiv für den Abbruch (Dissonanz-Hypothese).
2. Die Aussteiger haben extremere Beurteilungen abgegeben als die anderen Befragten. Hier sorgt die Differenz gegenüber der Gruppe für den Ausstieg (Nonkonformitäts-Hypothese).
3. Die Aussteiger haben besonders unsichere Urteile abgegeben. Die Verweigerung erfolgt aufgrund einer vermuteten mangelnden eigenen Kompetenz (Kompetenz-Hypothese).

Im Fall weiterer Befragungsrunden werden die Schritte 5 und 6 jeweils wiederholt.

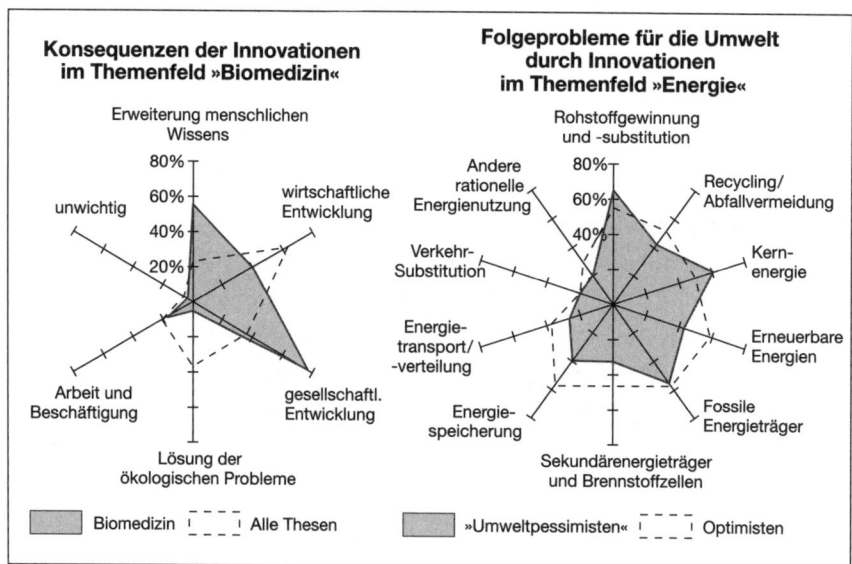

Abbildung 113: Detailanalysen in der Delphi-Studie

Auswertung der Ergebnisse (Schritte 7)

Die Auswertungsmöglichkeiten einer Delphi-Studie hängen selbstverständlich zunächst einmal davon ab, welche Daten für eine bestimmte These oder Fragestellung erhoben worden sind. Die häufigsten Formen sind Aussagen über die Zustimmung oder Ablehnung einzelner Thesen oder eine zeitliche Angabe, wann mit dem Eintreten einer bestimmten Entwicklung gerechnet wird. In diesem Fall können auch Intervalle genannt werden (siehe Abbildung 113 bei *Expertenbefragungen*, →). Je spezifischer die Expertenbewertungen sind, umso mehr Detailanalysen können betrachtet werden. So zeigt der linke Teil von Abbildung 113 am Beispiel der deutschen Delphi-Studie, für welche Bereiche die Innovationen des Themenfelds »Biomedizin« besonders wichtig sind. Außerdem können neben der Betrachtung des gesamten Panels auch Teilgruppen analysiert werden. Häufig wird so die Meinung von Experten noch einmal explizit ausgewertet. Der rechte Teil von Abbildung 113 zeigt exemplarisch, wie unterschiedlich »Umweltpessimisten« und »Bevölkerungsoptimisten« die Folgen von Innovationen im Themenfeld »Energie und Rohstoffe« einschätzen.

Auch eine kritische Analyse des Studienverlaufs gehört zur Auswertung. Hier verweist vor allem Harold A. Linstone aus praktischer Sicht auf mehrere Problemfelder bei der Nutzung der Delphi-Technik:

- *Unterschätzung der fernen Zukunft* (»discounting the future«): Auch Experten lassen sich eher von nahen Erwartungen leiten; tendenziell werden Entwicklungen in fernerer Zukunft unterbewertet.
- *Drang zur Vereinfachung* (»simplification urge«): Oft werden – schon aus Gründen einer notwendigerweise knappen Formulierung – Sachverhalte über Gebühr vereinfacht.
- *Prognosen um jeden Preis* (»prediction urge«): Experten sollten nicht verleitet werden, sich unbedingt auf eine Prognose festzulegen; Unsicherheiten sollten zugelassen, Unwissen explizit ausgewiesen werden.
- *Scheinkompetenz* (»illusory expertise«): Auch bei Experten kann sich »Betriebsblindheit« einstellen. Enge Spezialisierung verhindert oft die Sicht auf wichtige Rahmenumstände.
- *Schlampige Durchführung* (»sloppy execution«): Wie bei anderen Verfahren kann ein zu knapper Zeit- und Finanzrahmen zu gravierenden methodischen Defiziten führen.
- *Verzerrung durch die Fragebogengestaltung* (»format bias«): Delphi-Fragebögen setzen einen bestimmten kulturellen Hintergrund voraus. Visuelle Elemente könnten diese Verzerrung vermindern.
- *Bewusste oder unbewusste Manipulation* (»manipulation of Delphi«): Als eine Technik, die zu großen Teilen auf Kommunikation beruht, kann das Ergebnis einer Delphi-Studie an vielerlei Stellen beeinflusst werden.

Kapitel 6

Planungen

Ganz allgemein ist ein Plan »eine Überlegung, die sich auf die Verwirklichung eines Ziels bezieht« – oder eben »der Entwurf für etwas in der Zukunft zu Schaffendes«. Daher lassen sich in Unternehmen viele verschiedene Pläne und Planungen identifizieren: Absatzplanung, Bauplanung, Einsatzplanung, Fertigungsplanung, Routenplanung, Standortplanung und so weiter. Alle diese Überlegungen weisen in die Zukunft und gehören – streng genommen – zu einem Zukunftsmanagement. Da es hier allerdings sehr spezifisch wird, wollen wir auf eine breite Darstellung verzichten und im Wesentlichen auf die Entwicklung von *Geschäfts- oder Businessplänen* sowie die *Produktplanung und Ideenfindung* eingehen.

Im Rahmen von Planungsprozessen ist dabei eine Reihe von unternehmerischen Entscheidungen zu treffen, zu denen es wiederum eine Vielzahl an Instrumenten zur Entscheidungsunterstützung gibt. Aus diesem Grund werden wir das bekannte Muster zur Darstellung der einzelnen Kapitel etwas verändern und jeweils exemplarisch einzelne Instrumente vorstellen, die sich in zwei Gruppen unterscheiden lassen:

- Bei der *Entscheidung unter Sicherheit* – also wenn die Zukunft hinreichend bekannt ist – konzentrieren wir uns auf die Kriteriengewichtung, die Nutzwertanalyse sowie den analytischen Hierarchieprozess.
- Im *Rahmen der Unsicherheitsanalyse* – also bei ungewisser Zukunft – stellen wir Sensitivitätsanalysen, Entscheidungstabellen und Entscheidungsbäume, Monte-Carlo-Simulationen und Realoptionen dar.

Lee Iacocca hat einmal gesagt: »Niemand plant, zu versagen, aber die meisten versagen beim Planen.« Wir runden die Darstellung der Planungsinstrumente daher durch die Beschreibung des *Risiko-Managements* sowie des *Krisen-Managements* ab.

Geschäftsplan/Business Case

Mit einem Geschäftsplan (auch: »Businessplan«) werden bestehende, erweiterte oder neue Geschäfts- beziehungsweise Unternehmensaktivitäten beschrieben. Bei der Unternehmensgründung wird zwischen einem grundlegenden Businessplan und einem detaillierten, quantitativen Businessplan unterschieden. Bei der Beschreibung bestehender, erweiterter oder neuer Geschäftsaktivitäten liegt der Schwerpunkt auf der quantitativen Planung. Dabei wird häufig auch von »Business Case« gesprochen.

Von »Wearable Computing« wird dann gesprochen, wenn ein Computersystem während der Anwendung am Körper des Benutzers befestigt ist. Beispiele hierfür sind Kleidungsstücke, in die elektronische Hilfsmittel zur Kommunikation oder Musikwiedergabe eingearbeitet sind (»Smart Fashion«), Armbanduhren, die ständig den Puls messen oder Brillen, deren Innenseiten als Bildschirm dienen. Vor dem Hintergrund des permanenten Umbruchs im Bereich des Mobilfunks und sich ändernder Nutzungsparadigmen im Bereich der Endgeräte wurden »Wearables« um das Jahr 2000 auch für die *Deutsche Telekom* zu einem interessanten Innovationsfeld.

Daher wurde mit einer interdisziplinären Projektgruppe und mit verschiedenen Experten zunächst ein Szenarioprojekt durchgeführt. Dies führte zu Umfeldszenarien, mit denen verschiedene Anwendungsfelder auf ihre qualitativen Marktpotenziale untersucht werden konnten. So wurden mehrere zukunftsweisende Anwendungsbereiche identifiziert – darunter auch der Bereich »Mobile Health Care«.

Für die Initiierung neuer Geschäftsaktivität in »Mobile Health Care« war es natürlich nicht ausreichend, dessen Potenziale lediglich allgemein und qualitativ analysiert zu haben. Daher wurden die eigenen Möglichkeiten in fünf konkreten Geschäftsmodellen konkretisiert. Die Eignung dieser Geschäftsmodelle galt es dann mit Hilfe von »Business Cases« zu überprüfen.

Dazu wurde zunächst eine branchenweit geltende Wertschöpfungskette für »Mobile Health Care« beschrieben – von der Infrastruktur und Organisation über Basis- und Mehrwertdienste bis zum Support. Dann wurden die Kompetenzen der unterschiedlichen Marktakteure eingeschätzt. Im Rahmen einer Potenzialanalyse wurden nun die Markt- und Umsatzpotenziale der einzelnen Geschäftsmodelle konkretisiert.

Zusätzlich zur Potenzialanalyse wurden die konkreten Aufwände zur Umsetzung der Geschäftsmodelle ermittelt. Durch Rückgriff auf die Wertschöpfungskette konnte das Ertragspotenzial den darin aktiven Akteuren zugeordnet werden. Mit Blick auf die parallel erstellten »Business Cases« ergab sich für den Telekommunikationsanbieter eine eindeutige Präferenz für eine spezifische Variante eines Geschäftsmodells. Anschließend wurden zum einen die Kompetenzen zur Umsetzung dieser Geschäftsmöglichkeiten betrachtet und zum anderen die Verbindung zwischen den Geschäftsmodellen analysiert, um etwaige zukünftige Synergiepotenziale abschätzen zu können.

Inhalt

Der Geschäftsplan hat seinen Ursprung in den USA und diente ursprünglich als Hilfsmittel zur Kapitalakquisition bei privaten Investoren und Wagniskapitalgebern. Daher ist der Bereich der *Unternehmensgründungen* noch immer ein zentrales Anwendungsfeld von Geschäftsplänen. Dies zeigt sich exemplarisch an der Vielfalt von Businessplan-Wettbewerben, bei denen Gründungskonzepte von Experten bewertet und prämiert werden. Für einen fundierten Businessplan spricht, dass er

- die Firmengründer dazu zwingt, ihre Geschäftsidee zu durchdenken,
- Wissenslücken aufzeigt und hilft, diese strukturiert und effizient zu füllen,
- ein zentrales Kommunikationsinstrument zwischen den verschiedenen an einem Gründungsprozess beteiligten Partnern ist und
- als Trockenübung für den Ernstfall angesehen werden kann – schließlich kostet es relativ wenig, wenn eine absehbare Bruchlandung während der Geschäftsplanung erkannt wird.

Inzwischen hat das Konzept der Geschäftspläne auch Eingang in die klassische *Unternehmensplanung* gefunden. So werden Businesspläne für verschiedene weitere Aktivitäten genutzt. Dazu zählen

- der Kauf oder Verkauf von Unternehmen, Management-Buy-outs,
- Nachfolgeplanungen,
- Planungen wichtiger Expansionsschritte wie Aufbau von Exportmärkten, neue Standorte oder die Einführung neuer Leistungen,
- die Sicherstellung von Finanzierungen durch Banken oder Venture-Capital-Gesellschaften,

- die Gewinnung von Partnern wie Distributoren, Franchisepartnern oder Lieferanten,
- Gewinnung von Fördermitteln oder
- die Akquisition von Key Accounts.

Dabei sind Geschäftspläne zum einen als Bestandteile einer übergeordneten Unternehmensplanung anzusehen, andererseits aber auch als eigenständige Instrumente, mit denen der Nutzen von Aktivitäten oder Investitionen überprüft werden kann. Erfolgsfaktoren für Businesspläne sind

- eine absolut klare und unmissverständliche Formulierung;
- eine ehrliche und realistische Beurteilung der Unzulänglichkeiten, Probleme und Hindernisse sowie der eigenen Stärken;
- eine Darstellungsweise, welche die Perspektive des Lesers berücksichtigt;
- fundierte Datenanalysen und stringente Argumentationen;
- regelmäßige Überprüfung und gegebenenfalls Korrekturen sowie
- die Zustimmung aller wichtigen Akteure. (*Campus Management*, S. 611)

Vorgehen

Umfang und Ausgestaltung von Geschäftsplänen sind je nach Anwendungsgebiet und verfolgtem Ziel sehr unterschiedlich. Grundsätzlich können drei Elemente von Geschäftsplänen unterschieden werden:

- *Basis- und Zielinformationen* beschreiben die visionäre Idee sowie die Grundlagen ihrer Umsetzung – vor allem die an der Umsetzung beteiligten Personen.
- Im Rahmen der *Potenzialanalyse* wird beschrieben, auf welcher Basis diese Geschäftsidee umgesetzt werden kann. Dies beinhaltet vor allem qualitative Zukunftsperspektiven auf der Unternehmensseite (Produkte, Services, Technologien) sowie auf der Umfeldseite (Kundenbedürfnisse, Märkte, Wettbewerber).
- Der *Business Case* sieht dann eine Quantifizierung des Geschäfts – das heißt vor allem ein Abschätzung von Umsatz, Aufwand und Ertrag vor. Geht es bei der Geschäftsplanerstellung zusätzlich um die Beschaffung von Fremdmitteln, so rücken beim Business Case die geplante Rentabilität sowie die finanziellen Risiken in den Vordergrund.

Abbildung 114: Elemente und Anwendungsfelder von Geschäftsplänen

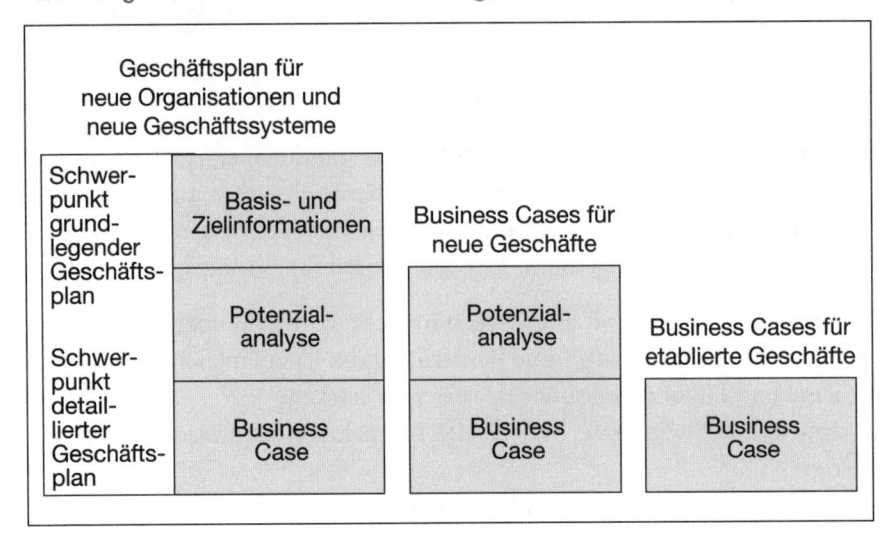

```
                Geschäftsplan für
             neue Organisationen und
              neue Geschäftssysteme
┌──────────┬─────────────────────┬──────────────────┬──────────────────┐
│ Schwer-  │                     │                  │                  │
│ punkt    │   Basis- und        │ Business Cases für                  │
│ grund-   │ Zielinformationen   │   neue Geschäfte                    │
│ legender │                     │                  │                  │
│ Geschäfts│─────────────────────┤                  │                  │
│ plan     │                     │                  │                  │
│          │   Potenzial-        │   Potenzial-     │ Business Cases für│
│ Schwer-  │   analyse           │   analyse        │ etablierte Geschäfte│
│ punkt    │                     │                  │                  │
│ detail-  │─────────────────────┤──────────────────┤                  │
│ lierter  │                     │                  │                  │
│ Geschäfts│   Business          │   Business       │   Business       │
│ plan     │   Case              │   Case           │   Case           │
└──────────┴─────────────────────┴──────────────────┴──────────────────┘
```

Aus der Kombination dieser möglichen Elemente eines Geschäftsplans ergeben sich die drei in Abbildung 114 dargestellten Anwendungsfelder *etablierte Geschäfte, neue Geschäfte innerhalb der bestehenden Organisation sowie neue Organisationen und Geschäftssysteme*.

Business Cases für etablierte Geschäfte

Zur Erstellung eines Business Case ist es notwendig, die Struktur der geplanten Geschäftsaktivitäten zu kennen. Bei der Fortschreibung etablierter Geschäfte führt dies zu einer *Geschäftsstrukturanalyse*, die mit einer Zerlegung und Analyse der eigenen Marktleistungen (Angebotssegmentierung) sowie der damit bearbeiteten Märkte (Marktsegmentierung) beginnt:

- *Angebotssegmentierung* (auch: Produktsegmentierung): Zunächst ist es erforderlich, die gegenwärtig angebotenen Marktleistungen in etwa fünf bis 15 Gruppen zu strukturieren. Dabei werden typischerweise Einzelprodukte, Produktgruppen, Dienstleistungen sowie entsprechende Kombinationen voneinander unterschieden.
- *Marktsegmentierung*: Davon zu unterscheiden ist die Identifikation und Strukturierung der gegenwärtig bearbeiteten Märkte. Dabei werden homogene Kundengruppen zu Marktsegmenten zusammen-

gefasst. Zur Strukturierung der eigenen Märkte werden vor allem Nutzer- und Kundengruppen, Kundenregionen und Vertriebskanäle verwendet.

Nach der Festlegung der Marktleistungsgruppen sowie der Marktsegmente wird eine *Geschäftsstrukturmatrix* aufgebaut (siehe Abbildung 115). Ein *Geschäftsfeld* ist ein belegtes Feld in der Matrix – also eine durch verschiedene externe Merkmale (wie Marktgröße, Marktwachstum) sowie interne Merkmale (wie Umsatz, Umsatzwachstum, Ergebnis) charakterisierbare Produkt-Markt-Kombination. Aus deren Kombination können Kennwerte wie beispielsweise *Marktanteile* ermittelt werden. Durch Summierung der Zeilen und Spalten lassen sich erste Vergleiche von Marktleistungen und Marktsegmenten erstellen.

Unter Verwendung der Geschäftsstrukturmatrix werden anschließend *Hauptgeschäftsfelder* (HGF) identifiziert. Darunter werden voneinander abgrenzbare Gruppen von Geschäftsfeldern verstanden, innerhalb derer gleiche oder ähnliche Wettbewerbsstrukturen herrschen. Hauptgeschäftsfelder sind durch eigenständige Marktaufgaben, einen relevanten Anteil am Unternehmensergebnis sowie eine relative Unabhängigkeit der strategischen Entscheidungen gekennzeichnet. Die Identifikation von Hauptgeschäftsfeldern erfolgt nicht automatisch, sondern ist ein wichtiger Schritt in der Diskussion innerhalb eines Strategieteams.

Innerhalb der einzelnen Hauptgeschäftsfelder lassen sich wiederum verschiedene Detailanalysen durchführen. Häufig werden die in dieser Arena relevanten Wettbewerbsfaktoren oder auch die kaufentscheidenden Faktoren untersucht. Ein weiteres Feld ist die Analyse der bedeutenden Wettbewerber mit ihren Stärken und Schwächen. Abseits der Hauptgeschäftsfelder können zudem Segmentierungslücken festgestellt werden.

Ein Business Case stellt nunmehr die Fortschreibung der bestehenden Geschäftsstruktur in die Zukunft dar. Dazu ist zunächst festzulegen, wie weit und in welchen Intervallen vorausgeplant werden soll. In der Praxis erfolgt diese Planung zumeist auf Basis *vorgegebener Zielwerte* – beispielsweise zur Erreichung eines Umsatz- und/oder Ergebnisziels. In diesem Fall kann für den in der Zielvorgabe genannten Zukunftshorizont eine *Zielmatrix* erstellt werden, die auf verschiedenen zumeist hypothetischen Umfeld- und Ressourcenannahmen beruhen muss. Die Business-Case-Erstellung erfolgt dann in einem iterativen Prozess, in dem die Fortschreibung der gegenwärtigen Geschäftsstruktur und die Rückschreibung der Zielmatrix gegeneinander erfolgen.

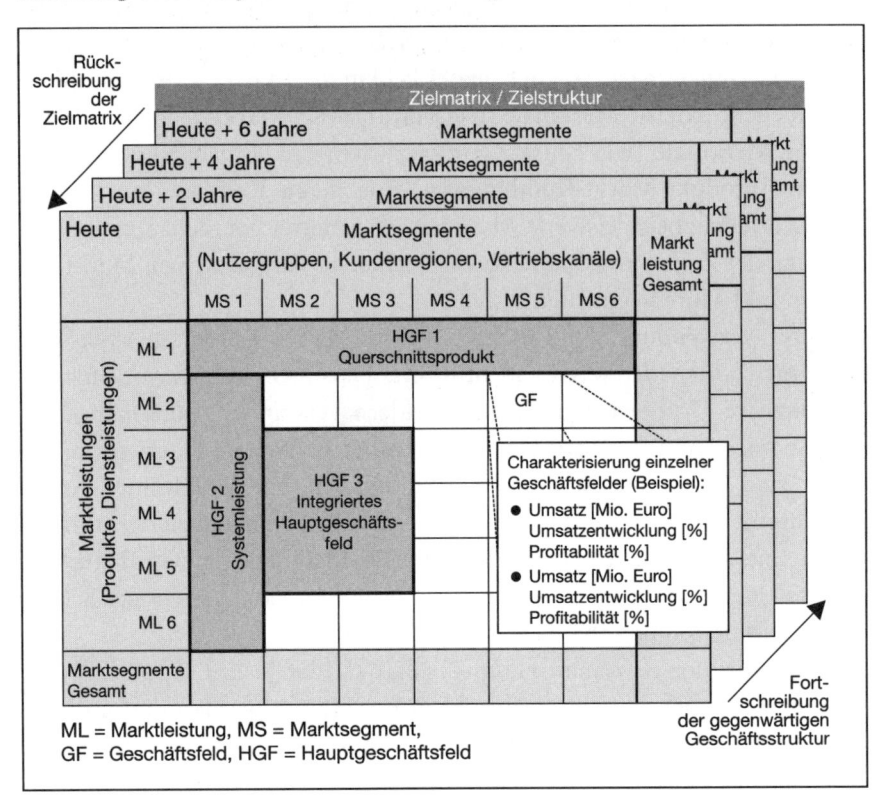

Abbildung 115: Analyse und Fortschreibung der Geschäftsstruktur

Business Cases für neue Geschäfte

Erfolgt eine Geschäftsplanung unter Einbezug potenzieller Neugeschäfte, so sind – häufig parallel zu etablierten Geschäftsfeldern – *neue Marktsegmente* und/oder *neue Marktleistungen* zu betrachten. Da sich diese in der Regel nicht sofort quantifizieren lassen, ist zunächst eine qualitative *Potenzialanalyse* notwendig. Diese kann auf zwei Seiten erfolgen (→ *Produktvision/New Business Development*):

- Auf der Nachfrageseite geht es zunächst um die Identifikation *neuer Marktsegmente*. Dazu können verschiedene Instrumente wie Szenarien

oder Trends eingesetzt werden. Häufig wird dabei vertiefend auf Anspruchsgruppen und deren Bedürfnisse zurückgegriffen.
- Auf der Angebotsseite werden *neue Marktleistungen* (Produkte, Services) ermittelt. Ein zentrales Element ist dabei die Betrachtung von Produkt- und Prozesstechnologien.

Die Verknüpfung der in Form von Marktsegmenten beschriebenen Kundengruppen mit den möglichen Marktleistungen kann auf mehrere Arten erfolgen:

Bei der *erweiterten Geschäftsstrukturmatrix* werden zunächst die gegenwärtigen Marktsegmente und Marktleistungen übernommen. Anschließend werden neue Marktsegmente und neue Marktleistungen hinzugefügt. Dies geschieht, indem die Markt- und Marktleistungspotenziale auf neue, das bisherige Spektrum ergänzende Segmente untersucht werden. Der Vorteil liegt darin, dass auf den bestehenden Hauptgeschäftsfeldern aufgebaut werden kann. Die erweiterte Geschäftsstrukturmatrix lehnt sich an die Produkt-Markt-Matrix von Igor Ansoff an und enthält vier Arten von zukünftigen Geschäftsfeldern (siehe Abbildung 116, links):

- In *traditionellen Geschäftsfeldern* werden bisherige Marktsegmente mit bestehenden Angeboten bedient. Hier geht es um Marktintensivierung beziehungsweise Marktdurchdringung.
- In *markterweiternden Geschäftsfeldern* werden bestehende Angebote in neuen Marktsegmenten abgesetzt. Sie umfassen vor allem die Erschließung neuer Kundengruppen sowie neue regionale Märkte.
- In *angebotserweiternden Geschäftsfeldern* werden die bisherigen Marktsegmente mit neuen Angeboten bedient. Hier geht es vor allem um Produkt-, Service- und integrierte Angebotsentwicklung.
- Hinzu kommen *völlig neue Geschäftsfelder*, in denen neue Marktsegmente mit neuen Angeboten bedient werden. Dabei handelt es sich um verschiedene Formen der Diversifikation.

Bei der *zukünftigen Geschäftsstrukturmatrix* werden die zukünftigen Marktsegmente mit den zukünftigen Marktleistungen kombiniert (siehe Abbildung 116, rechts). Sie entspricht dem unteren rechten Bereich im Vier-Quadranten-Modell (→ *Produktvision/New Business Development*). Der Vorteil liegt hier in der vollständigen Abbildung einer neuen Geschäftsstruktur. Daher kommt dieses Instrument vor allem dort zum Einsatz, wo es nur eine geringe Anbindung an das bestehende Geschäft gibt.

In beiden Ansätzen entstehen *strategische Geschäftsfelder* – also miteinander eng verbundene Produkt-Markt-Kombinationen, die in der Zukunft einen relevanten Beitrag zum Unternehmenserfolg liefern sollen.

Abbildung 116: Erweiterte Geschäftsstrukturmatrix (links) und zukünftige Geschäftsstrukturmatrix

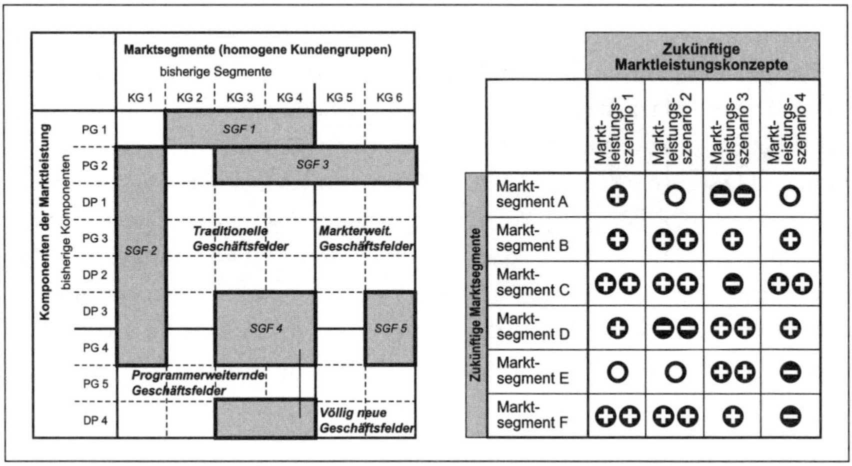

Geschäftspläne für neue Organisationen und neue Geschäftssysteme

Bei der Geschäftsplanung für neue Organisationen und neue Geschäftssysteme – beispielsweise im Rahmen von Unternehmensgründungen – erfolgt die Erstellung eines Geschäftsplans in zwei Schritten: Zunächst wird ein *grundlegender Geschäftsplan* erarbeitet. Er beschreibt das unternehmerische Ziel und fokussiert auf Basis- und Zielinformationen sowie der Potenzialanalyse. Dabei wird die »Geschäftsidee« qualifiziert beschrieben. Insofern entspricht er häufig einem (Geschäfts-)*Leitbild* (→) sowie einer *Strategie-Roadmap* (→). Im zweiten Schritt wird ein *detaillierter Geschäftsplan* erstellt, der diese Vorarbeiten aufgreift und sie um konkrete Umsetzungsaspekte und eine quantitative Planung ergänzt. Insofern liegt dann der Schwerpunkt auf dem eigentlichen *Business Case*.

Für den Aufbau und die Inhalte dieser Geschäftspläne liegen in der Literatur eine Vielzahl von Beschreibungen und Checklisten vor. Sie beinhalten in der Regel eine Auswahl der zehn in Abbildung 117 dargestellten Elemente, auf deren detaillierte Beschreibung wir hier verzichten. Potenzialanalyse und die Erstellung des eigentlichen Business Case können sich dabei prinzipiell am zuvor geschilderten Vorgehen der Neugeschäftsplanung orientieren, wenn es die Datenlage ermöglicht. Häufig unterbleibt die Erstellung von Business Cases, weil in den Augen der Planer nicht genügend Information zur Verfügung steht. Unsere Erfahrung folgt hier eher dem Leitsatz: »Lieber ungefähr richtig als genau falsch.« Daher sind *Schätzungen* ein wichtiger Bestandteil der Erstellung von Geschäftsplänen.

Abbildung 117: Struktur und Umfang von Businessplänen

		Grundlegender Geschäftsplan	Detaillierter Geschäftsplan
Basis/ Zielinformation	1. Executive Summary	2	3
	2. Unternehmensziel/-profil Geschäftsidee oder Produktidee	2	3
	3. Unternehmerteam	2	2
Potenzialanalyse	4. Produkte und Dienstleistungen Kundennutzen, Leistungsentwicklung, Fertigung	4	5
	5. Branche und Markt Gesamtmarkt, Marktsegmente, Wettbewerber	4	5
	6. Marketing (Absatz und Vertrieb) Markteintrittsstrategie, Absatzkonzept, -förderung	4	5
Business Case	7. Geschäftssystem und Organisation Wertkette (»Make or Buy«), Organisation, Standort	1	3
	8. Fünf-Jahres-Planung Personalplanung, Investitions-/Abschreibungsplg., Gewinn- und Verlustrechnung, Liquiditätsplanung		6
	9. Chancen und Risiken	1	2
	10. Realisierungsplanung		2
	11. Finanzierungsbedarf		2
	Empfohlene Gesamtseitenzahl	20	38

Schwerpunkt dieser Phase — Erstbearbeitung/Fortführung — Keine Bearbeitung in dieser Phase

Spätestens bei der Gestaltung des detaillierten Geschäftsplans ist zudem die Eindimensionalität üblicher Geschäftspläne zu überwinden. Dazu müssen Risiken ermittelt und in ihren Auswirkungen auf die Geschäftsplanung abgeschätzt werden – beispielsweise mittels einer Sensitivitätsanalyse (→ *Entscheidung unter Unsicherheit*) mit entsprechenden Best-Case-/Worst-Case-Betrachtungen. Bei umfangreichen Investitionsvorhaben werden auch alternative Zukunftsprojektionen oder Szenarien eingesetzt, um die Robustheit einer Geschäftsplanung zu überprüfen.

Insbesondere der grundsätzliche Geschäftsplan ist auf den Empfänger zuzuschneiden und dabei so übersichtlich zu gestalten, dass man bereits mit einem überzeugenden ersten Eindruck in die weitere Analyse des Geschäftsplans geht. Generell sind solche übergreifenden Formen von Geschäftsplänen nicht auf »externe Unternehmensgründungen« beschränkt, sondern können auch für interne, völlig neue Geschäftsaktivitäten – sozusagen »interne Gründungsaktivitäten« – verwendet werden.

Erweiterungslinien der Geschäftsplanung

Nachfolgend wollen wir zwei aktuelle Erweiterungslinien der Geschäftsplanung skizzieren – die *Referenzgruppen-Planung* zur Überwindung von zu viel »Planungsoptimismus« sowie die *Growth Option Pipeline* als Instrumente zur langfristigen und fundierten Wachstumsplanung.

Referenzgruppen-Planung

Ein zentrales Problem der Geschäftsplanung ist unser Optimismus. Er ist zwar nötig, um eine Organisation für gemeinsame Ziele zu motivieren, gleichzeitig führt er aber regelmäßig dazu, dass Geschäftsplanungen »nach unten« korrigiert werden müssen. Dan Lovallo und Daniel Kahneman schildern in einem Beitrag für die *Harvard Business Review*, wie mit Hilfe einer Referenzgruppen-Analyse die Planungsqualität deutlich verbessert werden kann. Dabei geht man in fünf Schritten vor:

- *Bestimmung einer Referenzgruppe* (Schritt 1): Zunächst muss überlegt werden, wer bereits zuvor eine ähnliche Planung durchgeführt oder Entscheidung getroffen hat. Diese sogenannte Referenzgruppe sollte einerseits groß genug und andererseits spezifisch sein, um Schlüsse für das eigene Planungsvorhaben ableiten zu können. So könnte ein Konsumartikelhersteller die bisherigen Produkteinführungen in seiner Teilbranche als Referenzgruppe wählen.
- *Bewertung der Ergebnisverteilung* (Schritt 2): Nun werden die Ergebnisse der Referenzgruppe ausgewertet. Dies kann je nach Datenlage durch umfangreiche statistische Verfahren oder durch eine grobe Schät-

zung von Mittelwerten und Variabilität erfolgen. Hier könnten beispielsweise Entwicklungszeiten und Erfolgsquoten abgeschätzt werden.
- *Intuitive Schätzung der eigenen Planung* (Schritt 3): Jetzt wird die eigene Planung in die Ergebnisse der Referenzgruppe eingeordnet.
- *Bewertung der Zuverlässigkeit der Schätzung* (Schritt 4): Anschließend wird der Zusammenhang zwischen Planung und Ergebnissen der Referenzgruppen abgeschätzt. Dabei werden die eigenen Planungsfähigkeiten auf einer Skala von keinem Zusammenhang zwischen Planung und Ergebnis (=1) bis perfekter Planung (=0) angegeben.
- *Korrektur der intuitiven Schätzung* (Schritt 5): Nun wird – basierend auf einem Urteil der eigenen Planungsfähigkeiten – die intuitive Schätzung überarbeitet. Dabei stellt man in der Regel fest, dass die in Schritt 3 vorgenommene Einordnung zu optimistisch war.

Growth Option Pipeline

Insbesondere bei am Kapitalmarkt aktiven Unternehmen müssen auch externe Wachstumserwartungen in der Geschäftsplanung ausgedrückt werden. Dazu kann eine »Growth Option Pipeline« entwickelt werden. Sie beschreibt, welche Wachstumsinitiativen ein Unternehmen ergreifen muss, um die vom Markt für einen mittelfristigen Planungszeitraum (beispielsweise fünf Jahre) angenommene Wachstumsrate zu erreichen. Solche Initiativen können im Rahmen eines »organischen Wachstums« interne Produkt- und Markterweiterungen beinhalten. Eklatante Wachstumslücken können zudem auf M&A-Aktivitäten oder strategische Partnerschaften hinweisen. Die Erstellung einer Growth Option Pipeline erfolgt in vier Schritten:

- *Abschätzung des Wachstumspotenzials im Kerngeschäft* (Schritt 1): Dies ist in der Regel am ehesten planbar, wobei Mengenwachstum und Preisverfall gegeneinander aufzurechnen sind. In dem in Abbildung 118 dargestellten Beispiel wird von einer Wachstumsrate von 3 Prozent pro anno ausgegangen.
- *Prognose des Wachstumspotenzials in neuen Geschäftsfeldern* (Schritt 2): Hier wird gefragt, wo neues, zusätzliches Wachstum generiert werden kann. In Abhängigkeit von der Branche werden eher kurzfristige Wachstumsoptionen (beispielsweise zwei Jahre) sowie mittel- bis langfristige Wachstumsoptionen (beispielsweise fünf Jahre) ermittelt. Für

Planungen | 325

alle Wachstumsoptionen werden Erfolgswahrscheinlichkeiten abgeschätzt. In dem Beispiel wird von einer Erfolgswahrscheinlichkeit von 45 Prozent jährlich für die Zweijahres-Wachstumsoptionen und von 65 Prozent jährlich für die Fünfjahres-Wachstumsoptionen ausgegangen.

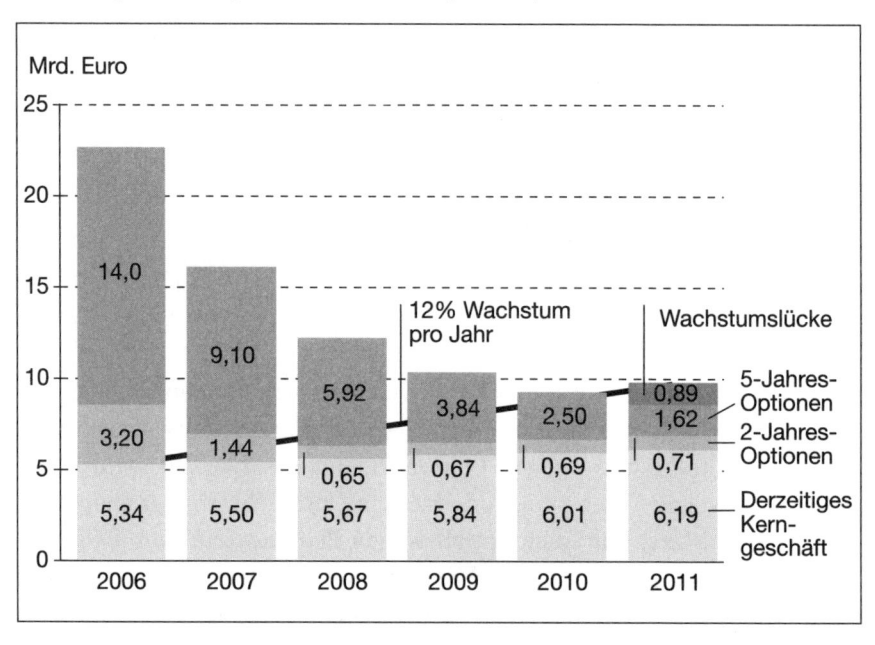

Abbildung 118: Beispiel einer Growth Option Pipeline

- *Quantifizierung der Wachstumsoptionen* (Schritt 3): Ausgangspunkt ist ein Kerngeschäft von 5,34 Milliarden Euro sowie eine Pipeline von 3,2 Milliarden Euro Umsatzpotenzial aus Zweijahres-Wachstumsoptionen und 14 Milliarden Euro aus Fünfjahres-Wachstumsoptionen. Daraus ergibt sich eine geplanter Umsatz für 2011 von 8,52 Milliarden Euro.
- *Bewertung der Wachstumsoptionen* (Schritt 4): Abgeglichen wird diese Umsatzplanung mit einer externen Wachstumserwartung, beispielsweise durch den Kapitalmarkt. Nimmt man im Beispiel eine Erwartung von 12 Prozent pro anno an, so ergibt sich eine Wachstumslücke von 0,89 Milliarden Euro im Jahr 2011, die durch weitere Wachstumsoptionen abgedeckt werden müsste. Andersherum betrachtet würde das Unternehmen in den kommenden Jahren mit einem jährlichen Wachstum von 9,8 Prozent planen.

Produktplanung/Ideenfindung

Der Begriff Produktplanung wird sehr unterschiedlich verwendet. In seiner weitesten Definition gehören alle Phasen des Produktlebens – von der Suche und Auswahl neuer Produkte bis hin zu einer möglichen Ablösung – dazu. Dies wird häufig auch als Produktpolitik bezeichnet. In der Regel versteht man unter Produktplanung jedoch die eigentliche Planung neuer Produkte vor dem Hintergrund des zukünftigen Produktprogramms. Auch dies kann man im Sinne einer strategischen Produktplanung weiter auslegen. Die Produktplanung im engeren Sinne umfasst dann die Planung von Produktplattformen und Produktfamilien. Sie setzt auf der Produkt- oder Ideenfindung auf, deren Kernmethoden wir nachfolgend ebenfalls vorstellen.

Die Produktplanung ist Bestandteil des Produktentstehungsprozesses. Dieser erstreckt sich von der Produkt- beziehungsweise Geschäftsidee bis zum erfolgreichen Markteintritt und umfasst nach *Jürgen Gausemeier* die Aufgabenbereiche strategische Produktplanung, Produktentwicklung und Produktionssystementwicklung, die sich zwar nicht als lineare Prozessabfolge, wohl aber als drei miteinander verknüpfte Zyklen verstehen lassen (siehe Abbildung 119) (Gausemeier et al. 2009, S. 38ff.):

- *Strategische Produktplanung*: Dieser erste Zyklus umfasst das Vorgehen vom Finden der Erfolgspotenziale der Zukunft bis zur Spezifikation einer erfolgversprechenden Produktkonzeption in Form einer prinzipiellen Lösung. Dafür beinhaltet er die Potenzial- und die Produktfindung sowie die Geschäftsplanung.
- *Produktentwicklung:* Der zweite Zyklus umfasst die Produktkonzipierung, den domänenspezifischen Entwurf und die entsprechende Ausarbeitung sowie die Integration der Ergebnisse der einzelnen Domänen zu einer Gesamtlösung.
- *Produktionssystementwicklung:* Insbesondere für komplexe Erzeugnisse ist neben dem Produkt auch das Produktionssystem zu entwickeln. Diese Produktionssystementwicklung beinhaltet im Prinzip die Fertigungsplanung beziehungsweise Arbeitsplanung nach AWF/REFA.

Zentrale Aspekte der strategischen Produktplanung sind bereits in anderen Kapiteln enthalten. So ist die Potenzialfindung ein wesentliches Ziel des Einsatzes von *Szenarien (→)*, wo sie in die *Leitbilder (→)* im Rahmen von Unternehmens- und Geschäftsstrategien ebenso mündet wie in den

Prozess des *New Business Developments* (→). Gleichzeitig bildet eine *Produktvision* (→) den Ankerpunkt der Produktstrategie, die mit der Produktplattform im Rahmen einer *Produkt-Roadmap* (→) konkretisiert wird.

Insofern ist die in diesem Kapitel beschriebene Produktplanung in einem engeren Sinne zu verstehen. Dennoch bedarf es auch in dieser Produktplanung einer intensiven Auseinandersetzung mit den Zukunftspotenzialen sowie einer systematischen Identifikation neuer Produktideen. Abbildung 120 zeigt den Zusammenhang zwischen dem New Business Development und der Produktplanung.

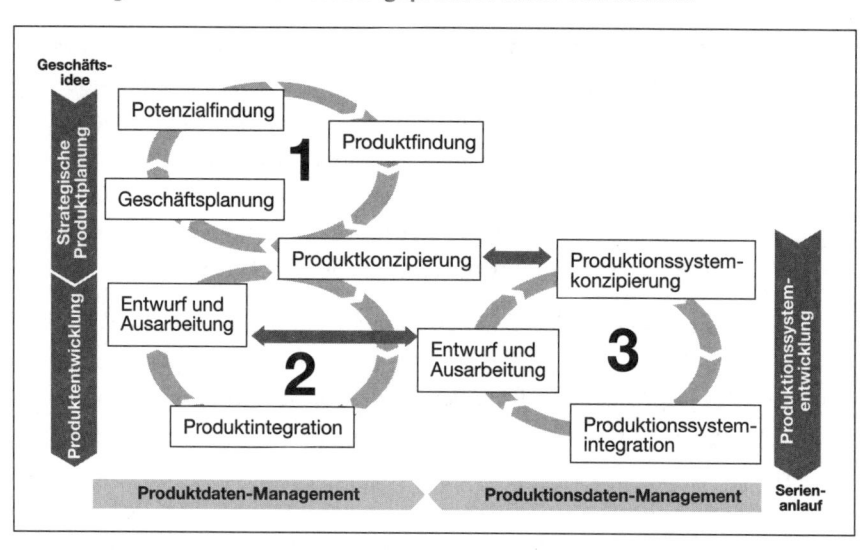

Abbildung 119: Produktentstehungsprozess nach Gausemeier

Im Rahmen des *New Business Developments* (→) werden grundlegende Potenziale für neue Geschäfte betrachtet – also vor allem neue Kundenbedürfnisse und Technologien. Die daraus abgeleiteten Geschäftsideen werden sowohl markt- als auch produktseitig konkretisiert, sodass eine Geschäftsvision entsteht, die häufig auch eine Produktvision als Ausgangspunkt einer Produktstrategie enthält. Im Rahmen der *Produktplanung* fokussiert die Potenzialfindung auf die konkreteren Kundenanforderungen sowie die technischen Lösungsmöglichkeiten. Im Rahmen der Produktfindung werden dann neue Produktideen identifiziert, die sowohl von technischer als auch von wirtschaftlicher Seite zu validieren sind, bevor das Produkt beschrieben und in den Planungsprozess überführt werden kann.

Abbildung 120: Zusammenhang zwischen New Business Development und Produktplanung

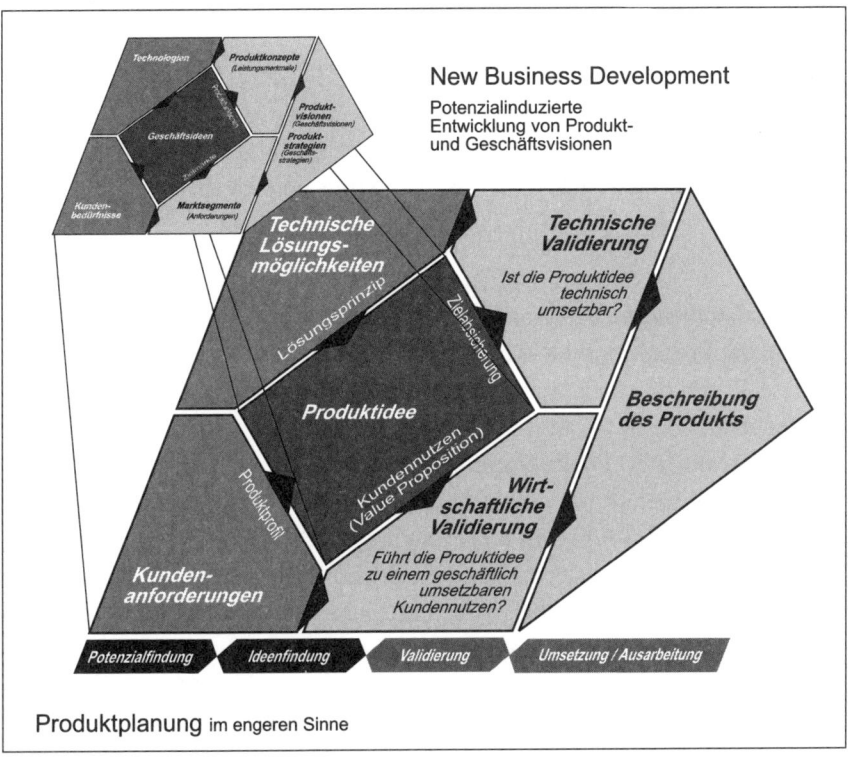

Wir werden im Folgenden auf die Produktplanung im engeren Sinne – und damit auch auf die Planung von Produktfamilien – eingehen und anschließend die Grundlagen der Ideenfindung erläutern. Bezüglich der Methoden der Auswahl von Produktalternativen – beispielsweise der Nutzwertanalyse – sei auf das Kapitel zur Entscheidung unter Unsicherheit (→) verwiesen.

Produktplanung im engeren Sinne

Der Einstiegspunkt in die Produktplanung im engeren Sinne hängt stark vom Neuheitscharakter der Produkte ab. Die Planung neuer Produkte findet dabei häufig ihren Startpunkt bei der Beobachtung von Umfeld- und Marktveränderungen (→ *Szenarien, Trends, Prognosen*), wobei das Finden neuer Produktideen im eigentlichen Sinne keinen Planungsprozess darstellt. Befinden sich die Produkte schon im Markt, konzentriert sich die Planung am Produktlebenszyklus und beschäftigt sich in erster Linie mit dem Relaunch von Produkten oder dem Produktausstieg.

Auf der Ebene einer *Produktfamilie* wird die zeitliche Abfolge der einzelnen Produkte geplant. Hier geht es darum, die verschieden Marktsegmente mit unterschiedlichen Produkten ständig und möglichst komplett abzudecken. Es lässt sich dabei in vier Arten von Produktfamilienstrategien unterscheiden, die grundsätzlich in gleicher Form auch für Produktplattformen gilt:

- *Einfache Produktfamilienstrategien* beschreiben in den meisten Fällen einfache Produkte ohne Varianten oder Modellwechsel. Häufig werden diese Produkte auch durch den englischen Begriff »Commodity« beschrieben.
- *Variantenreiche Produktfamilienstrategien* versuchen, verschiedene Kundengruppen durch eine größere Zahl von Varianten abzudecken.
- *Dynamische Produktfamilienstrategien* werden gebildet, wenn häufige Modellwechsel realisiert und flexibel auf wechselnde Kundenwünsche reagiert werden muss. Beispiele sind insbesondere dort zu finden, wo designorientierte und modische Produktanforderungen eine große Rolle spielen.
- *Komplexe Produktfamilienstrategien* beschreiben die Kombination der variantenreichen und dynamischen Strategien.

Ideenfindung

Unter *Ideenfindung* – oder auch Kreativitätstechnik – versteht man gemeinhin das gezielte Erzeugen neuer Ideen zum Zwecke einer Problemlösung. Dazu wurde eine Vielzahl von Methoden entwickelt, mit denen sich Problembereiche strukturieren, gedankliche Blockaden auflösen und Perspektiven erweitern lassen, sodass neue Ideen identifiziert werden. Anschließend erfolgt eine Bewertung und Auswahl dieser Ideen. Die Methoden zur Ideenfindung lassen sich in zwei Gruppen aufteilen:

- *Intuitive Methoden* sind auf die Aktivierung des Unterbewussten ausgelegt und fördern Gedankenassoziationen, sodass bei richtiger Anwendung eine Vielzahl von Ideen entstehen.
- *Diskursive Methoden* systematisieren den Prozess der Lösungssuche und führen ihn dazu in einzelnen, logisch ablaufenden Schritten durch. Diese betrachten Werkzeuge, mit denen ein Problemfeld systematisiert werden kann, sodass aus der Kombination seiner einzelnen Elemente neue Ideen entstehen.

Wir wollen im Folgenden kein Kompendium der Kreativtechniken aufstellen, sondern vor allem auf die Methoden verweisen, die einen direkten Bezug zum Zukunftsmanagement aufweisen. Zusätzlich sei auf die einschlägige Literatur – beispielsweise von *Udo Lindemann* – verwiesen. Über die reinen Kreativtechniken hinaus wollen wir aus Sicht des Zukunftsmanagements noch besonders auf das Thema »Perspektivveränderungen und Rollenspiele« eingehen.

Intuitive Methoden der Ideenfindung

Die intuitiven Methoden erfreuen sich heute großer Beliebtheit. Aus diesem Grund geben wir hier einen kurzen Überblick. Die bekannteste intuitive Methode ist das *Brainstorming*. Sie orientiert sich an der indischen »Prai Barshana«-Technik und wurde von Alex Osborn erfunden und von Charles Clark weiterentwickelt. Es sieht im ersten Schritt die möglichst spontane Nennung von Ideen vor, wobei alle Teilnehmer ohne jede Einschränkung Ideen nennen, »abkupfern« und kombinieren sollen. Hier ist es verboten, Ideen zu kritisieren, zu verwerfen oder lächerlich zu machen. In einem zweiten Schritt erfolgt dann die Sortierung und Bewertung der Ideen. In einer *Negativkonferenz* wird das klassische Brainstorming umgekehrt, indem nicht nach Lösungen, sondern nach Problemen gesucht wird.

Brainwriting beruht auf dem Brainstorming, wobei jeder Teilnehmer in Ruhe Ideen sammeln und aufschreiben kann. Dies ermöglicht introvertierteren Personen eine bessere Integration in den Ideenfindungsprozess, verhindert aber gleichzeitig positives, gegenseitiges Aufschaukeln.

Methode 6-3-5 ist eine Sonderform des Brainwritings. Dabei erhält jeder der sechs Teilnehmer ein Papier mit drei Spalten und sechs Reihen. In einer ersten Runde notiert jeder Teilnehmer im oberen Kasten einer Spalte eine Idee. Anschließend werden die Papiere weitergereicht. Der Nächste greift nun diese Idee auf und führt sie fort. So entstehen innerhalb kurzer Zeit über 100 Ideen. Mittlerweile gibt es von der 6-3-5-Methode eine Vielzahl von Abwandlungen.

Eine weitere Form des Brainwritings ist die *Metaplantechnik*, die von der gleichnamigen Firma in den sechziger Jahren entwickelt wurde. Dabei schreiben die Teilnehmer ihre Ideen auf Karten, die anschließend eingesammelt und auf eine Pinnwand geheftet werden. Dann erfolgt eine Bewertung und Auswertung. Einen ähnlichen Ansatz verfolgt die nach Jiro Kawakita benannte *KJ-Methode*, bei der die Vernetzung der gesammelten Ideen untersucht und diese zu Clustern verdichtet werden.

Mindmaps sind grafische Darstellungen eines komplexen Sachverhalts. Sie enthalten das zentrale Thema in der Mitte des Blattes, von dem sich nach außen Hauptäste und Unteräste verzweigen. Bei der Erstellung können zusätzlich Farben und Bilder genutzt werden.

Eine andere Gruppe der intuitiven Methoden arbeitet mit Analogie- und Verfremdungsmethoden, indem Lösungen eines Bereichs entsprechende Ideen für einen anderen Bereich liefern sollen. Dazu zählen:

- Unter *Bisoziation* wird die Verknüpfung von Begriffen, Bildern oder Vorstellungen aus unterschiedlichen Bereichen und damit das »Durchbrechen geistiger Routinen« verstanden.
- Bei der *semantischen Intuition* geschieht Ähnliches, allerdings bleibt man in dem betrachteten Bezugsbereich und generiert Ideen durch Neukombination von Worten und Teilworten.
- Bei der *Reizwortanalyse* werden Ideen aus zufällig ausgewählten Reizwörtern abgeleitet.
- Im Rahmen der *Biometrik* oder *Biomimetik* werden biologische Strukturen und Organisationsformen entweder direkt als Vorlage verwendet oder abstrahiert, um zu Ideen zu kommen.
- Die von William Gordon entwickelte *Synektik* folgt dem Grundsatz »Mache dir das Fremde vertraut und entfremde das Vertraute«. Dabei erfolgt nach einer Problemanalyse die Verfremdung der ursprünglichen Problemstellung durch Bildung von Analogien, aus denen neue und überraschende Lösungsansätze entwickelt werden.
- Bei der *Kopfstandtechnik* wird die ursprüngliche Problemstellung umgekehrt. Anschließend werden dafür Lösungen entwickelt, die dann ein zweites Mal umgekehrt werden.

Diskursive/systematische Formen der Ideenfindung

Die für das Zukunftsmanagement relevantesten Formen der systematischen Ideenfindung sind die Relevanzbaumanalyse sowie die morphologische Analyse. Daneben sei an dieser Stelle auch auf *Ursache/Wirkungs-Diagramme* (auch: Ishikawa-Diagramme) sowie die *Theorie des erfinderischen Problemlösens* (»TRIZ«) verwiesen.

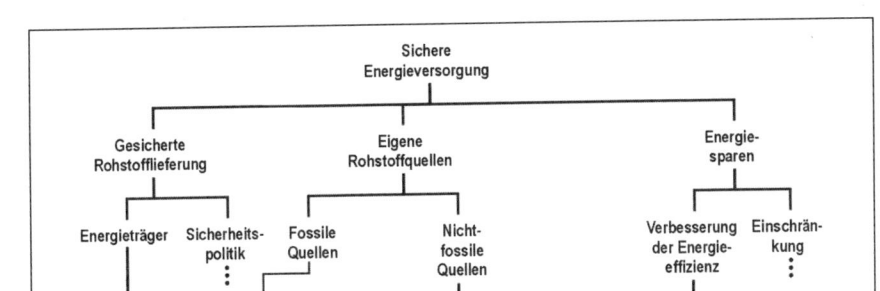

Abbildung 121: Relevanzbaum

```
                        Sichere
                     Energieversorgung
          ┌─────────────────┼─────────────────┐
      Gesicherte          Eigene           Energie-
   Rohstofflieferung   Rohstoffquellen      sparen
     ┌──────┐           ┌──────┐          ┌──────┐
 Energie-  Sicherheits- Fossile  Nicht-   Verbesserung  Einschrän-
 träger    politik      Quellen  fossile  der Energie-  kung
                                 Quellen  effizienz
   ┌──┬──┐   ⋮            ⋮       ⋯         ┌──┬──┐       ⋮
 Erdöl Erdgas Uran    ● Erdöl   Sonne Wind Wasser Biomasse  Haus-  Unter-  Verkehr
                      ● Erdgas       ⋮   ┌──┐   ⋮         halte nehmen
                                      Flüsse Gezeiten        ⋮     ⋮      ┌──┬──┐
● KSA    ● Russland  ● Kanada                              PkW   LkW   Luft-
● Iran   ● Norwegen  ● Australien                           ⋮     ⋮    fahrt
● Norwegen ● Algerien ● Niger
● Russland ● Niederl. ● Namibia
```

Relevanzbaumanalyse

Die Relevanzbaumanalyse ermöglicht die Zerlegung eines Gesamtthemas in verschiedene Aspekte, die hierarchisch geordnet und so gewichtet werden, dass sich ihre Relevanz für das Gesamtthema einschätzen lässt. Der Aufbau eines Relevanzbaums erfolgt in vier Schritten:

- Schritt 1: Definition und Abgrenzung des Untersuchungsobjekts.
- Schritt 2: Festlegung der Beurteilungskriterien.
- Schritt 3: Auflistung verschiedener Merkmale und deren Klassifikation nach über- und untergeordneten Gesichtspunkten. Dabei werden die Merkmale hinsichtlich ihrer Relevanz für das Gesamtergebnis hierarchisch geordnet und untereinander gewichtet.

- Schritt 4: Grafische Darstellung der Merkmale und Kriterien in einem Relevanzbaum.

In der Praxis lassen sich zwei Formen von Relevanzbäumen unterscheiden. Der *einfache Relevanzbaum* endet an seinen Blättern mit einzelnen Kriterien (siehe Abbildung 121). Er ist insofern lediglich ein Strukturierungswerkzeug. Der *wirkliche Relevanzbaum* klassifiziert die einzelnen Blätter. So entstehen Gruppen mit unterschiedlicher Relevanz, denen teilweise auch Wahrscheinlichkeiten zugeordnet werden.

Ein Vorteil von Relevanzbäumen ist darin zu sehen, dass sie Klarheit über die Bestandteile und Struktur eines Systems verschaffen. Gleichzeitig kann die Zerlegung in Einzelteile allerdings auch zu einem Nachteil werden, wenn durch die Nutzung der Methode die Gesamtsicht verloren geht.

Morphologische Analyse

Die morphologische Analyse ist eine systematische Form der Ideenfindung. Kernstück ist ein sogenannter *Morphologischer Kasten*, der nach dem Schweizer Astrophysiker Fritz Zwicky auch als »Zwicky-Box« bezeichnet wird. Im Rahmen der Methoden werden mehrere Schritte durchlaufen:

Abbildung 122: Beispiel eines Morphologischen Kastens

Kriterien	Merkmale				
Präferierte Reiseregion	Region	Deutschland	Deutschsprach. Ausland	Europa	**Übersee**
Verfügbares Reisebudget	Sehr gering	Gering	Mittel	**Hoch**	
Mobilitätskonzept	Eigener PkW	**Mietwagen**	Bus	Zug	**Flugzeug**
Reisende Personen	Eins	**Zwei (Paar)**	Familie	Gruppe	
Beherbergungsstätten	Hotel	**Motel**	Appartement	Campingplatz	
Verhalten in Zielregion	Stationär	Stationär mit Ausflügen	**Ortswechsel in der Region**		
Beschäftigung am Reiseort	Nur Erholung	Primär Erholung	**Erholung plus Information**	Primär Information	

- *Festlegung der Merkmale* (Schritt 1): Zunächst werden die bestimmenden und voneinander unabhängigen Merkmale festgelegt und untereinander geschrieben.
- *Ermittlung der Merkmalsausprägungen* (Schritt 2): Anschließend werden für jedes Merkmal mögliche Ausprägungen bestimmt und rechts neben das Merkmal geschrieben.
- *Bestimmung möglicher Lösungen* (Schritt 3): Nun wird aus jeder Zeile ein (oder in Zweifelsfällen auch mehrere) Merkmale gewählt, wodurch eine Lösung entsteht, die mittels anderer Farbe oder als Linie im Morphologischen Kasten visualisiert werden kann. Diese Lösungsermittlung kann intuitiv (durch Betrachtung der Matrix) oder systematisch erfolgen.

Die Morphologische Analyse ist ein sehr praxisnahes Instrument, da Ideen und Lösungen innerhalb kurzer Zeit entwickelt werden können. Wichtigste Anwendungsfelder sind die Produktfindung sowie die Bildung einfacher Szenarien. Insbesondere bei komplexeren Fragestellungen wird die Entwicklung in einer Gruppe empfohlen, um die Vielseitigkeit von Lösungen zu fördern.

Perspektivenänderungen und Rollenspiele

Mit Hilfe von Rollenspielen lassen sich zukunfts- oder strategierelevante Fragestellungen aus unterschiedlichen Perspektiven betrachten, sodass neue Ideen oder Lösungen erkennbar werden. Wir gehen im Folgenden näher auf die *Denkhüte von de Bono*, die *Zukunftsbrillen nach Micic*, die *Trendblüte nach ScMI* sowie die *Walt-Disney-Methode* ein.

Denkhüte von de Bono

Ein verbreitetes Verfahren sind die sechs Denkhüte von Edward de Bono. Dabei werden die Teilnehmer zu jeweils unterschiedlichen Denkarten angeleitet. Dies erfolgt durch sechs unterschiedlich farbige Hüte (oder Armbänder oder Tischkarten):

- *Rote Hüte* äußern ihre Gefühle, die sie bei der Aussage empfinden – ganz frei und ungehindert. Sie lassen ihren Empfindungen freien Lauf, ohne Erklärungen dafür abgeben zu müssen.
- *Schwarze Hüte* äußern sich zu Problemen und Gefahren, die die Aussage mit sich bringen kann. Entsprechende Äußerungen beschäftigen

sich vor allem mit den Risiken, die mit der Aussage einhergehen könnten.
- *Grüne Hüte* versuchen, kreative Vorschläge einzubringen, die über die beschriebene Aussage hinausgehen. Hier werden neue Ideen und Alternativen formuliert sowie Anregungen gegeben. Im Mittelpunkt steht die Frage: »Wie lässt sich die These verändern oder modifizieren?«
- *Weiße Hüte* hinterfragen, welche Informationen über die beschriebene Aussage zur Zeit vorliegen. Hier ist zu klären, woher noch fehlende Informationen bezogen werden können beziehungsweise mit welcher Unsicherheit weiter kalkuliert werden muss.
- *Gelbe Hüte* nennen die Vorteile, die die beschriebene Aussage haben könnten. Auch wenn einem die Aussage wenig zusagt, sollte dennoch herausgearbeitet werden, worin ihr Nutzen liegen könnte beziehungsweise wer davon profitieren würde.
- *Blaue Hüte* legen die Art und Weise offen, wie man aus der gegenwärtigen Situation zu der beschriebenen Aussage kommt. Hier steht die Frage im Mittelpunkt: »Was müsste geschehen, damit die beschriebene Aussage Realität wird?«

Durch die Anwendung der Sechs-Hüte-Methodik werden Einseitigkeiten im Ideenfindungsprozess sowie Konflikte auf Basis bekannter Interessenlagen vermieden. Gleichzeitig fördert die Methode die grundsätzliche Fähigkeit, verschiedene Sichtweisen einzunehmen.

Zukunftsbrillen nach Micic

Die von Pero Micic entwickelten »Brillen des Zukunftsmanagements« folgen einem ähnlichen Ansatz wie de Bonos Denkhüte, sind allerdings stärker auf die Analyse von Zukunftsentwicklungen ausgerichtet.

- *Die blaue Brille* fragt danach, was sich in der Zukunft entwickeln wird. Es geht folglich um die wahrscheinliche Zukunft. Sie steht für einen analytischen und häufig erfahrungsbasierten Blick auf die Zukunft.
- *Die grüne Brille* kümmert sich im Sinne eines Chancen-Managements um die mögliche und gestaltbare Zukunft. Hier werden auf kreative und offene Weise eigene Handlungsmöglichkeiten betrachtet.
- *Die gelbe Brille* betrachtet im Sinne einer Visionsentwicklung die gewünschte Zukunft. Hier geht es also darum, in normativem Sinne die eigene Zielvorstellung zu beschreiben.

- *Die rote Brille* öffnet die Perspektive noch einmal und fragt nach unerwarteten, überraschenden Zukünften, die in Abweichung zu den Zukunftsannahmen eintreten könnten.
- *Die violette Brille* gehört schließlich zur Strategieentwicklung. Hier werden konkrete Ziele, Projekte und Maßnahmen identfiziert.

Trendblüte nach ScMI

Die Trendblüte ist ein Verfahren, dass wir in mehreren Trendprozessen erfolgreich eingesetzt haben, um innerhalb kurzer Zeit neue Ideen zum Umgang mit der Zukunft zu identifizieren. Dabei wird in vier Schritten vorgegangen:

Identifikation von Trends (Schritt 1): Zunächst werden im Sinne eines Brainstormings mögliche Trends zu einem spezifischen Problemfeld identifiziert.

Clusterung und Bewertung der Trends (Schritt 2): Diese Trends werden anschließend gruppiert, sodass Überlappungen vermieden werden. Dann erfolgt eine Bewertung hinsichtlich ihrer Relevanz für das eigene Unternehmen, wobei am Ende acht Kerntrends festgelegt werden. Diese Kerntrends werden dann in der Mitte einer Lotosblüte verzeichnet.

Trendanalyse (Schritt 3): Nun kann – je nach Anzahl der am Prozess beteiligten Personen – eine Aufteilung in Kleingruppen vorgenommen werden. Diese Gruppen beschäftigen sich jeweils mit einem Kerntrend und beantworten für diesen Trend acht Fragen, die jeweils ein Blatt einer Lotosblüte bilden:

- *Eindeutiger Trend*: Haben wir den Inhalt des Trends verstanden? Ist der Trend eindeutig – oder gibt es erkennbare Gegentrends? Welches sind die Ungewissheiten bezüglich des Trends?
- *Unser Wissen über den Trend*: Wieviel und welche Informationen über den Trend sind grundsätzlich zugänglich? Haben wir diesen Zugang? Haben wir Vorteile bei der Nutzung dieser Informationen?
- *Unmittelbarer Einfluss des Trends auf unsere Branche*: Wie stark ist der Einfluss des Trends auf unsere Branche? Wer wird zuerst betroffen sein – wir oder unsere Wettbewerber? Welches sind die ersten Folgen für uns und unsere Wettbewerber?
- *Zukünftige Chancen*: Welches sind die größten Chancen, die für uns mit dem Trend verbunden sind? Wie können wir diese Chancen ergreifen? Welche Risiken sind mit der Chancennutzung verbunden?

Abbildung 123: Grundprinzip der Trendblüte

■ = Festgelegter Kerntrend

E = Eindeutiger Trend
W = Unser Wissen über den Trend
U = Unmittelbarer Einfluss des Trends auf unsere Branche
C = Zukünftige Chancen
G = Zukünftige Gefahren
L = Langfristige Konsequenzen
B = Beeinflussbarkeit des Trends
M = Mögliche Maßnahmen

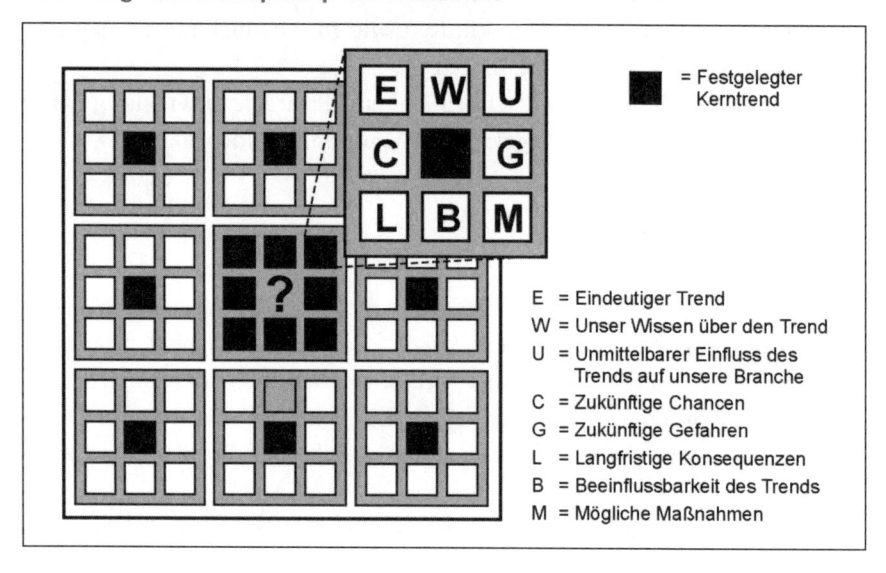

- *Zukünftige Gefahren*: Welches sind die größten Gefahren, die für uns mit dem Trend verbunden sind? Wie können wir diese Gefahren frühzeitig erkennen? Wer würde beim Eintreffen des Trends zu den Verlierern zählen?
- *Langfristige Konsequenzen*: Was könnten die langfristigen Folgen des Trends für unsere Industrie oder unser Unternehmen sein – oder für die Art, wie wir unser Unternehmen führen?
- *Beeinflussbarkeit des Trends*: (Wie) können wir das Eintreten des Trends beeinflussen? Wer wäre ein Gewinner und würde das Eintreten des Trends fördern?
- *Mögliche Maßnahmen*: Was sollten wir tun, um mit dem Trend umzugehen? Welche Partner könnten uns bei der Trendhandhabung helfen? Was müssen wir beobachten, um jeweils die besten Maßnahmen zu verfolgen?

Trendverdichtung (Schritt 4): Nachdem alle Gruppen ihre Trendergebnisse vorgetragen haben, liegt ein umfangreiches Kompendium über die zentralen Umfeldtrends vor. Diese teilweise sehr detaillierten Aspekte müssen dann verdichtet und zusammengefasst werden. Dies kann zu konkreten Maßnahmen (Was müssen wir beobachten? Wo brauchen wir mehr Informationen? Was sind schon jetzt geeignete Schritte?), aber auch zur Initialisierung eines umfangreicheren Zukunftsprozesses führen.

Walt-Disney-Methode

Diese Kreativtechnik geht tatsächlich auf Walt Disney zurück, der sich bei der Ideenfindung in unterschiedliche Rollen hineindachte. Erarbeitet und beschrieben wurde der Ansatz schließlich von Robert B. Dilts, der sie heute in NLP-Ausbildungen einsetzt. Im Rahmen des Prozesses schlüpfen die Teilnehmer nacheinander in drei verschiedene Rollen:

- Der *Träumer* denkt in Bildern und malt Visionen sowie Ziele bildlich aus. Er lässt das Chaos zu, denkt zukunftsorientiert und lässt sich nicht durch Regeln einschränken. Dabei sind außergewöhnliche und unlogische Einfälle erwünscht. Für diesen Teil der Methode nutzen wir unsere rechte Gehirnhälfte.
- Der *Realist* konzentriert sich auf das konkrete und objektive Handeln in der Gegenwart. Er stellt sich die Umsetzung der zuvor entwickelten Ideen möglichst lebensnah vor: Wie lässt es sich umsetzen? Was müsste getan werden? Welcher Ressourcen bedarf es? Er hat quasi die Aufgabe, die Ideen des Träumers gedanklich »auszuprobieren«.
- Die dritte Rolle übernimmt der *Kritiker* oder *Spielverderber*. Seine Aufgabe ist es, mit kritischen aber konstruktiven Fragen die Analyse des Realisten zu hinterfragen: Was könnte verbessert werden? Wie sind die Chancen und Gefahren? Was wurde übersehen?

Auch wenn nicht überliefert ist, ob Walt Disney wirklich für jede Rolle einen anderen Stuhl in seinem Büro hatte – in der Realität erleichtern Ortswechsel die Einnahme neuer Rollen. Dann werden die Rollenwechsel solange wiederholt, bis ein akzeptables Ergebnis vorliegt. Konkret bedeutet dies, dass ein origineller und visionärer Einfall von einer sachkompetenten und kritischen Gruppe getragen wird. Oder anders ausgedrückt: Die Kritiker stellen keine relevanten Fragen mehr.

Entscheidungen unter Sicherheit

Entscheidungen »unter Sicherheit« werden dann getroffen, wenn der in der Zukunft eintretende Umweltzustand bekannt ist oder vom Eintreten einer bestimmten Prognose ausgegangen wird. Da in diesen Situationen eindimensionale Entscheidungsprobleme relativ leicht zu handhaben sind, konzentrieren wir uns hier auf Entscheidungen, bei denen mehreren Zielsetzungen entsprochen werden muss. Die wichtigsten Instrumente hierzu sind die KT-Analyse nach Kepner-Tregoe, die gewichtete Nutzwertanalyse sowie der Analytische Hierarchieprozess (AHP = Analytical Hierarchical Process).

Inhalt

Wenn der in der Zukunft eintretende Umweltzustand objektiv bekannt oder im Sinne einer Prognose festgeschrieben ist, so erfolgen *Entscheidungen unter Sicherheit*. Wesentliches Augenmerk gilt dann den *Kriterien*, anhand derer die Entscheidungen getroffen werden. Daher werden eindimensionale und multikriterielle Entscheidungsprobleme unterschieden.

Eindimensionale Entscheidungsprobleme liegen vor, wenn nur ein Ziel verfolgt wird. Dabei lassen sich wiederum zwei Fälle unterscheiden: Bei unbegrenzter Zielsetzung wird lediglich eine Maximierung oder Minimierung der Zielausprägung angestrebt – beispielsweise Gewinnmaximierung oder Emissionsminimierung. Bei der begrenzten Zielsetzung soll ein Ziel entweder genau (Fixierung) oder mindestens/höchstens (Satisfizierung) erreicht werden.

Multikriterielle Entscheidungsprobleme liegen vor, wenn eine Entscheidung anhand mehrerer Zielsetzungen getroffen wird. Dabei liegt also ein Zielsystem vor, dessen einzelne Ziele in verschiedenen Beziehungen zueinander stehen (siehe Laux 2003, S. 67ff.):

- *Zielindifferenz* oder Zielneutralität liegt vor, wenn die Erreichung eines Ziels durch das andere Ziel nicht beeinflusst wird. In diesem Fall kann das Entscheidungsproblem in jeweils eindimensionale Teilprobleme zerlegt werden.
- *Zielkomplementarität* liegt vor, wenn die Erreichung eines Ziels die Erreichung eines anderen Ziels erleichtert.
- *Zielkonflikte* oder Zielkonkurrenz entsteht, wenn sich die Erreichung eines Ziels negativ auf die Erreichung eines anderen Ziels auswirkt.

Vorgehen/Methoden

Zur Unterstützung der Entscheidungsfindung können zunächst einfache Verfahren genutzt werden. Dazu zählt eine *Vorsortierung nach dem Domi-*

nanzprinzip. Hier werden diejenigen Entscheidungsalternativen aussortiert, die von anderen dominiert werden – für die es also eine Alternative gibt, die bei allen Kriterien mindestens genauso gut abschneidet und in mindestens einem Kriterium besser ist. Hinzu kommen einfache Entscheidungsregeln wie die *lexikografische Ordnung.* Dort wird eine Rangfolge der Ziele erstellt. Betrachtet wird dann zunächst nur das ranghöchste Kriterium. Führt dies nicht zu einer eindeutigen Entscheidung, so wird das nächste Kriterium betrachtet. Eine besonders risikoaverse Entscheidungsfindung erfolgt bei der *Körth-Regel.* Dort wird die Entscheidungsalternative ausgewählt, die bei einer minimalen Zielerreichung noch immer den besten Wert ausweist.

Daher gehen wir im Folgenden zunächst auf die Kriteriengewichtung ein und stellen ein einfaches Verfahren nach Kepner-Tregoe vor. Für die konkrete Auswahl von Entscheidungsalternativen beschreiben wir die gewichtete Nutzwertanalyse sowie den Analytischen Hierarchieprozess (AHP).

Einfache Kriteriengewichtung nach Kepner-Tregoe

Bei der einfachen Kriteriengewichtung nach Kepner-Tregoe (auch: KT-Analyse) geht es darum, die Bedeutung mehrerer Ziele oder Kriterien – beispielsweise für eine spätere Entscheidungsfindung – zu bewerten. Dazu wird eine Kriterienmatrix aufgebaut, in der die einzelnen Kriterien sowohl als Zeilen als auch als Spalten verzeichnet werden. Ist das Kriterium in der Zeile wichtiger als das Kriterium in der Spalte, so wird eine 1 in die Matrix eingetragen, anderenfalls eine 0. Die Hauptdiagonale enthält Einsen. Anschließend wird für jedes Kriterium eine Zeilensumme gebildet, anhand derer eine Rangfolge der Kriterien bestimmt wird.

Abbildung 124: Beispiel für eine KT-Analyse

Kriterium	1.	2.	3.	4.	5.	6.	Punkte	Rang	Gewichtung
1. Marktanteil	1	1	1	1	1	0	5	2.	23,8 %
2. Umsatzwachstum	0	1	0	1	1	0	3	4.	14,3 %
3. Rendite	0	1	1	1	1	0	4	3.	19,0 %
4. Beitrag zur Markenbildung	0	0	0	1	1	0	2	5.	9,5 %
5. Organisational Fit	0	0	0	0	1	0	1	6.	4,8 %
6. Steigerung Unternehmenswert	1	1	1	1	1	1	6	1.	28,5 %
							21		100,0 %

Die prozentuale Wichtigkeit eines Kriteriums entspricht dem Anteil seiner Zeilensumme an den Gesamtbewertungen. Diese prozentuale Wichtigkeit kann wiederum bei anderen Verfahren wie der Nutzwertanalyse eingesetzt werden.

Gewichtete Nutzwertanalyse

Im Rahmen einer Nutzwertanalyse werden Entscheidungsalternativen anhand mehrerer Kriterien miteinander verglichen. Dazu wird für jede Alternative ein sogenannter »Nutzwert« ermittelt. Nutzwertanalysen werden vor allem dort eingesetzt, wo mehrere qualitative Zielkriterien miteinander verknüpft werden müssen. Eine Nutzwertanalyse wird in sechs Schritten durchgeführt:

Identifikation der Entscheidungsalternativen (Schritt 1): Zunächst sind die in Frage kommenden Entscheidungsalternativen festzustellen. Dabei kann es sinnvoll sein, auch »Nichtstun« oder »Keine Entscheidung« als eine Alternative anzusehen. Im einfachsten Fall werden also eine positive und eine negative Entscheidung als Alternativen aufgefasst.

Abbildung 125: Nutzwerttabelle

Kriterium	Gewichtung	Entscheidungsalternative 1		Entscheidungsalternative 2		Entscheidungsalternative 3	
		Zielerreichung	Nutzwert	Zielerreichung	Nutzwert	Zielerreichung	Nutzwert
1. Langfristige Rendite	30%	8	2,40	5	1,50	5	1,50
2. Kurzfristige Erfolge	15%	2	0,30	7	1,05	5	0,75
3. Beitrag Markenbildung	10%	6	0,60	3	0,30	9	0,90
4. Portfolio-Fit	20%	5	1,00	6	1,20	6	1,20
5. Kompetenzentwicklung	15%	7	1,05	4	0,60	2	0,30
6. Regionaler Struktur-Fit	10%	3	0,30	6	0,60	3	0,30
	100%		5,65		5,25		4,95

Festlegung der Ziele/Kriterien (Schritt 2): Nun werden die Bewertungskriterien festgelegt, die zur Beurteilung der Entscheidungsalternativen herangezogen werden sollen. Hier kommt es in der Regel zu einer Vorauswahl von vier bis zehn Kriterien. Dabei müssen die Bewertungskriterien messbar und voneinander unabhängig sein.

Gewichtung der Ziele/Kriterien (Schritt 3): Anschließend müssen die ausgewählten Kriterien entsprechend der Präferenzen der Entscheider gewichtet werden. Dafür gibt es mehrere Verfahren:

- *Direkte Gewichtung:* Dabei werden die Kriteriengewichte von den Entscheidern ohne weitere Analysen festgelegt.
- *Kriterienanalyse:* Dabei wird die Bedeutung der einzelnen Kriterien anhand einer Skala von 0-2 (für »schlecht«), 3-5 (für »mittel«), 6-8 (für »gut«) und 9 (für »sehr gut«) festgelegt.
- *Paarweiser Vergleich:* Hier können Verfahren wie die KT-Analyse eingesetzt werden, um die Kriterien zu gewichten.

Ermittlung der Zielerreichungsgrade (Schritt 4): Nachdem das Zielsystem festgelegt wurde, sind für jede Entwicklungsalternative die Zielerreichungsgrade bei den einzelnen Kriterien festzulegen. Dies kann entweder in einem Gruppenprozess erfolgen oder durch Einzelbewertungen der beteiligten Personen, die anschließend zusammengeführt werden.

Errechnung der Nutzwerte für die Entscheidungsalternativen (Schritt 5): In einer Nutzwerttabelle werden anschließend die Zielerreichungswerte mit den Zielgewichten multipliziert und dann zu Nutzwerten für die Entscheidungsalternativen aufsummiert.

Bewertung der Nutzwerte und Entscheidung (Schritt 6): Abschließend wird das Ergebnis der Nutzwertanalyse mit der intuitiven Einschätzung der beteiligten Personen verglichen. Bei signifikanten Abweichungen werden die Gründe analysiert. Bei sehr knappem Ausgang kann die Gewichtung der Kriterien überprüft oder es können weitere Kriterien hinzugezogen werden.

Analytischer Hierarchieprozess (AHP)

Beim Analytischen Hierarchieprozess handelt es sich um eine Methode zur Entscheidungsunterstützung, bei der Kriterien mittels einer hierarchischen Struktur so angeordnet werden, dass ein vorgegebenes Ziel durch Kriterien auf der obersten Hierarchieebene, diese Kriterien durch Kriterien auf einer zweiten Ebene und so weiter, strukturiert werden. AHP wurde 1980 von Thomas Saaty entwickelt und wird seit den neunziger Jahren verstärkt in den USA, in Skandinavien sowie in Österreich und in der Schweiz angewendet.

Im Rahmen eines Analytischen Hierarchieprozesses werden sieben Schritte durchlaufen, die sich in die Phasen Datenerhebung und Modellaufbau, Datenvergleich und Datenverarbeitung und Entscheidungsunterstützung gliedern lassen.

Datenerhebung und Modellaufbau

Problemdefinition (Schritt 1): Hier wird das Analysethema spezifiziert. Dazu wird eine Problem- oder Fragestellung ausgearbeitet. Das Ziel des Projekts ist es dann, die beste Lösung für diese Fragestellung zu finden. So könnte es beispielsweise darum gehen, eine globale Standortstrategie zu entwickeln.

Kriteriensammlung und Kriterienverknüpfung (Schritt 2): Anschließend werden zunächst unsortiert Faktoren identifiziert, die zur Lösung der Problemstellung wichtig erscheinen. Diese werden als Kriterien bezeichnet. Anschließend werden die Kriterien hierarchisch gegliedert, sodass ein »Kriterienbaum« entsteht. In unserem Beispiel könnten auf der ersten Ebene die Kriterien »Strategie«, »Finanzen« und »Organisation« betrachtet werden. Sie verzweigen auf einer zweiten Ebene in detailliertere Kriterien – beispielsweise bei Strategie in »Wachstum/Marktanteil«, »Programmbreite«, »Image« und »Qualität«.

Identifikation von Entscheidungsalternativen (Schritt 3): Parallel zu den Kriterien werden mögliche Problemlösungen identifiziert. Diese Entscheidungsalternativen sollten so realistisch sein, dass sie von den Entscheidern in die engere Wahl genommen werden. Hier werden im Beispiel fünf Alternativen identifiziert, nämlich (1) die unbedingte Standorttreue, (2) die Teilverlagerung der Produktion, (3) die Vollverlagerung der Produktion, (4) die Verlagerung von Produktion und Entwicklung sowie (5) die regionale Diversifizierung, indem einzelne Geschäftsbereiche komplett im Ausland angesiedelt werden.

Als Ergebnis der ersten drei Schritte liegt ein Kriterienbaum vor, der das übergeordnete Ziel mit den möglichen Lösungsalternativen verknüpft. In Abbildung 126 ist exemplarisch ein solcher Kriterienbaum dargestellt.

Datenvergleiche

Kriterienvergleiche (Schritt 4): Nachdem die Ausgangsdaten vorliegen wird jedes Kriterium jedem anderen gegenübergestellt. Dabei wird im Sinne eines Paarvergleichs gefragt, welches Kriterium wichtiger ist. Der Vergleichsprozess beginnt – wie in Abbildung 126 gezeigt – auf der oberen

Ebene, wo die Beziehungen zwischen strategischen, finanziellen und organisatorischen Aspekten bewertet werden. Anschließend werden auf der zweiten Ebene die Beziehungen zwischen den Teilkriterien bewertet.

Alternativenvergleich (Schritt 5): Schließlich erfolgt eine Gegenüberstellung der Entscheidungsalternativen hinsichtlich der Teilkriterien. Dabei wird wiederum ein entsprechender Paarvergleich vorgenommen (»Welche Alternative ist hinsichtlich eines Kriteriums am ehesten geeignet?«).

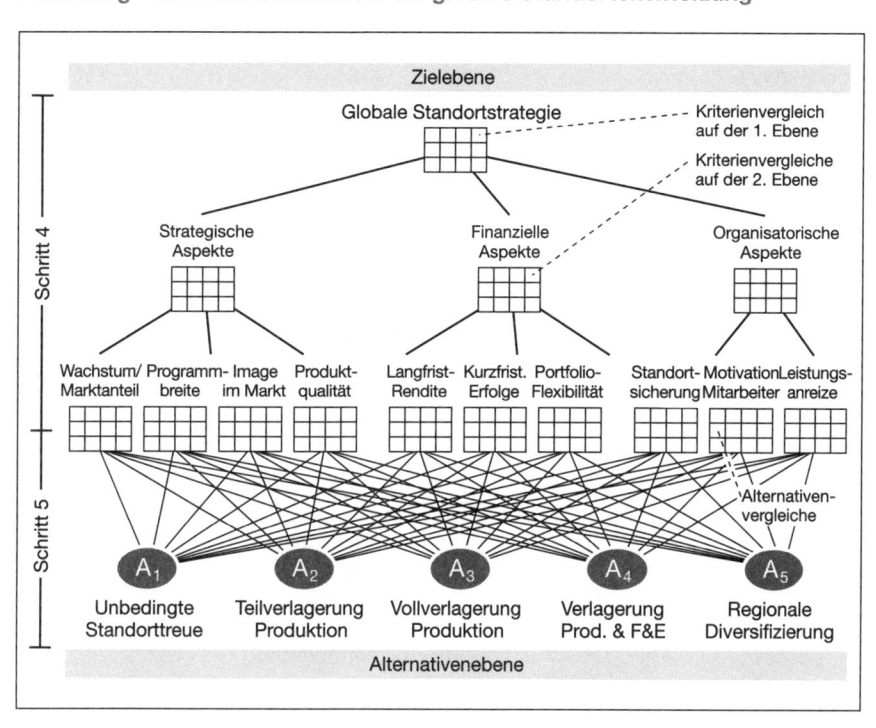

Abbildung 126: Kriterienbaum für die globale Standortentwicklung

Datenverarbeitung und Entscheidungsunterstützung

Auf Basis des Kriterienbaums und der verschiedenen Paarvergleiche erfolgt eine Datenverarbeitung, die zu verschiedenen Auswertungen führt:

Kriteriengewichtung (Schritt 6): Als Ergebnis dieses Schritts liegen Rangfolgen der Kriterien nach ihrer Wichtigkeit vor. So gehen in unserem Beispiel entsprechend des Paarvergleichs strategische Aspekte mit 61 Prozent in den Entscheidungsprozess ein. Diese gliedern sich dann auf der darunter liegenden Ebene in 56 Prozent für Wachstum/Marktanteile und 22 Prozent für Produktqualität.

Priorisierung der Alternativen (Schritt 7) Hier ist das Ergebnis eine Rangfolge der Entscheidungsalternativen nach ihrer Eignung zur Problemlösung. Dabei zeigte sich, dass eine Teilverlagerung der Produktion (Option 2) vor der regionalen Diversifizierung als geeignetste Alternative anzusehen ist. Diese Ergebnisse können weiter präzisiert werden, indem entweder die Gründe für ein bestimmtes Ergebnis analysiert werden (Auf Basis welcher Kriterien ist die Alternative so bewertet worden?) oder aber eine spezifische Rangfolge für einzelne Kriterien betrachtet wird (Welche Entscheidungsalternative wäre bezüglich der organistorischen Aspekte die geeignete?).

Inkonsistenzanalyse (Schritt 8): Außerdem kann die Logik der einzelnen Bewertungen mathematisch hinterfragt werden. Mit sogenannten Inkonsistenzfaktoren kann so eine Aussage zur Qualität der ermittelten Entscheidung getroffen werden.

Im Vergleich zur Nutzwertanalyse ist der Analytische Hierarchieprozess zwar mathematisch anspruchsvoller, aber gleichzeitig auch präziser. Durch die einzelnen Teilschritte gelingt es, einen Entscheidungsprozess zu systematisieren. Gleichzeitig kann ein AHP als Instrument zur Konsensbildung in Gruppenprozessen eingesetzt werden.

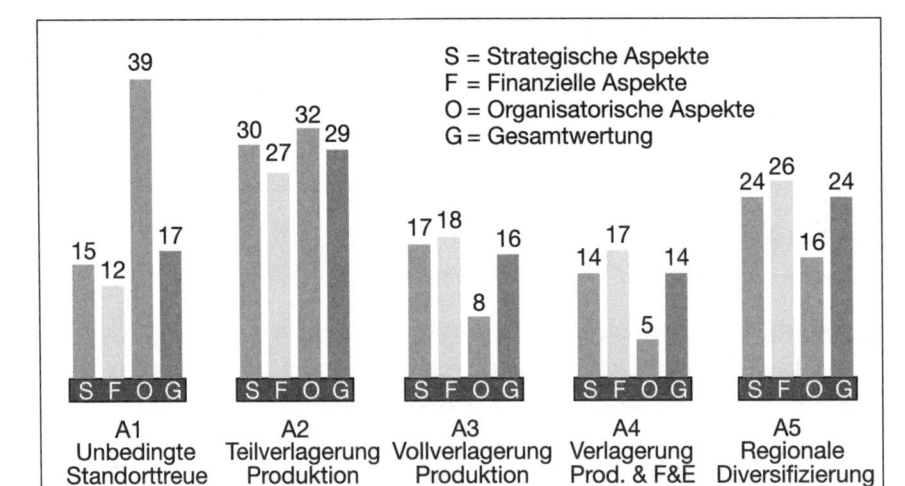

Abbildung 127: Exemplarische Ergebnisse eines AHP

Unsicherheitsanalyse

Methoden zur Entscheidungsunterstützung unter Unsicherheit werden als Unsicherheitsanalysen (oder etwas unscharf auch als Risikoanalysen) bezeichnet. Die einfachste Form sind Sensitivitätsanalysen, mit denen Was-wäre-wenn-Fragen untersucht werden. Entscheidungsanalysen beziehen zusätzlich die Wahrscheinlichkeit verschiedener Ereignisse ein. Hier erfolgt die Aufbereitung zunächst in Form von Entscheidungstabellen und Entscheidungsbäumen sowie später im Rahmen von »Monte-Carlo-Simulationen« und bei der Nutzung von »Realoptionen«.

Inhalt

Die meisten unternehmerischen Entscheidungen müssen heute auf Basis unvollständiger Kenntnisse über zukünftige Entwicklungen getroffen werden. Diese Unsicherheit kann man ignorieren (naives Entscheiden) oder subjektiv berücksichtigen (kluges Abschätzen). Alternativ dazu kann Unsicherheit auch im Vorfeld untersucht und bei der Entscheidungsfindung berücksichtigt werden. Daher wird hier auch von einer Unsicherheitsanalyse gesprochen, bei der sich zwei Formen unterscheiden lassen:

- *Entscheidung unter Risiko* liegt vor, wenn dem Entscheider die Eintrittswahrscheinlichkeiten der verschiedenen Umweltsituationen entweder objektiv (beispielsweise beim Lotto) oder subjektiv (aufgrund von Schätzungen) bekannt sind.
- Von *Entscheidung unter Ungewissheit* wird demgegenüber gesprochen, wenn der Entscheider keine Aussagen über diese Eintrittswahrscheinlichkeiten machen kann.

In der Entscheidungstheorie sind eine Vielzahl von Verfahren beschrieben worden. Bei der Entscheidung unter Risiko sind dies vor allem:

- *Bayes-Regel:* Hier orientiert sich der Entscheider lediglich anhand der Erwartungswerte.
- Bei der *µ-δ-Regel* wird zusätzlich die Risikoneigung des Entscheiders berücksichtigt. Bei risikoneutralen Entscheidern entspricht sie der Bayes-Regel, während bei risikoscheuen Personen die Attraktivität einer Alternative mit zunehmender Standardabweichung sinkt.

- Beim *Bernoulli-Prinzip* werden die Ergebnisse mittels einer Risikonutzenfunktion in Nutzwerte umgewandelt. Dadurch kann individuelles Risikoverhalten bei der Entscheidungsfindung berücksichtigt werden.

Bei der Entscheidung unter Ungewissheit – also bei noch geringerer Informationslage – kommen prinzipielle Entscheidungsregeln, die auch als einfache Verfahren verstanden werden können, zum Einsatz. Die bekanntesten dieser Regeln sind:

- Bei der *Maximin-Regel* werden die jeweils ungünstigsten Entwicklungen für die einzelnen Entscheidungsalternativen verglichen. Gewählt wird schließlich die Alternative mit den dann noch besten Ergebnissen. Daher ist dies ein Verfahren für risikoaverse Entscheider, die sich für die Alternative mit den geringsten Gefahren entscheiden.
- Bei der *Maximax-Regel* werden demgegenüber die jeweils günstigsten Entwicklungen der Alternative miteinander verglichen. So wählen risikobereite Entscheider die Alternative mit den größten Chancen aus.
- Bei der *Laplace-Regel* erhalten alle Ereigniseintritte die gleiche Wahrscheinlichkeit.

In der Praxis müssen diese und weitere Entscheidungsregeln zumeist in konkrete Instrumente eingebunden werden. Die wichtigsten dieser Instrumente sind Sensitivitätsanalysen, Entscheidungstabellen und Entscheidungsanalysen sowie Monte-Carlo-Simulationen und Realoptionsanalysen.

Vorgehen und Methoden

Sensitivitätsanalyse

Sensitivitätsanalysen können als Ausgangspunkt jeder Unsicherheitsanalyse betrachtet werden. Sie stellen dar, wie empfindlich bestimmte Zielgrößen auf eine Veränderung von Annahmen reagieren. So lassen sich beispielsweise die wichtigsten *Unsicherheitsfaktoren* identifizieren, von deren zukünftiger Entwicklung eine Entscheidung maßgeblich abhängt. So erhalten Entscheider einen klaren Blick für die einer Entscheidung innewohnenden Risiken und können entsprechende Maßnahmen ergreifen.

In einfacher Form werden im Rahmen von Sensitivitätsanalysen lediglich Was-wäre-wenn-Fragen gestellt. Die Ergebnisse solcher Analysen können in Form von ein-, zwei- oder dreiwertigen *Was-wäre-wenn-Tafeln* dargestellt werden. Abbildung 128 illustriert dies anhand einer Tafel, bei der die Abhängigkeit eines Zielwerts – also hier des Gewinns – von zwei Kriterien – hier der Rohmaterialpreise und des Marktanteils eines Hochpreissegments – aufgezeigt wird.

Abbildung 128: Darstellungsformen von Sensitivitätsanalysen

Hochpreissegment (%)	Rohmaterialpreise (Euro)				
		20	30	40	50
	8	48	36	24	13
	10	79	57	42	36
	12	121	81	65	49
	14	145	102	79	64
	16	182	135	103	86
	18	234	178	132	99
	20	289	211	163	106

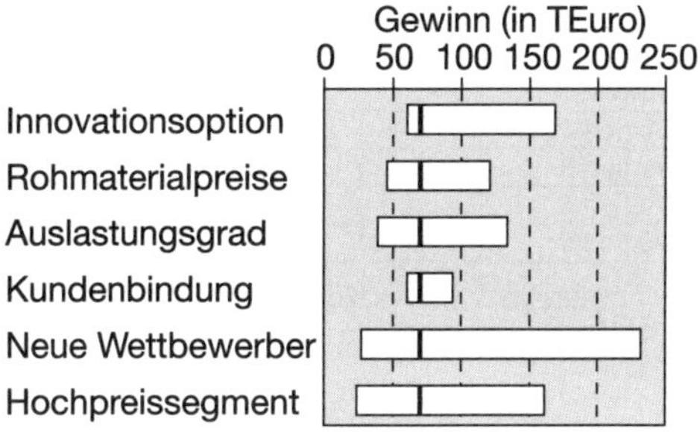

Innovationsoption
Rohmaterialpreise
Auslastungsgrad
Kundenbindung
Neue Wettbewerber
Hochpreissegment

Gewinn (in TEuro): 0, 50, 100, 150, 200, 250

Eine weitere Form sind *Tornado-Diagramme*, mit denen die Sensitivität einer bestimmten Größe hinsichtlich einer Reihe von Umfeldgrößen dargestellt wird. Dabei wird sowohl der niedrigste Wert für eine pessimistische Annahme der Umfeldgrößen als auch ein Höchstwert für eine optimistische Umfeldentwicklung verzeichnet. Die Länge einer Linie lässt sich als relative Bedeutung der Unsicherheit der Umfeldgröße interpretieren.

Entscheidungstabellen

Entscheidungstabellen sind eine Möglichkeit, komplexe Regelwerke in übersichtlicher Form darzustellen. Eine Entscheidungstabelle besteht aus vier Teilbereichen:

- einer Liste der zu berücksichtigenden Bedingungen (oben links),
- einer Liste der möglichen Aktionen (unten links),
- einem Bereich, in dem die möglichen Bedingungskombinationen zusammengestellt sind (oben rechts) und
- einem Bereich, in dem jeder Bedingungskombination die jeweils durchzuführende Aktivität zugeordnet ist (unten rechts).

Abbildung 129: Beispiel einer Entscheidungstabelle

	R1	R2	R3	R4	R5	R6	R7	R8	$R7_n$	R9	R10	R11	R12	R13	R14	R15	R16
Bedingungen																	
Bedingung 1	j	j	j	j	j	j	j	j	j	n	n	n	n	n	n	n	n
Bedingung 2	j	j	j	j	n	n	n	n		j	j	j	j	n	n	n	n
Bedingung 3	j	j	n	n	j	j	n	n		j	j	n	n	j	j	n	n
Bedingung 4	j	n	j	n	j	n	j	n	-	j	n	j	n	j	n	j	n
Aktionen																	
Aktion 1	x				x						x				x		
Aktion 2		x	x							x				x			
Aktion 3	x		x			x	x	x		x		x					x
Aktion 4	x			x	x					x				x			
Aktion 5							x	x	x								

So wird eine Entscheidungstabelle gelesen: Wenn nur die Bedingungen 1 und 2 erfüllt sind, dann werden ausschließlich die Aktionen 3 und 4 ausgeführt.

Beispiel für eine Konsolidierung

Insofern enthalten die einzelnen Spalten einer Entscheidungstabelle die sogenannten Entscheidungsregeln. Abbildung 129 enthält zunächst für jede der 16 denkbaren Kombinationen eine einzelne Regel/Spalte. Später wird die Entscheidungstabelle konsolidiert. Dabei werden beispielsweise Bedingungskombinationen, die zu gleichen Aktivitäten führen, zusammengefasst. Abbildung 129 zeigt dies anhand der Regeln 7 und 8. Bei komplexeren Entscheidungstabellen lässt sich anhand der Fehlerhaftigkeit dieses Zusammenfassens die Qualität des Regelwerks beurteilen.

Entscheidungsbäume/Klassifikationsbäume

Entscheidungsbäume beginnen mit einem *Stamm* oder einer *Wurzel*. Von dort aus verzweigen sie sich in mehreren Schritten zu *Knoten* oder *Ästen*. Am Ende der einzelnen Äste befinden sich *Blätter*, die in der Regel die Entscheidung darstellen. Jedes dieser Blätter ist über einen eindeutigen Weg erreichbar. Daher werden Entscheidungsbäume auch als »Klassifikationsbäume« bezeichnet.

Die Entwicklung von Entscheidungsbäumen erfolgt in der Regel nach dem Top-Down-Prinzip. Wir wollen im Folgenden das Grundprinzip der Konstruktion eines Entscheidungsbaums verdeutlichen und dazu ein sehr einfaches Beispiel verwenden. In der Praxis liegen häufig sehr viel umfangreichere Daten vor, die mittels geeigneter Software-Programme analysiert und in Entscheidungsbäume überführt werden.

- *Datenermittlung* (Phase 1): Ausgangspunkt für die Entwicklung eines Entscheidungsbaums ist ein Datensatz, in dem einzelne Entscheidungen mit einer bestimmten Menge von Attributen versehen sind. In dem in Abbildung 130 gezeigten Beispiel sind dies 14 Datensätze – 9 Käufe und 5 Nicht-Käufe eines Computers. Für jeden dieser 14 Sätze liegen als Attribute Informationen über Alter, Einkommen, Berufsstand und Bonität der potenziellen Käufer vor. Als fünfzehnter Käufer tritt nun ein 35-jähriger Student mit hohem Einkommen und guter Bonität auf. Die zu klärende Frage lautet, ob mit einem Computerkauf gerechnet werden kann.
- *Klassifizierung der Attribute* (Phase 2): Im Folgenden wird untersucht, anhand welchen Attributs sich die Daten am besten klassifizieren lassen. Im vorliegenden Fall ist dies das Alter der potenziellen Käufer, da alle Angehörigen der Altersgruppe von 30-40 Jahren einen Computer gekauft haben, wird dies als erste Entscheidungsregel formuliert und ein erstes »Blatt« im Entscheidungsbaum verzeichnet. Für die anderen beiden Altersgruppen ist eine zweiter Analyseschritt notwendig. Bei den unter 30-Jährigen kann anhand des Attributs »Student« geklärt werden, ob ein Computer gekauft wird. Bei den über 40-Jährigen ist es die Bonität, die über Kauf oder Nicht-Kauf entscheidet.
- *Aufbau des Entscheidungsbaums* (Phase 3): Bei der Betrachtung des Entscheidungsbaums wird deutlich, dass das Attribut »Einkommen« für die Klassifizierung von Käufern und Nicht-Käufern (innerhalb des betrachteten Datensatzes) keine Rolle spielt.

In diesem Beispiel konnten für alle Attribute eindeutige Zuordnungen vorgenommen werden. Da dies in der Praxis nur selten der Fall ist, kann anhand des Anteils der nicht richtig klassifizierten Daten die Qualität des Entscheidungsbaums beurteilt werden. Außerdem kann mittels Wahrscheinlichkeiten die relative Häufigkeit der einzelnen Blätter ermittelt werden.

Der größte Vorteil von Entscheidungsbäumen ist ihre einfache Struktur und damit die gute Nachvollziehbarkeit. Auf diese Weise lassen sich Schlüsselattribute schnell erkennen. Nachteilig kann sich hingegen ihre Größe auswirken, weshalb viele Entscheidungsbäume mittels sogenannter »Pruning-Methoden« auf einen vertretbaren Rahmen gekürzt werden.

Abbildung 130: Beispiel für Ausgangsdaten und Entscheidungsbaum

Datensatz	Alter	Einkommen	Student	Bonität	Kauf
1	< 30	Hoch	Nein	Mittel	Nein
2	< 30	Hoch	Nein	Gut	Nein
3	< 30	Mittel	Nein	Mittel	Nein
4	< 30	Niedrig	Ja	Mittel	Ja
5	< 30	Mittel	Ja	Gut	Ja
6	30-40	Hoch	Nein	Mittel	Ja
7	30-40	Niedrig	Ja	Gut	Ja
8	30-40	Mittel	Nein	Gut	Ja
9	30-40	Hoch	Ja	Gut	Ja
10	>40	Mittel	Nein	Mittel	Ja
11	>40	Niedrig	Ja	Mittel	Ja
12	>40	Mittel	Ja	Mittel	Ja
13	>40	Niedrig	Ja	Gut	Nein
14	>40	Mittel	Nein	Gut	Nein

Monte-Carlo-Simulation

Der Name »Monte-Carlo-Simulation« geht auf die monegassischen Roulettetische zurück, mit denen sich bekanntlich Zufallszahlen ermitteln lassen. Ihre Nutzung im Rahmen der Unsicherheitsanalyse geht auf David Hertz zurück, der sie 1979 in einem Artikel für die *Harvard Business Review* vorschlug. Inzwischen haben sich ihre Einsatzmöglichkeiten aufgrund der informationstechnischen Entwicklung massiv verbessert. Die Durchführung einer Monte-Carlo-Simluation erfolgt in vier Schritten:

- *Aufbau eines Grundmodells* (Schritt 1): Dies enthält verschiedene Ein- und Ausgabewerte, die in der Regel zu einem abschließenden Zielwert – für gewöhnlich in Form eines Ergebniswerts – führen. Abbildung 131 zeigt dies anhand eines von Kiriakos Vlahos beschriebenen Beispiels für eine Fluggesellschaft.
- *Erstellung von Unsicherheitsmodellen* (Schritt 2): Anschließend werden auf Basis von Wahrscheinlichkeitsverteilungen für die wichtigsten Eingabeparameter sogenannte Unsicherheitsmodelle erstellt (siehe Abbildung 131, Mitte). Dies kann in einzelnen Fällen durch Analyse historischer oder experimenteller Daten erfolgen. In den meisten Fällen bedarf

es hier allerdings subjektiver Beurteilungen durch die Entscheider oder externe Experten.
- *Verknüpfung der Unsicherheitsvariablen* (Schritt 3): Da sich die einzelnen Unsicherheitsvariablen untereinander beeinflussen, müssen diese Beziehungen bestimmt und in einer Korrelationsmatrix verzeichnet werden.
- *Ablauf der Simulation* (Schritt 4): Schließlich wird die Computersimulation durchgeführt. Dabei »zieht« die Software unter Berücksichtigung der verknüpften Unsicherheitsmodelle diejenigen Zielparameter, für die eine Wahrscheinlichkeitsverteilung ermittelt werden soll. Dies wird so lange wiederholt, bis die Ergebnisse in einer Wahrscheinlichkeitstabelle oder Grafik (siehe Abbildung 131, rechts) dargestellt werden können. Da bei diesem Verfahren die einzelnen Simulationen rein zufällig erfolgen, ist eine »ausreichende« Anzahl von Simulationsberechnungen sicherzustellen.

Abbildung 131: Überblick über die Monte-Carlo-Simulation

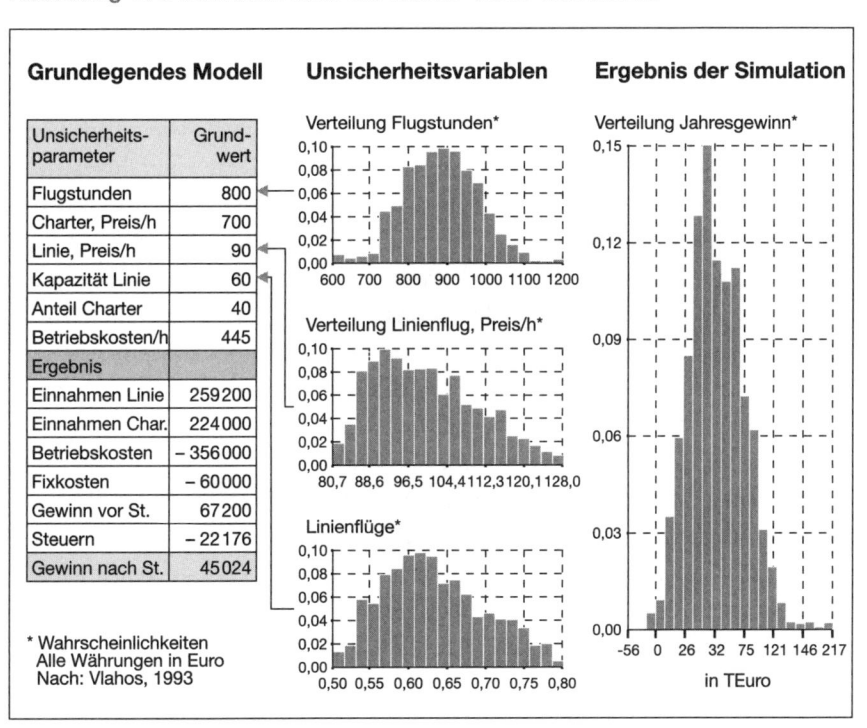

Grundlegendes Modell

Unsicherheitsparameter	Grundwert
Flugstunden	800
Charter, Preis/h	700
Linie, Preis/h	90
Kapazität Linie	60
Anteil Charter	40
Betriebskosten/h	445
Ergebnis	
Einnahmen Linie	259 200
Einnahmen Char.	224 000
Betriebskosten	– 356 000
Fixkosten	– 60 000
Gewinn vor St.	67 200
Steuern	– 22 176
Gewinn nach St.	**45 024**

* Wahrscheinlichkeiten
Alle Währungen in Euro
Nach: Vlahos, 1993

Unsicherheitsvariablen

Verteilung Flugstunden*
(600 700 800 900 1000 1100 1200)

Verteilung Linienflug, Preis/h*
(80,7 88,6 96,5 104,4 112,3 120,1 128,0)

Linienflüge*
(0,50 0,55 0,60 0,65 0,70 0,75 0,80)

Ergebnis der Simulation

Verteilung Jahresgewinn*
(-56 0 26 32 75 121 146 217)
in TEuro

Nach Durchführung einer Monte-Carlo-Simulation liegt den Entscheidern neben den statischen Ergebnissen des Grundmodells auch eine Wahrscheinlichkeitsverteilung der wichtigsten Zielparameter vor. Diese gilt es nun bei der Entscheidungsfindung zu berücksichtigen. Dabei ist neben analytischem Urteilsvermögen auch eine gehörige Portion gesunder Menschenverstand gefragt. Hilfreich können typische Fragen sein, die im Zuge dieses Interpretationsschritts gestellt werden:

- Wie unsicher ist unsere Ausgangslage? Wie groß ist die Spannweite möglicher Ergebnisse für die Zielparameter?
- Wie sehen die Ergebnisse – beispielsweise der Gewinn nach Steuern – unter Berücksichtigung des Wahrscheinlichkeitsmodells aus?
- Wie wollen wir mit den Unsicherheiten umgehen?
- Gibt es Kombinationen von Unsicherheiten, die zu extremen oder katastrophalen Folgen führen können?
- Welche Unsicherheitsfaktoren haben die stärksten Auswirkungen auf die Zielparameter?

Realoption-Analyse

Die herkömmlichen Verfahren zur Bewertung von (Investitions-)Entscheidungen führen häufig dazu, dass der strategische Wert einer Investition unterbewertet wird. Ursache ist, dass die Entscheider zwar über ausreichende Flexibilität verfügen, um ihre Strategien auch nach getätigter Entscheidung an sich verändernde Umweltentwicklungen anzupassen, diese Flexibilität aber in die Entscheidungsprozesse nicht einfließt. Daher wurde in den siebziger Jahren der aus der Finanzwirtschaft bekannte Begriff der »Optionen« auf die Situation realer Entscheidungsvorhaben übertragen.

Die historischen Wurzeln des Optionsansatzes reichen bis ins Jahr 600 vor Christus zurück, als der griechische Philosoph Thales von Milet den Besitzern der örtlichen Olivenpressen im Frühjahr zu einem festen Preis die Option abkaufte, die Maschinen in der Erntezeit zum Marktpreis zu vermieten. Optionen berechtigen also zum Kauf oder Verkauf einer Menge von Basiswerten zu einem späteren, fest vereinbarten Zeitpunkt – und zwar zu einem festen, im voraus vereinbarten Preis.

In der Praxis setzte sich diese Übertragung des Optionsansatzes auf reale Entscheidungssituationen – also die Nutzung von »Realoptionen« – erst in den neunziger Jahren vor allem bei Rohstoff- und Pharmaunternehmen durch. Ulrich Hommel und Gunnar Pritsch verstehen unter einer Realoption »*zukünftige Handlungsspielräume und Investitionsmöglichkeiten eines Unternehmens in Verbindung mit der Fähigkeit des Managements, operative Entscheidungen an veränderte Umweltbedingungen anzupassen.*« Dabei werden drei Typen von Realoptionen unterschieden:

- *Lernoptionen* ermöglichen dem Unternehmen, die Bindung finanzieller Ressourcen von der Veränderung der Rahmenbedingungen abhängig zu machen. Hier leitet sich der Optionswert aus der Flexibilität ab, auf neue Information warten und Entscheidungen aufschieben zu können. Konkret werden die sogenannte *Warteoption* (»Option to Wait«) und die *Aufteilungsoption* (»Option to Stage Investment«) unterschieden.
- *Wachstumsoptionen* eröffnen demgegenüber Möglichkeiten zur Sicherung oder Verbesserung der gegenwärtigen Wettbewerbsposition. Hier leitet sich der Optionswert aus der ex-ante-Flexibilität ab, neue Gewinnpotenziale mit Folgeinvestitionen auszuschöpfen. Diese Gruppe umfasst die sogenannte Innovationsoption (»Option to Innovate«) sowie die Erweiterungsoption (»Option to Expand«).
- *Versicherungsoptionen* schaffen die Möglichkeit, auf ungünstige Marktentwicklungen mit operativen Anpassungen zu reagieren und damit die Volatilität zukünftiger Zahlungsströme zu reduzieren. In diesem Fall leitet sich der Optionswert aus der Flexibilität ab, die Produktionsintensität zu variieren (»Option to Alter Scale«/»Option to Contract«), zwischen alternativen Technologien oder Produkten zu wechseln (»Switching Option«), Projekte nach Fertigstellung temporär oder permanent stillzulegen (»Option to Abandon/Shut Down«) oder vor der Fertigstellung abzubrechen (»Option to Stage Investment«).

Die Realoptionen-Analyse eignet sich vor allem für mehrstufige Investitionsentscheidungen in unsicheren Umfeldern. Ihre Anwendung erfolgt in vier Schritten:

- *Bestimmung der Relevanz des Realoptionen-Ansatzes* (Schritt 1): Dabei ist festzustellen, ob sich die Ausgangssituation für den Einsatz von Realoptionen eignet. Wesentliche Voraussetzungen sind Flexibilität, Unsicherheit sowie Irreversibilität. Zudem ist zu ermitteln, welche Optionstypen im Projekt enthalten sind.
- *Auswahl der Bewertungsmethode* (Schritt 2): Wird nun die Entscheidung für ein Optionspreisverfahren getroffen, so ist ein »Optionspreis-

modell« auszuwählen. Dies ist quasi das Grundmodell zur Integration der Realoptionen.
- *Durchführung der Bewertung* (Schritt 3): Bei diesem Schritt geht es vor allem um die Bestimmung der einzelnen Optionsparameter – das heißt die Quantifizierung der äquivalenten realwirtschaftlichen Modellgrößen und die Spezifizierung der ihnen zugrundeliegenden Annahmen. Dabei wird zunächst jede Realoption einzeln bewertet.
- *Feinabstimmung* (Schritt 4): Hier werden mögliche Interaktionen der einzelnen Realoptionen berücksichtigt sowie ein Verständnis der Sensitivität des Ergebnisses entwickelt.

Risiko-Management

Beim Risiko-Management werden Gefahren, die sich aus einer Abweichung der realen Entwicklung von einem Plan ergeben könnten, frühzeitig identifiziert, bewertet und in einem Prozess kontinuierlich gehandhabt. Ein Bestandteil sind Frühwarnsysteme. In der Praxis existiert ein sehr breites Spektrum von Anwendungen – vom operativen Risiko-Management im Finanz- und Bankensektor bis zum qualitativen Risiko-Management im Sinne einer strategischen Früherkennung oder Frühaufklärung.

Inhalt

Unternehmerische Risiken liegen dann vor, wenn die Auswirkungen von Umfeldentwicklungen oder unternehmerischen Entscheidungen nicht mit Sicherheit vorhergesagt werden können. In der Praxis lassen sich zwei Risikobegriffe voneinander abgrenzen. Zum einen kann Risiko als *Verlustgefahr* verstanden werden. Dann beschreibt es die Möglichkeit einer ungünstigen, womöglich gefährlichen oder gar existenzbedrohenden Entwicklung. Im Englischen findet er sich im Begriffspaar »opportunities and threats«, das im Deutschen eben meistens nicht als »Chancen und Gefahren«, sondern als »Chancen und Risiken« verstanden wird. Zum anderen wird Risiko als *Variabilität oder Streuung* aufgefasst. Dann beschreibt es die Möglichkeit, dass es anders (sowohl schlechter als auch besser) kommen kann als erwartet. Hier entspricht das dem Englischen »Risk«-Begriff.

Zudem finden sich weitere Unterscheidungsformen von Risiken: Während sich *Einzelrisiken* sachlich, zeitlich und auch statistisch von anderen Einzelrisiken unterscheiden lassen, betreffen *Gruppenrisiken* mehrere Einzelrisiken zur gleichen Zeit. *Objektive Risiken* sind über eine Verteilungsfunktion und ihre Parameter messbar, schätzbar oder bewertbar, während *subjektive Risiken* lediglich von einem Entscheider als solche empfunden werden. *Statische Risiken* verändern sich über die Zeit nicht oder nur geringfügig, während *dynamische Risiken* sich numerisch oder strukturell stark verändern und insofern nur schwer vorhersagbar sind. Weiter werden *Sachrisiken* von *Personenrisiken* und *finanzielle* von *nichtfinanziellen Risiken* abgegrenzt.

Auch wenn die Handhabung von Risiken als eine unternehmerische Selbstverständlichkeit angesehen werden kann, so wird dieser Bereich von verschiedenen gesetzliche Vorgaben tangiert. So verpflichtet das Aktiengesetz den Vorstand »*geeignete Maßnahmen zu treffen, insbesondere ein Überwachungssystem einzurichten, damit den Fortbestand der Gesellschaft gefährdende Entwicklungen früh erkannt werden.*« Außerdem beinhaltet das Gesetz zur Kontrolle und Transparenz im Unternehmensbereich (KonTraG) »*die Verpflichtung des Vorstands, für ein angemessenes Risiko-Management [...] zu sorgen.*«

In der Praxis können die drei in Abbildung 132 dargestellten Formen von Risiko-Management voneinander abgegrenzt werden. Außerdem besteht eine enge Verbindung zum *Krisen-Management* (→) – vor allem zum übergeordneten Ansatz des Business Continuity Management (BCM).

Abbildung 132: Formen von Risiko-Management

ex-post-Analysen (Rückblickend)	ex-ante-Betrachtung (Vorausschauend)	
1 Klassisches Risiko-Management	2 Trendbasiertes Risiko-Management	3 Szenariobasiertes Risiko-Management
	Nur eine Zukunft (trendbasiert)	Mehrere Zukünfte (szenariobasiert)
Frühwarnsysteme		
	Früherkennungssysteme	

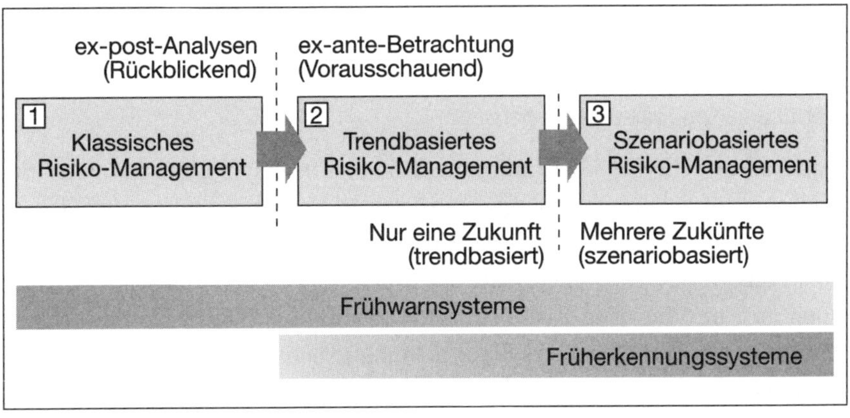

Klassisches Risiko-Management

Risiko-Management ist ursprünglich ein Themenfeld aus dem Finanz- und Bankensektor. Dort führt die beschleunigte Dynamik des wirtschaftlichen Umfelds zu erheblichen Volatilitäten und insbesondere zu steigenden Ausfallrisiken im Kreditgeschäft. Ursachen hierfür sind die Globalisierung der Finanzmärkte, die fortschreitende Deregulierung sowie der ungebrochene Trend zur Securitisation und Disintermediation. Dabei stehen die Margen des Kreditgeschäfts ohnehin erheblich unter Druck. Es erwächst die Gefahr, dass Kreditinstitute, um ihre nach außen wahrnehmbare Rentabilität zu erhöhen, immer höhere Risiken eingehen. Diese Situation erfordert ein leistungsfähiges Risiko-Management, das den wachsenden Anforderungen gerecht wird.

Dieses Problem hat das Bundesaufsichtsamt für Kreditwesen aufgegriffen. Bis Mitte 2001 wurden zunächst die Anforderungen an ein geeignetes Management von Kreditrisiken definiert und deren Einhaltung durch eine entsprechende Novellierung des KWG vorgeschrieben werden. Ein Schwerpunkt der Arbeiten ist die Entwicklung geeigneter Instrumente der Kreditwürdigkeitsprüfung und Rating-Verfahren, welche insbesondere eine verbesserte Handelbarkeit von Krediten im Rahmen der Sekuritisation ermöglichen. Die Entwicklung solcher Verfahren, die längst noch nicht abgeschlossen ist, hat dabei zwei wesentliche Kriterien zu erfüllen. Sie müssen zum einen auf eine mittelständisch geprägte Kundenstruktur anwendbar sein, da hier die traditionellen Ansätze von Moody's oder Standard & Poors nicht greifen. Zum anderen erfordert das sich dynamisch verändernde Umfeld eine verstärkte Zukunftsorientierung. Neben quantitativen Größen nimmt die Bedeutung qualitativer Faktoren stark zu.

Trendbasiertes Risiko-Management

Das traditionelle Risiko-Management basiert in erster Linie auf einer Betrachtung und Fortschreibung quantitativer Vergangenheits- und Gegenwartsdaten – beispielsweise im Rahmen einer Bilanzanalyse. Diese ex-post-Analysen reichen angesichts der zunehmenden Umfelddynamik kaum noch aus, um die reale Risikosituation abzubilden. Daher kommt derzeit verstärkt ein trendbasiertes Risiko-Management zum Einsatz, das sich vom bisherigen Vorgehen in drei Punkten unterscheidet:

- *Nutzung von Vorausschauaktivitäten:* Hier werden mögliche Veränderungen vorausgedacht. Dabei kommen Instrumente wie *Trend-Management* (→), *Wildcards* (→) oder *Issue-Management* (→) zum Einsatz.
- *Einbeziehung qualitativer Risiken:* Viele zumal strategische Risiken lassen sich zumindest in einer ersten Phase nicht quantifizieren. Daher bezieht hier das Risiko-Management qualitative Entwicklungen ein.
- *Einbeziehung von Chancen:* Mit den meisten Entwicklungen sind neben Risiken auch Chancen verbunden. Gleichzeitig lässt sich eine unterlassene Chancennutzung ebenfalls als Risiko verstehen, sodass die traditionelle Trennung von Gefahren und Chancen im Risiko-Management überwunden werden muss. Daher markiert ein trendbasiertes Risiko-Management häufig bereits den Übergang von risikoorientierten *Frühwarnsystemen* zu den inhaltlich weitergefassten und offeneren *Früherkennungssystemen*.

Szenariobasiertes Risiko-Management

Beim trendbasierten Risiko-Management erfolgt die Zukunftsbetrachtung lediglich in Form eindimensionaler Prognosen oder Trendannahmen. Gleichzeitig werden die oft komplexen wechselseitigen Beeinflussungen untereinander beziehungsweise die für das inhaltliche Verständnis zukünftiger Entwicklungen wesentlichen Systemzusammenhänge häufig vernachlässigt. Daher beziehen mehr und mehr Unternehmen Szenarien in ihre Risiko-Management-Prozesse ein, indem sie

- die wechselseitigen Beeinflussungen im Unternehmensumfeld analysieren, um ein Verständnis der grundlegenden Systemzusammenhänge zu bekommen,
- aus den alternativen Szenarien Chancen und Gefahren ableiten und diese kontinuierlich verfolgen,
- Netzwerke bilden, die im Sinne eines zukunftsorientierten Wissensmanagements laufend Informationen über aktuelle Entwicklungen, Trends und Technologien zusammentragen, in definierten Zyklen in ein Früherkennungssystem einpflegen und das System somit dynamisch weiterentwickeln.

Vorgehen

Der Risiko-Management-Prozess lässt sich anhand der sechs in Abbildung 133 dargestellten Phasen strukturieren.

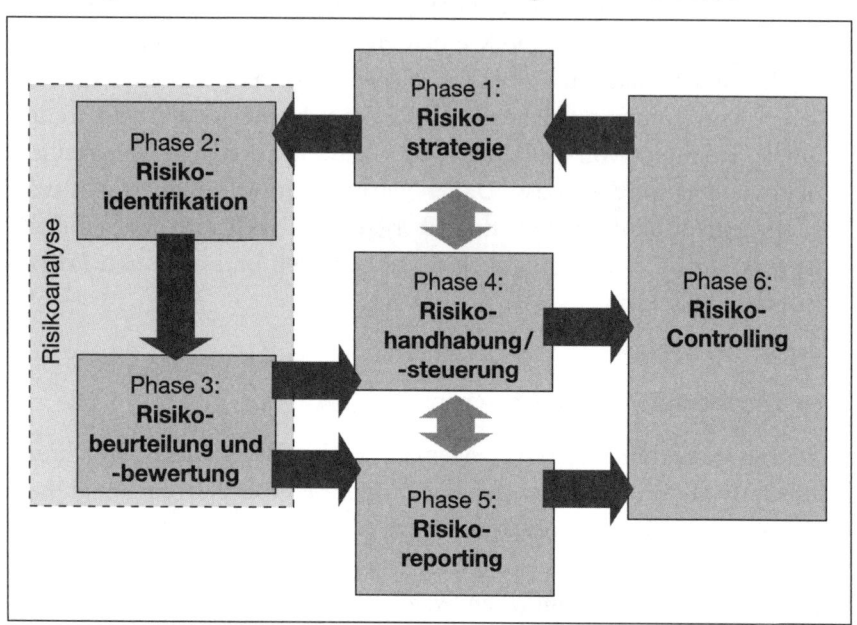

Abbildung 133: Sechs Phasen des Risiko-Management-Prozesses

Entwicklung einer Risikostrategie (Phase 1)

Grundlage eines Risiko-Management-Prozesses ist eine Risikostrategie. Sie beschreibt beispielsweise, welche Risiken ein Unternehmen bereit ist einzugehen, welches Verhältnis von Chancen und Gefahren eingehalten werden sollte, und ab welcher Schadenshöhe Maßnahmen zur Risikosteuerung einzuleiten sind. In den meisten Fällen ist diese Risikostrategie ein Bestandteil des übergreifenden Strategieprozesses.

Einen Schritt weiter gehen Stan Davis und Chris Meyer mit ihrer Empfehlung zur Einrichtung von strategischen Risikoeinheiten (»strategic risk units, SRUs) und zur Berufung von Chief Risk Officers (CROs):

»*In gewissem Sinne sind SRUs ein Gegenstück zu den schon jetzt in vielen Unternehmen üblichen strategischen Betriebseinheiten (›strategic business units‹, SBUs). Während SBUs auf eine spezifische Synthese von Produkten und Dienstleistungen mit ihren Märkten abzielen, könnten SRUs die Vielzahl von Risiken, mit denen ein Unternehmen konfrontiert ist, identifizieren, bewerten, differenzieren, bündeln und auf den Markt bringen.«* (Davis/Meyer 2001, S. 100)

Risikoidentifikation (Phase 2)

In der zweiten Phase geht es darum, die mit der unternehmerischen Tätigkeit verbundenen Risiken zu erfassen. Dabei kann es sich um Bedrohungen aus dem Unternehmen selbst *(interne Risiken)* als auch aus dem Unternehmensumfeld *(externe Risiken)* handeln. Häufig werden an dieser Stelle auch spezifische (interne) *Risikokennzahlen* oder (externe) *Risikoindikatoren* ermittelt.

Ein wichtiges Instrument im Rahmen von Risiko-Management-Prozessen sind sogenannte *Frühwarnsysteme*. Werden diese um die Identifikation von Chancen erweitert, so wird von *Früherkennungssystemen* gesprochen.

Risikobeurteilung und Risikobewertung (Phase 3)

Diese dritte Phase beginnt mit einer *Risikoanalyse*. Dabei sollen die Ursachen für die Risiken sowie die Wirkzusammenhänge aufgedeckt werden. Daher können an dieser Stelle *Vernetzungsanalysen* (→) eingesetzt werden.

Aufbauend auf einem Verständnis der einzelnen Risiken erfolgt die *Risikobewertung*. Dazu werden in der Regel die *Auswirkungsstärke* eines zukünftigen Ereignisses sowie dessen *Eintrittswahrscheinlichkeit* bewertet. Diese Bewertung kann entweder qualitativ – das heißt aufgrund allgemeiner Überlegungen in einem Bewerterteam – oder quantitativ erfolgen. In diesem Fall kann die Auswirkungsstärke beispielsweise als Verlustpotenzial in Prozent des Eigenkapitals oder als mittlere Schadenshöhe pro Risikofall angegeben werden. Die Eintrittswahrscheinlichkeit kann dann durch die mittlere Schadensfrequenz ausgedrückt werden.

Häufig erfolgt eine Visualisierung der einzelnen Risiken in einem *Risikoportfolio*, in dem sich dann verschiedene *Risikoklassen* oder *Risikoprioritäten* ermitteln lassen. Abbildung 134 zeigt exemplarisch ein Risikoportfolio aus dem »Global Risk 2006«-Report, den das World Economic Forum zusammen mit *MMC*, *Merrill Lynch* und der *Swiss Re* erarbeitet hat.

Abbildung 134: Portfolio für die langfristigen geopolitischen Risiken

Auswirkungsstärke (y-Achse, 1–4) / Wahrscheinlichkeit (x-Achse, 1–4)

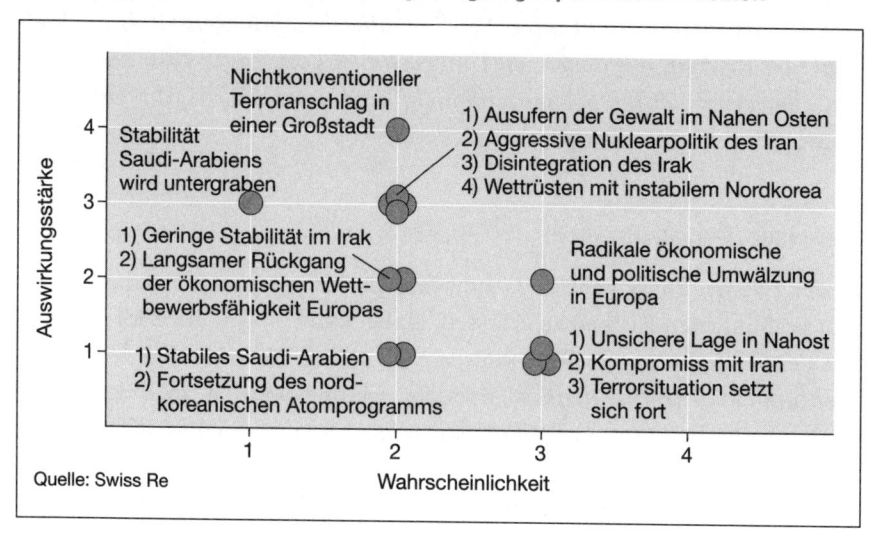

- Bei Auswirkungsstärke 4: Stabilität Saudi-Arabiens wird untergraben; Nichtkonventioneller Terroranschlag in einer Großstadt; 1) Ausufern der Gewalt im Nahen Osten, 2) Aggressive Nuklearpolitik des Iran, 3) Disintegration des Irak, 4) Wettrüsten mit instabilem Nordkorea
- Bei Auswirkungsstärke 2: 1) Geringe Stabilität im Irak, 2) Langsamer Rückgang der ökonomischen Wettbewerbsfähigkeit Europas; Radikale ökonomische und politische Umwälzung in Europa
- Bei Auswirkungsstärke 1: 1) Stabiles Saudi-Arabien, 2) Fortsetzung des nordkoreanischen Atomprogramms; 1) Unsichere Lage in Nahost, 2) Kompromiss mit Iran, 3) Terrorsituation setzt sich fort

Quelle: Swiss Re

Risikohandhabung und Risikosteuerung (Phase 4)

Bei der Risikosteuerung geht es um eine adäquate Handhabung der identifizierten und bewerteten Risiken. Dabei werden mehrere Optionen unterschieden:

- *Risikovermeidung* ist ein defensiver Ansatz, bei dem häufig gleichzeitig auf Chancen verzichtet wird. Beispiele sind der Verkauf unrentabler Geschäftsfelder oder der Verzicht auf risikoreiche Markterweiterungen.
- Mit einer *Risikoreduktion* wird versucht, die Auswirkungsstärke oder die Eintrittswahrscheinlichkeit in die gewünschte Richtung zu beeinflussen.
- *Risikobegrenzung* bedeutet, Aktivitäten nur bis zu einer bestimmten Auswirkungsstärke der damit verbundenen Risiken zu verfolgen.
- *Risikoübertragung* findet statt, wenn Aktivitäten an Dritte übertragen werden (beispielsweise beim Outsourcing), wenn riskante Forderungen an Spezialisten übertragen werden (Factoring) oder wenn man sich gegen Unsicherheiten versichert.

Neben diesen traditionellen Formen der Handhabung »unerwünschter Risiken« kann selbstverständlich auch offensiver mit ihnen umgegangen werden. Dann geht es quasi darum, das Sprichwort »Sicherheit geht vor«

ins Gegenteil umzukehren und Risiken als Werte zu verstehen, die sich bündeln, instrumentalisieren und beispielsweise handeln oder verkaufen lassen.

Eine zusätzliche Erweiterung erfährt dieser Schritt dann, wenn im Sinne eines »Risiko- und Chancen-Managements« auch zukünftige Chancen betrachtet werden. Dann lassen sich auch dafür verschiedene Optionen wie die *Chancenbelassung*, die *Chancenergreifung*, die *Chancenvergrößerung* oder die *Chancenteilung* durch Kooperation beschreiben.

Risiko-Reporting (Phase 5)

Hier wird zunächst zwischen internem und externem Reporting unterschieden. Beim *internen Reporting* werden entscheidungsrelevante Risikoinformationen an die Geschäftsführung kommuniziert. Das externe Reporting wendet sich entsprechend gesetzlicher Vorgaben an Anteilseigner und/oder die Öffentlichkeit. Die kommunizierten Inhalte können ein Ergebnis der Risikoanalyse oder der Risikohandhabung entsprechend der Risikostrategie sein. Dabei werden zwei Reporting-Formen unterschieden:

- Das *regelmäßige Reporting* wird in zyklisch wiederkehrenden Abständen durchgeführt. Dabei werden Risiken entsprechend festgelegter Wesentlichkeitsgrenzen an definierte Entscheidungsträger berichtet.
- Beim *Ad-hoc-Reporting* wird lediglich beim Erreichen bestimmter Meldegrenzen ein Reporting-Prozess angestoßen.

Risiko-Controlling (Phase 6)

Das Risiko-Controlling beinhaltet vor allem Kontrolle der Einzelrisiken. Dies umfasst

- eine ständige Überprüfung und Aktualisierung des in Phase 2 ermittelten Risikokatalogs sowie der Risikokennzahlen und -indikatoren;
- eine Beobachtung der externen Risiken im Sinne einer Plan-Ist-Abweichung sowie der internen Risiken im Sinne einer Soll-Ist-Abweichung;
- eine ständige Überprüfung und Anpassung der in Phase 3 vorgenommenen Risikobewertung und
- eine Erfolgskontrolle der in Phase 4 ermittelten Maßnahmen zur Risikohandhabung.

Dieses Risiko-Controlling erfolgt auf verschiedenen Ebenen des Unternehmens, wobei sich die Zusammenarbeit der verschiedenen Hierarchiestufen an den Risikoklassen orientiert. Abbildung 135 zeigt exemplarisch den Ablauf des Risiko-Controllings in einem größeren Unternehmen.

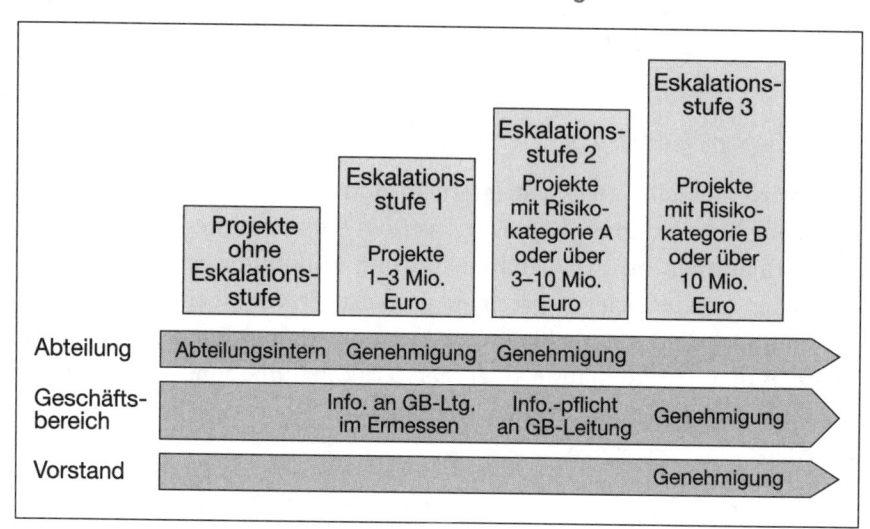

Abbildung 135: Grundprinzip des Risiko-Controllings

	Projekte ohne Eskalations- stufe	Eskalations- stufe 1 Projekte 1–3 Mio. Euro	Eskalations- stufe 2 Projekte mit Risiko- kategorie A oder über 3–10 Mio. Euro	Eskalations- stufe 3 Projekte mit Risiko- kategorie B oder über 10 Mio. Euro
Abteilung	Abteilungsintern	Genehmigung	Genehmigung	
Geschäfts- bereich		Info. an GB-Ltg. im Ermessen	Info.-pflicht an GB-Leitung	Genehmigung
Vorstand				Genehmigung

Krisen-Management/Kontinuitätsmanagement

Krisen-Management beschäftigt sich einerseits mit dem Vorausdenken und der Vermeidung von unternehmerischen Krisen, andererseits aber auch mit der Handhabung von Krisen, sofern diese eingetreten sind. Steht dabei die Entwicklung organisationsweiter Fähigkeiten zur Handhabung solcher Störungen im Mittelpunkt, so wird auch von Kontinuitätsmanagement gesprochen.

Am 18. Oktober 1997 führte die *Daimler-Benz AG* nach einer 18-monatigen intensiven Kampagne die A-Klasse als jüngstes und bis dahin kleinstes Produkt in den Markt ein. Die Erwartungen waren hoch, denn dem neuen Fahrzeug wurden übereinstimmend die typischen Mercedes-Benz-Attribute wie Sicherheit, Zuverlässigkeit und Komfort zugeschrieben. Drei Tage später passierte das, was heute gemeinhin als nicht bestandener »Elchtest« bezeichnet wird: Ein A-Klasse-Fahrzeug kippte bei dem durch eine schwedische Automobil-Zeitschrift durchgeführten Ausweichtest um.

Die Meldung der umgekippten A-Klasse erreichte große Teile des Vorstands sowie die Pressesprecher des Unternehmens auf der »Tokio Motor Show«. Zwei Tage danach äußerste der Konzern in einem Statement die Vermutung, dass eine extreme Fahrsituation provoziert worden sei. Selbst mehrere Tage nach dem Kriseneintritt war für die Öffentlichkeit kaum erkennbar, wie Daimler-Benz auf die Krise reagierte – auch wenn intern längst eine zehnköpfige Task Force gebildet worden war. Erst am 29. Oktober fand eine Pressekonferenz statt, auf der ein Austausch des Reifenfabrikats sowie die serienmäßige Ausrüstung mit dem »Elektronischen Stabilitätsprogramm« (ESP) verkündet wurde.

Zwei Tage später meldete das Magazin *Stern*, dass der bis dahin in der Öffentlichkeit nicht in Erscheinung getretene Vorstandsvorsitzende, Jürgen E. Schrempp, die A-Klasse zur »Chefsache« gemacht habe. Am 9. November beschloss ein kleiner Kreis von Vertrauten auf einer Krisensitzung mit Jürgen E. Schrempp zwei Maßnahmen: einen auf 12 Wochen begrenzten Auslieferungstopp sowie eine gezielte Kommunikationsstrategie.

Am 11. November verkündete *Daimler-Benz*: »Wir haben die Lösung«. Unmittelbar danach begann die intensive Kommunikation mit der Öffentlichkeit – Presseerklärungen, Interviews mit dem Vorstandsvorsitzenden, Internet-News – aber auch mit Mitarbeitern, Kunden und den größten Shareholdern. Zusätzlich wurde eine Serie von vier Anzeigen geschaltet – von »Wir wollen die Diskussion um die Sicherheit der A-Klasse beenden. Endgültig« bis zu »A-Klasse hat Elchtest sicher bestanden. Wir haben dazugelernt«. Parallel geriet die Krisenhandhabung zu einer logistischen Meisterleistung. Aus ganz Europa wurden an vier Standorten 1000 Fachkräfte zusammengezogen, die innerhalb von drei Monaten die Nachrüstung der bisher ohne ESP hergestellten Fahrzeuge bewerkstelligten.

Viele Besitzer der A-Klasse gingen inzwischen positiv mit der Krise um und klebten kleine, schwarze Elch-Aufkleber auf ihre Heckscheiben. Trotz des Auslieferungsstopps im Januar/Februar erreichte die A-Klasse bereits 1998 Platz 16 der deutschen Neuzulassungstabelle und war damit das einzige neue Fahrzeug unter den Top 20. Europaweit wurden in diesem Zeitraum insgesamt fast 150 000 A-Klasse-Fahrzeuge verkauft.

Im Rückblick konnten aus der Elchtestkrise eine Reihe von Erkenntnissen für zukünftige Krisen gewonnen werden. Besonders markant war, dass die Krise zunächst lediglich als technisches Problem gesehen wurde und fast 90 Prozent des Aufwands in die Findung technischer Lösungen investiert wurde. Relativ schnell wurde allerdings deutlich, dass der Kommunikation mit der Öffentlichkeit eine mindestens ebenso große Bedeutung zukam. Der Leiter der Task Force nannte später als angemessene Aufteilung etwa 30 Prozent für Technik und 70 Prozent für Kommunikation.

Inhalt

Der Begriff »Krise« entstammt aus dem Griechischen – aus den Worten für »trennen« (krínein) und für »entscheidende Wendung« (krísis). Das chinesische Wort für »Krise« bedeutet zum einen Gefahr, zum anderen Gelegenheit. Folglich versteht der DUDEN unter einer Krise eine »Zeit, die den Höhe- und Wendepunkt einer gefährlichen Entwicklung darstellt.« Der Krisenbegriff lässt sich von ähnlichen Begriffen wie *Störfällen* (außerplanmäßige Entwicklungen technischer Anlagen), *Konflikten* (Situationen, in denen Absichten aufeinanderprallen, deren gleichzeitige Verwirklichung sich ausschließt) oder *Katastrophen* (folgenschwere Unglücksereignisse) abgrenzen.

In der Praxis werden zwei Arten von Krisen unterschieden: *Chronische Krisen* liegen vor, wenn ein Unternehmen von falschen Auffassungen ausgeht und so in eine immer schwierigere Situation gerät. *Akute Krisen* liegen vor, wenn der Schadensfall schnell eintritt. Solche Krisen sind Gegenstand des Krisen-Managements und der Krisenplanung, da wir sie vorausdenken, beeinflussen und uns darauf einstellen können. Nach Ten Berge gibt es in den meisten akuten Krisen mehrere Bedingungen (Berge 1989, S. 21):

- *»Rasche Entscheidungen sind notwendig;*
- *Untätigkeit wird wahrscheinlich unerwünschte Folgen nach sich ziehen;*
- *Es gibt nur eine begrenzte Zahl von Alternativen;*
- *Unangemessene Entscheidungen können weitreichende Folgen nach sich ziehen;*
- *Gruppen mit unterschiedlichen Interessenlagen müssen berücksichtigt werden;*
- *Die Spitzenkräfte des Unternehmens werden hineingezogen.«*

In unseren Medien nehmen Krisen regelmäßig mehr Platz ein als Erfolgsmeldungen. Auch in der deutschsprachigen Betriebswirtschaftslehre gab es bereits um das Jahr 1900 erste Ansätze zur Behandlung von krisenspezifischen Fragestellungen. Einen Höhepunkt erreichte diese Krisenforschung infolge der Weltwirtschaftskrise am Beginn der dreißiger Jahre – allerdings nahm das Interesse im Zuge des stetigen Wachstums der fünfziger und sechziger Jahre wieder ab. Erst die Rezessionsjahre 1966/67 und später die Ölkrisen beförderten das Krisen-Management und rückten vor allem die Krisenantizipation und Krisenvermeidung in den Mittelpunkt.

In den achtziger Jahren widmete sich die Krisenforschung vor allem den Ursachen für unternehmerische Misserfolge. Gleichzeitig wurden bilanzanalytische und vielfach software-gestützte Frühwarnsysteme zur Krisenerkennung entwickelt. Mit dem Tankerunglück der »Exxon Valdez« vor der Küste Alaskas (1989), den Störfällen in den *Hoechst*-Werken (1993) und insbesondere der gescheiterten Versenkung der »Brent Spar« durch den *Shell*-Konzern (1995) rückte eine andere Problematik in den Mittelpunkt. Da in allen drei Fällen unprofessionelle oder ganz fehlende Öffentlichkeitsarbeit zu dramatischen Imageverlusten geführt hatte, konzentrierte sich das Krisen-Management auf einen frühzeitigen, offenen und glaubwürdigen Dialog im Rahmen der Unternehmenskommunikation.

Welche Krisen-Management-Ansätze werden unterschieden?

In Anlehnung an die Sozialwissenschaften haben sich im Krisen-Management drei Forschungsansätze herausgebildet:

- Im *entscheidungstheoretischen Ansatz* wird die Krise als ein Entscheidungsproblem unter Zeitdruck interpretiert.
- Im *organisations- und systemtheoretischen Ansatz* wird von Systemkrisen ausgegangen, die vorliegen, wenn das Repertoire an Steuerungsmechanismen eines Systems nicht ausreicht, um ein Problem zu lösen.
- Im *strukturtheoretischen Ansatz* treten demgegenüber Strukturkrisen auf, bei denen System und Umwelt nicht mehr kompatibel sind.

Eine deutliche Erweiterung stellt das Kontinuitätsmanagement (Business Continuity Management, BCM) dar. Es versteht sich als ganzheitlicher Management-Prozess, mit dessen Hilfe potenzielle Bedrohungen für eine Organisation erkannt werden und eine Grundstruktur für mehr Stabilität sowie Fähigkeit zu einer wirksameren Krisenhandhabung geschaffen werden.

Vorgehen

Im Folgenden führen wir die Vielzahl verschiedener Phasenmodelle des Krisen-Managements zusammen, wobei die ersten Phasen eine Überlappung mit dem *Risiko-Management* (→) aufweisen. Nach Eintritt der Krise erfolgt in den Phasen 4 und 5 die akute Krisenhandhabung. Den Abschluss bildet die Krisennachbereitung.

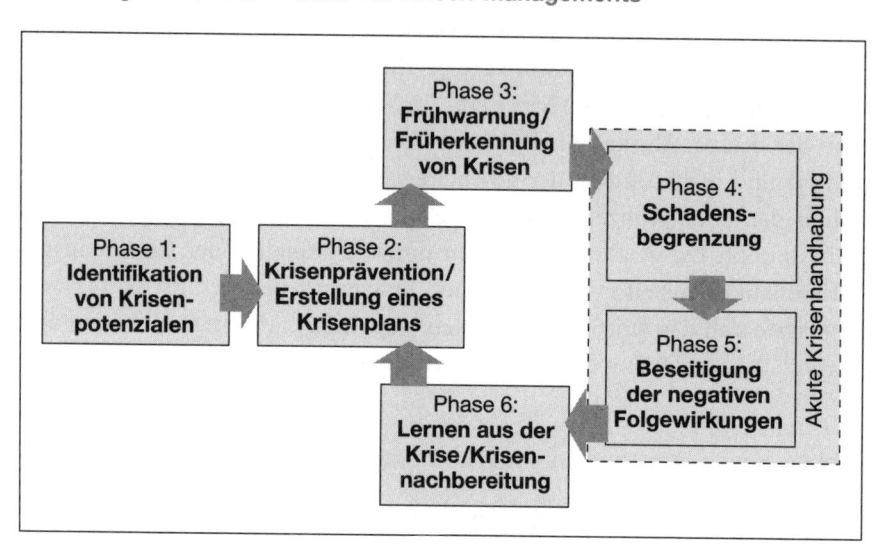

Abbildung 136: Sechs Phasen des Krisen-Managements

Identifikation von Krisenpotenzialen (Phase 1)

Die erste Phase des Krisen-Managements besteht in der Identifikation potenzieller Krisen – man spricht auch von *Krisenpotenzialen*. Häufig ergeben sie sich aus anderen Vorausschauinstrumenten wie Szenarien, dem *Trend-Management* (→), aus *Wildcards* (→), einem systematischen *Issue-Management* (→) oder dem *Risiko-Management* (→). Es ist aber auch möglich, in dieser Phase direkt Krisenpotenziale zu ermitteln.

Im Kontinuitätsmanagement wird hier eine sogenannte Business-Impact-Analyse (BIA) durchgeführt. Sie ermittelt, quantifiziert und qualifiziert die Geschäftsauswirkungen eines Verlusts, einer Unterbrechung oder einer Störung von Geschäftsprozessen auf eine Organisation. Hinsichtlich der Datenerfassung liefert das britische *Business Continuity Institute* die folgenden Hinweise:

- *Workshops* liefern schnelle Ergebnisse und sind aufgrund des dort gebotenen Praxisbezugs für alle Abteilungen und Teilnehmer vorteilhaft.
- *Fragebögen* liefern große Datenmengen, die allerdings von fragwürdiger Qualität sind, wenn die Bögen nicht sorgfältig ausgefüllt wurden.
- *Interviews* liefern hochwertige Informationen, sind allerdings zeit- und ressourcenaufwändig.

In der Praxis führt dies meist zu einer Kombination aus Workshops, Fragebögen und Interviews.

Krisenprävention/Erstellung von Krisenplänen (Phase 2)

Als *Prävention* bezeichnet man eine Handlung, die einer Gefahr vorbeugen soll. Hier wird also zunächst gefragt, welche Maßnahmen eingeleitet werden können, um eine potenzielle Krise zu vermeiden oder die Wahrscheinlichkeit ihres Eintretens zu verringern. Dieser Schritt ist immer sehr eng mit dem *Risiko-Management* (→) eines Unternehmens verbunden.

Zur Krisenprävention gehört aber auch die Vorbereitung auf das Eintreten einer akuten Krise. Dazu werden *Krisenpläne* (auch Krisen-Handbücher) erstellt, was je nach Definition auch ein Bestandteil des Risiko-Managements sein kann. Bei der Erstellung von Krisenplänen sind eine Vielzahl von Aspekten zu beachten, von denen wir an dieser Stelle lediglich einige, besonders markante herausgreifen können:

- *Task Force zusammenstellen*: Sie bildet das Kontrollzentrum, in dem nüchtern denkende Personen in der Lage sind, schnell Entscheidungen zu treffen und mit anderen effektiv kommunizieren können.
- *Kontrollzentrum vorausdenken*: In einem Krisenplan sollte festgelegt werden, wo im Ernstfall ein Kontrollzentrum eingerichtet werden soll. Dies kann auch bereits die Einrichtung eines Pressezentrums umfassen.
- *Klare Verantwortungsbereiche schaffen*: In einem Krisenplan müssen die sich im Ernstfall verändernden Rollen, Verantwortungen und Befugnisse der betroffenen Bereiche geregelt sein.
- *Mit einer Stimme sprechen*: In einer Krisensituation ist es notwendig, nach außen eine unmissverständliche und klare Kommunikationsstrate-

gie zu verfolgen. Daher sollte von vorneherein eine Person für die Krisenkommunikation verantwortlich sein.
- *Medienkontakte pflegen:* Im Krisenfall kommt es entscheidend darauf an, schnell mit den richtigen Medienvertretern zu kommunizieren. Daher sollten Kontakte im Vorfeld bestehen, entsprechende Listen existieren und zudem sollten die Krisen-Manager darin geschult sein, mit entsprechenden Situationen in den Medien umzugehen.
- *Detaillierte Checklisten entwerfen:* Alles, was im Krisenfall standardisiert ablaufen kann, sollte in einem Krisenplan genau beschrieben werden, sodass im Notfall Zeit gewonnen werden kann. Dazu können auch »Darksites« im Internet gehören, die im Krisenfall online geschaltet werden.

Durch eine Krisenplanung wird – wenn eine kritische Situation eintritt – die Geschwindigkeit und die Professionalität der Krisenhandhabung deutlich gesteigert. Häufig wird auch von einem *Krisen-Management-System* gesprochen, das in das gesamte Führungssystem integriert ist und beispielsweise Elemente wie regelmäßige Trainings für den Ernstfall oder Medienschulungen enthält.

Frühwarnung/Früherkennung von Krisen (Phase 3)

Selbst wenn ein Unternehmen über erstklassige Krisenpläne verfügt, so hängt der Erfolg des Krisen-Managements entscheidend von der Frühwarnung ab. Daher sollte stets alles versucht werden, um »schwache Signale« für eine Krise aufzufangen. So können spezifische Krisenindikatoren ermittelt und beobachtet werden, sodass beim Überschreiten bestimmter Toleranzgrenzen Krisen rechtzeitig erkannt werden können. Im Rahmen des Kontinuitätsmanagements sind dies beispielsweise ein »*maximal tolerierbarer Ausfall*« (MTO) sowie ein »*Recovery Point Objective*« (RPO), bis zu dem Informationen wiederhergestellt werden müssen, um zu gewährleisten, dass die Ziele erreicht werden können.

Schadensbegrenzung (Phase 4)

Im Fall des Kriseneintritts kommt es auf die ersten Reaktionen zur *Kriseneindämmung* an. Dabei muss zunächst einer Reihe typischer Fehler aktiv entgegengewirkt werden:

- *Ungläubigkeit* wird häufig durch den Stress ausgelöst, der mit einer Krisensituation verbunden ist. Entscheider reagieren nach dem Motto »Das kann hier nicht passieren« und nehmen die Krise nicht oder zu spät wahr.
- *Schreckstarre* äußert sich durch Sprachlosigkeit und Inaktivität, die aber in der Regel nach außen sichtbar wird, was die Krise deutlich verschärfen kann.
- *Panik* ist das Gegenteil von Schreckstarre. Hier stehen die Entscheider unter Adrenalineinwirkung und fühlen sich zu sofortigem Handeln genötigt – häufig allerdings irrational, ohne nachzudenken und ohne zu wissen, welche Folgen ihre Entscheidungen haben.
- *Engstirnigkeit* wird dann zum Problem, wenn nach dem Motto »Ich muss es hinter mich bringen« gehandelt wird. Häufig wird operatives Geschäft der Schadensbegrenzung vorgezogen.
- *Abwälzen der Verantwortung* wird immer dann erkennbar, wenn nach Sündenböcken für die Krise gesucht wird – im eigenen Unternehmen, im Umfeld oder aber in den Medien.
- *Verletzte Gefühle* können ebenfalls zur Verschärfung von Krisen beitragen, wenn kritische Entwicklungen zu persönlich genommen werden und Verbitterung gegenüber dem feindlichen Umfeld die Sicht auf eine rationale Krisenhandhabung versperrt.

Schließlich geht es darum, den in Phase 2 beschriebenen Krisenplan umzusetzen. Dabei sollte dieser nicht als starre Prozessdefinition verstanden werden, sondern vielmehr als Leitlinie, innerhalb derer flexibel agiert wird. Nitin Nohira beschreibt, dass *»es effektiver ist, einige grundlegende Krisenbewältigungsprinzipien zu befolgen als einen detaillierten Plan. Bei Gebäudebränden überleben mehr Menschen, wenn sie langsam zum Ausgang gehen, statt komplizierten Fluchtplänen zu folgen.«* (Nohira, S. 8)

Beseitigung der negativen Folgewirkungen (Phase 5)

Bereits während der akuten Krisenhandhabung muss der Wendepunkt erreicht werden, an dem der Blick nach vorn gerichtet wird. Zunächst geht es darum, die negativen Folgewirkungen einer Krise zu beseitigen. Als *Daimler-Benz* Krisen-Management um den missglückten Elchtest betrieb, musste es den richtigen Zeitpunkt finden, an dem wieder an alte Tugenden und Kompetenzen erinnert werden konnte. Dies gelang, als der A-Klasse gut drei Wochen nach dem Unfall in Schweden das »Goldene Lenkrad«

verliehen wurde. Jetzt schaltete man eine Anzeige mit dem Slogan »Der Weg zum Goldenen Lenkrad war für die A-Klasse kein Zuckerschlecken«.

Ein gutes Krisen-Management kann diese Phase – einige sprechen auch von »Recovery als Neustart« – erheblich erleichtern. So nahm *Johnson & Johnson* im Herbst 1982 sofort alle Kapseln des Schmerzmittels Tylenol aus den Regalen, nachdem sieben Menschen an dem offensichtlich mit Zyanid versetzten Medikament gestorben waren. Der Marktanteil des bisherigen Marktführers sank von 37 Prozent auf etwa 7 Prozent – erreichten nach überstandener Krise aber fast wieder die alten Werte. (Allerdings erzwangen weitere Gift-Anschläge in der Folge Strategieänderungen.)

Lernen aus der Krise/Krisennachbereitung (Phase 6)

Nach dem akuten Krisenstadium besteht häufig das Bedürfnis, tief durchzuatmen und zum Tagesgeschäft überzugehen. Damit verschenkt man allerdings die Chance, aus der Krise zu lernen und diese Erkenntnisse für die Krisenprävention zu nutzen.

Daher sollte es nach einer Krise zu einer aktiven Aufbereitung kommen. So können in einem Workshop die bisherigen Erfahrungen aufbereitet und Verbesserungspotenziale ermittelt werden. Oft ergibt sich daraus direkt eine Anpassung der Krisenprävention.

Literatur

1. Szenarien

Brehmer, Arthur: *Die Welt in 100 Jahren – Der Bestseller aus dem Jahre 1910.* Hildesheim, 2010

Chermack, Thomas J.: *Scenario Planning in Organizations. How to Create, Use and Assess Scenarios.* San Francisco, 2011

Fink, Alexander/Schlake, Oliver/Siebe, Andreas: *Erfolg durch Szenario-Management. Prinzip und Werkzeuge der strategischen Vorausschau.* Frankfurt/New York, 2001

Fink, Alexander/Schlake, Oliver/Siebe, Andreas: »Wie Sie mit Szenarien die Zukunft vorausdenken«, in: *Harvard Business Manager 2/2000,* S. 34-47

Förster, Georg: *Szenarien einer liberalisierten Stromversorgung – Endbericht. Analysen der Akademie für Technikfolgenabschätzung in Baden-Württemberg,* Stuttgart, 2002

Gaßner, Robert/Steinmüller, Karlheinz: »Narrative normative Szenarien in der Praxis«, in: Wilms, Falko E.P.: *Szenariotechnik.* Bern, 2006

Gaßner, Robert/Steinmüller, Karlheinz: *Welche Zukunft wollen wir haben? Visionen, wie Forschung und Technik unser Leben verändern sollen.* Institut für Zukunftsstudien und Technologiebewertung, WerkstattBericht Nr. 104, Berlin, 2009

Götze, Uwe: *Szenario-Technik in der strategischen Unternehmensplanung.* Wiesbaden, 1991

Guber, Peter: »Die Macht von Geschichten«, in: *Harvard Business Manager,* März 2008, S. 93-107

Hutter, Claus-Peter/Goris, Eva: *Die Erde schlägt zurück. Wie der Klimawandel unser Leben verändert. Szenario 2035.* München, 2009

Johansen, Bob/Institute for the Future: *Get There Early. Sensing the Future to Compete in the Present.* San Francisco, 1997

Kahane, Adam: »Imagining South Africas's Future – How Scenarios Helped Discover Common Ground«, in: Fahey, Liam/Randall, Robert M. (Hrsg.): *Learning from the Future. Competitive Foresight Scenarios.* Chichester, 1998

Lee, Gentry/White, Michael: *Eine Geschichte der Zukunft. Was das 21. Jahrhundert bringt.* München, 2003

Lietaer, Bernard A.: *Das Geld der Zukunft. Über die zerstörerische Wirkung unseres Geldsystems und Alternativen hierzu.* Sonderausgabe, 1. Auflage, 2002

Lindgren, Mats/Bandhold, Hans: *Scenario Planning. The Link between Future and Strategy.* Hampshire, 2003

Pilkahn, Ulf: *Trends und Szenarien als Werkzeuge zur Strategieentwicklung. Wie Sie die unternehmerische und gesellschaftliche Zukunft planen und gestalten.* SIEMENS/Publicis, Erlangen, 2007

Ralston, Bill/Wilson, Ian: *The Scenario Planning Handbook. Developing Strategies in Uncertain Times.* Mason, 2006

Raskin, Paul/Baruni, Tariq/Gallopín, Gilberto/Gutman, Pablo/Hammond, Al/Kates, Robert/Swart, Rob: *Great Transitions. The Promise and Lure of the Times Ahaed. A report*

of the Global Scenarios Group. Stockholm Environment Institute, Boston, 2002 (inklusive deutsche Zusammenfassung von Diana Hummel, 2002)
Ringland, Gill: *Scenario Planning. Managing for the Future*, Chichester, 1998
Ringland, Gill: *Scenarios in Business*, Chichester, 2002
Scharmer, C. Otto: *Theorie U. Von der Zukunft her führen.* Heidelberg, 2009
Schoemaker, Paul J.H.: *Profiting from Uncertainty. Strategies for Succeeding No Matter What the Future Brings.* New York, 2002
Schoemaker, Paul J.H.: »Scenario Planning – A Tool for Strategic Thinking«, in: *Sloan Management Review*, Winter 1995, pp. 25-40
Schwartz, Peter: *The Art of the Long View. Planning for a Future in an Uncertain World.* New York, 1991
Schwartz, Peter/Ogilvy, James A.: »Plotting your Scenarios«, in: Fahey, Liam/Randall, Robert M. (Hrsg.): *Learning from the Future. Competitive Foresight Scenarios.* Chichester, 1998
Sharpe, Bill/van der Heijden, Kees (Hrsg.): *Scenarios for Success. Turning Insight into Action.* Chichester, 2007
Smith, Laurence C.: *Die Welt im Jahr 2050. Die Zukunft unserer Zivilisation.* München, 2011
Steinmüller, Karlheinz (Hrsg.): *Grundlagen und Methoden der Zukunftsforschung. Szenarien, Delphi, Technikvorausschau.* WerkstattBericht 21, Sekretariat für Zukunftsforschung, Gelsenkirchen, 1997
Tessun, Franz: »Informationstechnologie im Einzelhandel – ein mögliches Szenario«, in: Redwitz, Gunter (Hrsg.): *Die Digital-Vernetzte Wissensgesellschaft. Aufbruch ins 21. Jahrhundert.* München, 2010
Van der Heijden, Kees: *Scenarios. The Art of Strategic Conversation.* Chichester, 1996
Van der Veer, Jeroen: *Shell Global Scenarios to 2025. The Future Business Environment: Trends, Trade-Offs and Choices*, Shell International Ltd., 2005
Von Reibnitz, Ute: *Szenariotechnik. Instrumente für die unternehmerische und persönliche Erfolgsplanung.* Wiesbaden, 1991
Wack, Pierre: »Scenarios – Uncharted Waters Ahead«, in: *Harvard Business Manager*, September-October 1985, S. 73-89
Wack, Pierre: »Shooting the Rapids«, in: *Harvard Business Manager*, November-December 1985, S. 2-14
Wack, Pierre: »Szenarien – Unbekannte Gewässer voraus«, in: Montgomery, Cynthia A./Porter, Michael E. (Hrsg.): Strategie. Wien/Frankfurt, 2001
Weimer-Jehle, Wolfgang: *Einführung in die qualitative System- und Szenarioanalyse mit der Cross-Impact-Bilanzanalyse. Interdisziplinärer Forschungsschwerpunkt Risiko und Nachhaltige Technikentwicklung*, Universität Stuttgart, Stand: 21.06.2008

2. Visionen

Albers, Olaf: *Gekonnt moderieren: Zukunftswerkstatt und Szenariotechnik: schnell und innovativ die Unternehmenszukunft gestalten.* Regensburg, 2001
Blanchard, Ken/Stoner, Jesse: *Full Steam Ahead – volle Kraft voraus. Die Kraft von Visionen.* Offenbach, 2004
Burow, Olaf-Axel: *Ich bin gut – wir sind besser. Erfolgsmodelle kreativer Gruppen.* Stuttgart, 2000
Coenenberg, Adolf G./Salfeld, R.: *Wertorientierte Unternehmensführung. Vom Strategieentwurf zur Implementierung.* Stuttgart, 2003

Collins, James C./Porras, Jerry I.: *Visionary Companies. Visionen im Management.* München, 1995
Ehrlenspiel, Klaus: *Integrierte Produktentwicklung – Denkabläufe, Methodeneinsatz, Zusammenarbeit.* 4. Auflage, München, 2009
Fink, Alexander/Schlake, Oliver/Siebe, Andreas: *Erfolg durch Szenario-Management. Prinzip und Werkzeuge der strategischen Vorausschau.* Frankfurt/New York, 2001
Fink, Alexander: *Szenariogestützte Führung industrieller Produktionsunternehmen,* HNI-Verlagsschriftenreihe, Band 50, Paderborn, 1999, S. 126f.
Gausemeier, Jürgen/Fink, Alexander: *Führung im Wandel. Ein ganzheitliches Modell der zukunftsorientierten Unternehmensgestaltung.* München, 1999
Hamel, Gary/Prahalad, C.K.: *Wettlauf um die Zukunft: Wie Sie mit bahnbrechenden Strategien die Kontrolle über Ihre Branche gewinnen und die Märkte von morgen schaffen.* Wien, 1995
Hamel, Gary: *Das revolutionäre Unternehmen. Wer Regeln bricht, gewinnt.* München, 2001
Hinterhuber, Hans H.: *Strategische Unternehmensführung. Band I: Strategisches Denken.* 6., neubearb. und erw. Auflage, Berlin, 1996
Holman, Peggy/Devane, Tom (Hrsg.): *Change Handbook. Zukunftsorientierte Großgruppen-Methoden.* Heidelberg, 2002
Jaworski, Jürgen/Zurlino, Frank: *Innovationskultur: Vom Leidensdruck zur Leidenschaft – Wie Top-Unternehmen ihre Organisation mobilisieren.* Frankfurt/New York, 2007
Jungk, Robert: *Trotzdem. Mein Leben für die Zukunft.* München, 1993
Kotter, John P.: *Chaos Wandel Führung – Leading Change.* Düsseldorf, 1997
Lindemann, Udo: *Methodische Entwicklung technischer Produkte.* 3. korrigierte Auflage, Berlin Heidelberg, 2009
Malik, Fredmund: *Strategie. Navigieren in der Komplexität der Neuen Welt.* Frankfurt/New York, 2011
Müller-Stewens, Günter/Lechner, Christoph: *Strategisches Management. Wie strategische Initiativen zum Wandel führen.* Stuttgart, 2001
Pümpin, Cuno/Amann, Wolfgang: *SEP Strategische Erfolgspositionen. Kernkompetenzen aufbauen und umsetzen.* Bern/Stuttgart/Wien, 2005
Scheuss, Ralph: *Handbuch der Strategien – 220 Konzepte der weltbesten Vordenker.* Frankfurt/New York, 2008
Simon, Hermann/von der Gathen, Andreas: *Das große Handbuch der Strategieinstrumente. Werkzeuge für eine erfolgreiche Unternehmensführung.* Frankfurt/New York, 2002
Weisbord, Marvin/Janoff, Sandra: *Future Search – Die Zukunftskonferenz: Wie Organisationen zu Zielsetzungen und gemeinsamem Handeln finden.* Stuttgart, 2001
Zur Bonsen, Matthias: *Real Time Strategic Change. Schneller Wandel mit großen Gruppen.* Stuttgart, 2003

3. Trends

Bazerman, Max H./Watkins, Michael D.: *Predictable Surprises. The Disasters you Should have seen Coming and How to Prevent them.* Boston, 2004
Burmeister, Klaus/Neef, Andreas/Beyers, Bert: *Corporate Foresight. Unternehmen gestalten Zukunft.* Hamburg, 2004
Cohen, Ben/Greenfield, Jerry: *Ben & Jerry's Double-Dip. Lead with your values and make money, too.* New York, 1997

Coyle, R. G.: *System Dynamics modelling – A practical approach.* London, 1996

Dörner, Dietrich: *Die Logik des Misslingens. Strategisches Denken in komplexen Situationen.* Reinbek bei Hamburg, 1991

Eschbach, Andreas: *Das Buch von der Zukunft. Ein Reiseführer.* Berlin, 2004, S. 205ff.

Feurer, Rainer: »Wie BMW die Zukunft vorausdenkt – und daraus Strategien ableitet«: Vortrag auf der 6. Internationalen Konferenz für Szenario-Management, Paderborn, 13. Mai 2009

Fink, Alexander/Schlake, Oliver/Siebe, Andreas: *Erfolg durch Szenario-Management. Prinzip und Werkzeuge der strategischen Vorausschau.* Frankfurt/New York 2001

Ford, Andrew: *Modeling the Environment: An Introduction to System Dynamics Modeling for Environmental Systems.* Washington DC, 1999

Forrester, Jay W.: »System Dynamics, Systems Thinking, and Soft OR«, in: *System Dynamics Review*, Summer 1994, Vol. 10, No. 2

Freeman, R. E.: *Strategic Management. A Stakeholder Approach*; Pitman; Marshfield, 1984

Gälweiler, A.: *Strategische Unternehmensführung*, 2. Aufl., zusammengest., bearb. und ergänzt von Markus Schwaninger. Frankfurt/New York, 1991

Gaßner, Robert/Steinmüller, Karlheinz: »Szenarien, die Geschichten erzählen. Narrative normative Szenarien in der Praxis«, in: *Wechselwirkung*, 2/2003, S. 52-56

Gaßner, Robert/Steinmüller, Karlheinz: *Welche Zukunft wollen wir haben? Visionen, wie Forschung und Technik unser Leben verändern sollen.* Institut für Zukunftsstudien und Technologiebewertung, WerkstattBericht Nr. 104, Berlin, 2009

Gausemeier, Jürgen/Fink, Alexander/Schlake, Oliver: *Szenario-Management. Planen und Führen mit Szenarien.* 2., bearb. Auflage, München, 1996

Gausemeier, Jürgen/Fink, Alexander: *Führung im Wandel. Ein ganzheitliches Modell zur zukunftsorientierten Unternehmensgestaltung.* München, 1999

Gilad, Ben/Junginger, Markus Götz: *Mit Business Wargaming den Markt erobern. Strategische Kriegsführung für Manager.* München, 2010

Godet, Michel: *Scenarios and strategic management.* London, 1987

Gomez, Peter/Probst, Gilbert: *Die Praxis des ganzheitlichen Problemlösens. Vernetzt denken, Unternehmerisch handeln, Persönlich überzeugen.* Bern, 1995

Horx, Matthias/Wippermann, Peter: *Was ist Trendforschung.* Düsseldorf, 1996

Horx, Matthias: *Das Zukunfts-Manifest. Wie wir uns auf das 21. Jahrhundert vorbereiten können.* Düsseldorf/München, 1997

Horx, Matthias: *Future Fitness. Wie Sie Ihre Zukunftskompetenz erhöhen. Ein Handbuch für Entscheider.* Frankfurt am Main, 2003

Klopp, Marcus/Hartmann, Matthias (Hrsg.): *Das Fledermaus-Prinzip. Strategische Früherkennung in Unternehmen.* Stuttgart, 1999

Liebl, Franz: *Der Schock des Neuen. Entstehung und Management von Issues und Trends.* München, Gerling Akademie, 2000

Liebl, Franz: *Strategische Frühaufklärung. Trends – Issues – Stakeholder.* München, 1996

Mitroff, Ian I./Linstone, Harold A.: *The unbounded mind: Breaking the Chains of Traditional Business Thinking.* Oxford, 1993

Müller, Adrian W./Müller-Stewens, Günter: *Strategic Foresight. Trend- und Zukunftsforschung in Unternehmen – Instrumente, Prozesse, Fallstudien.* Stuttgart, 2009

Oriesek, Daniel, F./Schwarz, Jan Oliver: *Business Wargaming. Unternehmenswert schaffen und schützen.* Wiesbaden, 2009

Petersen, John L.: *Out of the Blue: How to Anticipate Big Future Surprises.* Lanham, 1999

Poorvash, Reza: *Szenariobasiertes Wargaming. Ein Instrument zur strategischen Entschei-

dungsunterstützung. Universität Paderborn, Suhl, Leena (HRs.): DSOR Beiträge zur Wirtschaftsinformatik, Paderborn, 2010
Richmond, Barry: »Systems thinking: critical thinking skills for the 1990s and beyond«, in: *System Dynamics Review,* 9, 2/1993, S. 113-133
Rust, Holger: *Das Anti-Trendbuch. Klares Denken statt Trendgemunkel.* Wien/Frankfurt, 1997
Schlake, Oliver: *Verfahren zur kooperativen Szenario-Erstellung in Industrieunternehmen,* HNI-Verlagsschriftenreihe, Paderborn, 2000
Senge, Peter M.: *Die Fünfte Disziplin.*, Stuttgart, 1996
Steinmüller, Angela/Steinmüller, Karlheinz: *Wildcards. Wenn das Unwahrscheinliche eintritt.* 2. veränderte und ergänzte Auflage, Hamburg, 2004
Sterman, John D.: *Business Dynamics, Systems Thinking and Modeling for a Complex World.* New York, 2000
Taleb, Nassim Nicholas: *Der Schwarze Schwan. Die Macht höchst unwahrscheinlicher Ereignisse.* München, 2008
Vester, Frederic: *Ausfahrt Zukunft – Strategien für den Verkehr von morgen. Eine Systemuntersuchung.* 5. Auflage, München, 1990
Vester, Frederic: *Leitmotiv vernetztes Denken. Für einen besseren Umgang mit der Welt.* 2., überarbeitete Auflage, München, 1988

4. Roadmaps

Altschuller, G.S.: *Erfinden. Wege zur Lösung technischer Probleme.* Cottbus: PI – Planung und Innovation 1998, limitierter Nachdruck der 2. Auflage
Behrens, Stefan: *Möglichkeiten der Unterstützung von Strategischer Geschäftsfeldplanung und Technologieplanung durch Roadmapping.* 2003
Bieta, Volker/Kirchhoff, Johannes/Milde, Hellmuth/Siebe, Wilfried: *Szenarienplanung im Risikomanagement. Mit der Spieltheorie die Risiken der Zukunft erfolgreich steuern.* Weinheim, 2004
Chussil, Mark J.: »Competitive Intelligence Goes to War. CI, the War College, and Competitive Success«, in: *Competitive Intelligence,* Vol. 7(3), 1996, S. 56-69
DaCosta, O./Boden, M./Punie, Y./Zappacosta, M.: *Science and Technology Roadmapping. From Industry to Public Policy,* IPTS Report Vol. 2003
Daum, Jürgen H.: *Intangible Assets oder die Kunst, Mehrwert zu schaffen.* Bonn, 2002
De Bono, Edward: *Six Thinking Heads!* Penguin Books, 2000
Dilts, Robert B./Bonissone, Gino: *Zukunftstechniken zur Leistungssteigerung und für das Management von Veränderungen.* Paderborn, 1999
Edvinsson, Leif/Malone, Michael S.: *Intellectual Capital,* New York, 1997
Fahey, Liam: Competitors: *Outwitting, Outmaneuvering and Outperforming.* New York, 1999
Gilad, Ben: *Early Warning. Using Competitive Intelligence to Anticipate Market Shifts, Control Risk, and Create Powerful Strategies.* New York, 2004
Groenveld, P.: *Roadmapping Integrates Business and Technology.* Research Technology Management. September 2003
Heitger, Barbara/Doujak, Alexander: *Harte Schnitte – Neues Wachstum. Das Konzept der Unbalanced Transformation. Die Logik der Gefühle und die Macht der Zahlen im Changemanagement.* Frankfurt/Wien, 2002
Kaplan, Robert S./Norton, David P.: *Balanced Scorecard.* Stuttgart, 1997

Kaplan, Robert S./Norton, David P.: »In Search of Excellence – der Maßstab muss neu definiert werden«, in: *Harvard Manager* 4/1992, S. 37-46

Kaplan, Robert S./Norton, David P.: »Strategien (endlich) umsetzen«, in *Harvard Business Manager*, Januar 2006, S. 23-35

Kaplan, Robert S./Norton, David P.: *Strategy Maps. Der Weg von immateriellen Werten zu materiellem Erfolg.* Stuttgart, 2004

Kostoff, R.N./Schaller, R.R.: *Science and Technology Roadmaps.* IEEE Transactions on Engineering Management 48. 2001

Kurtz, Jay: »Introduction to Business Wargaming«, in: *Competitive Intelligence Review*, Vol. 5, Number 6, November-December 2002, Seite 23-28

Laube, T./Abele, T.: *Technologie-Roadmapping zur Planung und Steuerung der betrieblichen Forschung und Entwicklung.* 2004

Micic, Pero: *30 Minuten für Zukunftsforschung und Zukunftsmanagement.* Offenbach, 2005

Mirow, Michael: »Wertsteigerung durch Innovation«, in: Ringlstetter, Max J./Henzler, Herbert A./Mirow, Michael (Hrsg.): *Perspektiven der Strategischen Unternehmensführung. Theorien – Konzepte – Anwendungen.* Wiesbaden, 2003

Möhrle, Martin G.: *Technologie-Roadmapping: Zukunftsstrategien für Technologieunternehmen*, 2005

Müller-Stewens, Günter/Lechner, Christoph: *Strategisches Management. Wie strategische Initiativen zum Wandel führen.* Stuttgart, 2001

Perla, Peter P.: *The Art of Wargaming. A Guide for Professionals and Hobbyists.* Annapolis/Maryland, 1990

Phaal, Robert/Farrukh, Clare/Probert, David: »Strategisches Roadmapping: Die Verknüpfung von Technologie, Management und Markt«, in *OrganisationsEntwicklung* Nr. 2, 2007, S. 81-86

Porter, Michael E.: »Nur Strategie sichert auf Dauer hohe Erträge«, in: *Harvard Business Manager* 3/1997, S. 42-58

Ritchey, Tom: *Modelling Complex Socio-Technical Systems Using Morphological Analysis.* Adapted from an address to the Swedish Parliament IT Commission, Stockholm, 2002. Downloaded from: www.swemorph.com

Scott-Morgan, Peter/Hoving, Erik/Smit, Henk/Van der Slot, Arnoud: *The End of Change. How your Company can sustain Growth and Innovation while avoiding Change Fatigue.* New York, 2001

Simon, Hermann/Von der Gathen, Andreas: *Das große Handbuch der Strategieinstrumente. Werkzeuge für eine erfolgreiche Unternehmensführung* Frankfurt/New York, 2002, S. 155ff.

The Futures Group: »Relevance Tree and Morphological Analysis«, in: Glenn, Jerome C. (Hrsg.): *Futures Research Methodology.* American Council for the United Nationals University, Washington, D.C., 1994

5. Prognosen

Backhaus, Klaus/Erichson, Bernd/Plinke, Wulff/Weiber, Rolf: *Multivariate Analysemethoden. Eine anwendungsorientierte Einführung.* 9. Auflage, Berlin, 2000

Berens, Wolfgang/Delfmann, Werner/Schmitting, Walter: *Quantitative Planung.* 4. Auflage, Stuttgart, 2004

Bogner, Alexander/Littig, Beate/Menz, Wolfgang: *Das Experteninterview. Theorie, Methode, Anwendung*, 2. Auflage, 2005

Gordon, Theodore Jay: »Trend Impact Analysis«, in: Glenn, Jerome C. (Hrsg.): *Futures Research Methodology*. American Council for the United Nationals University, Washington, D.C., 1994
Grupp, Hariolf: *Der Delphi-Report. Innovationen in unsere Zukunft*. Stuttgart, 1995
Häder, Michael: *Delphi-Befragungen*, 2002
Händeler, Erik: *Die Geschichte der Zukunft. Sozialverhalten heute und der Wohlstand von morgen (Kondratieffs Globalsicht)*. 4. Aufl., Moers, 2004
Hopf, C.: »Qualitative Interviews in der Sozialforschung. Ein Überblick«, in: Flick, U./Kardorff, E. v./Keupp, H./Rosenstiel, Lutz von /Wolff, St. (Hrsg.): *Handbuch qualitative Sozialforschung. Grundlagen, Konzepte, Methoden und Anwendungen*, 2. Aufl., 1995
Horx, Matthias: *Future Fitness. Wie Sie Ihre Zukunftskompetenz erhöhen. Ein Handbuch für Entscheider*. Frankfurt am Main, 2003
Levitt, Steven D./Dubner, Stephen J.: *Freakonomics. Überraschende Antworten auf alltägliche Lebensfragen*. München, 2006
Linstone, Harold A.: »The Delphi Technique«, in: Fowles, J.: *Handbook of Futures Research*. London 1978, S. 273-300
Makridakis, Sypros G.: *Forecasting, Planning und Strategy for the 21st Century*. New York, 1990
Moore, G.A.: *Inside the Tornado. Marketing Strategies from Silicon Valley's Cutting Edge*. New York, 1995
Morrison, Ian: *Die zweite Kurve. Wie man die Geschwindigkeit von Veränderungen erkennt und nutzt*. Stuttgart, 1997
Nefiodow, Leo A.: *Der sechste Kondratieff. Wege zur Produktivität und Vollbeschäftigung im Zeitalter der Information*. 2. Aufl., Sankt Augustin, 1997
Petersen, John L.: *The Road to 2015. Profiles of the Future*. Corte Madeira, 1994
Ratcliffe, John, *Scenario planning: strategic interviews and conversations, foresight*, Vol. 4.1, pp. 19-30, 2002
Rethfeld, Robert/Singer, Klaus: *Weltsichten – Weitsichten. Ein Ausblick in die Zukunft der Weltwirtschaft*. München, 2004
Rinne, Horst/Specht, Katja: Zeitreihen: *Statistische Modellierung, Schätzung und Prognose*, München, 2002
Saffo, Paul: »Sechs Regeln für effektive Prognosen«, in: *Harvard Business Manager*, Oktober 2007, S. 37-56
Schlittgen, Rainer/Streitberg, Bernd: *Zeitreihenanalyse*. 9., unwes. Veränd. Aufl., München, 2001
Schneider, Stefan/Bergheim, Stefan/Hofmann, Jan: »Globale Wachstumszentren 2020 – Formel-G für 35 Volkswirtschaften«, in: Burmeister, Klaus/Neef, Andreas (Hrsg.): *In the long run. Corporate Foresight und Langfristdenken in Unternehmen und Gesellschaft*. München, 2005
Slywotzky, Adrian J.: *Strategisches Business Design (Value Migration). Zukunftsorientierte Konzepte zur Steigerung des Unternehmenswertes*. Frankfurt/New York, 1997
Strauss, William/Howe, Neil: *Generations. The History of Americas Future, 1584-2069*. Harper Perrenial, 1992
Vorgrimler, D.: »Die Delphi-Methode und ihre Eignung als Prognoseinstrument«, in: *Wirtschaft und Statistik*, Nr. 8, 2003
Wieners, Brad/Pescovitz, David: *Reality Check. WIRED fragt. Experten antworten. So sieht unsere Zukunft aus*. St. Gallen/Zürich, 1997

6. Planungen

Berens, Wolfgang/Delfmann, Werner/Schmitting, Walter: *Quantitative Planung*, 4., überarb. und erw. Auflage, Stuttgart, 2004

Berge, Ten: *Crash-Management. Was wir auf Hyperkrisen großer Firmen lernen können.* Düsseldorf, 1989

Bernstein, Peter L.: *Wider die Götter. Die Geschichte von Risiko und Riskmanagement von der Antike bis heute.* München, 1997

Carrel, Laurent F.: *Leadership in Krisen. Ein Handbuch für die Praxis.* Zürich, 2004

Davis, Stan/Meyer, Chris: *Das Prinzip Risiko. Wie wir in Zukunft arbeiten und reich werden.* München, 2001

Fink, Alexander/Schlake, Oliver/Siebe, Andreas: *Erfolg durch Szenario-Management. Prinzip und Werkzeuge der strategischen Vorausschau.* Frankfurt/New York, 2001

Fink, Steven: *Crisis Management – Planning for the Inevitable.* New York, 1986

Gausemeier, Jürgen/Plass, Christoph/Wenzelmann, Christoph: *Zukunftsorientierte Unternehmensgestaltung. Strategien, Geschäftsprozesse und IT-Systeme für die Produktion von morgen.* München, 2009

Hertz, David: »Risk analysis in capital investment«, in: *Harvard Business Review*, 9/10, 1979

Hirth, Benjamin/Steuerlinks GmbH: *Lexikon der Unternehmensführung – Controlling.* www.steuerlinks.de

Laux, Helmut: *Entscheidungstheorie.* 5. Auflage, Berlin, 2003

Lindemann, Udo: *Methodische Entwicklung technischer Produkte. Methoden flexibel und situationsgerecht anwenden.* 3., korrigierte Auflage, Berlin, 2009

Lütgens, Stefan: *Potentiellen Krisen rechtzeitig begegnen – Themen aktiv gestalten.* Schifferstadt, 2002

Nohira, Nitin: »Nur wer sich anpasst, überlebt«, in: *Harvard Business Manager* 5/2006, S. 8.-9

Pahl, Gerhard/Beitz, Wolfgang/Feldhusen, Jörg/Grote, Karl-Heinrich: *Pahl/Beitz: Konstruktionslehre – Grundlagen erfolgreicher Produktentwicklung Methoden und Anwendung.* 7. Auflage, Berlin, 2007

Risk Management Association e.V.: RMA Standard »Risiko- und Chancenmanagement«, Bonn, 2006

Rosenkranz, Friedrich/Missler-Behr, Magdalena: *Unternehmensrisiken erkennen und managen. Einführung in die quantitative Planung.* Berlin, 2005

Saaty, Thomas L.: *Decision Making for Leaders – The Analytic Hierarchy Process for Decisions in a Complex World*, 3. Auflage, Pittsburgh, 2001

Saaty, Thomas L.: *How to Make a Decision: The Analytic Hierarchy Process*, European Journal of Operational Research 48/1990, S. 9-26

Simon, Walter: *GABALs großer Methodenkoffer Managementtechniken.* Offenburg, 2005

Töpfer, Armin: *Plötzliche Unternehmenskrisen – Gefahr oder Chance? Grundlagen des Krisenmanagement, Praxisfälle, Grundsätze zur Krisenvorsorge.* Neuwied, Kriftel, 1999

Vlahos, Kiriakos: »Risikominimierung«, in: IMD International Lausanne/London Business School/The Wharton School of the University of Pennsylvania (Hrsg.): *Das MBA-Buch Mastering Management.* Stuttgart, 1998, S. 173-180

VDI-Richtlinie 2220: *Produktplanung, Ablauf, Begriffe, Organisation.* Düsseldorf, 1980

Register

Achsenbeschriftung 42
Agenda-Building 201f.
Alptraum-Wettbewerber-Methode 264
Ambiguity 17
Analogien, historische 14, 162, 201, 266–268, 288, 290f., 295, 332
Analytischer Hierarchieprozess (AHP) 340f., 343, 346
Änderungsprozesse 17, 68, 206f., 295
Anspruchsgruppen 13, 195, 198, 200, 232, 321
Assoziationsnetz 200f.
Auswirkungsportfolio 169

Balanced Scorecard 14, 128, 226–236, 245, 247, 249, 252f.
Bayes-Regel 347
Bedürfnisfelder 140
Beobachtungsfeld 174, 177–179
Bernoulli-Prinzip 348
Beschreibungsmodelle 282
Best-Case/Worst-Case-Betrachtungen 27, 323
Biometrik 332
Bisoziation 332
Blindheit 18, 313
Bottom-Up-Szenarioentwicklung 24
Brainwriting 331f.
Business Case 14, 315–320, 322f.

Chart-Analyse 279f.
Cross-Impact-Analyse 14, 71–76, 78, 277, 281
Cross-Impact-Matrix 72, 75–77

Datenanalyse 287, 303, 317
Delphi-Technik 14, 167, 243, 266, 268, 296, 304–313

»Denkhüte« 335f.
Deutungsgemeinschaften 196f.
Differenzierung 123, 125, 132
Dilemma 22f.

Ebenenmodell 155
Effizienz 36
EFQM-Modell 232
Einfluss
- analyse 215, 266, 275
- index 191
- matrix 220
Entscheidungs
- findung 65, 69
- modelle 283
- tabelle 314, 347–350
Entwicklungspfade 65–69, 106, 237–239, 243
Ereignisbaum 42, 47
Erfüllungslücke 196
Erklärungsmodelle 282f.
Expertenbefragung(en) 14, 243f., 266–268, 276, 296–300, 302f., 307, 313
Extrapolation 11, 25, 88, 151, 156, 266, 268f., 271–278

Fehlerschranken 287
Flaggen 35f.
Flussdiagramm 211–213
»Formel G« 280f.
Fragebogen 300–303, 305, 308, 310f., 313, 369
Früherkennungsarchitektur 166f., 177–180
Frühwarnung 14, 186, 192, 368, 370
Future Scorecard 257, 252f.

Genius Foresight 25, 91
Geschäftsmodell 10, 20f., 45, 63, 114, 123, 125, 133, 138, 140, 168, 295, 315f.
Geschäftsplan/-pläne 10, 14, 129, 133, 135, 315–318, 320, 322–325, 327f.
Geschäftsstrukturmatrix 137, 319, 321f.
Glättung, exponentielle 266f., 272
Globalisierung 17, 35f., 45, 88, 358
Great-Transition-Szenarien 44, 47
Growth Option Pipeline 324–326

Hierarchieebenen 95, 364

Ideenfindung 14, 314, 327, 329–331, 333f., 336, 339
Imitation 21
Informationsstrukturierung 157f., 177
Innovationsfelder 139
Interview
-, narratives 298, 300
-, problemorientiertes 300
Issue-Management 14, 158, 187, 194–196, 198f., 201, 359, 368

Kausaldiagramm 209–212
Kernkompetenz(en) 10, 88, 90, 101, 116, 120f., 127, 129–131, 194
Komplexität 25–27, 91, 149, 155, 206f., 214, 241, 249, 261
-, Reduktion von 57, 61, 105
Konsequenzanalyse 65f.
Konsistenzanalyse 27f., 30f., 59, 243, 346
Konsistenzmatrix 59f., 99, 109
Kontinuitätsmanagement 14, 364, 367, 369f.
Kopfstandtechnik 332
Kreativitätstechnik 161, 330
Krisen-Management 14, 20–23, 193, 314, 357, 364, 366–368, 370, 372
KT-Analyse 340f., 343

Laplace-Regel 348
Lebenskurven 288, 290, 292
Leitbild(er) 10, 14, 29, 100f., 115–120, 131, 233, 248, 322, 327
Leitsätze 127f.
Lernende Organisation 208

Maximax-Regel 348

Maximin-Regel 348
Megatrends 27, 161–163, 165f., 170
Mehrdeutigkeit 17
Mehr-Schicht-Perceptron 287
Metatrends 161, 163
Mikrowelten 14, 204, 213f.
Misstrauens-Globalisierung 35
Modell der langen Wellen 162, 288–290, 296
Möglichkeitsräume 73, 106, 201
Monte-Carlo-Simulation 314, 347f., 352–354
Mont-Fleur-Szenarien 40, 44, 46f.
Moores Gesetz 269
Morphologischer Kasten 109, 334

Neuronale Netze 287
New Business Development 14, 101, 131, 133f., 136, 154, 160, 320f., 328f.
Nullsummenspiele 35

Ökonometrische(s) Modell(e) 14, 266–268, 280–284, 287
Organisationsgedächtnis 214

Paneldesign 300
PARTS-Modell/-System 263
Performance Measurement 13, 228f., 232, 252
Positionierung, strategische 10, 77f., 97, 107, 118, 121, 125, 128, 138–140, 195, 221, 232
Potenzialanalyse 315, 317, 320, 322
Preferred Futuring 101, 141f., 144f., 147, 152
Problemformulierung 207, 283–285
Produktplanung 9, 135, 137, 236, 241, 314, 327–329
Produktvision(en) 9, 14, 101, 131–139, 153, 160, 241, 320f., 328
Prognose, überraschungsfreie 32, 40, 271f., 274, 276–279, 281
Prognosemethoden 266, 268
Projektionsbündel 60–63, 75–78
Prozess-Management 13, 232

Querschnittsdesign 299

Realoption-Analyse 354
Reizwortanalyse 332

Relevanzanalyse 180
Relevanzbaum 333f.
Risiko-Management 14, 35, 193–195, 314, 356–361, 368f.
Roadmapping 29, 128, 135, 226f., 236, 239, 242, 244f., 247f., 250–252

Scenario Planning 14, 24f., 27f., 30–32, 34, 36–39, 44, 64, 73, 75, 82, 105, 149
Schlüsselfaktoren 24f., 31, 37, 39f., 42, 48f., 53–55, 57f., 60, 72, 75f., 83f., 99, 174, 176–178, 180f., 183f., 187, 223–225
Sciencefiction 14, 19, 25, 79, 81f., 189, 299, 303
Sensitivitätsanalyse 314, 323, 347–349
Sensitivitätsmodell 208, 217
SET-Planung 249
Shareholder/Stakeholder-Wertlücke 233f.
Shell-Szenarien 33–36
S-Kurven-Konzept 291
Spieltheorie 227, 255, 262f.
Stoßrichtung, strategische 103, 106, 111, 113f., 119, 125, 127, 136, 183, 258
Strategiealternativen 103–105, 107–114, 248
Strategie-Controlling 13
Strategieoptionen 14, 29, 31, 52, 100–111, 113f., 123, 127, 150, 238f., 242
Strategy Map(s) 14, 226, 228, 230f., 234–236, 245, 247, 249
Substitutionseffekte 18
System Dynamics 14, 29, 158, 204, 206, 208f., 211f., 214f., 217, 224, 276
Systemgrid 221f.
Szenarien, narrative 14, 25, 27f., 79, 82f., 85–89, 156, 170, 188, 382
Szenario-Controlling 14, 68, 91, 173–175
Szenario
 - Exposés 84
 - Management 28–31, 70, 98, 156, 242, 252
 - Monitoring 12, 70, 158, 166, 173–178, 180f., 252
 - nutzung 23
 - prozess(e) 20, 31, 37–39, 53, 86, 90, 93–97, 155, 183, 193, 223f.

Technische Analyse 279
Technologielebenskurve 291
Theorie U 91f.
Top-Down-Ansatz 13
Traditional Scenario Planning 30
Trend
 - betrachtung 11
 - blüte 335, 337f.
 - bündel 75
 - einflussanalyse 266, 275
 - extrapolation 266, 268f., 271–276
 - fortschreibung 25
 - Impact Analysis 271, 274f., 277f.
 - Management 12, 14, 27, 114, 149, 156, 158f., 164, 172f., 176f., 181, 193, 199, 216, 239f., 260, 279, 359, 368
 - radar 167f.
 - report 160, 176

Umfeldkräfte 37, 39, 45
Umfeldperspektive 14
U-Modell 92
Unbeständigkeit 17
Ungewissheit 16, 20, 23, 25–27, 29, 37, 40, 66f., 69, 86, 112, 155, 170f., 191, 265f., 337, 347f.
Unsicherheitsanalyse 14, 314, 347f., 352
Unternehmensperspektive 14
Unternehmensumfeld 11, 13, 17, 102, 112, 143, 148, 172, 174, 177, 180, 199, 240, 253, 359, 361

Verfälschungstendenzen 301
Vernetzungsanalyse 14, 39, 55, 57, 72, 84, 158, 180, 206, 215–218, 223–225, 234, 243, 276, 361
Vier-Quadranten-Modell 136f., 141, 321
Visionsfindung, partizipative 14, 101, 141–146, 150
Visualisierung 44, 58, 62, 66, 106, 167, 178, 211, 221, 230, 243, 248, 250, 304, 361
Volatility 17
Vollständigkeitsprüfung 243, 251
Vorhersage 26, 265f., 270f., 277f., 287, 297, 305, 307
VUCA-Welten (Volatility, Uncertainty, Complexity, Ambiguity) 17

Wachstumsprognosen 280f.

Walt-Disney-Methode 335, 339
Wargame-Design 255–262
Wargaming 13f., 86, 227, 257, 259–262
Wechselwirkungsszenarien 14, 25, 71, 73–75, 77, 82, 170, 277, 281
Wettbewerber-Strategie-Mapping 114f.
Wildcard(s) 14, 158, 168, 184, 186–194, 259, 359, 368
Wirkzusammenhänge 224, 234, 285, 361

Zeitreihenanalyse/-prognose 14, 266–268, 270–276, 278f.

Zukunftsbilder 11, 17, 22, 25, 27, 32, 43, 48, 51f., 58, 62, 64f., 70f., 73, 76, 78, 82, 84, 88, 97f., 102, 106, 115–117, 120, 123, 125, 151, 156, 183, 266f.
Zukunfts
- brillen 335f.
- horizont 38, 54, 72, 83, 319
- szenarien 22
Zukunftsraum-Mapping 51, 62f., 67–69, 110, 183, 194